Khosrow Nosratian

Trauma und Skepsis

Khosrow Nosratian

Trauma und Skepsis

Nach Levinas

Akademie Verlag

Die Deutsche Bibliothek – CIP-Einheitsaufnahme

Nosratian, Khosrow:
Trauma und Skepsis: Nach Levinas / Khosrow Nosratian. –
Berlin: Akad. Verl., 1992
ISBN 3-05-002144-6

Der Akademie Verlag ist ein Unternehmen der VCH-Verlagsgruppe

Gedruckt auf säurefreiem Papier

Satz: Dörlemann-Satz, Lemförde
Druck und Bindung: Druckhaus „Thomas Müntzer“ GmbH, O-5820 Bad Langensalza
Printed in the Federal Republic of Germany

Inhalt

Einleitung

„Das Menschliche realisiert sich erst einer Beziehung, die kein Können ist."
Emmanuel Levinas, Die Spur des Anderen

„O Unverstandenheiten, müssen / die Festen vor den Zitternden zittern?"
Robert Walser, Mikrogramme

Emmanuel Levinas' Buch AQE ist ein unruhiges und ungeduldiges Werk. Es drängt die Weite des Sprechens auf einen schmalen Rand zusammen, dem die Wörtlichkeit des Wortes in sterbenden Stimmen paradiert, um von Sinn und Wissen zu erlösen, den die Kenner und Könner moralischer Observatorien verfügen, welche mit dem Titel Humanwissenschaften die Ordnung des Wirklichen zu bestimmen angetreten sind. Die so bedeutete Bedeutung ohne Kontext intensiviert die Sprache in einer Erfahrung aus Schwäche und Ohnmacht. Sein, das solcherart bestanden werden muß, bevor es, wenn überhaupt, soll verstanden werden können, ist Levinas Sprache. Ihr Zeugnis der verfehlten Entgegnung, das Dia, das sich unterbricht, um Aufschwung und Absturz umeinander kreisen zu lassen, will in Metonymien des geschundenen Anderen ertragen werden. Geschunden nicht zuletzt in den Humanwissenschaften, deren prominenteste Derivationen, Psychologie und Soziologie, dem Nichtssagenden des sexuierten Körpers frönen, ohne die Sprache zu bestehen, der der Andere nur durch das Sprechen gehalten wird, d. h. durch Nichts.

„Psychoanalyse und Soziologie belauern die Gesprächspartner. Die Worte sind Symptome oder Superstrukturen. So daß die Schreie und Gesten des Erwachens Teil des Alptraums werden, den sie unterbrechen sollen." (DL 289) Ihnen regelt sich das Geschlechtliche in Heuristiken der sozialen Psyche, ohne daß sich etwas für die Geschlechter tut. Unter dem Druck der Kohärenz, in der sich der Okzident von Sokrates bis Hegel erst ganz erkennt, wenn sich Kennen und Können einander zusagen, hat es der Sprache die Sprache verschlagen. „Anonymes Neutrum, unpersönliches Universum, Universum ohne Sprache." (DL 289) Sprache bei Levinas indes artikuliert das Responsorium von Denken und Leiden, das sich am Schürfsaum unbestimmter Verletzungen, dunkler Drohungen und heller Schmerzen als Verwundung „schneidenden Sprechens" (DL 290) entziffern läßt: ein höchster Preis, den die Zivilisationsaphasie Europas nicht zu vernehmen weiß – exzentrischer Aufschwung und monotoner Absturz eines Sagens, das stockend ins Entgleiten gehalten ist und dem das Aufgehen der Wörter und das Aufhalten der Dinge irgendwo, irgendwie zwischen der Haut und dem Fleisch passiert. „Prophetische Rede" (DL 290), Dia des Dialogs von Herkunft und Zukunft und höchster Setzungscharakter für den Richtungssinn vorursprünglicher Empfänglichkeit im Geschöpf von Abdankungen. Denn was sich an der Steigerungsreihe Sprache entzündet, muß in ihrer Aktkomplexion Hellhören erlöschen, bis die Psychose kommt, das Begehren nach dem Wort in der Stille des Seins einzufrieren, um es erst in der Conditio Judaica aufzutauen[1]. Von der schnöden Tilgung des Taus erzählt das Licht der Philosophen, denen der Tod den langen schwarzen Schatten der hysterischen Karenz zuwirft, in der Priestertänze um die Relation von Kennen und Können das satte Götterleben in der Fabel von der egologischen Vorzugsform des Denkens zu iterieren suchen.

Irgendwo der Psychose, Irgendwie der Conditio Judaica. In ihrem Widerschein passieren Trauma und Skepsis die Wörtlichkeit des Worts, um der spiegelhaften Bekundung im Begriff die siegelhafte Beurkundung der Wunde einzuprägen – das Ehrenwort, die königliche Regung unter den unbedachten Gesten, die die Eifersucht um den höchsten Undank kondensiert. Die Eifersucht des Ehrenworts gilt dem besten Namen im Kerygma von der schwierigen Heiligkeit, dem unergründlich Wahren, der Idee des Guten, in dem das Sein die Sprache besteht, wenn denn Platon „in der Idee des Guten den Bereich der Unverborgenheit zu denken suchte."[2] „Sie bestimmt das hermeneutische Verfahren der Auslegung, das sich nicht nach Art der ästhetischen Metaphysik auf Chiffren, sondern auf Winke und Gebärden von Worten bezieht, Urworte des Denkens wie Logos, Physis, Ethos, die sie auslegend zum Sprechen bringt und an Seinserfahrungen ausweist."[3] Trauma und Skepsis bilden der zwiefältigen Metaphysik von Levinas die verschwiegenen Grenzbestimmungen einer mantischen Analytik ein, die das ältere Denken in den Stimmungen von Schrecken und Scheu gewiesen sah, um das Kennen und Können zu säumen. Trauma und Skepsis sind die sterbenden Stimmen einer tragischen Weisheit, die dem

---

[1] Vgl. George Steiner, Von realer Gegenwart. Hat unser Sprechen Inhalt?: „Rabelais, ein vom Wort Besessener, entwarf die Phantasievorstellung, daß alle seit Anbeginn der Menschheit gesprochenen oder niedergeschriebenen Sätze ‚eingefroren' seien und unversehrt aufbewahrt würden in irgendeiner Zwischensphäre, aus der sie die Hitze der Erinnerungen, der Not, der Qual herausschmelzen und abrufen kann." (München 1990, S. 83)

[2] Hans-Georg Gadamer, Heideggers Wege. Studien zum Spätwerk, Tübingen 1978, S. 75

[3] Manfred Riedel, Hören auf die Sprache. Die akroamatische Dimension der Hermeneutik, Frankfurt/M. 1990, S. 253

eifrigen Gott des Gedankens Warnung zuflüstert. Bei Levinas hat die Hörwelt der tragischen Weisheit den Widerklang einer Kindschaft gefunden, die Nietzsche im Philosophentypos kulminieren läßt. „Er ist beschaulich wie der bildende Künstler, mitempfindend wie der Religiöse, kausal wie der Mann der Wissenschaft: er sucht alle Töne der Welt in sich nachklingen zu lassen und diesen Gesamtklang aus sich heraus zu stellen in Begriffen.“[4]

Trauma und Skepsis bezeichnen das formelhafte Zueinander eines Widerklangs, ein Gefüge sterbender Stimmen ohne ein gesichertes Entsprechen, das in den Fluchten des Irgendwo und Irgendwie kein Niemals und Nirgends kennt, weil Angriffswissen vor der ironischen Anmut der Mythenreden Platons und den trockenen Arbeitspapieren des Aristotelischen Begriffskorpus bewahrt. Ein Angriffswissen, das seinen höchsten Preis aus unbegreiflichen Drohungen erringen muß, um die Fügung des unbedingten Ja und des grenzenlosen Nein gefaßt, die von der Puppe Mensch bis zum prophetischen Tier sich strecken. Ein Angriffswissen, das in AQE unter der Gottesidee einer gottverlassenen Gottesfurcht erzittert; in der lebhaftesten Lebendigkeit jener unbeugsamen Vorladung, die mit Haut und Haar ergreift. So ist der Zögling der sterbenden Stimme lasziv und züchtig zugleich; denn die Eifersucht um den höchsten Undank streift die leichte Hybris des Devorativen, die sich an etwas klammern muß, das jenseits des Kennens und des Könnens auf den Namen Seele hört.[5]

Unbeugsame Vorladung ins Hochgefühl entmaterialisierter Gottesidee, die das Subjekt im Stelldichein von Frage und Fragezeichen postiert. Ein Erfragen mit Haut und Haar, die Kosung der Zukunft in Zorn und Geheimnis, ein forderndes Flehen, enorm und unmerklich: „Was ist nur dem Subjekt zugestoßen, was hat es verletzt, daß es seine Gedanken exponiert und sich in seinem Sagen aussetzt!?“ (AQE 106) Die Via eminentiae von Staaten im Staate, Versuchsstaaten schneidenden Sprechens

---

[4] Nietzsches Bestimmung der Sprache als Aufklingen der Wahrheit in der Hörwelt der tragischen Weisheit hat bei Heidegger Resonanzen gefunden. Schenken, Schaffen, Lehren oder Philosoph, Künstler, Heiliger sind ihm ‚Eins‘: „Dieser künftige Mensch ist der eigentlich Herrschende, der über den letzten Menschen Herr geworden ist, und zwar so, daß der letzte Mensch verschwindet.“ Martin Heidegger, Nietzsche I, Pfullingen 1961, S. 390

[5] Devorativ ist das Leben, das den Tod zwischen dem Wahnsinn und dem Werk zur Sprache bringt. In Fest und Elend der Sprache wird die grausame Nacht der Welt erhellt. „Man sieht die Dinge, weil es an Worten mangelt; das Licht ihres Seins ist der umflammte Krater, in dem die Sprache vergeht. Die Dinge, die Worte, der Blick und der Tod, die Sonne und die Sprache bilden eine einzigartige, gedrängte, kohärente Figur, genau dieselbe, die wir sind.“ Michel Foucault, Raymond Roussel, Frankfurt/M. 1989, S. 191

im Weh ohne Denkakt noch Schlußform, Abkömmlinge des Erstlings Ehrenwort im Regime seiner nächsten Kühnheit, des Menschen in Diebshaken und Anführungsstrichen: präzise und graziöse Liturgie um die Botschaft von der schwierigen Heiligkeit, die den Anspruch eines Anderen Gesetzes erhebt. Die Artikulation möglicher neuer Sätze jenseits des geläufig Mitteilbaren kann in der Relation der Humanwissenschaften nicht geschrieben werden, wo ideogrammatische Staatsapparaturen wie Psychologie und Soziologie, Ökonomie und Politik die Suche nach dem unmöglichen Idiom unterbinden, das dem Wahren ergeben ist und nicht nach Siegen schielt. Erst im Kreuz der Zeugungsfunktion des lebhafteren Lebens, Siegel der höchsten Prüfung des Geschöpfs von Abdankungen, schneiden sich die Schrift und das Opfer. Dort, wo das Funktionselement Sprache, auf Kommunikation trainiert, die Kenner verstört und die Könner blockiert, führt Levinas auf die mantische Analytik der Vernunftidee Psychose. Ihr unmögliches Idiom, das die Knechtschaft des Gehorsams in die Kindschaft des Geschicks transformiert, ist die Reproduktion des Psychismus auf dem Umweg der nichtmenschlichen Realität Sprache. „Auf dem Planeten der sprechenden Tiere sind Tatsachen des Geschlechts Spitzfindigkeiten der Rede. [. . .] Und alle, die sich die Mühe des Lebens machen, danken dem Gott der Kastration."[6] Um sie, die die „Krankheit der Identität" (AQE 86) im seit Husserl und Heidegger vielfach vereitelten Cogito bezeugt, geht es in dieser Studie.[7] Die Vernunftidee Psychose ist ein Schaltwerk von Abtastungen der

[6] Jens Schreiber, Das Symptom des Schreibens. Roman und absolutes Buch in der Frühromantik, Bern 1986, S. 81. Das Geschenk des Unbewußten ist das Siegel der höchsten Prüfung für die psychoanalytische Episteme. Es quillt aus süßen Mündern oder klebt auf blöden Lippen, wie es schon die Romantik im Frohlocken fragmentierter Schreibkunst zur Sprache gebracht hat. „In der Romantik gehen Poesie und Liebe Hand in Hand, und so versichert Novalis, der Dichter erfinde Symptome, also die Sprache. Symptome sind Semiotiken, die die Existenz dessen versichern, was nicht anders als in Aussagen existiert." (S. 214) Die tropologischen Figuren der Rhetorik sind Symptomatologien der unerwarteten Entgegnung von Mensch und Sprache auf das eponyme Paar ihres unmöglichen Idiolekts im Spiel von Differenz und Wiederholung. Das unbefestigte Verderben, das im schneidensten Sprechen das Verfallen in Weltbezüge markiert, ist in keinem Zeugnis der höchsten Prüfung zu balancieren. Deshalb eröffnet Levinas wie Roussel „durch den freiwilligen Tod der Sprache eine innere Dimension, die eine Dimension der Sprachvernichtung durch die Sprache selbst darstellt, und eine Dimension ihrer Wiederbelebung, ausgehend von den pulverisierten Herrlichkeiten ihres Leichnams." Michel Foucault, Raymond Roussel, S. 56

[7] Gadamer hat Husserls Bemühungen in den Lebensweltanalysen gewürdigt, mit dem herkömmlichen Bewußtseinsbegriff zu brechen. Husserl löste „in lebenslanger, immer

Geschichte und Selektionen der Gewalt, die in ihrem besten Namen Seele die Kritik der Humanwissenschaften verdichtet. Denn Körpern, die die Sprache bewohnen, verschlägt es die Stimme, wenn ihnen die orphische Explikation der Welt genommen werden soll. Im Orakel der Fragen auf Leben und Tod diviniert sie den basalen Bruch von Selbst und Sich, von Relation und Religion; die dunkle Dichte der Apriorität des Apriori, die durch Mark und Bein geht und von Levinas in den barbarischeren Wendungen einer mantischen Analytik gebändigt wird. „Transzendenz der Güte, Adel des reinen Erduldens, Selbstheit reiner Erwählung, Liebe ohne Eros." (GP 106)

Mantische Analytik der Vernunftidee Psychose – mit diesem Ausdruck halten wir die meisterliche Untreue fest, die alle Eifersucht um den Erstling Ehrenwort in Übersetzungen verhält, welche dem Iterativ Lebenssturm erwidern. Übersetzungen, die der pneumatischen Exegese angehören, in deren Takt von Wind und Wetter die Wunde AQE sich regt, wenn das lebhaftere Leben in das Wesensverhältnis von Tod und Sprache übersetzt. Erst im Übersetzen der postromantischen Offenbarungssequenz wird das Zeugnis der verfehlten Entgegnung auf die Metonymien des geschundenen Anderen der Conditio Judaica eklatant; ein Eklat, der ein „Gran Irre" in die Wunde AQE senkt und sich als zweites Register im dritten Ohr vernehmen läßt: als Labyrinth der Textfalle Tumor, Fang im Thrombus Ehrenwort und Fessel in der Embolie des Wörtlichen. So ist die mantische Analytik der Vernunftidee Psychose in ein Entgleiten gehalten, das anhaltend hält und den Halt andauernden Aushaltens der Artikulation neuer Sätze vorbehält. Dafür gibt es nichts als den Tropus aller Tropen, die Miniatur aller unerhörten Rede, die Impertinenz in allen Pertinenzen, die Metapher.[8]

---

mehr sich verfeinernder analytischer Arbeit den Kantischen Grundbegriff der Synthesis der Apperzeption in einer Konstitutionsanalyse des inneren Zeitbewußtsein auf und arbeitete die Prozessualität der Selbstkonstitution des ‚ich denke' immer sorgfältiger aus. Mit der gleichen Beharrlichkeit verfolgte er unter dem Titel Intersubjektivität die Aporien der Konstitution des ‚alter ego', des Wir und des monadologischen Universums, und vollends zeigte seine Aufrollung der Lebensweltproblematik in den Studien um die ‚Krisis', daß er sich jeder Einrede zu stellen suchte, die von der Problematik der Geschichte aus erhoben werden konnte. Freilich standen seine Analysen zur Lebensweltproblematik für sein eigenes Bewußtsein gar und gar im Gegenzuge zu Heideggers kritischer Insistenz auf der Geschichtlichkeit des Daseins." Heideggers Wege, S. 105f.

8 Dem Herzkäfer der liebenswürdigsten Redeschlemmerei und der unbekümmertsten Sprachgrazie gelingt die unerhörte Kompatibilität von Cliché und Trouvaille im Metaphorischen semantischer Lustreisen. Auch dieser muntere Seelenstrolch absolviert das obligate Platonpensum im endogenen Bildrahmen des 20. Jahrhunderts. Ihn aber friert bei epischen

Seltsam, edel, blitzrasch ist das Belehnungspotential der Metapher, der Salto mortale ins Wesensverhältnis von Tod und Sprache, das flagrante Über-Setzen in die eigentümliche Führungslosigkeit der Diebshaken und Anführungsstriche, die Trauma und Skepsis aussetzen, als primäres Anderswoher und wildes Anderswohin. Aussetzungen, in denen die Metapher erschauert, um sich emporzuschwingen und sie bergende Worthülsen der Seele zu zerreißen – Obsession entwaffneten Denkens, fassungsloser Intelligenz, entblößten Ereignisses.[9] Kindliches Schütteln des Schluchzens nennt es Levinas, in dem sich das lebhaftere Leben, gehalten ins Entgleiten sterbender Stimmen, fröstelnd verkrampft, von der Religion als Religiosität des Sich gepeinigt; irgendwo, irgendwie im Sagen zwischen Haut und Fleisch, in das die Klinge des Imperativs mit dem Klang des Akkusativs gleitet, der bewundernswert unfehlbare Ausfall des Angriffswissens bei Levinas. „Fürchterliche Wunde, Wunde des Lebens, die einzige, die das Leben heute furcht."[10]

Unbeugsame Vorladung in die fürchterliche Wunde eines wehrlosen Wehs, das ist die Zumutung von AQE. Erstatten des Schuldigen markiert sein Tempo, das Vorwärts von unerbittlicher Härte, das kein Schutz des Begriffs und keine Schonung des Verstehens abfedert. Denn „der Jude ist haftbar und verantwortlich für das ganze Gebäude der Schöpfung. Es gibt etwas, was den Menschen noch mehr verpflichtet als das Heil seiner eigenen Seele. Das Tun, das Sprechen, das Denken des Juden haben das zweifelhafte Vorrecht, Welten zu zerstören und wiederherzustellen. Die Identität des Juden ist also keine angenehme Gegenwart seiner bei sich, sondern die Geduld und die Ermüdung und die Erstarrung einer Verantwortung, ein störrischer Nacken, der das Universum trägt." (DL 79)

Die Redaktion von AQE zeigt das Pathos der höchsten Distanz im Regime der nächsten Kühnheit, die Gottesidee ohne Denkakt und Schlußform, die atheistische Seele einer religionsphysiologischen Diktion zwischen Haut und Fleisch. Das will

Heldenliedern. Klein bis hinunter zur nichtswürdigen Null ist dieser Zögling des zierlichen Schreibgeschäfts, der die Schweizer Idylle verstört durchstreifen mußte. Umgekehrt proportional ist seine gewaltige Lehrthese: „Tiefstes Denken macht oft nur eine kleine staunende Bewegung." Robert Walser, Aus dem Bleistiftgebiet. Mikrogramme Bd. I, Ed. Bernhard Echte/Werner Morlang, Frankfurt/M. 1985, S. 115

[9] „Der ‚Besessenheit' antwortet die Metapher. Sie steht für ein Symptom, also für eine Wunde, Narbe, ein Trauma oder jedenfalls für die Möglichkeit einer solchen Verletzung der philosophischen Rede, anders gesagt, sie markiert die Stellen, in denen diese Rede in eine Gegend ausbiegt, in der die philosophische Terminologie nicht trägt und anderer Idiome bedarf." Elisabeth Weber, Verfolgung und Trauma, Wien 1990, S. 134

[10] Jacques Derrida, Eben in diesem Moment des Werkes findest du mich, in: Parabel Nr. 12, Gießen 1990, S. 76

als Ruf zu einer neuen Rationalität erhört sein, der alles mit dem Akkusativ beginnt, dem Widerruf des Menschenversagens, das im Namen Auschwitz kondensiert ist. Im Akkusativ ist das erfragbare Etwas bezeichnet, das in AQE multiples Profil gewinnt – Verfolgtsein vor der Verfolgung, Verpflichtung vor dem Engagement, Anklage vor der Verantwortung, Bürgschaft bis zur Geiselnahme. „Die Unendlichkeit des Unendlichen lebt gegen den Strich. Die Schuld wächst in dem Maße, als sie abgetragen wird. Eine Kluft, die vielleicht den Namen der Herrlichkeit verdient." (AQE 14) Kennerschaften und Könnerschaften humanwissenschaftlich akklamierter Deutungswut ist die zivilpolitische Sublimierungsethik der Arkandisziplin Auferstehung verschlossen. Die Seele hat ihren Herzschlag nicht mehr vom Menschen, den sie bewohnt, sondern von der Sprache, der sie gehorcht, weil die Sprache in der Seele umgeht. Man wird vom Phantomglied Desistenz auf dem Medienplateau Zombiesprache reden hören.

Dem puren Defizit Seele ist die prosodische Aktion Angriffswissen gewidmet und mit einem Gran Irre geweiht. Via eminentiae schneidenden Sprechens, das im Personalpronomen als dem Abseits des Subjektes ruht, um um das Menschliche diesseits und jenseits von Kennen und Können zu besorgen; in den geschmeidigen Umbauten der unbesonnenen Lust am sprechenden Körper, der Levinas' Umschöpfung von Urworten in der autoritativen Übung AQE unterstellt ist, als pathematische Ekstase in gelehrter Abstraktion und schroffer Übertreibung bis in die Deportation. Die verschleppte Metapher Seele prägt den Belastbarkeitstest AQE bis in den sorgsamen Rausch der gesuchtesten Konjektur. Metaphern transportieren den Zorn und das Geheimnis der Sprache in einer Hermetik, die sich instituierter Entlastungseffekte entledigt hat, mit denen die fungibel kurrenten Entzauberungsgestalten systemischer Humanwissenschaften wohlausgestattet sind. Daß Sprache im Hochgefühl der entmaterialisierten Gottesidee ein „Martyrium" (AQE 186) ist, zeigt das fordernde Flehen in AQE, als enormer und unmerklicher Versuch der Strenge, mit der Lacan die Psychose definiert hat. Kerygma der Seele als Endlosschleife der mantischen Analytik, Schaltwerk von Abtastungen des Kennens und Selektionen des Könnens der Vernunftidee Psychose, sterbende Stimme der Sprache, der es die Sprache verschlagen hat und die ihr klagendes Antlitz, schwarz verhängt, dem Opfer und der Schrift übergibt.

Wie sind synthetische Wunden apriori möglich? Was und wie können Trauma und Skepsis vor aller Vernichtung des deportierten Seelenwissens erkennen? Levinas hat ein Kryptogramm vom Weiblichwerden der Wahrheit diesseits der Namen des Vaters gelegt. Der physiognomische Blick dieser Algodizee verlangt ein unerhörtes Aufhorchen in die Unverstandenheiten, in denen die Festen vor den Zitternden zu zittern beginnen. Im außerordentlichen Geschick dieser bedrängten Linienführung zwischen dem Gesetz und dem Geschlecht findet der Fanatismus zur

Transzendenz seine über den Leisten apriorischer Leiblichkeit geschlagene Passionsgestalt, die vorursprüngliche Empfänglichkeit des Geschöpfs von Abdankungen. „Diesseits des Nullpunktes, der die Abwesenheit von Schutz und Bedeutung markiert, ist die Sinnlichkeit Affektion durch das Nicht-Phänomen, ein In-Frage-gestellt-werden von der Anderheit des Anderen, vor dem Aufkommen der Ursache, vor dem Erscheinen des Anderen; ein vor-ursprüngliches Nicht-auf-sich-ruhen, die Unruhe des Verfolgten – wo sein?, wie sein? – das heißt Sich-winden in den verengten Dimensionen des Schmerzes, unvermutete Dimensionen des Diesseits; sich selbst entrissen sein, weniger als nichts, zurückgeworfen ins Negative – hinter das Nichts zurück –, Mutterschaft, Schwangergehen des Selben mit dem anderen. Wäre die Unruhe des Verfolgten lediglich eine Modifikation der Mutterschaft, des ‚Aufstöhnens der Eingeweide', verletzt in denen, die sie tragen werden oder die sie trugen? In der Mutterschaft bedeutet die Verantwortung für die anderen – die bis zur Substitution der anderen geht und bis zum Leiden sowohl daran, was die Verfolgung bewirkt, als auch am Verfolgen selbst, in dem der Verfolger zuschanden wird. Die Mutterschaft – das Tragen schlechthin – trägt noch die Verantwortung für das Verfolgen des Verfolgers." (AQE 95)

Reduktionen

In dieser Art bewährbarer Zugänglichkeit des original Unzugänglichen gründet der Charakter des seienden Fremden.

Edmund Husserl, Cartesianische Meditationen

Dortchen ist nicht Hierchen.

Gottfried Keller, Der Grüne Heinrich, Erstfassung

Nur das absolut Fremde kann uns unterweisen.

Emmanuel Levinas, Totalität und Unendlichkeit

Der jüdisch-französische Philosoph Emmanuel Levinas ist ein Denker zwischen den Traditionen abendländischer Philosophie und talmudischer Weisheit. Der platonischen Formel vom Guten jenseits des Seins (Politeia 509b) hat er den allgemeinsten und leersten Hinweis auf einen Abschied entnommen, der der Auszugsgestalt seines Werks die systematische Orientierung verschafft. Es ist der Abschied von der Trägheit des Einen und der Krankheit des Selben. In ihnen hat der okzidentale Logos das Geheimnis des Anderen als Bedrohung erfahren, vor der es gelte, auf Ewigkeit nicht zu schwanken. Levinas' Weg aus dem Sein zeichnen Begriffe ethischer Bewegtheit. Sie umkreisen das Anderhafte der Anderheit mit einem ungesicherten Mut, der sich auf der Grenze von Ohnmacht und Schwäche hält. In ihnen ist der Abstand von Trauma und Skepsis zu jedweder Gegenwart schärfer zentriert, deren Umklammerung traumatisch erlitten und skeptisch ertragen wird. Ihr Zugriff muß in Weisen ausdrücklicher Wiederholung verschoben werden, wie sie die Pathologie des primären Traumas und die Topologie der wilden Skepsis zur Erwiderung bringen. Trauma und Skepsis sind wunderbare Zeichen für die peinliche Affektion, die die Erfindung des Anderen begleiten muß, weil diese „Spur der Exzession, des Exzessiven" (AQE 116) den eponymen Bund um den Satz des Selben versehrt. Levinas' mantischer Analytik der Vernunftidee Psychose[1] firmiert

[1] Die mantische Analytik der Vernunftidee Psychose ist Levinas' Lehrthese von der ethischen Rationalität als Informationskern der politischen Form. Die stolze Geistigkeit dieses Angriffswissens steht Aug in Aug mit Freuds politisch konnotierter Bestimmung der Psychose als „Staat im Staate, eine unzugängliche, zur Zusammenarbeit unbrauchbare Partei, der es aber gelingen kann, das andere, sog. Normale zu überwinden und in ihren Dienst zu zwingen." Sigmund Freud, Der Mann Moses und die monotheistische Religion, Studienausgabe (= SA), Frankfurt/M. 1974, Bd. IX, S. 525. Hannibal in Rom war neben

der Unfehlbarkeitstatus des Selben als Beschreibungsirrtum aus der Tradition des ontologisches Gottesbeweises. In Trauma und Skepsis wird die unerforschliche Gottesidee in das Hören einer Höhe zerdehnt, der Allmachtspiele um die Namensgebung Gottesbeweis nur Supplemente für das „Hochgefühl eines entmaterialisierten Gottes"[2] sind. In der großartigen Unerbittlichkeit der göttlichen Ansprache liegt die unvermeidliche Kühnheit der erwidernden Wiederholung Levinas' beschlossen, die dem Reich der Geistigkeit das zurückgehaltene Endstück Anderer mit einem Einschlag von Oben nachschickt[3].

Der Nachsendeantrag ergeht an erlauchte Adressen, von Parmenides bis Heidegger. Er erreicht die betörende Hellsicht im Namen Philosophie, den Rationalismus der Kritik des Scheins bei Kant und der Naivität bei Husserl, in Befragungen des Argwohns, der ihnen das Maß des nüchternen Denkens bestimmt. Reduktion ist die Strategie der Untersuchung, mit der Levinas prüft, warum die Vernunft mit der

Schliemann in Troja eine von Freuds geschätztesten Spaziergangsphantasien. *Acheronta movebo* ist die Horaz entliehene Kernformel des Angriffswissens in der Interventionspraxis Psychoanalyse. Ihr ewiges Gesetz der Ambivalenz schillert zwischen höchstem Preis und unbegreiflicher Drohung, auch bei Freud selbst. „Ein intimer Freund und ein gehaßter Feind waren mir immer notwendige Erfordernisse meines Gefühlslebens", erklärte er in der ‚Traumdeutung'. „Ich wußte beide mir immer von neuem zu verschaffen."

2 Diese Bestimmung Freuds faßt den Einfluß der monotheistischen Religion auf das jüdische Volk zusammen. Er erstreckt sich auf „die Ablehnung von Magie und Mystik, die Anregung zu Fortschritten in der Geistigkeit, die Aufforderung zu Sublimierungen, wie das Volk durch den Besitz der Wahrheit beseligt, überwältigt vom Bewußtsein der Auserwähltheit, zur Hochschätzung des Intellektuellen und zur Betonung des Ethischen gelangte". Sigmund Freud, SA Bd. IX, S. 534

3 Die Reserve des Anderen ist der Treibsatz der Freudschen Werks. Er ist der Unfall der Aussetzungssage Psychoanalyse und stößt Freud als Handicap zu – „durch eine Serie von Verschiebungen, Verwindungen und Verwirrungen seiner eigenen Archéphilie." Philippe Lacoue-Labarthe/Jean-Luc Nancy, Panik und Politik, in: Fragmente Nr. 29/30: Religion, Mythos, Illusion, Kassel 1989, S. 80. So entwirft diese „Lektüre Freuds das Programm einer *anderen* Lektüre von Marx und Hegel." (S. 96) Der ‚historische Roman' (Freud) vom Mann Moses wird als religionsgeschichtliche Gründungsdichtung aufgefaßt. Ihr politisches Telos um Stiftungsakte aus Sezessionen und Dissoziationen ist gegen den nazistischen Antisemitismus der Selbstbehauptungslegende zu würdigen – „im Trotz konzipiert, im Trotz geschrieben und im Trotz veröffentlicht." (Peter Gay, Freud. Eine Biographie für unsere Zeit, Frankfurt/M. 1990, S. 729) Freuds einzigen Versuch einer allgemeinen Gesetzesbestimmung sehen die Autoren in der Regel: „Wenn sich überhaupt eine Identität bis zum Ende konstituieren kann, dann aus dem Außen, dem Fremden, dem Anderswo." (Lacoue-Labarthe/Nancy, S. 126)

Erforschung der Wahrheit betraut, zur Entdeckung des Seins verpflichtet, auf die Erfassung der Gegenwart vereidigt wird. Im Privileg dieser Evidenz hat die Reduktion ein Genug, sofern Enthüllung und Erfüllung Hand in Hand gehen und den Status einer Identifikation gewähren, in der die „Apodiktizität der inneren Anschauung" die Gegenwart erschöpft. Aber die Reduktion passiert den „letzten Zweck der transzendentalen Wende" (WG 54) in Sendungen, die der Regsamkeit eines lebendigeren Lebens entrissen sein wollen, das zu einem ernüchterten Modus erwacht. „Die Selbstgegenwart als lebendige Selbstgegenwart, in ihrer eigentlichen Unschuld, verlegt ihren Schwerpunkt nach außen" (WG 59). Der Aufsprung der Wachsamkeit ist als lebendigeres Leben das schlaflose Außen, das die Reduktion über den vernunftkritisch abgelegten Schein Kants und die intentionalanalytisch abgelehnte Naivität Husserls hinaus erstrebt; Emphase und Hyperbole der Reduktion, die den Geist, das belebende Prinzip im Gemütsakt des Menschengeschöpfs als Intelligenz, aus dem Primat der neukantianischen Kulturphilosophie befreit. „Irreduzierbare Kategorie der Differenz im Herzen des Selben, die die Struktur des Seins durchbricht, indem sie es beseelt oder inspiriert." (WG 64) Die Reduktion, die aus dem Außen kommt, vom Fremden und Anderen, wird in erwidernder Wiederholung begrüßt, weil sie das Leben aus der Starre löst, mit der es im Selben verwurzelt ist. So hat die Reduktion die Evidenz im Register des Argwohns zu bezwingen, damit sich das Leben nicht in eine Gegenwart verflüchtigt, die noch der Geistigkeit des Geistes die Form des Wissens auferlegt. „Es geht darum, in der Gegenwart das Leben wiederzufinden." (WG 68)

Diese Sendung begründet einen Willen zur Signifikanz, dessen mantische Analytik das stoische Lehrstück von der „Logik des Schicksals" als „Explosion des Anderen im Selben" (WG 70) rekonstruiert. Hermeneutische und semiologische Momente sind in ihr verschränkt[4]: Mantik sagt Bedeutungen von rätselhafter

[4] Vgl. Jens Heise, Traumdiskurse. Die Träume der Philosophie und die Psychologie des Traums, Frankfurt/M. 1989. „Die Rekonstruktion der Mantik im Kontext der Stoa zeigt, daß die Grundoperation der Mantik, die Divination, im Orakel der Fragen nach der individuellen Zukunft nicht aufgeht, sondern auf eine Form des Wissens verweist, in der sich empirische und reflexive Momente zu einer ‚Hermeneutik des Schicksals' verknüpfen. [...] In der Stoa haben wir das Modell einer Rationalität, die eine Symbolik nicht diskursiver Zeichen einschließt; das Modell einer Hermeneutik, die aus dem wilden Denken reflexives Wissen gewinnt." (S. 277f.) Diese bemerkenswerte Arbeit kann als Spurensicherung platonischer und semiologischer Elemente der Rationalität aufgefaßt werden, die als Überraschungen in einem Überschuß an Signifikaten investiert sind. Sie nimmt „das Prophetische der Mantik als Sprache" (S. 57) und kann so den „metapsycholo-

Lebendigkeit, ohne der Idee ihre Lokalität zu bezeichnen: Acheronta movebo. Diese Bedeutungen ohne Kontext erlauben es, Levinas' mantische Analytik der Vernunftidee Psychose als prophetische Philosophie zu lesen, in der die befremdliche Rationalität des futuralen Textes vom Anderen erwacht. Die Reduktion hat einen zeitexzentrischen Index: Die Spur des Anderen bahnt das Verkehrswissen von Übermorgen. Es liest sich als Unruhe, Vertiefung und Erschütterung eines lebhaften Lebens, das „sich nicht verzehrende Brennen einer unauslöschlichen Flamme": „Empfangen, das passiver ist als alle Passivität und nicht einmal Asche zurückläßt, aber Empfangen, in dem der Sinn aufblüht" (WG 77). Die Sendung, in der Gegenwart ein lebhafteres Leben von rätselhafter Statur zu bewegen, das die Dauerspur der platonischen Ideenlehre erneuert, verschiebt und umformt, ist die Aufgabe der Reduktion, der „Berufung Berufung weckt, so wie eine lebendige Flamme, was noch nicht flammt, entzünden kann."[5] Ihr folgt Levinas' Einschlag von Oben, zu dem sich AQE erhebt, die via eminentiae, die von der „Steigerung bis ins Äußerste als philosophische Methode" (WG 113) markiert ist. AQE ist ein „Aufruf zu einer neuen Rationalität", eine „Wachsamkeit, die, noch bevor sie dem Erkennen dient, ein Durchbrechen der Grenzen und ein Zerbersten der Endlichkeit ist." (WG 159)

---

gischen Augenblick der Philosophie" (S. 93) schon bei Platon bezeichnen: „Im Inszenieren der Überkreuzung von Traum und Wissen ist das maieutische Verfahren Thaumurgie und Sokrates ein Überraschungskünstler." (S. 106) Das ist eine affektive Subversion, die zur „Spur eines wilden oder primären Sinns" wird: „Die Maieutik läßt den Traum dort erscheinen, wo ihn das Bewußtsein nicht erwartet hat, im Inszenieren der Überkreuzung von Traum und Wissen ist das maieutische Verfahren Überraschungskunst." (S. 127) Hier kündigt sich die Dauerspur der platonischen Ideenlehre an. Wo sie aufgenommen wird, bei Descartes, Kant und Levinas' werden die Grenzen des Intelligiblen und Sensiblen im Feld des Rationalen verschoben. Wachen und Träumen, Zweifeln und Wissen bezeichnen Bedeutungsstrukturen der Meditation mit wechselnden Referenzen von Fiktion und Wahn, bis Levinas das prophetische Futur in die wiederholende Erwiderung des Anderen übersetzt. „Darum muß die Philosophie dem wilden Denken einen Platz im Inneren des Diskurses zuweisen: seinen affektiven Überschuß in einen diskursiven transformieren. Das ist der Weg vom Schreckensbild zum Unding des Denkens, den die Philosophie Platons in Ausdrücken wie téras aufbewahrt hat." (S. 128)

5 Edmund Husserl, Gesammelte Werke (= Hua), Den Haag 1959ff., Bd. VI, S. 489

Neue Rationalität

AQE ist der Psychismus der Schlüssel zur Bedeutung ohne Kontext, zum *Es geschieht* des grenzenlosen Akkusativs, der unersetzlichen Wunde der höchsten Aufopferung, die am Gelingen der Evidenzerkenntnispolitik Apperzeption kein Genüge hat. Über Kant, Husserl, Heidegger hinaus wird das Responsorium von Denken und Leiden entflammt, „das durch ein Anderes wachgehaltene Selbe" (WG 76) ohne „Triumph der Identifizierung in der absoluten Idee" (WG 77). So kostet der Psychismus den Geschmack dessen, was Arkandisziplin Auferstehung genannt zu werden verdient, weil der unvordenkliche Nicht-Tod im Hochgefühl einer entmaterialisierten Gottesidee die übergangene Schrift passiert, die die Grenzen des Intelligiblen und des Sensiblen im Feld des Rationalen verschiebt. „Der Psychismus ist die Form einer unerhörten Verschiebung – eines Aufreißens oder einer Auflösung – der Identität; das Selbst, an der Koinzidenz mit sich selbst gehindert, zersplittert, seiner Ruhe beraubt, zwischen Schläfrigkeit und Schlaflosigkeit, Schnaufen, Schaudern. Keine Abdankung des Selben, entfremdet und Sklave des Anderen, sondern Aufopferung des Sich, voll für den Anderen verantwortlich. Identität, die durch die Verantwortung und im Dienst des Anderen hervortritt." (AQE 86)

Das Anderhafte der Anderheit ist im okzidentalen Logos in die Vorhallen des Seins verbannt worden. Zwanglos gleichsam ist die Sorge um den erfüllten Augenblick in die Macht der vollendeten Gegenwart umgeschlagen. Ein Umstand, der die Bemerkung erlaubt, daß das Anderhafte der Anderheit weder seiner Natur oder Beschaffenheit noch seiner Definition oder Bestimmung nach hat ermittelt werden können. In der grausamen Welt rückhaltlosen Sein-Kennens und Sein-Könnens ist die „Affektion durch das absolut Andere" (WG 163) unbeholfen zurückgeblieben. Das Erwachen zu lebendigerem Leben und tödlicherem Sterben gilt apodiktischer Bestimmung und evidenter Beschaffenheit als bedauerliches Residuum aus Mangel, Armut und Defizienz, ohne daß dem Zögern zwischen Scham und Schande das ernüchterte Empfangen puren Defizits gewährt wäre, mit der sich die Reduktion der „Diachronie der Zeit als Furcht Gottes" (WG 165) ergeben muß. Es erscheint gekrümmt vor der Enthüllung des Seins und der Erfüllung des Daseins, der weitgespannten Disziplin entfalteter Formen von Rationalisierungformen, die auf das Heroenrecht an der Rationalität pocht[6], ohne die abendländische Reduktion um

[6] Der Ausdruck Heroenrecht bezeichnet den Wagnischarakter des philosophischen Denkens in der Krisenverfassung der europäischen Tradition. So fordert Husserls Schrift über die „Krisis der europäischen Wissenschaften und die transzendentale Phänomenologie"

Asche und Phönix auf die Evidenzerkenntnispolitik Apperzeption zu erstrecken. Hier hat die extremanalytisch verlebendigte Formidee des Anderen keine gewiesene Zeit der Skepsis und keinen gewogenen Raum des Traumas; Zeugenschaften des Zögerns in Scham und Schande, deren gesellige Zeugung in Schritt und Tritt der Reduktion den futuralen Text des Ethischen konstituiert. Der ernüchterte Empfang des Erwachens, der Transzendenz ergeben, wehrt die Verfolgung durch das Evi-

---

einen „Heroismus der Vernunft": „Europas größte Gefahr ist die Müdigkeit. Kämpfen wir gegen diese Gefahr der Gefahren als ‚gute Europäer' in jener Tapferkeit, die auch einen unendlichen Kampf nicht scheut, dann wird aus dem Vernichtungsbrand des Unglaubens, dem schwelenden Feuer der Verzweiflung an der menschheitlichen Sendung des Abendlandes, aus der Asche der großen Müdigkeit der Phoenix einer neuen Lebensinnerlichkeit und Vergeistigung auferstehen, als Unterpfand einer großen und fernen Menschenzukunft: Denn der Geist allein ist unsterblich." Edmund Husserl, Hua Bd. VI, S. 348. In der Davoser Disputation mit Ernst Cassirer formuliert Heidegger, „daß die Philosophie die Aufgabe hat, aus dem faulen Aspekt eines Menschen, der bloß die Werke des Geistes benutzt, gewissermaßen den Menschen zurückzuwerfen in die Härte seines Schicksals." Martin Heidegger, Kant und das Problem der Metaphysik, Frankfurt/M. 1973, S. 263. Schicksalgehärtet firmiert der geistphilosophische Heroismus der Vernunft bei Denkern der extremanalytisch verlebendigten Formidee. Ernst Jüngers Parole ‚Erwachen und Tapferkeit', Gottfried Benns ‚gesetzgeberische Umlagerung zu Stil', Carl Schmitts ‚verzögernde Überspannung der Transzendenz' sind Diapsalmata eines Angriffswissens aufs Faule und Müde, das in Erscheinungen des Begehrens das Begehren des Denkens zu denken begehrt. Jean-Luc Nancy hat die Aporie von Erregung und Erschöpfung beschrieben, die Konjekturaltopologien um die rationale Formkraft des Absoluten versehrt. „Die innere Spaltung des Subjekts, die sich daraus ergebende Entdeckung, daß seine Wahrheit, sein Wert und sein Ziel anderswo sind, daß es aber selbst dieses Anderswo ist und in ihm immer wieder eine Kluft voller Fieber und Erregungen aufreißt, Fieber und Erregungen einer Identifikation, die immer schon zu unendlicher Erschöpfung verdammt ist." (Das Vergessen der Philosophie, Wien 1987, S. 50) Jean-Luc Evards luzide Studie über Georges Sorel hat die Gefahren einer heroenrechtlichen Lektüre der Moderne betont. „Der sich selbst zerfleischende Geist verlockt abenteuerliche Sektierer, die Weltgeschichte auf der Folie einer nur oberflächlich enttheologisierten Philosophie als Vergeltungsangebot zu lesen." Ein panisch instrumentierter Erlösungsauftrag soll die Spaltung des Subjekts durch das kostbare Kapital erhabener Körper in Geschichte und Gewalt manipulieren. Zwischen den Toden von Kreuz und Krieg sind sie die Offenbarung des lebenden Todes. „Grundlage der Sorelschen Soziologie ist einerseits die im Prozeß der Aufklärung aufgelöste Figur des Gekreuzigten als imaginärer Stellvertreter des Erhabenen, andererseits das revolutionär-konservative Leitbild des Krieges als Schmelztiegel einer authentischen Autorität." (Angst und Autorität. Über Georges Sorel. In: Fragmente 32/33: Von der Liebe zur Nation, Kassel 1990, S. 164, S. 163).

denzpostulat im „Glanz der Physis, wo das Sein in Wahrheit ist." (SA 133) Es ist die Gewalt der Verfolgung, von der Levinas mit der mythologischen Figur des Odysseus erklärt, daß ihr Abenteuer des Geistes das schöne Wagnis um den Anderen umschifft: „Die Philosophie ereignet sich als eine Form, in der sich manifestiert, daß man sich von den frühesten Philosophen an dem Engagement für den Anderen verweigert, das Warten dem Handeln vorzieht, den anderen gegenüber indifferent, in jeder Hinsicht gegen sie allergisch ist. Der Weg der Philosophie bleibt der des Odysseus, dessen Abenteuer in der Welt nichts anderes als die Rückkehr zu seiner Geburtsinsel war - ein Sich-Gefallen im Selben, ein Verkennen des Anderen." (HAM 33)[7]

Emmanuel Levinas' Sozialphilosophie bietet nunmehr einen Rezeptionszyklus der „bewährbaren Zugänglichkeit des original Unzugänglichen".[8] Mit einem Ruck im Revers der Apperzeption wird der Reduktion die „ursprüngliche Schlaflosigkeit

---

[7] Der listenreiche Kampf des Odysseus wird kriegerisch überformt. Seinem ersten Wetterleuchten in der Antike folgt noch der epochale Reflex des 20. Jahrhunderts. So konstruiert Ernst Jünger, Walter Benjamins Beurteilung zufolge eine Landsknechtsgestalt grobschlächtiger Metaphysik, den neuen Menschen aus dem Sturmpionier des I. Weltkriegs. Der Kriegsingenieur der Herrenklasse inkarniert den Lebenskampf der Menschenart in Pathologien der kriegerischen Gemeinschaft. „Wenn ich beobachte, wie sie geräuschlos Gassen in den Drahtverhau schneiden, Sturmstufen graben, Leuchtuhren vergleichen, nach den Gestirnen die Nordrichtung bestimmen, erstrahlt mir die Erkenntnis: Das ist der neue Mensch. Die Sturmpioniere, die Auslese Mitteleuropas. Eine ganz neue Rasse, klug, stark und Willens voll. Was hier im Kampfe als Erscheinung sich offenbart, wird Morgen die Auslese sein, um die das Leben schneller und schneller schwirrt." Zitat nach Martin Meyer, Ernst Jünger, München 1990, S. 60

[8] Edmund Husserl, Hua Bd. I, S. 144. Husserls Theorie der Fremderfahrung phänomenalisiert die Zeichen dessen, „daß Berufung Berufung weckt, so wie eine lebendige Flamme, was noch nicht flammt, entzünden kann." (Bd. VI, S. 489) Die Übertragungsmodalitäten der Zeitkindschaft in Zeitgenossenschaft im intersubjektiven Gebilde der transzendentalen Historizität sprengen das „Ineinander der ichlichen Zeitigungen" (Bd. XV, S. 602). Husserls *Horror alieni* muß eine „Zugänglichkeit in der eigentlichen Unzugänglichkeit, im Modus der Unverständlichkeit" (Bd. XV, S. 631) konzedieren. Denn das abstraktive Präparat der egologischen Primordialsphäre ist das lebensunfähige Kondensat phänomenaler Existenz. An der „Ich-Fremde" (Bd. XVII, S. 248) geht dem „Mir-Eigenen" (Bd. I, S. 131) der unverständliche Verstand einer originalen Nichtoriginalität auf, fremder Anspruch und anderer Angang, die den Urmodus der archontischen Monade versehren und enteignen. Von dem Erfahrungsbruch, den die Klippe des Anderen der Ausschiffung phänomenologischer Archäologie bereitet, gibt Husserls hermetisch induzierte Begriffsmetaphorik der Nachlaßkonvolute Zeugnis.

des Denkens“ (WG 167) erschlossen, ein lebhafteres Leben als die lebendige Gegenwart. Der phänomenologische Diskurs extremanalytischer Entsagung aufs Evidenzpostulat eröffnet den Spalt des Verzichts im Antlitz des Anderen, das Regime der nächsten Kühnheit im Zeugnis der verfehlten Entgegnung; ein Zögern zwischen Scham und Schande, das die „rückläufige Bewegung des Wahren“[9] vergibt, sofern die Reduktion dem prophetischen Futur des Anderen in erwidernder Wiederholung zum ernüchterten Empfang erwacht. Das ermöglicht unversäumt, Modelle von Autorität und Legitimität, Produktion und Distribution, Erregung und Erschöpfung des Selben und des Anderen neu zu buchstabieren; bis zur „Liebe ohne Konkupiszenz“, in die Levinas das „Empfangen der äußersten Gabe: für den Anderen zu sterben“ (WG 214), übersetzt. Gewiß, das Unbehagen um die Bestimmung der Anderheit, die Allergie um die Beschaffenheit des Anderhaften sitzt tief. Vom Logos des Selben kann eine generative Symboltheorie des Anderen nicht erwartet werden.[10] Diese dürfte jenem als Regression im philosophischen Verstande erscheinen, weil die markige Vorzugsorder um die Evidenz des Wissens vor der extremanalytischen „Geduld des Unendlichen“ (WG 170) zu zedieren hätte. Aber die Anderheit des Anderhaften muß der lebendigen Gegenwart des Selben aufbre-

[9] Maurice Merleau-Ponty, Das Sichtbare und das Unsichtbare, München 1986, S. 244. Mit der rückläufigen Bewegung des Wahren ist eine prinzipielle Nicht-Koinzidenz gemeint, die Reflexionsbestimmungen dezentriert. Verzug und Nachtrag sind ihre Elemente. „Gegeben ist nicht eine massive und opake Welt oder ein Universum adäquater Gedanken, sondern eine Reflexion, die sich der Welt in ihrer Dichte zuwendet, um sie zu erhellen, die ihr aber nur nachträglich ihr eigenes Licht zurückwirft.“ (S. 31)

[10] Die generative Symbolizität erkundet im Beutezug Lektüre die Hieroglyphenschrift des Anderen. Sie balanciert den Überschuß an Bedeutung mit der Überdetermination des Sinns. Im Angriffswisssen auf den schönen Schein des Selben gibt Levinas ihre Apologie. Für die Verortung eines denkenderen Denkens vom Symbol können einige Namen genannt werden. Solche Referenzen sind Ernst Cassirers Philosophie der symbolischen Form, Maurice Merleau-Pontys Vorrang des Symbolverhaltens in seiner „Struktur des Verhaltens“, Jacques Lacans Struktur des Symbolischen im Verhältnis zum Imaginären und Realen. Für alle gilt Lacans Satz: „Was nicht symbolisiert wird, kehrt als Reales wieder.“ Claude Lévi-Strauss' Strukturale Anthropologie nimmt seiner kosmologischen Dimensionen wegen eine Sonderstellung ein. Aber auch er stellt wie die anderen Autoren das Formleben der Mythen im erscheinenden Symbol Zeit in die doppelte Frontstellung gegen die Geschichte und die Gewalt. Sein Medienplateau Strukturale Anthropologie hat den „Hort einer stoizistischen Reflexivität zurückerobert“: „Sie entspringt zeitspezifischen Paradoxien, bringt unumgängliche Paradigmen hervor, mündet in ein unzeitgemäßes Wissen.“ Jean-Luc Evard, West-Deutschland und die strukturale Anthropologie, in: Zeitmitschrift Nr. 3 1987, S. 123f.

chen, als Ruck im Revers erlittener Gewalt und ertragener Geschichte, als Reduktion oder ernüchtertes Empfangen der lebhafteren Formidee einer Katamnese der Affektion. Schmerz und Geduld zielen über die Allegorien des Sozialen hinaus, in denen sich der conatus der Selbsterhaltung des Selben verkrampft, wenn ihn iterative Lebensstürme als Avus des Kommenden schnell und schneller umschwirren. „Die ganze Schärfe des Schmerzes liegt in der Unmöglichkeit, zu fliehen, in der Unmöglichkeit, in sich selbst gegen sich selbst einen Schutz zu finden; sie liegt daran, daß man von jeder lebendigen Quelle abgeschnitten ist. Sie ist die Unmöglichkeit, zurückzuweichen." (TU 349) Ein physisches Leiden, das die „Umkehrung der Aktivität des Subjekts in Passivität" beschreibt, ins „Schütteln des Schluchzens" als wunderbares Zeichen der peinlichen Affektion: „Prismatischer Infantilismus"[11] im Register Benns. „Nicht im Augenblick des Leidens, in dem ich, in das Sein hinein in die Enge getrieben, es noch ergreife, in dem ich noch Subjekt des Leidens bin, sondern im Weinen und Schluchzen, in die das Leiden sich wandelt; dort, wo das Leiden zu seiner reinen Form gelangt, wo es nichts mehr zwischen uns und ihm gibt, dort schlägt die höchste Verantwortlichkeit dieser äußersten Übernahme in höchste Verantwortungslosigkeit, in Kindlichkeit um. Dies ist das Schluchzen, und genau dadurch kündigt es den Tod an. Sterben, das heißt, in diesen Zustand der Verantwortungslosigkeit zurückzukehren, das heißt, das kindliche Schütteln des Schluchzens zu sein." (ZA 54)

Drama des Seinsverlangens

Unmöglicher Rückzug, ausgeschlossenes Entweichen: So firmiert die von der Sorge um die Besorgung Allergie nicht benommene „Bedeutung ohne Kontext" (TU 23), die Reduktion auf das Responsorium von Denken und Leiden. Bedeutung ohne Kontext stiftet den Aufruf zur neuen Rationalität von Trauma und Skepsis, die die Tradition der praktischen Philosophie Kants in die Geduld des Unendlichen zieht, um jener den ernüchterten Empfang zu bereiten, der das Trauma zum Schema der Verstandeshandlung und die Skepsis zur Typenlehre der Urteilskraft erwachen.

[11] Gottfried Benn, Gesammelte Werke (= GW), Ed. D. Wellershoff, Stuttgart 1986, Bd. II, S. 255. Benns antipessimistischer Taschenspiegel wirft böse Blitze auf die Warzenkultur am Olymp des Scheins. „Pessimismus – das ist der Strandkorb des Unproduktiven, das rückt ihn an den See, ich bin Artist, mich interessieren die Gegenströmungen, ich bin Prismatiker, ich arbeite mit Gläsern. Was zum Beispiel die Methode meines Niederschreibens angeht, sie ist, wie leicht festzustellen, prismatischer Infantilismus."

Dieser verborgene Handgriff ist Kants Vernunftkritik schwerlich abzuraten. Ihr verbindlich Unergründliches wird sie erst in den Losen Blättern des Opus postumum zu lesen geben, der Zweiten Philosophie vom Ideal der reinen Vernunft im Entzücken des Denkens an der durchgängigen Bestimmung, die die Idee der Erfahrung als Postulatenlehre der praktischen Vernunft präsumiert.[12] Allein Rosenzweig[13] hat die Einheit von Schema und Typik, Logik und Praktik, Erkennen und Beurteilen in den Ursprung der Religionsschrift Kants plaziert, die als Erwachen inmitten des Erwachens der ‚Metaphysik der Sitten' gelesen sein will. „Denken, das denkender ist als das Seinsdenken, Ernüchterung, welche die Philosophie zu sagen, d.h. mitzuteilen, sich bemüht, und sei es nicht anders als in einer Sprache, die ihr Gesagtes unablässig selbst widerruft, die andeutend sagt und sich darin schon zurückzieht." (WG 171) Widerruf, Andeutung, Rückzug: Stationen der Reduktion aufs lebhaftere Leben in „Gewissenhaftigkeit (welche auch religio genannt wird)", die Kants Mensch „ein Prinzip der Beurteilung aller seiner Pflichten als göttlicher

[12] In der Erfindung erhält die reflektierende Urteilskraft der „Ästhetik" Kants die überlegenste Form geistiger Gebilde. Das Bildwerk des Gedankengangs zu einer „Metaphysik von einer Metaphysik" hat hier die volle Konkretion eines Signals, das mit unendlicher Geschwindigkeit gesendet wird. *Omnimoda determinatio* ist der intelligible Charakter des Konstruktionsplans des Opus postumum selbst, das spontane Monogramm der vernunftkritischen Einbildungskraft, die sich an der Technik des göttlichen Wesensakts versucht.

[13] Rosenzweigs Neues Denken erfragt die Metabasis Kants. Ein Brief von 1917 verknüpft das Schematismuskapitel der Vernunftkritik mit der Typiklehre der Kritik der praktischen Vernunft. Der Abschnitt über die Typik sei „zwar scheinbar eine bloße Anmerkung, in Wahrheit aber der Ort, wo Kants ganze geschichtsphilosophische Schriften aus den achtziger Jahren ihr Absteigequartier im ethischen Hauptwerk haben würden." Zum Schematismus Kants heißt es: „Das sind die Stücke, wo Kant den mystischen Ton (nicht den der Erhabenheit, sondern den des Geheimnisses) anschlägt: ‚geheime Wurzel', ‚verborgene Kraft in den Tiefen des Gemüts'." Der Ausdruck Metabasis bezeichnet Rosenzweigs Würdigung der mystische Absteige Kants. „Das letzte Wahre ist also eine Beziehung von Zweien, gewissermaßen ein neuer Manichäismus in der Philosophie." (Gesammelte Schriften (= GS), Ed. R. Rosenzweig/E. Rosenzweig-Scheinmann, Den Haag 1979, Bd. 1,1, S. 454f.) Daher die Überlegung, ob „Kants Religion innerhalb der Grenzen der bloßen Vernunft doch der Schlüssel zu den Kritiken" sei. Denn „Kant ist der erste wirkliche Dualist in der Geschichte der Philosophie. Er hat als erster im ‚Ding an sich' eine rational unauflösliche Gegenkraft anerkannt. [. . .] So hat hier die Philosophie sich selbst auf den Standpunkt der Religion gestellt. Das ‚radikal Böse', das noch kein Philosoph anerkannt hatte, ist der Wurzelbegriff seiner Philosophie – radikal, das heißt spontan, der Erscheinung gegenüber unbegreiflich kausativ: Ding an sich." (GS Bd. 3, S. 68f.)

Gebote"[14] imponiert. Die extremanalytisch verlebendigte Erkenntlichkeit der Reduktion kommt dem panisch instrumentierten Erlösungsauftrag Erkennen zuvor. Die Geduld des Unendlichen trägt das Weh von Trauma und Skepsis aus der Wehr eviduierten Wissens in Bedeutungen ohne Kontext, die das Zögern zwischen Scham und Schande vor der Majestät des Gesetzes übersetzen. „Die Majestät des Gesetzes (gleich dem auf Sinai) flößt Ehrfurcht ein (nicht Scheu, welche zurückstößt, auch nicht Reiz, der zur Vertraulichkeit einladet), welche Achtung des Untergebenen gegen seinen Gebieter, in diesem Falle aber, da dieser in uns selbst liegt, ein Gefühl des Erhabenen unserer eigenen Bestimmung erweckt, was uns mehr hinreißt als alles Schöne."[15] Die rückläufige Bewegung des Wahren, die Reduktion von Typik und Schema bei Kant, reißt ins Hochgefühl der entmaterialisierten Gottesidee hinauf, in Bedeutungen ohne Kontext, deren Emphase oder Hyperbole sogleich die Grenze gezogen ist. „Die Vernunft im Bewußtsein ihres Unvermögens, ihrem moralischen Bedürfnis ein Genüge zu tun, dehnt sich bis zu überschwenglichen Ideen aus, die jenen Mangel ergänzen könnten, ohne sie doch als einen erweiterten Besitz sich zuzueignen."[16] Genau das ist die Formel der Liebe des Gesetzes, der die gebrechliche Weisheit Tugendlehre die Gottseligkeit ohne Idolatrie sichert, „der ganze Kram voller auferlegter frommer Observanzen" pochenden Zudringens, ächzender Plakkerei, vermessenen Wahns bei Kant. „Das höchste, für Menschen nie völlig erreichbare, Ziel der moralischen Vollkommenheit endlicher Geschöpfe ist aber die Liebe des Gesetzes."

In Kants „Drama eines Seinsverlangens" (WG 173) wird das Regime der nächsten Kühnheit um Schema und Typik zum Zeugnis der verfehlten Entgegnung auf Trauma und Skepsis. Ununterbrochen regiert ihm das ontologische Abenteuer der Seele Trennungen des Denkens vom Wissen; ein Aufbruch ohne Wiederkehr, der sich von Verirrung, Schwärmerei und Aberglaube getrennt halten will und erst im Nachlaß der Liebe des Gesetzes in den Stationen Selbstaffektion, Selbstsetzung und Erscheinungsstufung nachgibt. Denn im Opus postumum wird das Schema zur

---

[14] Kant, Metaphysik der Sitten, Werkausgabe Frankfurt/M. 1968, Bd. VIII, S. 575. Die Quintessenz gegen die Mikrologen oder Kleinigkeitskrämer: „Religion zu haben ist Pflicht des Menschen gegen sich selbst." (S. 580)

[15] Kant, Die Religion innerhalb der Grenzen der bloßen Vernunft, Bd. VIII, S. 670. Was der guten Grazie Anmut verwehrt ist, wird der „Kriegstapferkeit" zugestanden. „Denn daß der Mensch etwas haben und sich zum Zwecke machen könne, was er noch höher schätzt als sein Leben (die Ehre), wobei er allem Eigennutze entsagt, beweist doch eine gewisse Erhabenheit in seiner Anlage." (S. 681)

[16] Kant, Die Religion, Bd. VIII, S. 704. Unbegreifliches mag eingeräumt werden, kann aber zu keinem konstitutiven oder regulativen Gebrauche in Maximen führen.

Architektonik der Naturforschung erweitert und die Typik zum Prinzip der Besondergesetzlichkeit verengt. Trauma und Skepsis der Vernunftkritik erfahren eine neue Deduktion, die sie als materiale Antizipation der Wahrnehmung koordiniert. Die doppelte Affektion oder die Erscheinung in der Erscheinung ist eine Redaktion elementarer Wahrnehmungen, deren zeitexzentrischer Index metaphysischer Anfangsgründe die prophetische Rede erlaubt: „Die Welt ist ein Thier: aber die Seele desselben ist nicht Gott."[17]

Die Anderheit des Anderhaften zieht mit dem Rücken zur Wand herauf; eine Rekurrenz ins Exil „unter dem Effekt einer Expulsion" (AQE 130), die „nicht ins Spiel der Darbietungen und Verhehlungen eintritt, die man Phänomen nennt (oder Phänomenologie, weil das Erscheinen des Phänomens bereits Diskurs ist)." (AQE 132) Sie ist der Aufzug der Geduld des Unendlichen unter dem Zugriff der Evidenz des Wissens, das Entkommen des Schmerzes aus der Fälligkeit des Schutzes, den die Kennerschaften und Könnerschaften der zum Selben verständigten lebendigen Gegenwart Apperzeption wie einen Wechsel auf die „überreizte Geschichtserwartung im Sog historischer Beschleunigungserfahrung"[18] präsentieren. Es ist der

[17] Zur Problemanalyse von Kants Nachlaßwerk vgl. Gerhard Lehmann, Kants Tugenden, Berlin 1980, S. 96ff. Das Opus postumum ist eine Experimentalphilosophie des erfinderischen Verstandes. Es exponiert das Eckensteherwesen Mensch als noumenales Ideensystem. Die erste Verstandeseigenschaft ist Kausalität durch Freiheit. Sie erwirkt Erkennen als reine Dichtung in der zwar problematischen, gleichwohl aber apodiktischen Form des operativen Gedankendings von den metaphysischen Anfangsgründen der bewegenden Kräfte, die Kant auf das Elementarsystem der Naturforschung und das Weltsystem der Zweckbestimmung verteilt. Mit dem Übergangs-Territorium von Naturphysik und Zweckmetaphysik ist der erratische Nachlaßblock befaßt, um der Metabasis eines tollkühnen Experiments willen: „Der Gedanke der Einheit der Erfahrung erlaubt nämlich ein ‚System der Ideen' zu errichten, in dem die absolute Spontaneität als Gott, die absolute Rezeptivität als Welt und der Geist des Menschen als beider Verbindungsmittel erscheint." Vittorio Mathieu, Kants Opus postumum, Frankfurt/M. 1989, S. 247

[18] Rüdiger Bubner, Geschichtsprozesse und Handlungsnormen. Untersuchungen zur praktischen Philosophie, Frankfurt/M. 1984, S. 123. Bubner plädiert für ein hermeneutisches Nutzkalkül geschichtlicher Kontingenz durch das gesellschaftliche Institut eines biegsamen Ethosmodells. Eine solche regelgeleitete Semantik praktischer Klugheit verhindere die geschichtsphilosophisch verfügte „Metamorphose der Praxis in Planung" (S. 123) durch den strategischen Einsatz des aristotelischen Relationsbegriffs des ‚Worumwillens'. Im gestaffelten Bezugsrahmen der Maximenlehre als „Schaltstelle zwischen reiner Vernunft und Empirie" (S. 235) sieht Bubner eine „moderne Variante der antiken *Phronesis*" (S. 234), die normativ gegliederte und alternativ orientierte Lebensformen offeriert. Vielleicht allzu kategorisch heißt es: *„Ethos depontenziert Kontingenz."* (S. 179)

Wechsel auf Enthüllung der Gegenwart und Erfüllung des Daseins, dem Levinas' unzeitgemäße Betrachtung allen Kredit tilgt. „Alles hält sich in der Öffnung der Seele: die Gegenwart ist die Offenheit selbst." (WG 199) Die Reduktion weckt im Apperzeptionskern des Selben die Rekurrenz einer Appräsentation, in der die verstreute Bedeutung ohne Kontext iterative Lebensstürme entfacht, den extremanalytischen Wirbel unmöglichen Rückzugs und ausgeschlossenen Entweichens, das Ex aller Exposition. „Äußerste Ausgesetztheit, wie - noch vor jeder menschlichen Absicht - einem Schuß ‚aus nächster Nähe'. Auslieferung des Eingeschlossenen und des Gejagten - des Gejagten vor aller Jagd und vor aller Hetze." (WG 211) Mit Kants Aufruf zu einer neuen Rationalität ist dem Responsorium von Denken und Leiden, Skepsis und Trauma die extremanalytische Formkraft Appräsentation beschlossen: der Ruck im Revers der Vernunftkritik, der Einschlag von Oben ins Abenteuer der Seele, die Liebe des Gesetzes im Drama des Seinsverlangens, der Glanz der Physis in der Katamnese des Affektiven. „Es wäre eine Phänomenologie der Empfindung qua Genuß notwendig" (TU 270). Denn die Spur des Anderen ist das antiepische Formelement „bebender Exaltation" (TU 165) im romanverwöhnten Ich-Etui „grenzenloser Anästhesie" (TU 167), der Mischung von Hedone und Phronesis, der wissenden Verfügung um das Höchstmaß an Wohlbefinden. „Niemals ist das Dasein so sehr weggegeben an die Welt wie im Genuß. Der Schmerz dagegen bringt das Dasein in gewisser Weise auf sich selbst zurück. Indem er das natürliche Aussein auf das zu Besorgende hemmt, schafft er einen Aufenthalt, in dem sich das Dasein in seiner *ständigen* Schwere mit fühlbar wird. Schmerz ist Störung. Was es so stört, ist das Dasein, das sich auf Angenehmes hin versteht. Schmerz ist also die Störung der Selbstvergessenheit des Daseins im Sein bei Angenehmen."[19]

[19] Hans-Georg Gadamer, Platos dialektische Ethik, in: Gesammelte Werke (= GW), Tübingen 1985, Bd. 5, S. 129f. Gadamers Hermeneutik der Bildung und Levinas' Spurenlese des Anderen sind ohne Vorkehrungen nicht aufeinander beziehbar. Der Gedanke einer neuen Paideia scheint sie zu verbinden. Im Anschluß an die platonische Dissonanzformel aus Politeia 375 c 7 fordert Gadamer eine Harmonie von Schärfe und Milde, die über die bewährten Traditionslinien von Musik für die Seele und Gymnastik für den Körper hinauslangt. Mit der kanonischen Definitionsgewalt der Hermeneutik konkreter Allgemeinheit im gedrosselten Pathos einer existenzphilosophisch abgeklärten Kierkegaardrezeption heißt es: „Bildung ist die Einigung dieses Unvereinbaren, des Zwiespalts des Wilden und des Friedlichen im Menschen." Plato und die Dichter, in: GW Bd. 5, S. 198. Aber Levinas' Aussetzung ohne Schlußform noch Denkakt verzichtet auch auf hermeneutische Reimung des Ungereimten.

Modernismus

Im Futteral Modernismus nämlich sind Synthesiswechsel forschungsmaximierbare Techniken: rückwärts gelesene Hypothesen vom Schematismus des Verstandes, vorwärts geschriebene Thesen von der Typik der Urteilskraft. Nur aus ihrem Erscheinungsspektrum wird welthaftes Erkennen im gelehrtenromantisch bereinigten Wissenschaftsbetrieb schlüssig. Den Vignetten deskriptiv gesteigerter Neurasthenie kreditiert der Antennismus zeitentrückten Gleichmuts das eposträchtige Formelement Dauer. Stenographische Mitschriften von Begründungsschwächen im Telegrammstil umfunktionierter Kontingenzbewältigung überschreiben das Höllentor der Moderne mit Annalen mythischer Starre. So übersetzt die Romanfunktion[20] die Schaltung von Montagebildern in die prompte Sprache des Vergeltungsangebots. Der Deutungswut Entmächtigter bietet sie das epistemologische Projekt der Suggestion des Realen am Kreuzweg von Magie und Positivismus. So hat die Generalthesis der soziologisierten Moderne am Identitätspol Europa die Daseinsmacht Erkenntniskunst am anästhetischen Evidenzprinzip der Nachrichtentechnik Ideenlehre zur Kohärenz erzogen. Erscheinung, die Szene der Umbildung des Unleserlichen in Denkungsart, ist ihr Informationskern. Nur in ihrem Pentagramm, der Zauberkraft, die an die Schwelle heftet, erprobt die operative Intelligenz den Ernstfall der Demiurgenkunst: das Phänomen denken. An der Interferenz von Wahrnehmung und Sprache wird Apperzeption zum Katharsisprogramm, in der das Rationalitätspensum der relationalen Intelligenz Übersetzungen von Bildeigenschaften in Theorieelemente konstelliert. Der versachlichte Gottesdienst ist das historische Ingenium der Moderne. Das inkarniert den Weltbildzug der Humanwissenschaften: Logologisch codiert prüft die Pfütze den Quell.

Dem ist Levinas' Bilderatlas des Anderen in der wirkenden Konfiguration der befremdlichen Elementarform Antlitz langsam und unbeschreiblich ausführlich erwachsen. Synthesiswechsel der Kreditklassen Erfüllung und Enthüllung entziffert er die Arkana des Denkens und die Apotheose des Leidens, das Iterativ Lebenssturm der Bedeutung ohne Kontext, die bebende Exaltation der Appräsentation in

[20] Der späte Husserl spricht von „Roman“ und „Dichtung der Philosophiegeschichte“ (Hua Bd. VI, S. 513, S. 556) als phänomenologische Aufgabenformel. So subvertiert die lebensweltliche Grenzfallhistorik das Chronikexamen humanwissenschaftlicher Gebinde von Tatsachenblüten. Man lasse sich nicht täuschen: Im amorphen Leben des plazentaren Anschauungsraums der Krisis-Schrift wartet die virtuosenreligiöse Ekstasislehre der zweiten Epoché auf die Hieroglyphe Gottes. Mit dem Ausdruck „Gegenabstraktion“ (S. 255) rückt die elitäre Askese der Korrelationsforschung in den Gnadenstand der Reduktion.

der grenzenlosen Anästhesie der Apperzeption. Schatzanweisungen auf Alteritas sind ihm am kleinsten Bauglied konfektionierter Ichkristalle aufzulesen. Ichbezügliche Anmutungserlebnisse sind ihm in der „Frage nach dem Seinsrecht“ (WG 223) abzuzählen und im Zögern zwischen Scham und Schande anzuschreiben. „Das Antlitz bedeutet in der Mittellosigkeit, in der ganzen Ungewißheit der Frage, im vollen Risiko der Sterblichkeit.“ (WG 222) Das Responsorium von Denken und Leiden, der Schmerz in der Geduld des Unendlichen, stotternde Redefetzen und stockende Sprachlumpen, das Übrige Hegels, der Rest Rosenzweigs, Levinas' Blöße ohne Bleibe sind der xenophilen Rasterfahndung im Steckbrief Inkognito die gastlich überblendete Sperrschrift vor kontextueller Selbstbehauptung.[21] Inkognito, die formbegnadete Güte des Anderen in den gottfernen und prophetenlosen Zeiten des Selben, ist die in Weisung und Warnung währende Meditation der Conditio Judaica: „suivre le Plus-Haut“ (DL 45). So verflüchtigt sich das narkotische Blendwerk der Hüllen und Füllen der Ultrakurzformel Apperzeption, deren Konventionen das „Wesensverhältnis zwischen Tod und Sprache“ nur streifen, um „jenes unbestimmte Bestimmende, dem wir die unversehrte Stimme seines Zuspruchs lassen“[22], in die Phantasmagorien der soziologisierten Moderne zu verzaubern. Der Höllenfassade ist das Evidenzprinzip das Glück des Bewußtseins. Nach den Gehorsamserzwingungschancen der Apperzeptionsmacht wird die Freiheit bemessen: Die gefallene Chiffre von der Hieroglyphe Gottes bleibt unentziffert. So wird der Zeitenschlund der Weltalter bei Strafe des Sündenpfuhls als dunkle Schuld erfahren. „Zauberworte für den abendländischen Menschen in seiner Neuzeitlichkeit, die für ihn wahrscheinlich wesentlich ist: Ideal des befriedigten Menschen, dem alles erlaubt ist, was möglich ist.“ (WG 241) Bedeutung ohne Kontext aber ist energisches Entsetzen des Rüstungsaufwands Selbstbehauptung, Stich und Stachel des „seienden Fremden“[23], von dem Husserls Theorie der Fremderfahrung dekretiert, ihn erreiche „kein Schluß, kein Denkakt“[24]: keine Relation also, der der Hackenschlag an Haupt und Gliedern

21 Walter Benjamins Passagenwerk hat sich auf den Lumpensammler im Kloakenmilieu kapriziert. Streifzüge nach Traumkitsch sind ihm ins Abseits der Boulevards verlegt. Beleuchtungstaktisch reagiert dieser lichtscheue Peripatetiker des Rinnsteins auf grelle Ereignispolitik und gedämpfte Geschichtskulisse. Die frenetische Treue zum Abhub der Erscheinungswelt hält ihn bewegt. Sie zieht ihn in die Schattentiefe der Neoncity. Gebeugt stoßen ihm die kursbestimmenden Daten auf. Ihr mürrisches Glücksversprechen: Am niedersten Ort möchte sich das höchste Leben enträtseln.

22 Martin Heidegger, Unterwegs zur Sprache, Pfullingen 1971, S. 215, S. 112

23 Edmund Husserl, Hua Bd. I, S. 144

24 Edmund Husserl, Hua Bd. I, S. 141. Kein Schluß, kein Denkakt: das kristallisiert Husserls Theorie der Fremderfahrung, die Gegenabstraktion zu aller Substruktion. Aus ihm

den vornehmsten Kriegsartikel des conatus deponiert. Im Aufflug der distinguierten Distinktion iterativer Lebensstürme um Sprache und Tod wird die apperzeptive Neutralitätsmodifikation suffizienter Selbstbehauptung appräsentativ entkräftet. „Radikale Unterscheidung zwischen Religion und Relation!“ (WG 234) Mageren Seienden, denen das Stelldichein von Frage und Fragezeichen um Trauma und Skepsis im Mundwinkel spielt, wird die Respektprämie der Apologie in einer Kontraktion am Rande des Zerrinnens erarbeitet. „Das Ich, das spricht, plädiert für das Glück, das für seinen Egoismus selbst konstitutiv ist, welche auch immer die Wandlungen seien, die dem Egoismus vom Wort widerfahren werden.“ (TU 166) Die distinguierte Distinktion von Relation und Religion markiert die unbeholfene Aussetzung[25] ohne Schlußform noch Denkakt, „um dem Augenblick der Unmenschlichkeit auszuweichen und zuvorzukommen. Dieser ewige Aufschub der Stunde des Verrats, dieser winzige Unterschied zwischen dem Menschen und dem Nicht-Menschen, setzt das Desinteresse der Güte voraus, das Begehren des absolut Anderen oder den Adel, die Dimension der Metaphysik.“ (TU 38)[26]

---

entwickelt Levinas den großen Stil seiner phänomenologisch inspirierten Reduktion, in der das Antlitz des Anderen über Glück und Unglück der Intentionalanalytik entscheidet. Im Zerbrechen des egologischen Seins wird das Aufleuchten fremder Namen sichtbar, die sich aus der Hermeneutik des Bewußtseinslebens der „Heimmenschheit“ (Bd. XV, S. 171) herausschälen. „Mein Primordiales bekommt seine Gesellen“ (Bd. XV, S. 130), wobei die reelle Appräsenz und die ideelle Kompräsenz des Anderen der Endstiftung einer anderen Meisterschaft affin sind, die die Phänomenologie ihrer Grenze exponiert.

25 „Philosophieren heißt, dieses Ausgesetztsein als solches zu denken.“ Jean-Luc Nancy, Das Vergessen der Philosophie, S. 81. Exposition bis zur „Exposition der Exposition“ (AQE 120) ist der kanonische Leitfaden, mit dem Levinas den Sozialeros der Identifikationsketten von Geschichte und Gewalt unterbricht, wo Panikmassen und Politiknarzisse zum sozialen ‚Hordentier‘ (Freud) des neuzeitlichen ‚Zellenstaats‘ (Freud) verschmelzen. So kann Levinas' Konjekturaltopologie der einzigen Exposition AQE als Kritik des Transzendentalen Scheins der Freudschen Archéphilie gelesen werden: AQE ist der Staat im Staate Archéphilie, die Exposition des panischen Erlösungsauftrags Selbigkeit in die offenbarende Rede des Anderen. „Die Archéphilie impliziert die völlige Autarkie der *arché*. Theoretisch ist sie unüberwindliche Ipseität. Politisch ist sie die eine oder andere Form des totalen Opfers an den Souverän.“ Jean-Luc Nancy/Philippe Lacoue-Labarthe, Panik und Politik, S. 85

26 Hier hat Walter Benjamins Bilderschrift um die Verschränkung von Denken und Leiden entschieden genau gedacht: Ihm bedarf das Denken im entscheidenden Augenblick des Unmenschlichen. Benjamin hat, wie Baudelaire, Carl Schmitt oder Ernst Jünger, den Duft des Bösen aus der Metropole der Moderne verspürt und auf die Kraft der Geschichte erkannt. Sein Passagenwerk ist das Aufblitzen eines Angriffswissens, das auf raffinierte

Religion, Politik

Konjekturaltopologien um die rationale Formkraft des absolut Anderen sind als Verschränkung von Denken und Leiden geadelt. Sie prägt das Werk von Levinas auf eigentümliche Weise. Ihr Haß aufs Ungefähre kommt nicht von ungefähr. Angesichts der Gefahr erst erhält sie die extremanalytische Weite. Ihr motorisch geschienter Nerv untersagt die geläufige Nachricht, die die Religion als Kunst um den Gott und die Politik als Kunst um Menschen gegeneinander verspielt. Beide, Religion und Politik, erkunden die Genealogie des Ungewissen der Seele, „das weite Ausblicke in den starken Bau der Sprache bricht, und das zuweilen in Lichtern schillert, deren Glanz jenseits der Skala des Wertes liegt."[27] „Hier wie dort geht es stets um den

---

Qualitätsarbeit am Menschen zielt. Im Augenblick des Unmenschlichen werden Benjamin romantisch verwirrte Lebenslinien zum motorischen Nervenstrang geschient. Das gelingt, wie Wolfgang Kraushaar bemerkt, einem „flanierenden Denken", dessen „Texte wie Stilleben wirken." Bis in die Philologenpraxis der historischen Zitatenredaktion wird die epochale Fraktur der Zivilisation getragen. Ein Aphorismus der ‚Einbahnstraße' lautet: „Zitate in meiner Arbeit sind wie Räuber am Weg, die bewaffnet hervorbrechen und dem Müßiggänger die Überzeugung abnehmen." Dem entsprechen Termini von provokanter Positivität – ‚destruktiver Charakter', ‚neues Barbarentum', das Kunstwerk als ‚Geschoß'. In einem Brief an Gretel Adorno erklärte Benjamin, daß sein Leben und Denken „sich in extremen Positionen bewegt. Die Weite, die es dergestalt behauptet, die Freiheit, Dinge und Gedanken, die als unvereinbar gelten, nebeneinander zu bewegen, erhält ihr Gesicht erst durch die Gefahr." Wolfgang Kraushaars Aufsatz ‚Auschwitz ante', dem die vorstehenden Angaben entnommen sind, erläutert Benjamins „Kreuzung von Destruktion und Konstruktion". „Im unverbundenen Zusammenfügen ihrer Trümmerstücke hallt der Schock der Epoche nach wie ein gefrorener Furor. Gesprungen, zerborsten, aufgeplatzt entbietet eine Zeit das Bild eines Ursprungs, das nur vom Rahmen zusammengehalten wird. Die Montage als Materialschlacht, das Passagenwerk als Textmontage. Die Unmöglichkeit einer Erfahrung, die des Krieges, soll in die Revolutionierung ihrer Darstellungsform, der Entschlackung der Logik, eingeholt werden. Hier wird der deutsche Idealismus auf einem Felde von Zitaten zu Grabe getragen." (In: Zivilisationsbruch. Denken nach Auschwitz, Ed. Dan Diner, Frankfurt/M. 1988, S. 201ff.) Deshalb wissen die Herren der Hermeneutik nicht, daß sie einander in einer Gegenwart begegnen, deren Leben und Tod sie auf Leben und Tod ausgelöscht haben müssen, um einander als Auslese der lebenden Toten betrachten zu können: Sturmtrupps der Deutungswut.

[27] Ernst Jünger, Zitat nach Martin Meyers Biographie, S. 84. Man wird den Anklang eines vulgären Nihilismus in der Formel vom ‚Jenseits der Werte' nicht überhören dürfen, obwohl die Attraktivität des Surrealismus Jünger mit Benjamin verbindet. Dieser zeigte sich davon „ergriffen, wie die Sprache erobernd, befehlshaberisch und gesetzgebend ins

Bürgerkrieg der ‚Sprache' mit sich selbst."[28] Mit dem Pathos der Distanz hat Levinas die scharfe Sonderung eingeführt, die das Zeugnis der verfehlten Entgegnung Politik dem Regime der nächsten Kühnheit Religion unterstellt. „Der Abstand endlich, der Glück und Begehren trennt, trennt Politik und Religion. Die Politik tendiert zur gegenseitigen Anerkennung, d. h. zur Gleichheit; sie gewährleistet das Glück. Und das politische Gesetz vollendet und rechtfertigt den Kampf um Anerkennung. Die Religion ist Begehren und keineswegs Kampf um Anerkennung. Die Religion ist der Überschuß, der in einer Gesellschaft Gleicher möglich ist, der Überschuß der ruhmreichen Demut, der Verantwortung und des Opfers. Sie ist Bedingung gerade auch der Gleichheit." (TU 84) Der Aufbruch des Begehrens ohne Wiederkehr im Glück erfolgt bei gezählter Gelegenheit, wenn die Reduktion die Religiosität des Sich erwählt, das unmögliche Idiom der Conditio Judaica, „Spiritualität, der erworbenen Kategorie der Religion fremd" (DL 347) und „Sensibilität jenseits des Unmöglichen" (DL 364): Religionsphysiologie nennt es der wüste Encephaliker rücksichtslos gefügter Zivilisationstrümmer.

Traumbereich (sic) einrückt. Den rascheren Atem dieser prosodischen Aktion habe ich vor allem im Deutschen festzuhalten gesucht." (Brief an R. M. Rilke vom 3. 7. 1925, in: Briefe 1, Ed. G. Scholem/Th. W. Adorno, Frankfurt/M. 1966, S. 390) Norbert Bolz' mit erhöhter Mimesisrate verfaßte Abhandlung vom „Auszug aus der entzauberten Welt. Philosophischer Extremismus zwischen den Weltkriegen", München 1989, hat das „Bild permanenter Alarmbereitschaft" als „die wahre Miene des Surrealismus" bestimmt: „Politik gewordenes Erwachen aus dem Alptraum der Moderne." (S. 131)

[28] Jean-François Lyotard, Der Widerstreit, München 1987, S. 234. Gestalten der Politik, Geschichte, Soziologie usw. sind Lyotard hegemonische Gebilde von Diskursarten, die um sprachliche Verkettungsmodi streiten. Am idiomatischen Rest kasuistisch unschlichtbarer Fälle von Widerstreit wird sich der Bürgerkrieg der Sprache stets erneut entzünden. Die Verantwortung des Denkens sieht Lyotards linguistische Bonapartismusthese darin, „die Fälle von Widerstreit aufzudecken und das (unmögliche) Idiom zu ihrer ‚Setzung' in Sätze zu finden. Was ein Philosoph tut. Ein Intellektueller trägt zu dessen Vergessen bei, indem er eine dieser Diskursarten, ganz gleich welche (die Ekstase des Opfers inbegriffen), für die politische Vorherrschaft empfiehlt." (S. 237) Mit der Differenz von Intellektuellen und Philosophen steht Lyotard in der Naturrechtstradition der politischen Philosophie, wie sie von Leo Strauss mit dem entschieden esoterischem Akzent einer Exegese vertreten worden ist, die sich gegen die neuzeitliche Politisierung der Philosophie durch die ‚Intellektuellen' wendet: Kein Gelehrter ist Intellektueller. Vgl. Leo Strauss, Naturrecht und Geschichte, Frankfurt/M. 1977, S. 36ff. So ist Max Webers Haltung zum Werturteilsstreit eine philosophische: das unmögliche Idiom dessen, der keine Diskursart zum rechtsförmigen Privileg empfiehlt, ist Intellektuellen unbegreifliche Drohung, Philosophen aber höchster Preis.

Religionsphysiologie ist die Apologie unergründlicher Erschließung der Exteriorität im ‚Plus-Haut', die das Zögern zwischen Scham und Schande der Optik perspektivischer Demut einrückt. „Ein Außen haben, das hören, was von außen kommt – o, Wunder der Exteriorität! Das ist es, was man Erkennen oder Thora nennt. Die erhabensten Formen des Menschlichen sind nicht pathetischer." (DL 50) Denn kein Begriff begreift die Exteriorität: „Die Göttlichkeit wahrt ihren Abstand." (TU 430) Religionsphysiologie ist daher der extremanalytische Ruck im Revers der Reduktion selbst, die „Umnachtung"[29] des Evidenzpostulats durch die Geduld des Unendlichen, die nicht in Apperzeption konvertiert, sondern kopfüber, mit Haut und Haar und à corps perdu in den Krieg von Tod und Sprache um die Appräsentation in Trauma und Skepsis stürzt. Statisch ist ihr zeitenferner Kothurn, Präsenz ihr Präparat. Das Hochgefühl der entmaterialisierten Gottesidee betastet sie wie einen Totenschädel. Sie ist der Stirn so satt, die Wunschphantasien der Betriebsmonade zur Geschäftsführung der Weltvernunft bestallt. Lakonisch verknappt und in fühlbar großen Garben läßt sie die Bruchflächen des Anderen und Fremden funkeln.[30]

Dem Bescheid, der das ungeteilte „Anhören des Gefühls"[31] als Aufgabe der

---

29 Jean-Luc Marions ‚L'Idole et la distance', Paris 1977, ist mit der Klammer von Umnachtung und Erwachen befaßt, die das Drama des Seinsverlangens um ‚Gott' prägt. Mutmaßungen um den Fehlgriff Gottes im Idol bringen bei Nietzsche und Hölderlin den „Halb-Tod" (S. 85) der Umnachtung, den „anonymen Raum einer anarchischen Invasion des Göttlichen" (S. 114), barbarische Götzendämmerung ohne Name noch Antlitz. Bei Levinas steht die Exteriorität für die unnahbare Gottheit, die jedoch durch das „Drama des Anderen" (S. 277) bedroht sei, das die Distanzen zu regulieren antritt. Es scheint indes das Ungenügen im ‚Von-Angesicht-zu-Angesicht' des Antlitzes zu sein, das Levinas vor dem neutral bemessenen Idol bewahrt; ein Ungenügen, „das nicht von Hoffnung erfüllt wäre, sondern von diesem Ungenügen selbst; es würde einen Abstand zeigen, der kostbarer ist als die Berührung, einen Nicht-Besitz, kostbarer als das Besitzen, einen Hunger, der sich nicht von Brot, sondern von dem Hunger selbst ernährt." (TU 260)

30 Die sprachliche Form der bedeutenden Nüchternheit ist der Lakonismus. Der gezielten Schrumpfung aufs Diesda steigert sich der vermeinte Sachverhalt. Sein Kernmysterium wird offenbar: mit dem triftigsten Namen fällt er in den Weltlauf ein. Unter Dogmensammlungen läuten Epigramme die Sturmglocke. So tritt die Artistenmetaphysik von Baudelaire bis Benn aus dem Schatten von Gelehrtenruhe und Literatenbildung, vor Auslegungskautelen durch den konsequenten Anspruchscharakter der Einweisung geschützt, die nach Carl Schmitts bedachtem Wort als „Einstückung des Ewigen" firmiert. So kann Benns gewaltiger Ausdruck „Religionsphysiologie" (GW Bd. I, S. 340) bei Levinas den unverhofften Zauber eines neuen philosophischen Schauders um das vom Anderen gezeichnete Ich provozieren.

31 Jean-François Lyotard, Das Inhumane. Plaudereien über die Zeit, Wien 1989, S. 62

Philosophie bedenkt, hat sich Lyotards Redaktion der Moderne angeschlossen. Ihre rückwärtige Bewegung des Wahren entfaltet Katamnesen der Affektion in einem umfassenden Responsorium der Empfänglichkeit. „Nur die Fähigkeit, das zu empfangen, was zu denken das Denken nicht vorbereitet ist, verdient, Denken genannt zu werden."[32] Thesenbelege um den winzigen Unterschied zwischen Mensch und Nicht-Mensch erfolgen mit dem Kampfakzent Doppellebenslust, die der lebendigen Gegenwart das lebhaftere Leben und das tödlichere Sterben entreißt, Erregung und Erschöpfung der Conditio Judaica. Ihre Aussetzung im Unbeholfenen iterativer Lebensstürme verzeichnet Kollisionen der nachcartesianischen meditatio bei der Spurensicherung rätselhafter Lebendigkeiten zwischen der lectio des Menschen und der oratio des Gottes. Trauma und Skepsis sind die gebrannten Zeugen in Levinas' denkenderem Denken von der erkenntlichen Psyche, das im Feuer des Anderen dem bestürzenden Erkennen des Fremden, Stelldichein von Frage und Fragezeichen, Zugang zur Rationalität verschafft[33]: Responsorium des exemplarisch Emp-

---

[32] Jean-François Lyotard, Das Inhumane, S. 132. Entwaffnung des Denkens, Fassungslosigkeit der Intelligenz, Blöße des Ereignisses: Formeln einer strengen Mikrologie von Aussetzungen, die Lyotard als Materie oder Seele, Tod oder Spur beschrieben hat. „Die Mikrologie schreibt das Vorkommnis eines Gedankens in den Zerfall des großen philosophischen Denkens ein, als das Ungedachte, das zu denken bleibt." (S. 182) Von diesem Ungedachten spricht Lyotard ganz im Sinne von Levinas, wenn er die „Geiselnahme des Gehörs durch das Jenseits des Körpers" untersucht. „Das Netz, das das Hören mit dem Gehörten, im Sinne einer Verpflichtung, im Sinne einer Passivität verbindet, die ich mit *Empfänglichkeit* übersetzen möchte, ist unerschöpflich." (S. 300) Maurice Merleau-Ponty hat das Netz des Hörens in die Figur des „exemplarischen Empfindbaren" gefaßt, das, „eingefangen ins Gewebe der Dinge, dieses ganz an sich heranzieht, es sich einverleibt und in derselben Bewegung den Dingen, über denen es sich zusammenschließt, diese Identität ohne Überlagerung, diese Differenz ohne Widerspruch, diese Abweichung von Innen und Außen mitteilt, die sein eingeborenes Geheimnis bilden." (Das Sichtbare, S. 107)

[33] Karl Löwiths Aufsatz ‚Philosophie der Vernunft und Religion der Offenbarung in H. Cohens Religionsphilosophie' bemerkt zur Figuration des Fremden: „Die Liebe zum Fremdling ist das Urmotiv der Menschenliebe. [. . .] Zu diesem Begriff des Nächsten sind die Griechen nicht gekommen. Sie haben zwar den Gegensatz zwischen Hellenen und Barbaren durch den Verbindungsbegriff des Gastfreundes, dessen Grundbedeutung der Fremdling ist, abgeschwächt und der höchste ihrer Götter ist der Schutzherr des Fremdlings oder des Gastfreunds (Zeus Xenios). In der jüdischen Geschichte dagegen ist der Fremdling nicht der Gastfreund aus fernem Lande, sondern der Beisaß im eigenen Lande (3. Mos. 25,35). In dem Fremdling-Beisaß liegt die Quelle für den Menschen als Nächsten, im Unterschied zum Volksgenossen." (Zitat nach Hans-Ludwig Ollig Ed., Materialien zur Neukantianismus-Diskussion, Wege d. Forschung Bd. 637, Darmstadt 1987, S. 348f.)

findbaren „ohne Namen, ohne Stellung, ohne Titel“ (WG 247) im „Glanz der Physis, wo das Sein in Wahrheit ist.“ (SA 133) Ihr einfacher Glanz überstrahlt die reflektierte Pointe, in der die Humanwissenschaften die Modernisierungsschäden untersuchen, welche die Schwäche der Vernunft und die Ohnmacht der Natur im Sturz des Menschen fixieren, ohne die Krisenindizes entziffern zu können, wie es Marx vermochte – als „das allgemeine Hinausweisen über die Voraussetzung und das Drängen zur Annahme einer neuen geschichtlichen Gestalt.“[34] Die generative Symbolizität beidhändigen Lesens und Schreibens im Zögern zwischen Scham und Schande ist Levinas' Phonolog vom Desinteresse der Güte das exemplarisch Empfindbare: unbegreifliche Drohung und höchster Preis unbeholfener Aussetzung im einfachen Glanz. „Seltsames Brennen im Widerschein, der nichts erhellt und nicht vermittelt. Feuer, die nichts verschlingen und ohne Verzehren brennen.“ (DL 347) Das Ex der Exposition erregt die wilde Skepsis ohne Schlußform und erschöpft das primäre Trauma ohne Denkakt: Ex als Ruck im Revers des Regimes der nächsten Kühnheit Reduktion. Auch die Reduktion erwartet das Zeugnis der verfehlten Entgegnung und muß des ernüchterten Erwachens innesein, das wehrlose Weh der Apologie von Trauma und Skepsis. Erst das scharf geschnittene, beharrlich gespannte, elliptisch geformte Zelt des Friedens beherbergt die Bedeutung ohne Kontext in der religionsphysiologischen „Kontemplation von Ideen, die Republiken ermöglichen.“ (DL 212) Das abkünftigere Ankommen Gottesurteil ohne Gottesbeweis erweist Levinas die rationale Formkraft des Absoluten von Angesicht zu Angesicht, als Religiosität des Sich in Kontemplation der republikanischen Intervention, der „Beziehung ohne Beziehung“ (TU 427)[35] in der Meditation der Conditio

[34] Karl Marx, Grundrisse der Kritik der politischen Ökonomie, Berlin 1972, S. 139. Erinnerung und Vergessen sind die Hegelschen Pole etwa der Überproduktionskrise, „die plötzliche Erinnerung aller dieser notwendigen Momente der auf das Kapital gegründeten Produktion; daher allgemeine Entwertung infolge des Vergessens derselben.“ (S. 319) Die Differenz von Weisen und Drängen, von Zeichen und Kraft zeigt übrigens die Verflechtung der marxschen Rede mit einem Dort und einem Draußen, die ihren Ausdruck in einer mantischen Analytik erwarten. Denn die Vernunftidee Psychose schient das motorische Geschichtsmodell von rangierter Arbeit und gerupftem Subjekt im Weltbürgerkriegsszenario des Klassenkampfs.

[35] Jean-Luc Marion, L'Idole et la distance, hat den polemischen Index der religiösen Rede bei Levinas betont. „Im stillschweigenden Fundament seiner Rede stützt das jüdische Denken das Gesagte und folgt der unbeirrten tausendjährigen Polemik, die es mit dem griechischen Denken verbindet. In TU ergreift nicht das Seiende oder die Phänomenologie das Wort, sondern, durch sie hindurch, die Sprüche der Propheten und die Offenbarung des

Judaica. Das Hochgefühl ihres Anhörens ist die extremanalytische complexio lebhafteren Lebens, Doppellebenslust in Nuancen primären Traumas und Timbres wilder Skepsis, weil die Formprinzipien Krieg und Friede in der spezifischen Überlegenheit des ‚Plus-Haut' gegenüber der Materiatur Menschenleben erhalten werden.[36]

System

„Das System" (HAM 4) nennt Levinas' Metaphänomenologie der Appräsentation des Anderen das Imprimatur der geschlossenen Verhältnisbestimmungen, durch die der Logos des Selben die Anderheit des Anderhaften vom primordialen Ich der Eigenheitsphäre ausschließt. Die Grundform der passiven Synthesis bei Husserl ist schon dem egologischen Bau des Bewußtseinslebens inskribiert. Selbstbesinnung in irrelativer Selbigkeit ist allein das Referat „bestdenkbare Originalität"[37] erwiesen. Die Allergie des Selbstda prägt die syntaktische Befassung mit Anderheit. Das „Meine hat seine Meinheit in dieser Ichzentrierung".[38] Die ichzentrierte Affektionstrecke ursprüngliches Zeitbewußtsein ist Husserls Grundstock attentionaler Gestalten und intentionaler Gebilde. Aber der Triumph des Systems Phänotext ist mit dem Schein des Solipsismus[39] erkauft. So bescheinigt Husserls Allergikon vermeinter

Gesetzes. Man würde alles verfehlen, vernähme man sie nicht, die als zweite Stimme präsent sind." (S. 279)

36 Levinas' an Hobbes geschulte Formel vom Kommerzium beschreibt die Totale Mobilmachung ohne antirömischen Affekt. Sie lautet: „Nur Seiende, die zum Krieg fähig sind, können sich zum Frieden erheben." (TU 322) Dabei sind die Terme Krieg und Friede asymmetrisch gewichtet. „Der Empfang des Antlitzes ist von Anfang an friedlich, da er dem unauslöschlichen Begehren des Unendlichen entspricht; selbst der Krieg ist nur eine Möglichkeit des Begehrens, er ist keineswegs seine Bedingung." (TU 216) Oder: „Den Krieg kann es nur geben, wenn sich der Gewalt ein Seiendes bietet, das seinen Tod vertagt. Es kann ihn nur da geben, wo die Rede möglich war: Die Rede trägt sogar den Krieg." (TU 327) Die Passion des Sagens im rascheren Atem der prosodischen Aktion ist Levinas das Höchste Gut gelingender Doppellebenslust, nicht aber die neuzeitlich im Gebot der Selbsterhaltung deponierte Friedfertigkeit aus Furcht vor dem Tode.

37 Edmund Husserl, Hua Bd. XV, S. 10

38 Edmund Husserl, Hua Bd. XIV, S. 351

39 Maurice Merleau-Pontys Nachlaßschrift hat den Schein des Solipsismus bestimmt. Sartres Analytik des Seins und des Nichts erlaube dem Anderen nur Zusatz von Faktizität zu sein. „Philosophisch gesehen gibt es keine Erfahrung des Anderen. Damit die Begegnung mit dem Anderen denkbar wird, brauche ich meine Vorstellung, die ich von mir selbst habe, in

Meinheit dem Anderen Ohnmacht und Schwäche, die keine „absolut einfühlende Kenntnisnahme“[40] absolviert. Relationen undeklinierbarer Ichheit sind hermeneutisch ohnegleichen judiziert und semiologisch ihresgleichen konjugiert. Das System, in Enthüllung des Aktualen und Erfüllung des Daseins verschossen, erfährt daher den seienden Fremden als unerledigten Stachel schwerelos gefälliger Beziehungsterme. Im Bann der Allergie ist der Stich Fremdexistenz verschärft, der das ernüchterte Erwachen zum lebhafteren Leben und tödlicheren Sterben verlangt, die bebende Exaltation in der grenzenlosen Anästhesie, das Weh in der Wehr des Wissens. Der phänomenologische Beruf „Studium der reinen Subjektivität“[41] erhält erst im Exemplarapriori des Chiasmus von Denken und Leiden die kritische Spitze, die Antiphysis von radikaler Verneinung und souveräner Behauptung, die Geduld des Unendlichen. „Aber wie sagt sich das Sagen in seinem promordialen Rätsel?“ (AQE 12) Antwort: als pneumatische Exegese. Die Appräsentation des Anderen verwandelt die Reduktion in die Katamnese der Affektion. Sie ist die Antithese zur Sache des Selben, der Geist des erleichterten Instituts des Relationsgefüges Evidenzerkenntnispolitik. Ihm erwidert der schroffe Refus seiender Fremde – Geschöpf von Abdankungen in Name, Stellung, Titel – die primordiale Stunde des promordialen Verrats. Das Verkehrswissen von Übermorgen, Gnadenmacht der Entgegenwärtigung der Gegenwart, erteilt dem Epos des lebendigen Heute den Chok postumer Existenz. „Wie wenn eine seltsame Schwäche die Gegenwart oder das In-actu-Sein erschauern ließe und erschütterte.“ (HAM 6)

Die Formel vom unmöglichen Rückzug hat den Problemtitel Kränkung. Sie markiert im System von Intelligibilität und Relation das Auftreffen des denkenderen Denkens, das den ungeheuer intensiven Formulierungszwang der epochalen Begriffsnorm Europa deformalisiert. Der Orientierungssinn umsichtigen Besorgens in purer Dynamik und reiner Relation erfährt den Stachel des Fremden oder den Stich des Anderen. Weder Schluß noch Denkakt: so wird die Übernahmevorschrift Meinheit im apperzeptiven Übertragungssignal Selbigkeit gebrochen. Auf der Grenze der Ohnmacht und der Schwäche ist das Ethische die gebändigte Reduktion

keiner Weise zu verändern. Sie aktualisiert nur das, was von mir aus schon möglich war.“ (Das Sichtbare, S. 58) Merleau-Pontys Theorem des Lateralen verschafft dem Anderen seinen philosophischen Raum. „Der Andere kann in das Universum des Sehenden nur durch einen Einbruch Einlaß finden, wie ein Schmerz oder eine Katastrophe; er wird nicht vor ihm auftreten, in einem Schauspiel, sondern seitwärts, als radikale Infragestellung.“ (S. 63f.)

40 Edmund Husserl, Hua Bd. XIII, S. 445

41 Edmund Husserl, Hua Bd. VIII, S. 431

und das begrenzte Erwachen in gespanntesten Wendungen ernüchterten Empfangs: bebende Exaltation der Erkenntlichkeit in der säkularisierten Ausdifferenzierung der anästhetischen Sphären autonomer Regionalevidenz. „Das Ergriffenwerden durch das Gute, die Passivität, das Gute erleiden zu müssen, ist eine Kontraktion, die tiefer ist als jene, die gefordert wird von der Bewegung der Lippen, die diese Kontraktion nachahmen, wenn sie das Ja artikulieren. Hier vollzieht die Ethik ihren Eintritt in den philosophischen Diskurs; dieser Diskurs ist zu Anfang streng ontologisch, der Eintritt der Ethik aber geschieht als eine extreme Umkehrung seiner Möglichkeiten.“ (HAM 75) Der marginale Seinsakt der Empfänglichkeit gleichsam magerer Seiender, der dem formelfrommen Affektstop geschichtlicher Gewalten mit Richtungssinn Placebo widersteht, ist mit Derrida ein unnachgiebig gestimmtes Regen der Lippen pneumatischer Exegese. „Mittels einer limitrophen Gewaltsamkeit, die neuen Typen gemäß eingeprägt wird, und ganz und gar gegen jedes Philosophem jenes Unnachgiebige ermitteln, das das Philosophem daran hindert, seine Randzone zu kalkulieren.“[42] Das unnachgiebige Anberaumen von Denken und Leiden im Ethischen von Trauma und Skepsis gründet Levinas' Angriffswissen auf den schönen Schein des Selben.[43] Das Widerspiel des raschen prompten Bildes steht im Kampf gegen die Ichzentrierung, Imprimatur des Unwandelbaren. Ethisches Sprechen, aus dem Schema absoluter „Sensibilität: Schmerz der Blendung und der Verbrennung“ (WG 76) unnachgiebig erwirkt, wird in der Epoché des ausgeschlossenen Entweichens empfangen; wie der Philosoph Nietzsches, „der von seinen eigenen Gedanken wie von außen her, wie von oben und unten her, als von seiner Art Ereignissen und Blitzschlägen getroffen wird; der selbst vielleicht ein Gewitter ist, welches mit neuen Blitzen schwanger geht“[44]. Die Fremdsprachen Schmerz und

---

[42] Jacques Derrida, Randgänge der Philosophie, Graz 1989, S. 24

[43] Die limitrophe Gewaltsamkeit Angriffswissen ist als Index der Destruktion des Idealismus zu nehmen. Sie trägt die rationale Formkraft des Absoluten als Gottesurteil aus. So wird die Gottesidee gegen die Idealismustradition des ontologischen Gottesbeweises gerichtet. „Die ‚objektive Realität' des cogitatum läßt die ‚formale Realität' der cogitatio platzen. Dies stellt vielleicht – vor allem buchstäblichen Erfassen – die universale Geltung und den ursprünglichen Charakter der Intentionalität auf den Kopf. Wir möchten sagen: Die Gottesidee zerbricht das Denken, welches – als Einschließung, Synopse und Synthese – nur in eine Gegenwart einschließt, ver-gegenwärtigt, auf die Gegenwart zurückführt oder sein läßt.“ (GP 96)

[44] Friedrich Nietzsche, Werke, Bd. II, S. 752. In die gebrechliche Innigkeit des Gewitterwesens Mensch hat Nietzsche die „Religion der freiesten, erhabensten und heitersten Seelen“ gesenkt, das „Ideal des übermütigsten, lebendigsten und weltbejahendsten Menschen“, der „in alle Ewigkeit hinaus, unersättlich da capo“ ruft. (Zitat nach Martin Heidegger, Nietzsche I, S. 385, S. 320)

Geduld begegnen, schwingen oder schwinden im Vorsprung unmöglichen Rückzugs vor den Kohärenzen Gewalt und Geschichte in das gewagtere Iterativ, das aufs Spiel setzt, was auf dem Spiel steht, das Zeugnis der verfehlten Entgegnung auf die Metonymie des geschundenen Anderen, das kindliche Schütteln des Schluchzens am Sterbenkönnen. Niemals kann die Metaphorologie der meditativen Terme, der futurale Text von der Torsion rätselhaft lebhafter Lebendigkeiten in einer prophetischen Philosophie, in maximae sententiae überzogen werden. Ihre pronominale Form ist das extremanalytische Modell einer Passivität, von deren Taufe in unergründlicher Möglichkeitsumkehr Levinas erklärt: „Das *Ich*, von der Verantwortung gepackt, ist Für-den-Anderen, ist *Entblößung*, Aussetzung in der Affektion, reiner Empfang. Es setzt sich nicht besitzend und wiedererkennend, es verzehrt sich und gibt sich hin, de-situiert sich, *verliert seinen Platz*, exiliert sich, relegiert sich in sich, aber – als ob seine Haut selbst noch eine Weise der Zuflucht im Sein wäre –, der Verletzung und Beleidigung ausgesetzt, entleert es sich in einen Nicht-Ort, im Begriff sich für den Anderen zu substituieren, um nichts als die Spur seines Exils in sich zu halten." (AQE 176) Ihr höchster Ausspruch ist im Sinne Heideggers „produktive Logik", deren „Erguß" (AQE 89) oder Aussetzung im Unbeholfenen „in ein bestimmtes Seinsgebiet gleichsam vorspringt, es in seiner Seinsverfassung allererst erschließt und die gewonnenen Strukturen den positiven Wissenschaften als durchsichtige Anweisungen des Fragens verfügbar macht."[45]

Der unmögliche Rückzug des Anderen ist als Vorsprung generativer Symbolizität Systemkränkung. Hegels „Ich, das Gleichnamige" erträgt keine Bedeutung ohne Kontext, das formhafte Ertönen im stimmlosen Text Gottesurteil, das Pronomen des Schmerzes, das Pseudonym der Geduld, die die langverlassene Muschel des Anderen auf die Tonart äußerste Fremde stimmen: die Rekurrenz einer Zwischenzeit, „Systole und Diastole des Herzens, das dumpf gegen die Wand seiner Haut schlägt" (AQE 138). Das Unbedingte des Eins und die Verbindlichkeit des Einen, die Rationalisierung der Gottesbeweise in Denkakt und Schlußform zur Absolution Wissen, wird in Bewegtheiten des ethischen Wirbels „Anachorese in der Haut" (AQE 138) entführt. Ohne Name, Stellung, Titel trägt das Geschöpf von Abdankungen die magischen Krisenzeichen, die es aus Festen relationsgefügter Selbstbe-

---

[45] Martin Heidegger, Sein und Zeit, Tübingen 1972, S. 10. Man könnte mit Heideggers Grundlegung mutmaßen, daß Levinas' Transzendentale Nacht-Wache der apriorische Sach-Dienst des Seinsgebietes Nächsten-Liebe sei. Für eine solche kühne Umschrift spricht das Vitalzeichen Transzendenz im Register der Doppellebenslust, der Augenblick des Unmenschlichen oder der Staat im Staate, die Aussetzung der mantischen Analytik der Vernunftidee Psychose.

hauptung treibt. Haut indiziert die anatomische Nomenklatur, die der referentiellen Konfusion um den Bezeichnungsausdruck der Orientierungswaise Mensch Rechnung trägt, dem Naturkörper im Diskursding, der sich im Autonym dem Sigle einer Ordnung unterstellt, die ihn im Atem unmöglicher Zeugenschaft verhält. Das Zögern zwischen Scham und Schande notiert den Schnitt unabwendbarer Obszönität in Choreographien makelloser Enthaltsamkeit, der in den vagen Vergleich, die karge Allusion, die leere Kontur, das flache Relief einbricht, „Siegel der höchsten Prüfung" (DL 310, 365) republikanischer Intervention ohne das heroische „Kriegsspiel" um das „zerrissene Fleisch", mit der der Antisemitismus, „Archetyp aller Internierung", die „Affenbande" einer „Quasi-Humanität" (DL 213f.) verfolgt. Metonymien des geschundenen Anderen imponieren den Übergang von der schönen Figur zum zerstückten Leib. Sein Ausnehmen von der lebendigen Gegenwart ist ‚creatio ex nihilo': „Sie ist ‚für das Ich', das angeblich ungeschaffen ist, sein Ausgetriebenwerden in sich selbst hinein in der Passivität einer Verantwortung, die über die Freiheit hinausgeht." (HAM 79)[46]

Henose

Die Autorität der Henosis, aus dem Siegeszug der zweiten Hypothesis des platonischen Parmenides-Dialogs gewonnen, der die Einung der seienden Eins zur Einheit im Anderssein beschreibt, erscheint anfechtbar. Der unwandelbaren Formzucht

[46] Ausgetrieben in sich selbst hinein: Das könnte die Formel für Sades Theater der Grausamkeit sein. Denn seine Bühne der Lasterspiele ist als sprachliche Arbeit an Bildern zu verstehen, als Ruck im Revers mimetischer Produktivität. „In der obszönen Demonstration – der Gewalt und der Sexualität – kommt ein verborgenes Wesen des Körpers zutage, das nicht den Körper selbst, sondern die Rede über ihn, die Dimension einer kulturellen Übereinkunft entblößt." Joseph Vogl, Ort der Gewalt. Kafkas literarische Ethik, München 1990, S. 52. Diese Exposition, in die Aporien der libertinen Souveränität gefaßt, konstituiert Sades Textwissen von der entleerten Welt. Der Theatralisierung der problematischen Gemeinschaft von Lust und Wissen entspringt der narrative Gewinn einer visionären Region des Menschseins. Ihre Anweisung zur Glückseligkeit ist als Apologie des Bösen codiert: Apathie, die paroxystische Figuration der Null, ist die Kernidee ihrer republikanischen Tugendlehre. Im Revers mimetischer Produktivität doubliert die grausame Rede, virtueller Prolog einer lückenlosen Verkündigung, die Allmacht Gottes. So indiziert Sades Hypotext die „unaufhörliche Anamnese des Unmenschlichen am Menschen" auf der phantasmatischen Szene im Rücken der Konventionen moralischer Prinzipien. Im Kontext Jean-Pierre Dubost, Eros und Vernunft, Frankfurt/M. 1989, S. 194ff.

lebendiger Gegenwart ist das unnachgiebige Krisenzeichen Schein, dessen begriffene Vereinigung von Schlußform und Denkakt nur ausstünde. Das Zeugnis der verfehlten Entgegnung wird auf die Metonymie des gesundenden Einen gewiesen. Parmenides[47], Heros denkender Vernunft, ist die mißverständliche Leitfigur aller Evidenzerkenntnispolitik, die sich am gewagteren Iterativ des promordialen Rätsels versieht, ohne die Erkenntlichkeit am Geschöpf von Abdankungen als Stiftungsfunktion im Wahrheitsgeschehen von Dramen eines Seinsverlangens zu beachten. Denn das Vorsprechen von Denken und Sein stiftet das Regime einer nächsten Kühnheit, die Doxa und Episteme des Einen unter Vorladung stellt, in die exzentrische Positionalität primärer Abstandnahme vom selbstischen Ichdunkel, der stationären Subventionsordnung Henose. Anaxagoras hat so dem unvermischten Einen ein Machthaben zugesprochen, das ohne Gehör noch Geschau ein am Grunde Unbegrenztes gleichsam sprachfrei vernehmen könne. Das ist der Vorzug des Logos gegen das gewohnte Epos Menschensprechen, aber auch die Trennungsinstanz von göttlich verfügter Mythenrede. Nach Klarheit Strebenden wird von der Göttin des Parmenides beschieden, „halte Du das Vernehmbare fern und laß Dich nicht durch die vieles erfahrende Gewohnheit darauf zwingen, nur Deinen Blick, den ziellosen, Dein Gehör, das brausende, Deine Zunge zu gebrauchen; laß allein den *logos* die Entscheidung fällen in der vielumstrittenen Frage, die ich Dir vorlege. So bleibt Dir noch Mut zu einem Weg", der Denkweg des Logos[48], die Konsistenzbedingung der

---

[47] Hegels systematische Einheit von Logik und Metaphysik gründet auf einer palimpsestartigen Exegese von Parmenides und Heraklit, wie Manfred Riedels Buch ‚Hören auf die Sprache. Die akroamatische Dimension der Hermeneutik', Frankfurt/M. 1990, unterstreicht. Was besagt, daß Hegels Logik den Namen Parmenides „in der Perspektive des Jacobischen Spinozismusstreits mit dem von Spinoza zur Denkgestalt des neuzeitlich gedachten Pantheismus zusammenzieht." (S. 306) Hegels Grundworte des anfangenden Denkens werden am „Leitfaden geometrischer Gestaltenerzeugung" (S. 313) exponiert. So ist das Hören auf die Götterrede im Mythos des Lehrgedichts unterschlagen, die über das Zulässige und Unzulässige des Seinsakts im gebieterischen Ausspruch befindet und die Gabe des Denkens vergibt. Hegels interessierter Umschrift orphischer und naturreligiöser Traditionen zur Grundlegung seiner ‚Wissenschaft der Logik' ist Levinas' Forderung nach einem Bruch mit Parmenides auf merkwürdige Weise aggregiert.

[48] Parmenides, ‚Lehrgedicht' B 1, 35–40. Zur mythologischen Einkleidung Karl Reinhard, Parmenides und die Geschichte der griechischen Philosophie, S. 67f. Das Lehrgedicht gilt dem Forschungstrend nach als Explikation logischer Grundformen, insbesondere als Applikationsmodell des disjunktiven Syllogismus, der Kontradiktorisches wie das Nicht-Seiende (Andere, Fremde) erschöpfend behandelt und damit die wahrheitsstiftende Rede des seienden Eins instituiert.

Vermittlung natürlichen Erkennens und verläßlicher Einsicht.[49] Anderheit, sagt auch der Cusaner in der Spur der Götterrede, kann gar kein Seinsprinzip sein. Einung geschehe in zeitfreier Ekstasis, in der das aus dem Einen Hervorgegangene umkehrt und im Inneren zum Stehen kommt. Dieser Stand im Sein sei aller Dinge Einstand. Supra opposita, nihil sibi opponitur. Plotins dionysische Theophanie erblickt hier sogar den Ursprung der Sprache. Sie sei ein Hören auf die Stimmen von oben, die die Kühnheit denkender Orientierung durch vielfältige Behutsamkeit und Umschau sichere. Über die Begriffsform hinaus wird bei Plotin ein Kontakt mit der Idee erstrebt, der des zeitfreien Augenblicks innewird: unio mystica. Sie ist als gelingende Kunstform philosophischen Lebens konzipiert, die durch die ent-schiedene Bindung von Reflexion und Einung den Herrschaftscharakter der Aufenthaltsdeutung Philosophie begründet. Von Träumen eines Geistersehers will die Henosis getrennt sein, wiewohl die plotinische Maxime „Alles ist innen" (*eiso panta*) Übersetzungen in trancehafte Modalitäten von Bewußtseinserlebnissen zu begünstigen scheint. Aufsehen ins Absolute sei Gelöschtes und Gebahntes, Geschautes und Geeintes; wogendes Gebären, das auf lichtbeglänzter Spur in den Geist hinaufspannt. Durch Gliederungen wie die des Dionysius in purgatio, illuminatio, perfectio ist der Aufstieg zur reinen Theorieform beschrieben, deren Hypostasenbau in wohlgerundeter Kugelgestalt von schlechter oder böser Materie gelöst wäre. Das endlich Einfache der Einweisung in Eins oder Eines, die artikulierte Auffahrt der zweiten Hypothesis zur Henose, prinzipiiert den Grundriß des Idealismus. So wird nur das Denkbare als Seiendes behauptet und Nicht-Seiendes des Bedenkens beraubt: Verbindliches Erkennen des Unerforschlichen ist neuzeitlich um das Hauptstück Gottesbeweis getürmt[50], Mutant der vorsokratischen Götterrede ohne

---

[49] „Die Endlichkeit des Seins und des menschlichen Denkens wird von Parmenides auf eindrucksvollste Weise mit den Bildern von Fesseln, Banden und Grenzen demonstriert und findet ihren höchsten Ausdruck im Bild der Kugel. [. . .] Das komplizierte Spiel, das sich zwischen der menschlichen Endlichkeit und deren Ermöglichung, die als solche gerade nicht endlich sein kann, abspielt, scheint das eigentliche Thema der Rede der Göttin zu sein." Vigdis Songe-Möller, Zwiefältige Wahrheit und zeitliches Sein. Eine Interpretation des parmenideischen Gedichts, Würzburg 1980, S. 87f.

[50] Der ontologische Gottesbeweis ist die Vorladung Gottes ins Menschendenken. Die ontotheologische Einheit von Logik und Metaphysik ist das Gericht des säkularisierten Souverains, der Idealismus sein Verhandlungsprotokoll. Das Urteil ‚Gott ist tot' ist der futurale Text eines Menschensprechens, das den Fluch Nietzsches mit der Schrift Hegels kontaminiert. Levinas' Abscheu vor der Kontamination ist ungeheuer. Franz Rosenzweig, der Levinas' Nietzscheverständnis die prägnante Gestalt verleiht, hat den Atheismus Nietzsches in dem Schrei ‚wenn Gott wäre, wie hielte ich es aus, nicht Gott zu sein', erfaßt.

Anachorese in die Haut von Schema und Typik, wo die Engel des entschwundenen Alphabets von Systole und Diastole das Geschöpf der dumpfen Wandung an die Schöpfung erinnern, die Anaphora des iterativen Lebenssturms in Erkenntlichkeit der Gnadengabe Sprache.[51]

„Noch nie hatte ein Philosoph so Auge in Auge mit dem lebendigen Gott gestanden, um so zu sprechen. Der erste wirkliche Mensch unter den Philosophen war auch der erste, der Gott von Angesicht zu Angesicht sah – wenn auch nur, um ihn zu leugnen." (GS Bd. 2, S. 20) Der Satz ist der von ihm bezeugten Krise der prophetischen Rede indiziert, wo die menschliche Intuition der Schöpfereigenschaften das Band zwischen Kosmos und Kreatur knüpft. Durch die Passion des Sagens ergeht das Gottesurteil in das veranderte Ohr eines zerdehnten Hörens, in dem sich die unbeugsame Vorladung hören läßt, wenn die Sprache des leeren Geredes Ruhe gibt. Das Gottesurteil wird im Register generativer Symbolizität vernommen, im Akkusativ der Schnittmenge von Trauma und Skepsis, im peinlichen Affekt von Schmerz und Geduld, im wunderbaren Zeichen einer verstohlenen Scheu, im Zögern zwischen Scham und Schande, deren unauslöschliche Wache Lyotard als Liturgie der Empfänglichkeit bezeichnet hat: Geiselnahme des Gehörs durch das Jenseits des Körpers, in dem Hegel die Selbstbestimmung Gottes zum Sein nötigt, damit der reine Gedanke als göttlicher Begriff das Persönlichkeitsprofil der zeitfreien Idee gewinnt. Franz Rosenzweig hat in der Morgengabe des Gemeinguts Sprache das „Siegel der Menschheit im Menschen" erblickt. Vom Ur- oder Elementarwort heißt es: „Das Stumme wird laut, das Geheimnis offenbar, das Verschlossene erschließt sich, das als Gedanke Fertige verkehrt sich als Wort wieder in einen Anfang; denn das Wort ist bloß ein Anfang, bis es auf das Ohr trifft, das es auf-fängt, und auf den Mund, der ihm ant-wortet." (GS Bd. 2, S. 122) Im Hörensagen ist der Minimalbestand einer transzendentalen Akustik beschlossen, deren akroamatische Dimension des Sichsagenlassens Levinas' ‚Lauschangriffswissen' mit Rosenzweig, Heidegger und Lyotard verbindet.

51 Daher Kafkas „unverständliche Sprache", die sich „einem Einmaligen und Unwiederholbaren annähert und es mit skurrilen Gesten umkreist, mit unsinnigen Einfällen, komischen Erscheinungen und kindlichen Superlativen". Kafkas narrative Technik des Entwerkens zeigt Joseph Vogl an der Erzählung vom Bau der chinesischen Mauer. „Es geht nicht um Vollendung, sondern um ihre Verhinderung; nicht um Einheit, sondern um Dispersion; nicht um den großen und einzigen Kaiser, sondern um seine Demontage; nicht ums Symbol, sondern um seine Auslöschung." Ort der Gewalt, S. 188, S. 213. Demontage und Dispersion der bestdenkbaren Meinheit Egologie indiziert die problematische Gemeinschaft von Mensch und Sprache bei Kafka, Sade, Blanchot. Ihr Schriftverkehr um das Verlöschen des Körpers im Vergessen der Namen buchstabiert den rückwärts gelesenen und vorwärts geschriebenen Geburtsvorgang der Moderne. Zur frenetischen Aufopferung der als Fundierungsverhältnisse des Machtworts im Rechtsspruch camouflierten Verfolgungsrituale laufen die Fluchtlinien ihrer Zeichengebung auf: Stilwille zertrennt das Rankenwerk ornamentaler Plausibilität, mit dem das Gericht der Moderne den Gottesbeweis Literatur inszeniert.

Levinas' Angriffswisssen auf den schönen Schein des Selben ist in Erwartung des Unfaßbaren verfaßt, das die Anderheit des Anderhaften bestimmt. „Erweckungen zum Un-maß" (WG 140), Monstren von Trauma und Skepsis sind der absoluten Sensibilität des Schmerzes und der Geduld als lebenssinnkonstitutive Negativität angeschrieben.[52] Im Zeugnis der verfehlten Entgegnung Henose hat Levinas das Moment der Reduktion markiert, das als Regime der nächsten Kühnheit mit Evidenzerkenntnispolitik bricht, um dem Einschwingen in den präfigurierten Ablauf Logos des Einen die Metonymie des geschundenen Anderen zu entreißen. „Wunderbare Augenblicke: das Eine ohne das Sein aus Platons *Parmenides*; das Ich, das im *Cogito* durchbricht, beim Schiffbruch allen Seins, aber schon vor der Rettung des Ich im Sein, wie wenn dieser Schiffbruch gar nicht stattgefunden hätte; die Kantsche Einheit des ‚Ich denke' vor seiner Reduktion auf eine logische Form, die Hegel auf den Begriff zurückführen wird; das reine Ich Husserls, transzendierend in der Immanenz, diesseits der Welt, aber auch diesseits des absoluten Seins des reduzierten Bewußtseins; der Mensch Nietzsches, der im Übergang zum Übermenschen das Sein der Welt erschüttert, indem er das Sein ‚reduziert', nicht mithilfe von Parenthesen, sondern durch die Gewalt eines unerhörten Wortes, das durch das Nicht-Sagen des Tanzes und des Lachens (die – man weiß nicht weshalb – tragisch und ernst sind und sich am Rande des Wahnsinns bewegen) die Welten zerstört, die Welten, die das Wort des Aphorismus webt, indem es sie demoliert" (HAM 97).

52 Schmerz und Geduld als lebenssinnkonstitutive Negativität arbeiten im Revers der Aktivität des Geistes. Levinas' Angriffswissen subvertiert die umfangslogische Kapazität und die bestimmungslogische Kompetenz der Apperzeptionssystematik mit einer feurigen spiratio, die an Bonaventuras Itinerarium (mentis in Deum) gemahnt. „Tiefe eines Erleidens, das kein Fassungsvermögen begreift, das kein Grund trägt, in der jeder Prozeß der Einschließung scheitert, und in der die Schlösser, die die Tiefen der Innerlichkeit verschließen, aufspringen. Setzung ohne andächtige Sammlung, die ihren Ort wie ein verzehrendes, den Ort – im etymologischen Sinn des Wortes – verheerendes Feuer verwüstet. Blendung, in der das Auge mehr aushält als es aushält; Verbrennung der Haut, die das berührt und nicht berührt, was – jenseits des Ergreifbaren – brennt. Passivität oder Passion, in der sich die Sehnsucht wiedererkennt, in der das ‚*Mehr* im *Weniger*' aus seiner glühendsten, vornehmsten und ältesten Leidenschaft ein Denken wachruft, das dazu bestimmt ist, mehr zu denken als es denkt." (GP 102f.)

Wunderbare Augenblicke

Wunderbare Augenblicke ernüchterten Empfangens, lebendigeres Leben, tödlicheres Sterben, im Zögern von Scham und Schande, am Weh von Trauma und Skepsis: eine Ergebenheit der Reduktion an die Erkenntlichkeit der „Liebe ohne Konkupiszenz" (WG 215), die das „Empfangen der äußersten Gabe: für den Anderen zu sterben" (WG 214) vermag. Das Bittersüß der Gottesidee von Parmenides bis Nietzsche sprengt den henologischen Gottesbeweis[53] in Gewalt und Geschichte, den die Potenzexplosion Moderne zu ichlosen Bewußtseinsanalysen beschleunigt hat, welche die epochale Feinstruktur innerneuzeitlicher Peripetien und Umbesetzungen überwölben. Heraklits Logosformel vom besonnenen Feuer[54] im Grundverhältnis von Gedankenmaß, Bedeutsamkeit und Unergründlichkeit ist ihr zu rasanter Energie entfacht, die sich des Schwindelerregenden entledigt hat, das Heraklit erschauern und erschüttern machte. Wissenschaftspraktische und theoriepolitische Optionen um Idee und Begriff, Gebilde und Gestalt, Einheit und Mannigfaltigkeit haben die „Seinsgestalten des Menschlichen"[55] um hermeneutische Kunst-

---

53 Edmund Husserls Krisis-Schrift hat die formanalytische Genesis des ontologischen Gottesbeweises bestimmt. „Im Begriffe Gott ist der Singular wesentlich. Ihm gehört aber von menschlicher Seite zu, daß seine Seinsgeltung und Wertgeltung als absolute innere Bindung erfahren wird. Hier erfolgt nun die naheliegende Verschmelzung dieser Absolutheit mit derjenigen der philosophischen Idealität. Im allgemeinen Idealisierungsprozeß, der von der Philosophie ausgeht, wird Gott sozusagen logifiziert, ja zum Träger des absoluten Logos." (Hua Bd. VI, S. 335)

54 Hans-Georg Gadamers wägender Kommentar versetzt Heraklits Blitze des Erkennens zwischen die Selbstbewegung des Lebendigen und den Selbstbezug des Wissen. Das Zwischen wird im Rätsel des Denkens als plötzlich loderndes Aufflammen erfahren. „Das fressende Feuer, das alles verzehrt und dem nichts widersteht, als einen Teil des Ordnungsbestandes des Universums zu denken, ist offenbar ein besonderes Problem für die antike Kosmologie. [...] Die Auszeichnung des Feuers liegt offenbar für Heraklit in seiner unwiderstehlichen Gewalt, mit der es alles zu ergreifen vermag – und doch ist es ‚nach Maßen entflammend und nach Maßen verlöschend'. Eine Weltordnung ist nicht möglich, ohne daß auch dem Feuer Grenzen gesetzt sind – wie durch die Wendekreise dem Sonnenlauf." GW Bd. 6, S. 239

55 Georg Misch, Lebensphilosophie und Phänomenologie, Bonn 1930, ND Darmstadt 1967, hat die Beziehung von Dilthey und Husserl dargestellt. Ihm ist die Formel von den „unter der Berührung des Wortes erzitternden Gegenständen" (S. 96) zu verdanken. Seiner Lesart ist der Boden des logischen Phänomens gelockert und die Einheit der objektiven Geltung gelöst. Die Deutung der Seinsgestalten des Menschlichen ist weder diskursiv

griffe erweitert, die dem Berufsinteresse Lebenswelt akkreditiert sind. In der Aufgabe der Grundlegung der Geisteswissenschaften fand der objektive Idealismus zu Diltheys Logik geistigen Lebens und Husserls Begriff strenger Wissenschaft. Das Erleben wurde in Husserls Hermeneutik des Bewußtseinslebens und Diltheys Psychologie des Verstehens zur Transzendental-Topik der Lebenswelten ausgestaltet. Prägend für die logischen Energien der Jahrhundertwende war die Formel von der Kritik der historischen Vernunft, definiter Term und evokatives Wort für die dynamischen Spannungen in der Krisis von Wissenschaft und Kultur. Nichts weniger als die Übertragung der Erkenntnistheorie Kants auf das Format der Geisteswissenschaften war die Aspiration. Weltverlorenen „Naivitäten höherer Stufe"[56] bot sie das Paroli lebensweltursprünglichen Worausher des Sinns und Woraufhin des Wissens in Begriffen einer „religiösen Umkehrung".[57] Den Programmsatz des idealismuskri-

noch prädikativ zu erschöpfen. Im Unergründlichen des Erlebens genießen die dem Unbegrenzten abgerungenen Gestalten der vorzüglich sprachlich objektivierten Ausdruckswelt Vorrang.

56 Edmund Husserl, Hua Bd. I, S. 179. Diese Naivität der objektiven Wissenschaften wird durch die Formenlehre der phänomenologischen Reduktion inhibiert. Sie verschafft eine „einzigartige philosophische Einsamkeit" (Bd. VI, S. 187), das Bewußtseins-Differential von Entweltlichung und Entmenschlichung. Michael Theunissens Lektüre des Husserl-Ausdrucks „Ent-Fremdung" (Bd. VI, S. 189) entfaltet den egologischen Kontext gegen den phänomenalen Strich unter dem prägnanten Titel Veranderung. Sie verknüpft die unbegreifliche Drohung Depotenzierung mit dem höchsten Preis Dezentrierung. „Die Veränderung, die ich durch den Anderen erleide, ist als Veranderung negativ eine *Depotenzierung*, eine Entmächtigung meines Ich. Denn die Einordnung nimmt meinem Ich die Macht, die es als ordnendes hat. In seiner ursprünglichen Reinheit das Konstituierende von allem anderen, wird es durch die Veranderung zum Konstituierten unter allem anderen. Diese Depotenzierung hat die Form einer *Dezentrierung*. Mein Ich verliert seine weltstiftende Macht, indem es durch den Anderen aus dem Weltmittelpunkt, der es in transzendentaler Ursprünglichkeit ist und den Husserl auf der Ebene der primordinalen Welt das ‚zentrale Hier' nennt, herausgeschleudert wird. Solchermaßen dezentriert wird es sowohl in substanzialisierender wie auch in personalisierender Veranderung. Als ein Ding unter den nichtmenschlichen Dingen kommt es gleich diesen ‚irgendwo' und ‚irgendwann' vor, ohne daß sich um seine Raum- und Zeitstelle eine Welt zusammenordnete. Ebenso stehe ich als ‚ein' Ich und ‚ein' Mensch völlig nivelliert in der Reihe der anderen Menschen; ich bin bloß Glied einer Kette, die weder bei mir anfängt noch bei mir aufhört." (Der Andere. Studien zur Sozialontologie der Gegenwart, Berlin 1965, S. 85)

57 Edmund Husserl, Hua Bd. VI, S. 140. In der Epoché wird die stumme Konkretion des apodiktischen Ego ohne „die naive Sprechweise des Lebens" (S. 60) zur Aussprache

tisch gewendeten Operators Aktivität des Geistes hat der junge Dilthey ausgedrückt. „Es liegen dem Philosophieren tiefste Bedürfnisse der menschlichen Natur zu Grunde, von denen man nicht sagen kann, in welches Gebiet sie fallen.“[58] Im Medium einer „Achsendrehung“[59] wurden die hermeneutischen und phänomenologischen Entwürfe erkenntnistheoretischer Kategorienlehren von Dilthey und Husserl erbracht. Kategoriale Überlegungen zur Theorie philosophischer Begriffsbildung waren deskriptiven Lebenszusammenhängen eingebettet, aber als Selbigkeit willensförmiger, rätselloser Lebendigkeit aufgefaßt: Eigenheitsphäre und Gegenwartsphase, im Nukleus Selbstda unbewohnt vom Anderen, waren das äquivoke Bollwerk gegen die Monstren Trauma und Skepsis. Musils Parole vom Schleifen der Festung Ich markiert noch Levinas' Hypostasendifferenz um lebhafteres Leben und tödlicheres Sterben die Front gegen die allesverdauende Alleinherrschaft des vom Gelehrtenflair emanzipierten Wissenschaftsbetriebs. „Das Sich-selbst hypostasiert

---

gebracht. Mit der Arkandisziplin Auferstehung erhält sie im Antlitz des Anderen ihren „Sprachleib“ (S. 369).

58 So Wilhelm Dilthey 1859, zit. nach Ernst Wolfgang Orth, Einleitung: Dilthey und die Gegenwart der Philosophie, in: Orth Ed., S. 14. Psychologie, Geschichte, Hermeneutik waren Dilthey als disziplinüberschreitende Themenverbände einer spätromantischen Kritik am akademischen Idealismus balanciert. Gegen die blasse Würde der Transzendentalphilosophie, ohne deren Behauptungsfeste und Beweiszwang, nahm sie die Entwurfsgestalt totalitätsfeindlicher Systemform an. Mit dem „Satz der Phänomenalität“ erscheint Dilthey Orth „als derjenige, der eine neue prima philosophia unter den Bedingungen der gegenwärtigen Bewußtseinslage vorbereitet hat. [...] Es muß damit gerechnet werden, daß die im 20. Jahrhundert vollzogenen Neubestimmungen der Philosophie nicht nur jeweils eine Vollendung des Diltheyschen Denkens sind, sondern daß sie ihrerseits von Diltheys offenem Denken wieder eingeholt und möglicherweise überholt werden.“ (S. 24f.) Man kann die Geiselnahme des Gehörs durch ein Jenseits des Körpers als Satz der Nicht-Phänomenalität bezeichnen. Er ist der Kern aller mikrologischen Aussetzung in der Spur des Anderen.

59 Das Wort stammt von Georg Simmel, seismographisches Ausstrahlungszentrum und Durchkreuzungsphänomen der frühen soziologischen Moderne. Mit energischem Ausdruck hat der Philosoph eines ambiguitätstoleranten Impressionsimus die zentrifugalen Richtungen der perspektivischen Moderne als Psychologismus definiert. Ins monetäre Muster der Sachkultur hat er die entfremdungskritischen Fäden der Moralwissenschaften geschlagen. Pointierte Lebensstilanalysen ums individuelle Gesetz im Mammonismus der Moderne begründen das vornehme Unterschiedsgefühl. Von ihm handelt der Weg der Seele zu sich selbst in der soziologischen Tragödie der Kultur, der Rangdistanz in Simmels Attitudenlehre. Mit deutlichem Spruch hat Benjamin in einem Brief an Adorno in Simmel „einen der Ahnen des Kulturbolschewismus“ respektiert.

sich anders: es verknüpft sich unauflöslich in einer Verantwortung für die Anderen." Und: „Die Hypostase exponiert sich im Modus eines Akkusativs als Sich-selbst, bevor es im Gesagten des Wissens als Träger eines Namens erscheint." (AQE 134) So fährt Levinas den Rachen des Selben hinunter, rückt in die Eingeweide des Einen und packt die Henose, die Paranoia der Einverleibung, an der zerebralen Gurgel Verdauung; dem wunderbaren Augenblick ergeben, in dem die extremanalytisch verfeinerte Reduktion – der „störrische Nacken höchster Klarheit"[60] – an den Apperzeptionskern rührt. „Das Äußerste ist die Beziehung zum Anderen, ist der Empfang, den ich dem Anderen bereite. Hier treten die Dinge nicht als das auf, was man baut, sondern als das, was man gibt." (TU 105) So erwacht das Cogito zum ernüchterten Empfang in äußerster Exposition: Appräsentation, die die im Gewißheitspostulat mit Evidenzpolstern abgefederte Zweifelstrategie zu Trauma und Skepsis exzentriert. Denn „Aufwachen kommt von dem Anderen. Vor dem Cogito träumt sich die Existenz, als ob sie sich fremd wäre. Sie erwacht, weil sie ahnt, daß sie sich träumt." (TU 118)[61] Franz Rosenzweig hat dem glühendsten, ältesten, vornehmsten Hypostasenterm Ich die erregende und erschöpfende Losung im iterativen Lebenssturm geschenkt. Ihn hat der Nachsendeantrag des cartesisch aufbehaltenen Endstücks Anderer im Hochgefühl des nicht trügenden Gottes erreicht. Im Iterativ Lebenssturm ist seine Erwiderung ans Regime der nächsten Kühnheit adressiert. „Ich ganz gemeines Privatsubjekt, Ich Vor- und Zuname, Ich Staub und Asche, Ich bin noch da."[62]

Lebensphilosophie

„Selbstbesinnung in irrelativer Selbigkeit"[63] ist Husserls Stichwort für die Konstitution der Geschichtszeit in der Quasi-Geschichte ursprünglichen Zeitbewußtseins. Hermeneutische Kritik zum Studium der Individualität bildet Dilthey das Wissen

[60] Daß der störrische Nacken höchste Klarheit verbürgt, gab der Conditio Judaica gegen den Antisemitismus des 20. Jahrhunderts die Statur, die unsere Gegenwart ermahnt. Denn „ihr ermangelt es an einer neuen Reflexion der Passivität, einer gewissen Schwäche, die nicht Feigheit ist, einer Geduld, die man nicht den anderen verkünden sollte" (DL 239).

[61] Das ist der „Descartes des Cogito vor dem Cogito, der immer schon wußte, daß er denkt, aufgrund eines Wissens, das endgültig ist und keiner Erhellung bedarf". Maurice Merleau-Ponty, Das Sichtbare, S. 201

[62] Franz Rosenzweig, GW Bd. 3, S. 127

[63] Edmund Husserl, Hua Bd. VI, S. 379

von den Namen und Tatsachen der geschichtlichen Welt. Die Korrelate Erlebnis, Ausdruck und Bedeutung sind beiden in das evident intuierte Formelement Lebenswelt gesenkt. Es ist Zellgrund für die regional gebündelten Schichten der Kulturwissenschaften; komplementäre Erkundungen des Universalapriori Lebenswelt, im Sog des Historismus gewonnen, aus dem Dualismus des neuzeitlichen physikalischen Rationalismus befreit und zum Vitalzeichen Transzendenz im Welträtsel Subjektivismus umgestaltet. Sie wurden in die epistemische Priorität Selbstbesinnung fundiert, Dauerspur der platonischen Ideenlehre. Selbigkeit und Seligkeit waren im Ergebnis Erlebnis eins.[64] Die programmatische Urstiftung Philosophie, wie sie die antike Wissenschaftsidee mit weiter Strahlung erobert hatte, im strengen Methodensinn Iteration zu erwidern, war den Limesgestalten der Anschauung Husserls und der Einfühlung Diltheys die Aufgabe: Aug in Aug mit dem Zeitstoff Geschichte wurde der Standindex historischen Bewußtseinslebens in Umlegungen von Geschichtsforschung auf Geistesgeschichte ermittelt, das Reflexivitätsmotiv von peras und apeiron in okkasioneller Konkretion. Die ideenpolitische Artikulation des Platonpensums beherrschte Stand und Sendung der Umschöpfung der Urworte. Das Umverstehen des henologischen Kanons in den neuzeitlichen Syllabus Hermeneutik neutralisierte die biblisch-geschichtsphilosophische Eschatologie. Phänomenologien des Geistes schienen ohne das Organon begrifflicher Substruktion und den Kanon metaphysischer Konstruktion sachhaft bewährbar. Die antike Urstiftung wurde dem heuristisch disziplinierten Erlebnis-Byzanz modernitätskritisch anverwandelt. Noch neuzeitliche Naturdichtung transportierte gewaltige Lebensgefühle aus dem Ältesten des Alten. „Die Metaphysik verstummt. Aber von den Sternen her klingt, wenn die Stille der Nacht kommt, auch zu uns noch jene Harmonie der Sphären, von welcher die Pythagoreer sagten, daß nur das Geräusch der Welt sie übertönte; eine unauflösliche metaphysische Stimmung, welche jeder Beweisführung zugrundelag und sie alle überleben wird."[65] Das war der Schaltkreis der

---

64 Hans-Georg Gadamer hat den ontologischen Signalton der bedeutungsgeladenen cogitatio im Ausdruck Erlebnis verstanden. In seinem Vortrag „Wilhelm Dilthey nach 150 Jahren" heißt es sehr schön: „Das Erlebnis ist wirklich ein Ergebnis. Etwas ist ein Erlebnis, weil in ihm etwas von bleibender Bedeutung, ein Ergebnis gelegen ist. Das Erlebnis ist auf seine Bedeutung hin geeint und dadurch zur Einheit eines gestalthaften Gebildes überhaupt erst herausgehoben." (In: E.W. Orth Ed., Dilthey und die Philosophie der Gegenwart, Freiburg/München 1985, S. 168)

65 Wilhelm Dilthey, Gesammelte Schriften (=GS), Bd. I: Einleitung in die Geisteswissenschaften, Göttingen 1990, S. 364f. Am Verhältnis von Natur und Geist ist Husserl der wohl gewagteste Ordnungsruf der phänomenologischen Forschung unterlaufen. „Die Univer-

Aussetzung der zweiten Hypothesis vom seienden Eins ins Unbeholfene: die Verwandlungszone der Bedeutung ohne Kontext in phänomenale Lebenswelttextur mit dem Signat der Transformation Kantischer Transzendentalien. Noch Merleau-Ponty tributiert dem Zeitalter lebensphilosophischer Neutralisierung mit Rekurs auf den phänomenal gefärbten altmythologischen Formzwang, Drehpunkt und Schwungrad der Artikulation tiefster Bedürfnisse aus allem Einst und Ehemals. Ihm ist sie „das unsichtbare Scharnier, um das herum mein Leben und das der Anderen sich dreht, um eines ins andere schwingen, sie ist der Gliederbau der Intersubjektivität."[66]

Hermann Cohen, „seiner Haltung nach viel eher der Typus eines alttestamentlichen Propheten als der eines modernen Philosophen"[67], gab dem Grundsturz Phänomenologie in der Aufenthaltsdeutung Philosophie die religiöse Färbung. Auf Rosenzweigs Rest-Ich ließ sie das Grau-in-Grau von Staub und Asche regnen. Cohens systematische Schriften im Ausgang Kants erklärten sich der Kulturmacht des Judentums. Orientierungsleistungen der Sittenlehre blieben ihm an die Offenbarungsfunktion des Gottesbegriffs gebunden. Gegen die praktische Sozialethik des pantheistisch gefaßten Christentums wußte Cohen, daß „bei aller notwendigen Humanisierung des Sittlichen doch ein der Vermenschlichung unzugänglicher Kern des alten Prophetengottes gewahrt werden"[68] müßte, Apperzeptionskernen im

---

salität des absoluten Geistes umspannt alles Seiende in einer absoluten Historizität, welcher sich die Natur als Geistesgebilde einordnet." (Hua Bd. VI, S. 347)

66 Maurice Merleau-Ponty, Das Sichtbare, S. 175

67 So Toni Cassirer, Mein Leben mit Ernst Cassirer, Hildesheim 1981, S. 92. Noch auf dem Sterbelager brandmarkte Cohen die Lügengespinste um ‚jüdische Ritualmorde'. Sie wären erfunden worden, um die Juden zu vernichten. „Als ich das hörte, sagte ich zu Ernst (Cassirer): ‚Glaubst du nicht, daß wir heute einen Propheten haben sterben sehen?' Fünfzehn Jahre später, im April 1933, begriffen wir erst ganz, welchen Weg Cohens Gedanken in dieser letzten Stunde durchwandert hatten." (S. 95)

68 Hermann Cohen, Jüdische Schriften II, Ed. B. Strauss, Berlin 1924, S. 77. Zitiert nach Mechthild Dreyer, Die Idee Gottes im Werk Hermann Cohens, Königstein/Ts. 1985, S. 81. Cohens Schriften spannen die Ideen von der Geistigkeit Gottes und der messianischen Verheißung in den doppelten Rahmen kantischer Erkenntnislehre und hegelischer Wissenschaftskritik. Sein Entwurf einer systematischen Philosophie der Kultur aus den Quellen der Vernunft wird wachsend durch Bekenntniselemente aus dem Gedankengut der jüdischen Tradition überlagert. Diese prägen die Geltungsreflexionen um Logik, Ethik und Ästhetik schon in der Grundlegung der ‚Ethik des reinen Willens', wenn es heißt: „Nur der Zukunft, und immer nur der Zukunft gehört diejenige Wirklichkeit an, welche für das Selbstbewußtsein des reinen Willens zu erringen und zu erstreben ist." Ethik des reinen Willens, Ed. H. Holzhey, Werke Bd. 7 (ND d. 2. Aufl. 1914), Hildesheim 1981,

Relationsgefüge neukantisch gefächerter Tonalität der Geistesvermögen entzogen. Dem späten Cohen wurde das Geschichtliche im systemverschattenden Krisenzeichen von Vernunft und Religion validiert. Die Archäologie der Vernunft erhob den prophetischen Messianismus zur Grundgestalt des Bewußtseins. Religion wurde als Wissen um das Wesen menschlicher Sittlichkeit anerkannt. Im Zeugnis der gesteigerten Entgegnung Religion wurde die gespannte Transzendenz der Gottesidee als rationale Formkraft genommen. Der Programmsatz vom Pfeil der Sehnsucht, der das Absolute ohne Schlußform noch Denkakt schnell und schneller umschwirrt: „Die Ethik hat den Begriff Gottes in ihr Lehrgebäude aufzunehmen.“[69] Die regulative Gedankenform Gott plazierte der hegelgebundene Neukantianer Cohen an die Spitze der Systemtrias Logik, Ethik, Ästhetik. Ihr folgte das Supplement Psychologie des Kulturbewußtseins als Komplement der Theorie des objektiven Geistes. So wurde die dem entscheidenden Augenblick des Unmenschlichen Sittlichkeit verbürgende Gottesidee in die klanglose „Freskosprache der philosophischen Systematik übersetzt“, mit der „Sonderung der logischen und der ethischen Aufgabe“ befaßt. „Dazwischen werden nun die Fäden gezogen, und zwar kommt es dabei offenbar nicht auf das Gespinnst an, sondern auf das Spinnen“.[70] Rosenzweig notierte die Lektüreregel für Genealogien ungewissen Seelenwissens aus den Quellen des Judentums, das Kopfüber des verschwiegenen Klangleibs jeder Umschöpfung von Urworten zur Liebe ohne Konkupiszenz. „Man muß ihn nur mit den Ohren lesen können. Seine Sprache war von erstaunlicher Musikalität des Ausdrucks.“[71]

S. 282. Das Religiöse wird als ursprungsreine Erkenntnis der Beziehungen von Gott und Mensch im philosophischen Systembau des Idealismus artikuliert, der Begriffsform und Wirklichkeitssinn ineinander stellt. „Er (der Idealismus) will nicht für ein Wolkenkukuksheim spekulieren, sondern mit dem Wirklichkeitssinn, der dem wahrhaften Idealismus eigen ist, die Wirklichkeit umklammern, um sie zu bändigen, zu meistern, zu verwandeln. Der tiefste Sinn der Reinheit liegt in der Anwendbarkeit, in der Erzeugung des Seins, als einer Anwendung des reinen Begriffs. Auf die Wirklichkeit geht die Anwendung der Reinheit; aber die Reinheit vollzieht dabei die Umwendung der Wirklichkeit.“ (S. 391)

69 Hermann Cohen, Ethik des reinen Willens, S. 439

70 Franz Rosenzweig, GS Bd. 3, S. 203

71 Franz Rosenzweig, GS Bd. 3, S. 195. Cohens Grundbegriff der Korrelation brach den magischen Bann des Idealismus. Er stieß in „philosophisches Zukunftsland“ (S. 208) vor, indem er die christliche Vermenschlichung Gottes im Gefolge des griechischen Vermittlungszaubers abwies. In der postumen Schrift von der Religion der Vernunft aus den Quellen des Judentums ist der Ertrag Cohens in hohe Naivität geborgen. Sie ist Rosenzweig die „Naivität des Bewußtseins, das da weiß, daß die Quellen, die ihm zur Hut und

Apologie

Levinas beschreibt die Kontestation des Idealismus in einem instruktiven Passus, der den distinktiven Index des denkenderen Denkens vom Angriffswissen kondensiert. Schon hier ist mit Ohren zu lesen,[72] wie die Aussetzung des Totenbuchs AQE im Unbeholfenen der Anachorese in die Haut den endlich abgelebten Idealismus zu Grabe trägt, um ein „dem Opfer unterworfenes ‚Sterbenkönnen'" (AQE 165) zu lehren, das heidnischem Nichtsterbenkönnen und christlicher Unsterblichkeit im antiepischen Chok rätselhafter Lebendigkeit und iterativer Lebensstürme widerspielt. Der „Schnitt im Sein" (TU 427) ist das ernüchterte Erwachen der Empfänglichkeit als Katamnese der Affektion; als gegenwendige Diesigkeit von Trauma und Skepsis ohne Denkakt noch Schlußform, dem sich die Reduktion nur mit unmerklichem Zögern ergeben möchte, weil der pneumatischen Exegese im Responsorium von Denken und Leiden Scham und Schande drohen. Wie sagt sich das Sagen in seinem promordialen Rätsel auf Leben und Tod? „Diesseits des Nullpunkts, der die Abwesenheit von Schutz und Obhut bezeichnet, ist die Empfänglichkeit Affektion durch die Nicht-Erscheinung" (AQE 95).[73]

---

zur Stillung des Durstes der eigenen Seele anvertraut sind, im Stromnetz der Vernunft die ganze Erde wässern." (S. 222) Brieflich äußert Rosenzweig: „Es reißt mich doch immer wieder hin, wie er gegen sich selbst zum Zeugen der neuen alten Wahrheit wird. Aber vielleicht muß man ihn selber kennen, um das überall herauszuhören." (Bd. 1,2, S. 703) Bei Cohen sind „Kapitel, vor denen ich mich verkriechen kann. Es ist ein Abstand wie zwischen Faust II und I. Der Tod lehrt noch höhere Töne als die Liebe." (S. 720) Vergleichbares gilt für Paul Natorps Spätphilosophie. In ihr wird der Logizismus neukantianischer Erkenntnistheorie seiner neuplatonischen Erbschaft inne. So fordert Natorp von der „echten Ratio", daß sie „die Verneinung, den Widerspruch ganz in sich aufnimmt, um ihn stets wieder zu überwinden in einem neuen Ja." Dieses „Ja" bilde die „reine Aktlebendigkeit der Schöpfung"; es ist „der Sieg, in dem aller Tod verschlungen ist, verschlungen in seliger Liebesumschlingung, die auch im Tode selbst das Ja bejaht und nur das Nein verneint, in der Hölle selbst (nach Meister Eckehart) nur das Nicht brennen sieht." Paul Natorp, Selbstdarstellung (1921), Zitat nach Helmut Holzhey, Cohen und Natorp, Bd. I: Ursprung und Einheit. Die Geschichte der Marburger Schule, Basel/ Stuttgart 1986, S. 43

72 Die Lektüreregel der Nietzschelage lautet: „Schrift hört auf, sanft und tot auf geduldigem Papier ihrer Konsumenten zu harren; Schrift hört auf, mit Zuckerbäckerei und Mutterflüstern versüßt zu werden – sie überfällt mit der Gewalt eines Chocs." Friedrich Kittler, Aufschreibesysteme 1800/1900, München 1985, S. 228

73 Hier ist Jacques Derridas Bemerkung zur strukturalen Konkretion der Zeugenschaft erwägenswert. Der drängende Zorn und das weisende Geheimnis der Dekonstruktion

„Damit die Geschichte nicht das Recht auf das letzte Wort behält, das notwendig ungerecht gegenüber der Subjektivität und unvermeidlich grausam ist, muß sich das Unsichtbare manifestieren. Aber die Manifestation des Unsichtbaren kann nicht bedeuten, daß das Unsichtbare in den Status des Sichtbaren übergeht. Die Manifestation des Unsichtbaren ist keine Reduktion auf Evidenz. Sie ereignet sich als die Güte; die Güte ist der Subjektivität vorbehalten; auf diese Weise findet sich die Subjektivität nicht einfach der Wahrheit des Urteils unterworfen, sondern sie ist Quelle dieser Wahrheit. Die Wahrheit des Unsichtbaren ereignet sich ontologisch durch die Subjektivität, die sie sagt. [. . .] Das Unsichtbare ist die Kränkung, die sich unvermeidlich aus dem Urteil der sichtbaren Geschichte ergibt, selbst wenn die Geschichte vernünftig abläuft. Das männliche Urteil der Geschichte, das männliche Urteil der ‚reinen Vernunft' ist grausam. Die universalen Normen dieses Urteils bringen die Einzigkeit, in der sich die Apologie hält und aus der sie ihre Argumente bezieht, zum Schweigen." (TU 357f.)[74]

Die Apologie ist Vor-Sprung gegen Diltheys Studium der Individualität und Husserls Studium der Subjektivität. In ihr ist die Güte des Unsichtbaren Systemkränkung, die Affektion der absoluten Muse Mnemosyne im Null der Verhärtung von Geschichte und Gewalt. Sie zeichnet das Stadium des unmöglichen Rückzugs oder ausgeschlossenen Entweichens als Kontraktion am Rande des Zerrinnens, das

---

umkreisen Erinnerungskatastrophen. Im Gespräch mit Elisabeth Weber „Im Grenzland der Schrift. Randgänge zwischen Philosophie und Literatur", erklärt Derrida seine besessene ‚Meditation der Asche': „Wir sind Zeugen von Geheimnissen; wir sind Zeugen von etwas, wovon wir kein Zeugnis ablegen können; wir sehen der Katastrophe der Erinnerung zu. Man könnte große kollektive, historische, politische Beispiele für Zeugen geben, die nicht zeugen können oder die nicht wissen, wovon und von wem sie Zeugnis ablegen. Das ist eine Situation, die angesichts von Kataklysmen, Völkermorden, vernichtenden Katastrophen völlig unproportionierte, immense Ausmaße annehmen kann. Aber sie kann auch in der alltäglichsten Normalität stattfinden." In: Spuren Nr. 34/35 (1990) S. 69

74 Der Ausdruck Apologie bezeichnet Franz Rosenzweig den problematischen Grenzwert in der Methodenlehre jüdischer Denkungsart. In ihm zieht Rosenzweig „Grenzen und immer wieder Grenzen. Ich baue nicht nach, sondern ich zeichne nur nach": „Insbesondere im Judentum hat eigentlich alle Religionsphilosophie einen Zug zum Apologetischen, weil das Judentum anders als das Christentum grundsätzlich nicht expansiv ist, sondern auf die Defension beschränkt ist. Unsere Summae sind meist Summae contra gentiles." (GS Bd. 1,1, S. 578) Auf der Grenze der präparativen Grenzbestimmung Apologie selbst wartet etwas anderes. „Die letzte Kraft des Erkennens ist ihm versagt, wie das letzte Leiden des Erkennens ihm erspart bleibt. Denn letztes Erkennen verteidigt nicht mehr, es richtet." (Bd. 3, S. 686)

Recht und Unrecht, Gut und Böse, Sichtbares und Unsichtbares, Universalität und Einzigkeit im kundigen Atemnetz der Arkandisziplin Auferstehung als Katamnese der Affektion aufliest und anschreibt, abzählt und ausspricht. Unmöglicher Rückzug oder ausgeschlossenes Entweichen in den Staat im Staate ist die ausgesprochene Entwurfsgestalt der mantischen Analytik der Vernunftidee Psychose. Sie ist der Ruck im Revers der Reduktion, der extremanalytische Krieg um die rätselhafte Lebendigkeit von Tod und Sprache, der im Ringen um die Zukunft ausgetragen wird. Mit dem rascheren Atem der prosodischen Aktion Angriffswissen fragt Levinas: „Warum gibt es das Sagen? Das Sagen ist der erste sichtbare Riß im seelisch-geistigen Leben der Befriedigung." (WG 142) Der Riß des Sagens im Aufriß der Apologie will als Kränkung bestanden und als Argument bedacht sein. In ihm sagt sich die Bedeutung ohne platonischen oder semiologischen Kontext. "Die Apologie, in der das Ich sich zugleich bestätigt und vor dem Transzendenten beugt, gehört zum Wesen der Rede." (TU 46) Apologie ist die bewegte Fügung von Schwäche und Ohnmacht in die bestandene Kränkung Trauma und das bedachte Argument Skepsis. Sie ist die Fügung des produktiven Vorsprungs generativer Symbolizität in die Bedeutung ohne Kontext: Die Apologie der singulären Ideation, die vom Selbstand der Selbigkeit des Selben aus Verdeckungen empfangen, in Verdunkelungen beraubt, zu Zerbrechungen verlassen wird. Apologie der seienden Fremde, der Einzigkeit ohne Einheit in Daseinserfüllung und Aktenthüllung, ist die Querung ethischen Sprechens durch die Geschichte und die Gewalt, der Ruck im Revers der Reduktion, die sich selbst unter Vorladung stellt. So verzeichnet sie den Eintrag des extremanalytischen Kriegs um Tod und Sprache, um die Apologie im Satz der Nicht-Phänomenalität zu sistieren, zu dem die Katamnese der Affektion aufläuft. Denn die Apologie gewinnt das prophetische Futur eines Sprechens, das der Sprache gewachsen wäre, ohne daß das Zeugnis der verfehlten Entgegnung Reduktion ein Bezwingen einräumen würde. Im steckenbleibenden Ankommen beim Anderen ist das Fremde das unbeugsame Symptom dafür, daß das Sprechen mit der Sprache, an die es sich halten will, zu nichts kommt. Im Regime der nächsten Kühnheit konturiert die Geduld des Unendlichen die strukturale Zäsur in Umschöpfungen von Urworten als mantische Analytik der Psychose: ein Sprechen, dem die Sprache, die „völlig unabhängig von uns existiert"[75], erklärt: Hier bin ich.

[75] Jacques Lacan, Das Ich in der Theorie Freuds, Weinheim 1980, S. 361. Diese Bemerkung bezieht sich auf die mathematische Notation des ‚verbum', ist aber symptomatisch für das Wimmeln der Wörter auf dem Sprachwesen Mensch: „Die Manifestation des Begehrens ereignet sich immer an der Fuge des Sprechens, auf dem Niveau seiner Erscheinung, seines Auftauchens, seines Auftreffens." (S. 298) Deshalb gilt seit dem Aufklaffen des ersten

Um den Hauch der Aussetzung rätselhafter Lebendigkeiten in die Geduld des Unendlichen wagender und sagender kann Levinas der Metonymie des geschundenen Anderen, der Kontiguität von Staaten im Staate, die äußerste Spitze der Anachorese in die Haut geben, das wehrlose Weh von Trauma und Skepsis. „In ihrer unübersteigbaren Bipolarität ist die Apologie das ursprüngliche Phänomen der Vernunft." (TU 367)

Vernunft in Ohnmacht und Schwäche ist die unsichtbare Güte der Geduld des Unendlichen am Rande des Zerrinnens. Ihre Apologie wirft sich gegen den Triumph des Seins in der Evidenzerkenntnispolitik der Hülle Schlußform und der Fülle Denkakt, Wehr des Wissens im Drama des Seinsverlangens. Ihr Zuwurf Verantwortung ist als unnachgiebige Scheu vor den Kennerschaften der Geschichte und den Könnerschaften der Gewalt zu empfangen. So schreibt sich Levinas' Angriffswissen auf den schönen Schein des Selben nicht nur in „Posten von Husserls anti-psychologistischem Gefechtsdispositiv"[76], dem die Rationalität des Faktischen im Apriori der Anschauung fußt und deren glaubenshaltige Letztinstanz Lebenswelt als Zweite Philosophie aus der Kantischen Postulatenlehre der praktischen Vernunft gelöst und gestaltet wird. Die Nachricht Apologie sprengt auch die phänomenale Verfassung sichtbar gesicherter Vernunftmeldung im Gelände Fundamentalontologie. Ihre bipolare Systole und Diastole ist an Heideggers Vergütungsfrequenz in der Peilung Sekurität adressiert. „Das ontologisch Entscheidende liegt darin, die Sprengung des Phänomens vorgängig zu verhüten, das heißt seinen positiven phänomena-

---

Schreis um den schräggestrichenen Anderen im Punzzeichen um die Lust und das Wissen die sprachpraktische Empfehlung des Nodologen des Wort-Dings: „Jedes Wort verdient, nach seinem genauen Einfallswinkel, nach seinem Akzent, nach seiner besonderen Wendung vermessen zu werden, verdient, der strengsten logischen Analyse unterzogen zu werden." Jacques Lacan, Freuds technische Schriften, Weinheim 1986, S. 74

76 So Rudolf Bernet, Iso Kern, Eduard Marbach in ihrem Buch über Edmund Husserl, Darstellung seines Denkens, Hamburg 1989, S. 29. Im Gefechtsgelände der Phänomenologie gebührt Husserls Schalten im Satz und Walten im Wort besonderes Aufmerken. Denn hier wird der Anspruch auf volle Ursprungskonkretion so sprechend ausgefochten, daß die Unmöglichkeit des Sprechens über den phänomenalen Epochenbefund hinaus sprechend wird. So beschreibt Husserl die Reduktion als Methode, sich „das empirisch-objektive Gewand abzuziehen" (Hua Bd. VIII, S. 78). Der Akzent dieser Wendung verweist auf die Haut, die man vom Körper ab-zieht, und nicht auf das Gewand, das man aus-zieht. Der Einfallswinkel der metaphorischen Sprechweise weist einen unerhörten Zug ins Wahre auf. So wird Husserl vom Ruck im Revers der Reduktion ereilt.

len Bestand zu sichern."[77] Das Phänomen Vernunft zeigt sich an sich selbst als Apologie der deskriptiven Ausweisung Verantwortung. Sie kann im Meldewesen Logos des Selben nicht auf Verweisungsabruf inventarisiert werden. Das Vitalzeichen Transzendenz, blaugeädertes Pochen, unterbricht die Delegationen der Erfüllung und Enthüllung, welche die Geschichte mit Autorität und die Gewalt mit Legitimität ausstatten.[78] „Der absolut Andere, dessen Andersheit die Philosophie der Immanenz auf der vermeintlich gemeinsamen Ebene der Geschichte überwindet, bewahrt seine Transzendenz inmitten der Geschichte. Das Selbe ist wesentlich Identifikation inmitten des Verschiedenen - oder Geschichte oder System." (TU 46)[79] Delegationen aus dem Urteil der reinen Vernunft sind Identifikationsmonaden bestdenkbarer Originalität unterstellt, „Gesetztes, das als Ansichsein auftritt", „Geist gewordener Bauch".[80] Die Apologie bipolarer Vernunft aber ist auf Pole des Unsichtbaren und der Güte gespannt, deren Erweckung zum Un-maß in Erwartung

77 Martin Heidegger, Sein und Zeit, S. 132

78 Gottfried Benn hat das Vitalzeichen Transzendenz an Nietzsches Bestimmung des Kunst als letzte metaphysische Tätigkeit Europas gebunden. Diese Antithese zur deutschen Innerlichkeit erhebt sich im Revers des Nihilismus, der menschlichen Gesichtslosigkeit im „Aufstand in die Subjektivität" (Martin Heidegger, Nietzsche II, S. 379). Benn: „Überall der tiefe Nihilismus der Werte, aber darüber die Transzendenz der schöpferischen Lust." (GW Bd. I, S. 548) Ein Aufsatz von Wolf Lepenies erläutert Benns Scharfsinn mit Schnauze: „Benn ist weder ein Prophet des Pessimismus noch ein Dichter der Dekadenz, ihn kennzeichnet ein Nihilismus des Standhaltens, ein Denken am Ort, doch voll hoher innerer Beweglichkeit." In: Über G. Benn, Kritische Stimmen 1957–1986, Bruno Hillebrand Ed., Frankfurt/M. 1987, S. 224

79 Der deutsche Idealismus hat das System als ausdrückliche Forderung nach absolutem Wissen begriffen, das die innere Fügung des Wißbaren als focus imaginarius der neuzeitlichen Wissenschaftsidee artikuliert. Menschliche Freiheit im göttlichen Verstande prinzipiiert den Machtspruch des Idealismus. Mit Schelling und Nietzsche erwägt Martin Heidegger, ob „der Verzicht auf das System notwendig ist, aber nicht, weil das System an sich etwas Unmögliches und Nichtiges wäre, sondern umgekehrt, weil es das Höchste und Wesentliche ist." Schellings Abhandlung über das Wesen der menschlichen Freiheit, Tübingen 1971, S. 29. Kants Unterscheidung von Elementarsystem und Weltsystem im Opus Postumum sucht den ausgezeichneten „Augenblick in welchem Metaphysik und Physik beyde Ufer zugleich berühren Styx interfusa." Zitat nach Vittorio Mathieu, Kants Opus postumum, S. 138

80 Theodor W. Adorno, Negative Dialektik, Frankfurt/M. 1966, S. 30f. Hier gilt: „Nur solche Gedanken bieten der allmächtigen Ohnmacht des sicheren Einverständnisses die Stirn, die bis zum Äußersten gehen; nur Gehirnakrobatik hat noch Beziehung zu der Sache, die sie nach der fable convenu ihrer Selbstbefriedigung zuliebe verachtet." (S. 43)

des Unfaßbaren erwacht. Dem ernüchterten Empfang im Angriffswissen Ethik muß der Puls Apologie von Trauma und Skepsis unbeholfen sein. Die scharfe Exposition des motorisch geschienten Nervs: „Die Infragestellung meiner Spontaneität durch die Gegenwart des Anderen heißt Ethik." (TU 51) Der reine Äther der Sekurität erwächst in der unbefragten Spontaneität ichzentrierter Ichheit, gleichnamiger Meine, inselhafter Apophansis: „Hier ist das Subjekt Ursprung, Initiative, Freiheit, Gegenwart. Sich selbst bewegen oder Bewußtsein von sich haben, das heißt in der Tat – sich auf sich beziehen, Ursprung sein." (AQE 98). Systemsekurität hütet die Vertreibung des Anderen aus der Ortschaft, die Levinas' denkenderes Denken Apologie ethischen Sprechens heißt. Fundamentalontologischer Sorge um Sekurität harrt sie ohne Wiederholung und starrt sie ohne Erwiderung entgegen. In unerbittlich Unbeholfenen prophetischen Futurs ist ihre rätselhafte Lebendigkeit sekurierter Zueignung um mehr als Benommenheiten fremd. Vom Trauerspiel Moderne um den Fetisch Ichmasse, Kontor der Gewalt und Salon der Geschichte, ist das Responsorium von Denken und Leiden getrennt.[81] „Als Empfänglichkeit aus Fleisch und Blut bin ich diesseits der Amphibologie von Sein und Seiendem das Nicht-Thematisierbare, das Nicht-Einigbare durch die Synthese." (AQE 100) Ihr Unnachgiebiges ist dem Unwandelbaren auf der Ellipse des Anderen/Fremden konträr.[82] So steht auf Cohens Spuren das unnachgiebige Sagen gegen das unwandelbare Gesetz,

---

[81] Die Humanwissenschaften haben das Trauerspiel Moderne in allen Akten durchgespielt. Claude Lévi-Strauss' Buch ‚Traurige Tropen' markiert einen gewissen Klimax. „Der moderne Atheismus ist nicht die Negation Gottes. Er ist die absolute Indifferenz der ‚Traurigen Tropen'. Ich denke, daß dies das am meisten atheistische Buch ist, daß man in unseren Tagen geschrieben hat" (DL 280).

[82] Werner Hamachers Aufsatz DES CONTREES DES TEMPS riskiert eine extravagante Unbeugsamkeit des Ethischen. Seine Vorladung lautet: „Ethik wäre ein Wort des Aussetzens und der Ausgesetztheit der Zeit, ein Wort der Unzeit und ihrer Je-Andersheit. Sie würde einer Zukunft gelten, die kein uns Zukommendes wäre, die sich weder erwarten, noch projektieren oder gar kalkulieren ließe. Eine andere Zukunft kurzum als diejenige der Zeit der Vorstellung und der formalistischen Langenweilen ihrer ‚drei Dimensionen', aber eine, die in jeder dieser Dimensionen intervenieren könnte und immer schon in jede müßte interveniert haben können. Bei dem Versuch, sie zu denken, heißt dies eine Wort ‚Unzeit' nicht ein und dasselbe, sondern, wie hier, in diesem scheinbar ununterbrochenen Gedankengang, der in einer Bewegung von wenig kontrollierten Ablösungen und Ellipsen verläuft, immer anderes: mal Zäsur und Sprengung, mal Chance, mal Widerstand des Vor, mal Zeitlosigkeit des Es, Unwiederholbarkeit, Bewegung als Bahnung, mal Gegend, mal Lösung und Versprengung." (In: Zeit-Zeichen. Aufschübe und Interferenzen zwischen Endzeit und Echtzeit, Ed. G. C. Tholen/M. O. Scholl, Weinheim 1990, S. 36)

welches letztere schon die rigorose Pflichtenethik Kants sehr behutsam auf das Menschentum vernünftigen Naturwesens beschränkt wissen wollte. Der futurale Text Apologie verleiht der Rede der vorexilischen Propheten den Vorzug gegenüber der mosaischen Gesetzgebung.[83] Das folgt der Weisung Cohens auf transzendental-logische Kritik praktischen Kennens und Könnens: „Die Ethik hat den Begriff Gottes in ihr Lehrgebäude aufzunehmen."[84]

Woher kommt die Sekurität, die Axiomatik der strengen Wissenschaft im Grundlegungsprinzip erster Philosophie, Ingenium des apriorischen Kennens und Demonstration des apodiktischen Könnens? Levinas' Antwort lautet: „Mißtrauen gegenüber jeder unbedachten Geste, Klarheit des hohen Alters, die die Torheiten der Jugend überwindet, ein Handeln, das von vornherein in das es leitende Wissen eingeholt ist – dies ist vielleicht die eigentliche Definition der Philosophie." (HAM 32)

83 Cohens entwicklungsgeschichtliches Schema basiert auf Studien der protestantischen Bibelkritik um Julius Wellhausen. Mechthild Dreyer, Die Idee Gottes im Werk Hermann Cohens, erklärt: „Indem die protestantische Bibelkritik die vorexilischen Prophetenbücher chronologisch vor den Hauptteil der alttestamentlichen Gesetzesbestimmungen, vor den Pentateuch setzt, gibt sie der mit Amos einsetzenden Bewegung den Charakter einer religiösen Neuschöpfung." (S. 146) Man braucht die prophetischen Reden, so wird Wellhausen in einer Anmerkung Dreyers zitiert, „nicht unverständlich zu machen durch das Gesetz, das ihnen gar nicht zu Gesichte steht." (S. 146)

84 Hermann Cohen, Ethik des reinen Willens, Werke Bd. 7, S. 432. Mechthild Dreyer sieht hier den Kern der Schwierigkeiten Cohens. „Streng genommen verbietet die Anlage der Ethik eine Übernahme des messianischen Ethos." Der Gottesbegriff als Seinsannahme wäre eine „Vorstellung metaphysischer Herkunft': die Metabasis des Konflikts von Naturbestimmung und Sittlichkeitspostulat würde den Schöpfergott als Wahrheitsgaranten zur Forschungsmaxime umdeuten: „Mit der Umformung der metaphysischen Vorstellung ‚Gott' zum Forschungsregulativ einer Idee Gottes ist somit genau das verlorengegangen, um dessentwillen die Gedankenform ‚Gott' in das philosophische System aufgenommen worden ist: Bürge zu sein für die Harmonie von Natur und Sittlichkeit." (Die Idee Gottes, S. 171ff.) Husserls salomonische Lösung ist in ein hartes Wort gefaßt: „Der Mensch kann nur zufrieden sein, wenn er das Ideal seiner selbst als absolut vollkommenes Wesen hinleben und es selbsttätig in unendlichem Streben verwirklichen kann. Er muss den Gott in sich tragen." Zitat nach Eduard Marbach, Das Problem des Ich in der Phänomenologie Husserls, Den Haag 1974, S. 329

Unbedachte Geste

„Eine Unmöglichkeit zu sprechen, die vielleicht die unbestreitbarste Erfahrung unserer Epoche ist."

Emmanuel Levinas,
Humanismus des anderen Menschen

„Der Mensch steht ganz woanders als seine Syntax, er ist ihr weit voraus."

Gottfried Benn, Der Ptolemäer

Die philosophische Frühe hat kategoriale Vollendung im Weg des Logos reklamiert; die volle Reife der reinen Vernunft, keinem Werden entsprungen, keiner Erfragung bedürftig und keiner Belehrung befähigt. Die kategoriale Ansprechweise, Anhörungsart und Hinsichtnahme des Seins wurde als ontologische Datensenke verwendet. Das besagt Heidegger zufolge: „dem Seienden gleichsam auf den Kopf zusagen, was es je schon als Seiendes ist, d. h. es in seinem Sein für alle sehen zu lassen."[1] Die Richtigkeit des Blickens, das Ansehen des Selben im Absehen auf Eines, war die distinctio distinctissima des ontisch-ontologischen Logos, der zum Zeitalter des Weltbilds ausgeformt worden ist, zum „Gebild des vorstellenden Herstellens."[2] Sie begründete die absolute Differenz des Gleichnamigen gegenüber der als vielnamig gerügten Schiefheit des Anderen, denn ihr Projekt „steht im Wissen. Gesehenhaben ist das Wesen des Wissens."[3]

---

1 Martin Heidegger, Sein und Zeit, S. 44. Bekanntlich unterscheidet Heidegger Kategorien und Existenzialien. Mit der Bestimmung „Das in einem solchen Dichten Gedichtete sind die Kategorien" (Nietzsche I, S. 584) schließt Heidegger Kant und Nietzsche über die Strukturchiffre des Befehls zusammen: in ihm gibt sich die Freiheit das Gesetz ihres Wesens. Man kann sagen, daß Levinas den Ursprungssinn Kategorie als öffentliche Anklage im Joch von Verfolgungszwecken entwendet und in Trauma und Skepsis zur Apologie des Anderen retribunalisiert.

2 Martin Heidegger, Holzwege, Frankfurt/M. 1972, S. 87. Das ist das Urbild der abstrakten existenzbestimmenden Form des Arbeitscharakters des neuzeitlichen Menschen. In dieser „Szene" des Subjekts „setzt der Mensch über das Seiende sich ins Bild." (S. 84) Über die Eroberung des Weltbilds beginnt der Kampf der Weltanschauungen. In ihm pointiert Heidegger den scharfen Kontrast von neuzeitlichem Vorstellen und griechischen Vernehmen.

3 Martin Heidegger, Holzwege, S. 321. Ganz anders Schellings Machtspruch von der Philosophie als Ekstasenlehre der freien Geistestat im Nichtwissen der Seele gewordenen

Solche Sekurität definiert den Logos des Selben, wenn Hegels objektive Logik den Begriff des Begriffs aufruft, den Untergang der Substanz zu betreiben, um den Begriff in die schöpferische Macht, freie Liebe und schrankenlose Seligkeit der Idee zu erheben. In Sekurität hat Evidenzerkenntnispolitik der Anderheit des Anderhaften stets sich versichert; in der anterioren Aufsicht des formprall ersehenen Cogito, das berechtigten Dank vom berichtigten Anderen einzuklagen pflegt – Dankbarkeit, in der Nietzsche auf die gute Rache des Willens zur Macht erkannte. Ihm war sie im Bildungsreich der „Gläubigen der ‚modernen Ideen'" fundiert: „nichts so ekelerregend als ihr Mangel an Scham, ihre bequeme Frechheit des Auges und der Hand, mit der von ihnen an alles gerührt, geleckt, getastet wird".[4] Nietzsches mantische Logik des Schicksals hat die Sendung des Endstücks Anderer im Stand der unbedachten Geste bereitet, die im „Grundbau der Affekte, der Leben heißt", erwacht und den „Kitzel des Unendlichen, Ungemeßnen" ernüchtert empfängt. „Gleich dem Reiter auf vorwärtsschnaubendem Rosse lassen wir vor dem Unendlichen die Zügel fallen, wir modernen Menschen, wir Halbbarbaren – und sind erst dort in *unsrer* Seligkeit, wo wir auch am meisten – *in Gefahr sind.*"[5] Gegen den ebenso bestechenden wie bezwingenden Wechsel auf Enthüllung und Erfüllung, der den Blitz des Einsehens nur dem zeitfreien Stand Ichheit zubilligt, erklärt Levinas die entscheidende Unterscheidung vom maximierten Potential unmöglichen Sprechens in vitaler Reserve

---

Gottheit. So beginnt mit Schelling die rotatorische Bewegung, in der der Überstieg der Subjektivität in sich selbst zu kreisen beginnt. Im eruptiven Charisma befähigt sie pneumatische Sektierer zur traditionsentbundenen und ordnungsunversöhnlichen Leistung der kathartischen Destruktion überkommener Weltalter.

[4] Friedrich Nietzsche, Werke, Bd. II, S. 738. „Zeitungslesende Halbwelt des Geistes" ist Nietzsches Verdikt über die buntgesprenkelte Bildung. Dieser schlechte Wille zum Hören ist der Blitzableiter von Erkenntnisblitzen nach Art des Heraklit, in denen mit den sprechenden Augen des Kompressorenblicks gehört wird: im Schneiden, Schichten, Schälen. Vgl. George Steiners Polemik wider das Narkotikum der parasitären Inflation rudimentärer Bildungsstücke: „Eine tonangebende Tollheit von sekundärem Diskurs infiziert Denken und Sensibilität. [. . .] Der Geist unseres Zeitalters ist der des Journalismus." Von realer Gegenwart, S. 43

[5] Friedrich Nietzsche, Werke, Bd. II, S. 728, S. 688. Seit Baudelaire und Nietzsche sind Gefahrenseligkeit und Heroenrecht amalgiert. In ihrer Verschleifung trachten die Schnittstellen des Diskontinuierlichen in die strenge Infrastruktur der unterschiedsempfindlichen Rangdistanz. So gehört die Lektion der lebendigen Formidee zu den res mixtae der Modernität. In ihrem seminalen Geschick um Kampfmythen des Kriegs und Sinnbilder des Friedens erscheinen die radikale Verneinung und die souveräne Behauptung stets verschränkt.

und kardinaler Diskretion. „Das bis zu Ende gedachte Werk fordert eine radikale Großzügigkeit der Bewegung, die im Selben auf das Andere hinführt. Sie fordert folglich eine *Undankbarkeit* des Anderen. Die Dankbarkeit wäre genau die Rückkehr der Bewegung zu ihrem Ursprung." (HAM 34)[6]

Liturgie der Nietzschelage

Die Apologie ist die Fügung der unbedachten Geste im Aufriß der Einzigkeit[7], der Riß des Sagens aus der ewigen Jugend des großzügigen Undanks, die Kränkung primären Traumas und das Argument wilder Skepsis am Rande des Zerrinnens. Gegenüber der Bewegung zum Ursprung, die der Logos des Selben im Ergebnis

---

6 Die phänomenologische Reinzeichnung vom edlen Verrat in Untreue oder Undank hat Merleau-Ponty gegeben. Ihm bedeutet Reflexion, „einer systematischen Variation intelligible Kerne abzugewinnen, die sich dieser Variation widersetzen" (Das Sichtbare, S. 40). Levinas' Variante ethischer Bewegtheit hat Trauma und Skepsis als Kernwidersetzlichkeiten im Logos des Selben eruiert. Am Anderen stocken dem Selben die Säfte. Entwaffnung des Denkens, Fassungslosigkeit der Intelligenz, Blöße des Ereignisses werden als unverwandte Datenkompression Staat im Staate abgetastet. Dieses Abtasten, langsam und unbeschreiblich ausführlich, ist die Apologie des Angriffswissens; die Frequenzachse dessen, was Levinas als mantische Analytik der Vernunftidee Psychose zeichnet: unbegreifliche Drohung der Fremde und höchster Preis der Ferne. Benjamins Lakonik hat sie im auratischen Königszeichen des allegorischen Aphorismus geprägt. Die dialektische Feerie extremanalytischer Grenzfallhistorik rührt mit Maximen edler Knappheit an den epischen Epochenschlummer.

7 Jean-Luc Nancys Apologie der Einzigkeit ist um die „Frage nach der Singularität" zentriert: „Was sind ein Körper, ein Gesicht, eine Stimme, ein Tod, eine Schrift – die alle nicht unteilbar, jedoch singulär sind?" Die undarstellbare Gemeinschaft, Stuttgart 1988, S. 21. Das Fragwürdige, das zwischen Frage und Fragezeichen spielt, wird am romantischen Mythos, an der strukturalistischen Episteme und am kommunistischen Projekt erprobt. Gegen den Immanenzplan der exzessiven Endlichkeit gesellschaftlicher Urszenen verficht Nancys „richtendes Gehör" (S. 64) den Bund mit den Ekstasen der Zerrissenheit, rege Unruhe und gebrochene Freizügigkeit, die ins blutige Geheimnis des gemeinsamen Lebens eindringt. Drakonisch thesiert Nancys Exposition im Dort und Draußen, daß die singulären Seienden, ob glanzvoll oder erbärmlich, „füreinander niemals gründende, ursprüngliche Figuren, Orte oder Kräfte einer restlosen Identifikation" (S. 166) sind. Diese Gründungsfiktion wäre der geschriebene Tod im tautegorischen Sprechakt: „Der vom Humanismus vollendete Mensch, ob Individualist oder Kommunist, ist der tote Mensch." (S. 34)

Erlebnis unerbittlich imponiert, um das Inventar der Intelligibilitätsbezüge zur identitären Friedensformel (Selbigkeit = Seligkeit) zu befestigen, markiert die Apologie die Untreue der Einzigkeit: die Achsendrehung des Schemas prophetischer Rede in die Sturzgeburt der Typik des richtenden Worts. Unter Vorladung wird die Betreuung durch die evident intuierte Einheit von Erfüllung und Enthüllung, von Geschichte und Gewalt verweigert. In diesem Undank bis zum Verrat ist die unbedachte Geste der Verantwortung verwahrt, gleitendes Paradoxon unmöglichen Sprechens, streng geschieden von Geschichte und Gewalt. Diese unsichtbare Güte oder diskrete Brüderlichkeit ist der Apologie das weiß und schweigsam textierte Totenbuch: entblößtes Ereignis, entwaffnetes Denken, fassungslose Intelligenz der Wunde AQE. Ihre Anachorese ist dem „Sein-für-das-Jenseits-meines-Todes" (HAM 35) gewidmet, Nietzsches Unwissenheit um die Zukunft, „Sein-zum-Tode, um zu sein für-das-was-nach-mir-ist" – „Liturgie, die absolut geduldige Tat." (SA 217f.) Ihr bewegtes Bild von der rationalen Formkraft des absolut Anderen wird gegen die abendländische „Wendung zur Triebpsychologie"[8] erkämpft, wo das traditionsmächtige Wissen von der animalischen Subjektivität Seele zum imperialen Sozialeros des volksbiologischen Aufbruchs verschärft wird, der die Identifikationskette von Geschichte und Gewalt zum Schmuck Archéphilie und zur Schließe Gottesbeweis schmiedet. Das ernüchterte Erwachen zum Empfang der Liturgie in Erwartung des Unfaßbaren darf nicht aus dem ideenlogisch souveränen Wissen

[8] Gottfried Benn hat die extravagante Begriffsepoche Europa gegen ihren Verfall in „naturalistisches Gewäsch und ideologischen Dilettantismus" verteidigt. Sein Katechontenprogramm der Montage von Masse und Stützpunkt ist wider den Schulfall des Fragmentarischen Geschichte konzipiert, wo Notwendigkeit rufe und Zufall antworte: „Intellektualismus ist der kriegerische Angriff auf die zersetzte menschliche Substanz, ihre Dränage und die Abwehr von Leichenfledderern." (GW Bd. IV, S. 57) Intellektualismus ist Benns chokroutinierte Fernordnungsofferte zur Lektüre der disparaten Hieroglyphen geräumter Himmel und geträumter Erden. In Chiffren formfordernder Zerlösungen dechiffrieren sich ihm die rationalen Formkräfte des Absoluten. Der Würfelwurf um den zentralen Wesenskern Europa wird in simultane Informationskanäle des Vitalzeichens Transzendenz gebündelt. So ist ihm die Optik perspektivischer Demut exegetisches „Erweiterungsmotiv", ein taktiles Training hyperrealer Sensorien im „Hohlraum zwecks Schleusenöffnung und Einströmungsnovität" (Bd. IV, S. 161). Das Beispiel Damenopfer zeigt die kritische Kraft von Benns Intellektualismus: „Kunst, das ist eine Wahrheit, die es noch gar nicht gibt! Daher in den bedeutendsten Romanen um und seit 1900 werden Frauen nur noch arrangiert [. . .] deutlich aphoristisch, mehr Ovation und Reminiszenz als aufbaubestimmend [. . .] Liebe ist im ernstesten Fall eine Prüfung gegenüber einem neu sich prägenden typologischen Prinzip." (Bd. II, S. 198)

gewußt werden, mit dem der Logos des Selben die Sorge um seine Hülle und Fülle bis zum Triumph der Selbigkeit auszeichnet; befriedete Befriedigung, die Monadenichen „universale Triebintentionalität"[9] in Seligkeit der Selbstaffektion, Reichtum der Selbstsetzung und Konkretion der Erscheinungsstufung verbürgt. Sie kommt dem „Platz im Licht" (TU 52) zu, aus dem Erkennen die seiende Fremde Anderheit packt, um sie dem im naturalistischen Gewäsch lebendiger Gegenwart gefaßten Begriff zuzuweisen und dem vom ideologischen Dilettantismus bewachten Horizont einzurücken, Gelingen und Genügen des gleichnamigen Cogito in der Selbigkeit des Selben. Husserls Genügen etwa heißt Urimpression, die phänomenologische Quelle aller Promotion von Sinn und Bedeutung aus dem Axiom der Anschauung. „Die Urimpression ist der absolute Anfang dieser Erzeugung, der Urquell, das, woraus alles andere stetig sich erzeugt. Sie selber aber wird nicht erzeugt, sie entsteht nicht als Erzeugtes, sondern durch genesis spontanea, sie ist Urzeugung [...] Sie ist Urschöpfung."[10] Wie Kants Drama des Seinsverlangens umzirkt sie den Platz des Lichts in Retention, die „ins Dunkel verschwindet", und dem „vorgeworfenen Schatten" der Protention, ohne Schema und Typik des Soeben und des Sogleich im Revers der Reduktion zu bestimmen, die weiße Masse Affektion, die ihre Katamnese erwartet, der schweigsame Stützpunkt Undank, der seine Großmut ersehnt, die Religion in der Relation also, die Liturgie der Geduld des Unendlichen.

Dieses Pathos der Distanz im Regime der nächsten Kühnheit ist die Zukunft. Anachorese der prophetischen Rede in die Apologie des richtenden Worts ist Liturgie, der Appräsentationskern, der Apperzeptionsvariationen widersteht. Denn „die Empfänglichkeit geht nicht in diesen Spielen des Lichts und des Widerscheins

---

9 Edmund Husserl, Hua Bd. XV, S. 595. In diesem allgemeinen Horizont avanciert Phänomenologie zur Formenlehre ichloser Bewußtseinsanalyse, der Ichform und Ichpol auseinandertreten. In diese „Deckung in Differenz" (S. 642) rückt der urstiftungsaffine Text der affektiven Passivität als Apathieaxiom im Rücken der archontischen Monadengemeinschaft des intellectus agens.

10 Edmund Husserl, Hua Bd. X, S. 100. In der Urimpression ist die merkwürdige Einheit von Lebenswelt und Transzendentalität beschlossen, die der späte Husserl in Geschichte und Wissenschaft verklammert sieht. Fundierungsstufen originär gebender Anschauung und Steigerungsreihen regional gegliederter Wesenheiten führt die Wahrheitszelle Intentionalität zu Erfüllungssynthesen, die die Generalthesis der natürlichen Einstellung im „Residuum der Weltvernichtung" (Bd. III, S. 115) phänomenologischer Reduktion objektivieren. Husserls radikalisierter Cartesianismus mündet ins Programm einer Ontologie der Lebenswelt, die als historische Kulturgestalt im Ideenkleid aus Formalisieren, Mathematisieren, Idealisieren bestimmt wird. Vom Abbau des Ideenkleids in ontologischer Umwendung des Evidenzgedankens erhofft Husserl die Verwandlung des Seinssinns Welt.

auf, verläuft nicht wie die Zeiten des Bewußtseins der Wiedererinnerung. Sie ist Verwundbarkeit, Reizbarkeit, Entblößung, umringt und betroffen durch den Anderen, irreduzibel auf das Erscheinen des Anderen." (AQE 101f.) Im Irreduziblen des Phänomens, Monstrum des metaphänomenologischen Rucks im Revers der Reduktion, Levinas' neue Deduktion in Trauma und Skepsis iterativer Lebensstürme, hat das Epos des Einen das steckengebliebene Ankommen im Selben zu gewärtigen, das Identitätsnieten von Evidenzerkenntnispolitik verwehrt. Der Platz im Licht, das ideenlogische Architekturat Egologie, ermächtigt nur Meinheit zum Maß der Macht, Zeugnis der verfehlten Entgegnung auf Metonymien des geschundenen Anderen. Dieser Weisung zur Warnung sagt Levinas' Berufung zur Wunde AQE: „Die Ontologie als Erste Philosophie ist eine Philosophie der Macht." (TU 55)[11]

Die exemplarapriorische Ideation des Anderen in der Einzigkeit seiender Fremde ist ein Speicher primären Traumas oder ein Archiv wilder Skepsis am Rande des Zerrinnens. Aus dieser Blöße von Schema und Typik ohne vernunftkritische Bleibe sickern unbedachte Gesten der Ohnmacht und Schwäche; Anachorese der prophetischen Rede oder Apologie des richtenden Worts, die Liturgie um den Stand der Hautlichkeit in „Sendungen ohne Schickung"[12], Apriorität des Apriori oder Ge-

---

11 Der Machtspruch Egologie ist durch Descartes instruiert. Sein Cogito beschließt einen Denkprozeß und eröffnet eine Gedankenfolge. Diese Kohärenz von Denkakt und Schlußform hat der Gründung im Cogito die Geburt des Menschen zur Ordnung des Zeichens inskribiert, Ordnung des Apodiktischen und der Adäquation, die vielleicht durch Marx, Nietzsche, Freud zerstört worden ist. Ihre Wendung zur Triebpsychologie legt dem Cogito drei Fragen vor: „Inwieweit kann man die Last der den Menschen auferlegten Triebopfer verringern? Wie ist es ferner möglich, sie mit den notwendig bleibenden Opfern zu versöhnen? Und wie kann man sie darüber hinaus auch dafür entschädigen?" (Paul Ricoeur, Hermeneutik und Strukturalismus. Der Konflikt der Interpretationen II, Kösel 1974, S. 40) Die verlockende Cogito-Illusion ist mit der Härte des Iterativs Lebenssturm konfrontiert, der logischen Kontingenz und affektiven Turbulenz, denen es seinen Narzißmus zur Prüfung auszuliefern hat. Die Abenteuer der Reflexion des gekränkten Cogito kreisen um den Status des Opfers, um „ein Cogito, das sich zwar setzt, aber nicht besitzt; ein Cogito, das seine ursprüngliche Wahrheit nur begreift, sofern es sich die Inadäquation, die Illusion und die Lüge des aktuellen Bewußtseins eingesteht." (S. 98)

12 Jacques Derrida, Die Postkarte, Erste Lieferung, Berlin 1985, S. 84. Dieses wunderbar merkwürdige Opus im Genre der Apostrophe dessen, was das Netzwerk aus Scham und Obszönität zwischen Platon und Sokrates in einer Aufzeichnungspartitur von Relaisstationen kryptischen Wissens kurzschließt, bezichtigt die Metaphysik einer Postalität, die noch Heideggers nachmetaphysisches Denken um Zeit und Sein als Dead Letter Box bestimmt. „Denn die verschiedenen Epochen, Halte, Bestimmungen, kurz, die gesamte Geschichte des Seins einer Schickung des Seins anzuordnen, das ist vielleicht der unerhör-

bung vor der Geltung.[13] Man kann es Levinas' Thaumurgie der ‚Nietzschelage' nennen, mit der das Angriffswissen in Erwartung des Unfaßbaren dem Blutsturz Trauma gewogen und dem Aderlaß Skepsis gewiesen ist, dem Seufzen der Eingeweide im Schlafgewand Leib, dem sich AQE im ernüchterten Empfang religionsphysiologischen Erwachens ergibt, das unter Vorladung stellt. „Der Mensch Nietzsches über allem. [...] Man muß bis zum Nihilismus der poetischen Schrift Nietzsches gehen, die irreversible Zeit in Wirbel umkehren, bis zum Lachen, das sich der Sprache verweigert. Sprache, die der Philosoph in den Mißbräuchen der Sprache der Geschichte der Philosophie wiederfindet, wo das Unsagbare und das Jenseits des Seins sich vor uns übersetzen." (AQE 10)[14] Vorladung im Vitalzeichen Transzen-

teste postalische Trug." (S. 84) Aber in Heideggers ‚Trug' ist der stoische Sinn für die Exteriorität gewahrt, den Levinas' mantische Analytik der Vernunftidee Psychose diviniert. „Ein Geben, das nur seine Gabe gibt, sich selbst jedoch dabei zurückhält und entzieht, ein solches Geben nennen wir das Schicken." Martin Heidegger, Zur Sache des Denkens, Tübingen 1969, S. 8. Gegen Heideggers epochale Wandlungsfüllen lichtenden Reichens in Modi defizienten Daseins steht bei Levinas das pure Defizit Alteritas. Und Defizit steht zu Defizienz wie Heraklits Zerrissenheit zur Negation Hegels.

13 Ernst Tugendhat, Der Wahrheitsbegriff bei Husserl und Heidegger, Berlin 1967, hat die Differenz ums Apriori bei Kant und Husserl bestimmt. „Kants Apriori ist zwar relativ aufs menschliche Ich, aber für dieses gilt es universal, während Husserls Apriori an sich zwar absolut gilt, aber nur relativ auf die jeweilige Sachhaltigkeit, die selbst nicht notwendig ist." (S. 165) Philosophie ist Husserl deshalb „phänomenologische Aletheiologie" (S. 183) um Partialprobleme und Limesgestalten des Experiments auf die absolute Instanz aller Letztbegründung, die Lebenswelt als Reich ursprünglicher Evidenz. Heideggers extreme Ausdeutung des deskriptiven Postulats der Lebenswelt hat die Freigabe zum Primat des Praktischen radikalisiert. Seine Pragmatik der Zuwendung thesiert ursprünglichste Erschlossenheiten vor jedem Wahrheitsanspruch. So kommt die höchste Möglichkeit der Philosophie dem ursprünglichsten Gegebensein der Evidenz zuvor, wenn denn die Kehre Setzung durch Hinnahme ersetzt, um dem Sein in sein Sichentziehen zu folgen. An dieser Zuwendung zur Freigabe von Praxis und Geschichte kann „vorkritische Unmittelbarkeit" (S. 405) moniert werden.

14 Elisabeth Webers Dissertation ‚Verfolgung und Trauma', Wien 1990, unterstreicht: „Die verhaltene Sympathie Levinas' für Nietzsche, die aber den Nerv dieser Philosophie berührt, ist die Sympathie für den ersten Philosophen, der die im abendländischen Geist sedimentierte Grausamkeit bloßlegte. Und der über das Vergessen solcher Herkunft des ‚Geistes' lacht." (S. 165) Vergessen wird die Züchtung der ältesten Art Scharfsinn, die Grausamkeit als Festfreude der älteren Menschheit, die Ideenverhäkelung von Leiden und Schulden, die Nietzsche im zweiten Buch der Genealogie der Moral beschreibt: die animistischen Rudimente in der technischen Realität des Menschen, der ‚versprechen'

denz, die im Hochgefühl des entmaterialisierten Prophetengottes erzittert, den die Liturgie erreichen muß, ohne ihn berühren zu dürfen: „die unendlich wiederholte und unendlich in der Schwebe gehaltene Geste, die Grenze zu berühren, auf sie zu deuten und sie einzuschreiben, ohne sie jedoch zu überschreiten, ohne sie in der Fiktion eines gemeinsamen Körpers aufzuheben."[15] Die Kunst der bewährbaren Zugänglichkeit im Krieg des original Unzugänglichen erstreitet das gewagtere Vitalzeichen Transzendenz, rätselhafte Lebendigkeit und extravagante Unbeugsamkeit im entscheidenden Augenblick des Unmenschlichen, die Katamnese der Affektion im Regime der nächsten Kühnheit, Aufbruch Appräsentation ohne Wiederkehr in der bequemen Frechheit Apperzeption. Levinas' Umschöpfung der Urworte jüdischen Schöpfungswissens in Konventionen alteuropäischer Latinität spielt im Formgenuß durchaus passionaler Abstraktion und logischer Artistik auf seiten des Halbbarbarischen, das im Diskurs des Lichts nicht bestimmbar ist, weil die Schattierungen des Horizonts und die Stufungen des Begriffs die Erweckung zum Un-maß Antlitz verhängen. Der verschwenderischen Signifikanz der unbedachten Geste, deren Terrain von Denken und Leiden Levinas als unbeholfene Aussetzung der Querung des Sprechens kartographiert, ist die Krise der egologischen Evidenzerkenntnispolitik beschlossen. Levinas' traumhafte Rede vom geduldiges Auffinden des undankbaren Anderen ist als Aufgabe „elliptischer Verschiebung"[16] bedeu-

darf. Nietzsche selbst verspricht dem Geistesgebilde der transzendentalen Historizität die Vermenschlichung durch den Übermenschen – ein Verkehrswissen von Übermorgen, das im Habitus des Heute als Entmenschlichung erfahren wird. Diesen polemischen Zug zum Unmenschlichen inkarniert die fromme Hybris um die philosophierende Künstler-Gottheit Zarathustra. Der Naturbursche mit Fledermausflügeln bezeugt problematisch die promethidenbiologische Mythenpubertät von Benns zerebralem Rausch in Silhouetten des Stundengottes.

15 Jean-Luc Nancy, Die undarstellbare Gemeinschaft, S. 142. Der inaugurale Stupor, Einschnitt oder Abdruck am Rande des Zerrinnens, rührt an die äußerste Grenze von Sinn und Wissen. Die schwebende Bodennahme der liturgischen Artikulation ist eine „Gelenkstelle: sie findet da statt, wo sich verschiedene Teile berühren, ohne ineinander aufzugehen, wo sie übereinander gleiten, umeinander kreisen, ineinander klappen, jedes Teil an der Grenze des anderen – genau an seiner Grenze –, dort, wo diese singulären unterschiedlichen Teile sich neigen oder aufrichten, nachgeben oder sich gemeinsam anspannen" (S. 160).

16 Jacques Derrida, Randgänge der Philosophie, S. 174. Die elliptische Verschiebung ist Derrida in die rigorose Differenz erwidernder Wiederholung eingeschrieben. „Weder Materie noch Form, nichts, das irgendein Philosophem, das heißt irgendeine Dialektik, in irgendeinem Sinn, der sie bestimmt, wiederaufnehmen könnte. Ellipse zugleich des

tet, Sammlungen von Denkakt und Schlußform in ihrem positiven phänomenalen Bestand als Sekurität der zweiten Hypothesis zu sprengen. Beide sind um die Sorge des ontologischen Titels auf Realität in der Verbindung von Sichtbarem und Handgreiflichem benommen. Dem Angriffswissen auf den schönen Schein „vom lebendigen Quellpunkt des Seins"[17] in der Assoziation von Hand und Auge ist die Philosophie der Macht Relationsgekröse um die sichtbare Geschichte und die handgreifliche Gewalt am Höllentor der Moderne.[18] Vom Vitalzeichen Transzendenz gilt der Geduld des Unendlichen vielmehr die unbesonnene Lust am sprechenden Körper ‚Gott'. „Das Transzendente kann nicht als Transzendentes gekommen sein, wenn nicht sein Kommen bestritten wird. Seine Epiphanie ist vieldeutig oder rätselhaft. Sie ist vielleicht nur ein Wort. Sprache ist der Tatbestand, daß ein einziges Wort ständig vorgebracht wird: Gott." (EN 84)[19]

Bedeutens und der Form: weder volle Rede noch vollständiger Kreis. Mehr oder weniger, weder mehr noch weniger. Vielleicht eine ganz andere Frage." (S. 174) Derridas Dekonstruktionsformel als Deckung auf Distanz gewinnt ihre extremanalytische Weite im Angesicht der Gefahr, im rascheren Atem der prosodischen Aktion, im Schaltwerk eines Abbaus zum Angriffswissen, dessen Feuerkraft Levinas' Passion des Sagens zur rechtsfernen Sonderbotschaft von der schwierigen Heiligkeit eskaliert. In dieser elliptischen Verschiebung treten erfinderische Vernunft und Gottesurteil in Deckung auf Distanz.

17 Edmund Husserl, Hua Bd. X, S. 67, S. 69, S. 100. Hier ist die tiefste Ratlosigkeit des phänomenologischen Lebensbegriffs im temporalen Kern bekundet. Husserls Aporie um die ursprungsmächtige Deckung auf Distanz hat Jacques Derrida als Ellipse der Eifersucht schreiben können: „Die Sprache hütet die Differenz, die die Sprache hütet." (Die Stimme und das Phänomen, Frankfurt/M. 1979, S. 64) Gemeint ist bei Husserl das universale Reich der immanenten Zeit, das im reinen Erlebnisstrom fungiert, der neuzeitlichen Variante der Emanationstheorien des spätantiken Platonismus. Im leuchtenden Gnadenaugenblick, den die temporale Intentionalität als phänomenales Gleichnis der Ewigkeit buchstabiert, hat das Cogito seinen selbstvergessenen Auftritt oder Abgang.

18 Die Verbindung von Sichtbarkeit und Handgreiflichkeit ist Levinas „Kennwort für eine ganze Denktradition, in der Erkennen Er-fassen heißt und Denken Be-greifen." In ihr sei „die Gewalt sanktioniert: die Assoziierung der Hand zum Auge." (WG 71 Anm.) Levinas zufolge ist diese Gewalt der „erste technische Sieg" der „Identifizierung", der „Adäquation des Wissens zum Sein" (WG 151 Anm.) Sie prägt der Theorieform Philosophie den Stempel Diskursmacht auf. Das Trachten im Betrachten mediatisiert die Gewalt der Meditation. Die „Hand, die nimmt", gilt als innerweltlicher Aneignungshorizont „einer zwingenden Gewalt über die Dinge" (WG 200f.), die bis ins „Hand-Werk des Denkens" (Heidegger) keinen Riß der Befriedigung kennt.

19 Die kanonische Programmformel „Es ist ein Gott" beherrscht Kants Opus postumum. Das Ideal der Stammbegriffe des reinen Verstandes ist ihr vernunftkritisch entfaltetes

Zweites Register, drittes Ohr

Unbedachte Geste, unbesonnene Lust, Jugend: Regime der nächsten Kühnheit, unklug und riskant. Und wenn sie sich in das Zueinander der Fernen geschlichen hätte, um das Zeugnis der verfehlten Entgegnung, die Metonymien des geschundenen Anderen, auf Umwege nichtmenschlicher Realitäten zu plazieren? Ist die Jugend ein Experiment der absoluten Instanz, einem Vorwärts in unerbittlicher Härte ergeben, das das lebendigere Leben und tödlichere Sterben vergibt? Jugend, extremanalytische Umkehr der Möglichkeiten philosophischer Frühe? Sendung ohne Schickung, Trauma und Skepsis, Anachorese und Apologie? „Ist es dann aber sicher, daß in der Deportation oder im Abtriften der Identität, die in der Umkehrung menschlicher Projekte sichtbar wird, das Subjekt nicht doch mit all dem Glanz der Jugend bedeutet?" (HAM 92) So würde die Geduld des Unendlichen, das Zögern zwischen Scham und Schande, in der Hingabe energischer Sanftmut und freimütiger Offenheit mit Schmach gesättigt. Wunderbarer Augenblick gesättigter Schmach ohne bequeme Frechheit: „Jugend, die der Philosoph liebt – das ‚vor dem Sein', das ‚anders als Sein'." (HAM 97) Aus der bebenden Exaltation, unbedacht und unbesonnen, der Witterung fürs Wanken der grenzenlosen Anästhesie von Parmenides bis Heidegger, wird die Bedeutung ohne Kontext bedeutet. „Jugend, die Bruch des Kontextes ist, schneidendes Sprechen, Sprechen in der Weise Nietzsches, prophetisches Sprechen, ohne Status im Sein, aber ohne Willkür, weil aus der Aufrichtigkeit hervorgegangen, das heißt, gerade aus der Verantwortung für den Anderen." (HAM 103)

Schneidendes Sprechen im Stand einer Sprache, die der Begriffsepoche Europa ihr Endstück Anderer nachsendet. Es ist Aufgabe des richtenden Worts der prophetischen Rede, der „Kraft der elementaren Worte"[20], in denen sich der Andere

---

Derivat. Die Erwählung der Ipseität im Namen Gottes in Levinas' Arkandisziplin Auferstehung ist theologieimmun geprägte An-Archäologie des Sinns. Vgl. Silvano Petrosino/ Jacques Rolland, La vérité nomade. Introduction à Emmanuel Levinas, Paris 1984, S. 70: „Es handelt sich kurz gesagt um die Frage, *ob eine An-Archäologie des Sinns möglich ist.* In diesem Sinne und unter einer gewissen Beachtung der Absichten von Levinas *kann* der Diskurs, der sich um die Erwählung webt, ohne sie zu erschöpfen, *nicht auf eine theologische Struktur reduziert werden.* Es ist der Logos selbst, als Fundament der abendländischen Zivilisation und der auf ihm beruhenden Metaphysik, dem Levinas sehr viel tiefer, nämlich als *Philosoph* sich messend, die Stirn bietet."

20 Martin Heidegger, Sein und Zeit, S. 220. Die Kraft der elementaren Worte, bruchlos gedehnt, erwirkt der philosophischen Nomenklatur Deckungen in Distanz. In Nietzsches gnadendramatischem Befehlscode des großen Stils richten sie traumatische Gewichte aus

ausspricht, ausdrücklich befaßtes und eindringlich bedachtes Gehör zu geben: Geiselnahme des Gehörs durch das Jenseits des Körpers enthüllten Seins und erfüllten Daseins. Levinas' denkenderes Denken instruiert das Hören als Struktur ohne Zentrum, indem er Derridas „Strukturalität der Struktur“[21] dem Anderen zuweist. „Der Andere, der mir von Angesicht zu Angesicht gegenübersteht, ist nicht in die Totalität des Seins, das ich ausdrücke, eingeschlossen. Er erhebt sich hinter der Versammlung des Seins, als derjenige, dem ich ausdrücke, was ich ausdrücke. Ich finde mich angesichts des Anderen vor. Er ist weder eine kulturelle Bedeutung noch eine einfache Gegebenheit. Er ist auf ursprüngliche Weise *Sinn*, denn er verleiht diesen Sinn dem Ausdruck selbst, denn nur durch ihn führt sich von sich aus ein solches Phänomen wie die Bedeutung in das Sein ein.“ (HAM 39) Der Andere ist ein Seiendes von anderer Seinsart als der Logos des Selben; Stich und Stachel, Masse und Stützpunkt im Katechon des Zögerns zwischen Scham und Schande. Abweg gesättigter Schmach vor dem Heerweg bequemer Frechheit: Im Aufhorchen auf Abwege ist indes die Bedeutung ohne Kontext dem rascheren Atem der prosodischen Aktion Angriffswissen zu erschließen. Von der Kraft des elementaren Worts

---

und skeptische Gesichte ein. Noch immer undurchdenklich dürfte Nietzsches Einweisung des Menschen sein, die den Tadel hyperbolischer Naivität mit dem Lob der schönsten Apologie verknüpft, um die kriegerische Behauptung des Setzungscharakters im Menschen zum Ernstfall der königlichen Regung der Philosophie zu gestalten, wo der Imperativ die Kraft des elementaren Worts mit dem Hammer des Dakapo schmiedet: schneidend, prophetisch, aufrichtig. Genauso haben die postnihilistischen Experten für modernitätskritische Fluchtwege am makabren Ruhm stygischer Schöpfungsformeln gewirkt. In höchsten Spannungsstufen empfehlen sie Sofortmaßnahmen. Diese angewandte Gerechtigkeit des Standrechts der Sprache treibt ihre Luftwurzeln unter Säkularisierungsdruck. Das wird in Benns Stabreim auf Steilfeuer und doppelte Rumration nicht ohne ironische Eleganz zitiert.

21 „Die Struktur oder vielmehr die Strukturalität der Struktur wurde, obgleich sie immer schon am Werk war, bis zu dem Ereignis, das ich festhalten möchte, immer wieder neutralisiert, reduziert; und zwar durch einen Gestus, der der Struktur ein Zentrum geben und sie auf einen Punkt der Präsenz, auf einen festen Ursprung beziehen wollte. Dieses Zentrum hatte nicht nur die Aufgabe, die Struktur zu orientieren, ins Gleichgewicht zu bringen und zu organisieren – es läßt sich in der Tat keine unorganisierte Struktur denken –, sondern es sollte vor allem dafür Sorge tragen, daß das Organisationsprinzip der Struktur dasjenige in Grenzen hielt, was wir das Spiel der Struktur nennen könnten. Indem das Zentrum einer Struktur die Kohärenz des Systems orientiert und organisiert, erlaubt es das Spiel der Elemente im Innern der Formtotalität. Und noch heute stellt eine Struktur, der jegliches Zentrum fehlt, das Undenkbare selbst dar.“ Jacques Derrida, Die Schrift und die Differenz, Frankfurt/M. 1977, S. 422

wird getroffen, wer in die Fürsprache unbedachter Geste zurückgeschnellt sein will, langsam und unbeschreiblich ausführlich: wunderbarer Augenblick schneidenden Sprechens, mit Schmach gesättigt.[22]

Diese Primärregel seiender Fremde verbindet Levinas mit Nietzsche[23] und trennt ihn von Husserl[24]. Das rasche Bild von der Dislokation des Selbstbezugs Hören unterbricht den Hermeneutenpfad vom Ohr zum Herzen, animistisches Rudiment im Wissenschaftsbetrieb der Evidenzerkenntnispolitik. Vor dem Buchstabenzauber

22 „Wer den Reigen kennt, geht ins Labor." (Gottfried Benn, GW Bd. I, S. 389) Dort wird am Aufleuchten der Namen im Zerbrechen des Seins gefeilt. Albrecht Schöne hat die artifizielle Lyrikproduktion Benns geschildert. In Formgeburten schneidenden Sprechens wird die gesellschaftsabgewandte Lethargie in spasmisches Ausdrucksleben verwandelt. Bannend nennt der Nominalstil das Nihil beim Namen: Fettstoff vom After. „Die magischen Bilderketten, orgiastischen Visionen und hypnotisierenden Rhythmen seiner Entrückungsgesänge sind mit wachem Kunstverstand kalkuliert. Beutezüge in Büchern, Einfallssammlungen in Notizheften, Vorproben in Briefen und Prosaschriften; dann wird das lyriktaugliche Rohmaterial bearbeitet, aufgesplittert, abgedunkelt und montiert mit einer in Kontrastdosierung, Klangpräzision und Rhythmisierung ungemein wirkungssicheren Sprachgewalt." In: B. Hillebrand Ed., Über Gottfried Benn, S. 295

23 Nietzsches unerhörter Sinn für das Vitalzeichen Transzendenz in der unbedachten Geste hat die Gegenwart der Griechen im modernen Idealismus der Kritik unterzogen. Die vollendete Gestalt des Geistes signalisierte ihm Verfall und Dekadenz. „Er stieß das scheinbar unzerstörbare Antlitz der vollendeten Ruhe auf und entdeckte hinter dem griechischen Geist eine elementare Unruhe, das aufwühlend Irrationale und Tragische." (Kah Kjung Cho, Verstehen in kosmischen und akosmischen Perspektiven, in: E. W. Orth Ed., Dilthey, S. 257) Gottfried Benn hat die „Nietzschelage" vermessen, den artistischen Formwert des Phonologs vom unbedingten Nichtverstandenwerdenkönnen. „Seine gefährliche stürmische blitzende Art, seine ruhelose Diktion, sein Sichversagen jeden Idylls und jeden allgemeinen Grundes, seine Aufstellung der Triebpsychologie, des Konstitutionellen als Motiv, der Physiologie als Dialektik – ‚Erkenntnis als Affekt', die ganze Psychoanalyse, der ganze Existentialismus, alles dies ist seine Tat. Er ist, wie sich immer deutlicher zeigt, der weitreichende Gigant der nachgoetheschen Epoche." (GW Bd. IV, S. 154)

24 Dem Erneuerer des sokratisch-platonischen ‚Erkenne dich selbst' ist „Philosophie selbst nur systematische Selbstentfaltung der transzendentalen Subjektivität in Form systematischer transzendentaler Selbsttheoretisierung auf dem Grunde der transzendentalen Selbsterfahrung und ihrer Derivate". (Hua Bd. VIII, S. 167) Immerhin räumt Husserl nur zwei Seiten später ein: „Aber das Ziel ist fern, der Weg ist mühselig und muß erst gebahnt werden. Ohne Leitgedanken kann man nicht suchen. Aber die Wege, die sie bereitenden Theorien, müssen Schritt für Schritt erarbeitet werden".

halluzinativer Audition ist der „Medienhistrionismus“[25] der Nietzschelage postiert, der Hermetenkanal von der Geisel des Gehörs im Jenseits des Körpers. „Wie wenn jenseits des *Tonumfangs* einer Melodie ein helleres oder dunkleres Register ertönte und sich unter die gehörten Akkorde mischte, aber mit einer Klangfarbe, die keine Stimme singen und kein Instrument hervorbringen kann. Ist nicht Nietzsche der außergewöhnliche Geist, um dieses ‚Jenseits‘ ertönen zu lassen?“ (HAM 70) Das Schreibprogramm der Geduld des Unendlichen im Kontiguitätsraum von Staaten im Staate, das nüchterne Erwachen im säkularisierten Empfang der Arkandisziplin Auferstehung, die bebende Exaltation um die Bedeutung ohne Kontext, das Experiment um die absolute Instanz der Zukunft im Regime der nächsten Kühnheit Jugend kommt um das Pathos der Distanz im zweiten Register an, „jenes Unnachgiebige zu ermitteln, das das Philosophem daran hindert, seine Randzone zu kalkulieren. Sich über die Randzone hermachen, indem man das Trommelfell luxiert, den Selbstbezug der doppelten Membran.“[26]

[25] Friedrich Kittler, Aufschreibesysteme 1800/1900, München 1985, S. 183. Kittler sind die Entwaffnung des Denkens, die Fassungslosigkeit der Intelligenz, die Blöße des Ereignisses in Nietzsches Urszene intransitiven Schreibens gefaßt. Schreiben ist Nietzsche das exemplarisch Empfindbare, seine Materialität die ontologische Vibration. Nietzsches Fragment ‚Euphorion‘ verlautet: „In meiner Stube ist es todtenstill – meine Feder kratzt nur auf dem Papier – denn ich liebe es schreibend zu denken, da die Maschine noch nicht erfunden ist unsre Gedanken auf irgend einem Stoffe, unausgesprochen, ungeschrieben, abzuprägen. Vor mir ein Tintenfaß, um mein schwarzes Herz drin zu ersäufen, eine Scheere um mich an das Halsabschneiden zu gewöhnen, Manuscripte, um mich zu wischen und ein Nachttopf.“ (S. 187) Im Federkratzen zwischen Tintenfaß und Nachttopf ist der wunderbare Augenblick des Unmenschlichen eine Handgreiflichkeit jenseits des Buchstabenzauberkörpers Alteuropäischer Alphabetismus. Herzersäufen oder Halsabschneiden sind Nietzsches kryptoanalytische Textverarbeitung des Dia im Dialog von Kreatur und Kosmos. Kompressorenarbeit, ruhelos und blitzend: „Schichten, schneiden, schälen, bis der Ausdruck dasteht.“ (G. Benn)

[26] Jacques Derrida, Randgänge der Philosophie, S. 24. Unnachgiebig randständig ist der Hermetenkanal der königlichen Regung, die sich in der Geiselnahme des Gehörs offeriert. Der Biß des kategorischen Imperativs ist die erste Eigenschaft des dichtend-denkenden Menschenverstandes, der sich im Habitus Weltapperzeption aufsagen muß, ohne der noetischen Ichform modalisierungsresistenten Gehorsam schwören zu können. Die unverfügbare Einigung des egologischen Wesensakts zerschellt am konjekturalen Belehnungsvorbehalt, der als unnachgiebiges Jenseits in primärem Trauma und wilder Skepsis ertönt. An diesem Entsetzen erregenden und Entzücken erschöpfenden Zwiespalt, der am Selbstbezug der doppelten Membran aufbricht, beginnt die mantische Analytik der Vernunftidee Psychose.

Archive oder Speicher unbedachter Gesten sind der Epiphanie der unsichtbaren Güte eröffnet, dem „dritten Ohr"[27] Nietzsches. „Zum Schweigen gebracht, gibt es doch noch Antwort diesseits des Logos, wie wenn seine Stimme über ein Register von tiefen und hohen Tönen jenseits der tiefen und hohen Töne verfügte." (HAM 72) Epiphanie schreibt die in der Geduld des Unendlichen empfangene Unterweisung als religionsphysiologische Textur. Im Geheiß des dritten Ohrs ist sie das zweite Register, dem niemals zuviel Unterliegen unterlegt wird, wenn die Stimmgabeln Trauma und Skepsis über den Selbstbezug der doppelten Membran herfallen, Masse der Geschichte und Stütze der Gewalt. „Die Unterweisung läuft freilich nicht auf die Maieutik hinaus. Sie kommt von außen und bringt mir mehr, als ich enthalte. In der gewaltfreien Transitivität der Unterweisung ereignet sich die eigentliche Epiphanie des Antlitzes." (TU 64) Die Epiphanie des Antlitzes ist der Riß der Befriedigung, dem der Aufriß des Sagens in der Kraft des elementaren Worts von Anachorese und Apologie entgegenkommt. „Das Differential des Neuen ist der Ort von Produktivität."[28] Hier vermißt Levinas' erfinderische Vernunft um das un-

[27] Vgl. Friedrich Nietzsche, Werke, Bd. II, S. 714. Der unter der Berührung des Instanzenzugs von Lunge und Kehlkopf, Zunge und Ohr erzitternde Periodenbau ist Nietzsches Lektüreideal vom lauten Lesen. Er beschreibt den religionsphysiologischen Rhetorikern als sonore Substanz im zerebralen Rausch: „Mit lauter Stimme: das will sagen, mit all den Schwellungen, Biegungen, Umschlägen des Tons und Wechseln des Tempos, an denen die antike öffentliche Welt ihre Freude hatte. Damals waren die Gesetze des Schrift-Stils dieselben wie die des Rede-Stils; und dessen Gesetze hingen zum Teil von der erstaunlichen Ausbildung, den raffinierten Bedürfnissen des Ohrs und Kehlkopfs ab, zum andern Teil von der Stärke, Dauer und Macht der antiken Lunge. Eine Periode ist, im Sinne der Alten, vor allem ein physiologisches Ganzes, insofern sie von einem Atem zusammengefaßt wird."

[28] Theodor W. Adorno, Ästhetische Theorie, Frankfurt/M. 1970, S. 402. Das Differential des Neuen ist das Regime der nächsten Kühnheit Kunst. Becketts Romane als Metonymien der geschundenen Existenz oder Prousts Recherche als Zeugnis der verfehlten Entgegnung überlisten den ästhetischen Schein durch „Methexis an der Wahrheit" (S. 166). Ihre Produktivität im Zeichen der inversen Theologie von der opferlosen Nichtidentität exponiert die absolute Instanz der Vorladung in eine unbeugsame Jugend aus Vergeistigung und Obsession. Schon Baudelaires antithetisch gespannter Formel von spleen et idéal sind die selbstvergessenen Zeichen der List gebändigt, die der barbarisch indizierten Gesellschaft als „Vergeistigungsprozeß von Kunst" (S. 143) abgerungen werden. Im Torso des marktfremden Originals wird die Spekulation infernalisch: Der Dandy als Statthalter der Glücksidee inkarniert die problematische Moderne in der diabolischen Figur epikureischer Askese. Als gleisnerische Gegenabstraktion trägt seine Totenfratze den Extrakt der destruktiven Zukunft zur Schau. Mit sadistischem Firn fährt seine Leichenallegorie dem markt-

mögliche Sprechen des Anderen das Gnadendrama von Güte und Befehl als Reich der Zweiten Ethik. Gegen den Argwohn der Sekurität, Wohnung des Einen, umschreibt sie die bipolare Verfassung der mantischen Analytik der Vernunftidee Psychose, die unnachgiebige Randzone des sprechenden Blicks im hörenden Auge. In Erwartung des Unfaßbaren vermag das zweite Register der Reduktion Überraschenderes als Seinkönnen und Sinnkennen zu empfangen, ohne darum abdanken zu müssen. Epiphanien rätselhafter Lebendigkeit in Autopsien unbeholfener Aussetzung ohne Archéphilien siegessicherer Identität assistieren der strukturalen Zäsur des Erwachens zum ernüchterten Empfang. Es sind Responsorien des Auflesens und Anschreibens, Abzählens und Aussprechens von Staaten im Staate im Glanz der Physis, wo das Sein in Wahrheit ist. Ihnen vermag die Beilegung des Sinns und die Einführung der Bedeutung die unsichtbare Güte zu erteilen, die als Verantwortung erhört werden muß, als Geheiß der mantischen Analytik der Vernunftidee Psychose. Dem Dort in differentieller Artikulation ohne Schlußform noch Denkakt ist kein Hier im Licht gewogen und geräumt.[29] Die Epiphanie der unbedachten Geste darf keine Enthüllung und Erfüllung durch die Textkapazität Logos des Selben erwarten. Ihre unbeholfene Aussetzung der Anderheit des Anderhaften muß aus der leichthinnig unbedachten Geste aufsteigen; vom Beiwerk des Bedenkens um Epochenschwellen absolviert, das das machtbewußte Eine mit dem Bedacht des Danks an die Selbigkeit des Selben umstellt.[30]

---

gerechten Ego in die Apperzeptionsparade. Auf Kavernenböden und Abfallhalden wird der glitzernde Warennimbus zerbrochen.

29 „Wir sind in Schlüsselmomenten uns selbst fremd, Verirrte an den Toren unserer eigenen Seele. Wir klopfen innerhalb der terra incognita unseres eigenen Selbst blind an die Türen der Turbulenz, der Kreativität, der Hemmung.“ George Steiner, Von realer Gegenwart, S. 186. Das beidhändige Erkenntnisgebet ist Steiners zentrales Theologoumenon, wunderbares Zeichen und peinliche Affektion seiner kulturkritischen Invektive, Klartext des säkularisierten Kernmysteriums vom Sprachwunder im Diskursversprechen: „Die Unschuld der Obszönität hat sich in die letzte totale Peinlichkeit verzogen, die wir noch haben, und das ist die des Gebets.“ (S. 256)

30 Wolfgang Hübener hat Hans Blumenbergs wichtiges Theorem von der neuzeitlichen Epochenschwelle im Nachhall des Anthropotheismus Ludwig Feuerbachs der doxographischen Kritik unterzogen. Das Sekuritätsverlangen speist Blumenbergs metaphorologisches Differential des Neuen. Aus humaner Unerträglichkeit resultieren ihm materiale Umbesetzungserfordernisse. Ökonomien aus abfuhrbereiten Erregungsladungen, abwälzungsfähigen Beweislasten und elementar verknappten Einspruchsfristen treten ihm, semantisch prägnant nach Zwischenlagen und Ruinentableaus verschoben, zum postaufklärerischen Heilsmythos von der Prozeßform neuzeitlich gebändigter Schrecken zusam-

Merleau-Ponty

Merleau-Pontys Zug zum Angriffswissen hat das „Durcheinander von Leibern und Geistern als Promiskuität von Gesichtern, Reden, Handlungen“[31] in Aderlaß und Blutsturz der Gleichung Selbigkeit = Seligkeit disponiert. Was „Kraft hat, mich zu dezentrieren“, depotenziert „das Fürsich selbst als unbestreitbare oder abgeleitete Eigenschaft: es ist der Gipfel an Abweichung in der Differenzierung“[32]. Die Promiskuität ist Merleau-Pontys Medienplateau der unbeholfenen Aussetzung rätselhafter Lebendigkeiten, Stundenbuch der Dezentrierung und Sturzgeburt der Devianz. Die Kraft des Elementarworts Fleisch ist ihm als Imperzeptionsregel des Nicht-Sichtbaren und Nicht-Handgreiflichen eingefaßt. Levinas hat den motorischen Nerv der hypnoiden Version von Phänomenologie in Merleau-Pontys Spiralendenken erkannt, den Riß der Befriedigung in der unnachgiebigen Kontiguität Fleisch, die Wunde Promiskuität der geduldigen Differenzierung im Schmerz Imperzeption. „Damit ist das Menschliche nur Moment oder Artikulation eines Verstehensgeschehens, das seinen Herzschlag nicht mehr vom Menschen hat. Auf diese antihumanistische oder un-humanistische Tendenz, das Menschliche auf eine Ontologie des Seins zu beziehen, muß man achten.“[33] Merleau-Pontys Bestimmung der Ontologie

---

men. „Qualifikationen wie humane Unerträglichkeit, rational untragbare Zumutung, radikale Verunsicherung, quälendes Kontingenzbewußtsein, Rücksichtslosigkeit, Ungewißheit und Willkür ziehen sich quer durch den Text. Ihre positiv besetzten Entsprechungen sind humane Relevanz, rationale Verläßlichkeit, Bürgschaft und Garantie“ usw. Wolfgang Hübener, Carl Schmitt und Hans Blumenberg. In: J. Taubes Ed., Politik und Gnosis, München 1987, S. 50

31 Maurice Merleau-Ponty, Das Sichtbare, S. 67

32 Maurice Merleau-Ponty, Das Sichtbare, S. 146. Die Einschreibung der Imperzeptionsregel in die Wahrnehmungsanalyse lautet: „Es ist zuallererst diese *Abweichung* da, die den *Sinn* der Wahrnehmung ausmacht.“ (S. 150)

33 ÜI 50. Die polymorphe Matrix seines Denkens hat Merleau-Ponty selbst beschrieben. „Es ist ein Sein für X, nicht ein reines, bewegliches Nichts, sondern Einschreibung in ein offenes Register, in einen See des Nicht-Seins, in eine Eröffnung, in ein Offenes“ (Das Sichtbare, S. 156). Die Lesart X = Xenos ist eine Versuchung, die nicht verworfen werden sollte. Denn der späteste Gast erscheint im Revers der Ewigkeit früh genug. Sein Irgendwo und Irgendwann aus Depotenzierung und Dezentrierung ist eine Veranderung ins Ferne und Fremde, der Freuds Neigung zur „phantastischen Hypothese“ den Titel Spekulation – „oft weit ausholende Spekulation“ – reservierte; im „Versuch zur konsequenten Ausbeutung einer Idee, aus Neugierde, wohin dies führen wird: „So operieren wir also stets mit einem großen X, welches wir in jede neue Formel mit hinübernehmen.“ Jenseits des

ist im indirekten Quasi-Schematismus eines spürbaren Ich fundiert; ein Ruck im Revers der objekthaft chiffrierten Reduktion, die dem ernüchterten Empfangen des Ästhetischen erschlossen ist, wie seine Studien zu Cézanne oder Klee zeigen. Die Redaktion im phänomenalen Wahrnehmungsglauben ist als säkularisierte Sakramentsgemeinschaft von Sprache, Geschichte, Fleisch zu verstehen. In der strengen Idealität der gedrängten Textur vom schwachen Sein, das der metaphorischen Ausdeutung geneigt ist, kann der Andere „nur durch einen Einbruch Einlaß finden, wie ein Schmerz oder eine Katastrophe". Anders als bei Hegel und Sartre muß er nicht besiegt sondern kann umgangen werden, weil er „als Umgreifendes, als Umzingelung von der Seite, als *Fleisch*"[34] gedacht wird. Merleau-Pontys „Architektonik von Konfigurationen" schlägt eine „Einheit von Inkompossiblen" vor, deren „Anwartschaft auf Existenz" in einer „Philosophie der Urstiftung" entfaltet wird. Auch ihm ist der Mensch Nietzsches über allem; „Schlüssel-Sinnliches"[35] im Eros, stärker als der Tod; Blöße ohne Bleibe der Geduld des Unendlichen: „das furchtbare und fordernde Bild des bedingungslosen Gefolgschaftsverhältnisses der Seele zum Geist."[36]

Lustprinzips, SA Bd. III, S. 234ff. In seiner Schrift ‚Das Unbehagen in der Kultur' resümiert Freuds animistischer Intellekt den Allmachtszug dieses Gedankenspiels in dem, was Nietzsche ‚Versuchsstaat' nennt. „Ich hatte die hier entwickelten Auffassungen anfangs nur versuchsweise vertreten, aber im Laufe der Zeit haben sie eine solche Macht über mich gewonnen, daß ich nicht mehr anders denken kann." SA Bd. IX, S. 247. Der späteste Gast ist auch der unheimlichste.

34 Maurice Merleau-Ponty, Das Sichtbare, S. 63, S. 163. Das Problem Ich – Anderer ist Merleau-Ponty das abendländische der „Dimension des Simultanen" (S. 165). In ihr zeichnet sich der Andere, dem Ego abgerungen, in der Ordnung eines grundlegenden Polymorphismus ab, stillschweigend und vieldeutig. „Die Prä-Egologie, den ‚Synkretismus', die Ungeteiltheit oder den Transitivismus beschreiben. Was gibt es auf dieser Ebene? Es gibt das vertikale oder fleischliche Universum und seine polymorphe Matrix." (S. 166)

35 Maurice Merleau-Ponty, Das Sichtbare, S. 161–192. Der träumerische Funktionalismus dieser primordialen Phänomenologie, der „die Sprache uns hat und nicht wir die Sprache", der „das Sein in uns spricht und nicht wir vom Sein" (S. 148), ist im folgenden Passus kondensiert. „Wir träumen von Äquivalenzsystemen, und sie funktionieren tatsächlich. Aber ihre Logik ist wie die eines phonematischen Systems in einem einzigen Büschel, in einer einzigen Skala zusammengefaßt, sie werden allesamt durch eine einzige Bewegung beseelt, sie sind jeder und alle ein einziger Wirbel, eine einzige Rücknahme des Seins." (S. 159)

36 Franz Rosenzweig, GS Bd. 2, S. 10. Zur Erläuterung der Annullierung der tradierten Differenz von kühler Geisteshöhe und dumpfer Seelenniederung: „Für Nietzsche gab es

Die Delegation unbedachter Gesten in ein Derivat reiner Vernunft ist die Operationsbasis des Logos des Selben. Sie verwirft das Unbedachte, dessen Geste erschauern und erschüttern lassen könnte, um es zur Befriedung zu deportieren und in Befriedigung zu arretieren. Es hätte die Modi der Formung zu durchlaufen, welche der Großmut des Selben ruhig einräumt und leise aufweist. Ein beharrlicher Diskurs der Erpressung: Substitution der Epiphanie durch die Enthüllung, des Unsichtbaren durch die Intelligibilität, der Manifestation durch das Verhältnis, der Verantwortung durch die Dankbarkeit. Am Institut Evidenzerkenntnispolitik wird der unmögliche Rückzug oder das ausgeschlossene Entweichen als Zögern zwischen Scham und Schande konstelliert, das Levinas' Apologie der unbedachten Geste bebender Exaltation der grenzenlosen Anästhesie zu entreißen sucht. „Wie ist ein solches Sich-Ereignen möglich? Wie ist es möglich, daß die Ankunft des Anderen, die Heimsuchung durch das Antlitz, das Absolute – sich nicht in Enthüllung verwandelt, und zwar unter keiner Bedingung, auch nicht in die Enthüllung des Symbolismus oder der Suggestion? Wie ist es möglich, daß das Antlitz nicht einfach *wahre Vorstellung* ist, in welcher der Andere auf seine Anderheit verzichtet?" (HAM 41)[37]

Levinas' Antwort muß dem ausgezeichneten Raum gelten, der Intelligibilität und Relation in Hüllen und Füllen evident zu sekurieren imstande ist. Es ist der prominente Bewußtseinsraum, in dem die Regierungskunst der reinen Vernunft beheimatet erscheint, die Verfügung über die Stufenleiter der Formen philosophischen Wissens vom Schema bis zur Typik. Von der äußersten Aussetzung im entscheidenden Augenblick unmenschlich distinguierter Distinktion berichtet Levinas' mantische Analytik der Vernunftidee Psychose im Responsorium von primärem Trauma und wilder Skepsis, dessen katamnetischer Affektkristall um die Anachorese der prophetischen Rede und die Apologie des richtenden Worts nicht im Herzschlag des Menschenselben taktiert. Angeschrieben, abgezählt und ausge-

---

diese Scheidung zwischen Höhe und Niederung im eigenen Selbst nicht; ganz ging er seinen Weg, Seele und Geist, Mensch und Denker eine Einheit bis ans Letzte." Levinas erläutert: „Für Rosenzweig ist – am Ende des 1. Weltkrieges – Nietzsche eine ganz großartige Erscheinung, also in seiner Art und Weise, bis zum Wahnsinn zu sprechen, bis zum Wahnsinn als einer Transzendenz." (HAM 141)

37 Merleau-Ponty hat den Katastrophenindex des Anderen bezeichnet. Die Frontalität Antlitz entfaltet ihm ihre Wucht lateral, in der „geheimen Komplizenschaft" einer „Art Wahnsinn des Sehens". „Der Andere kann in das Universum der Sehenden nur durch einen Einbruch Einlaß finden, wie ein Schmerz oder eine Katastrophe; er wird nicht vor ihm auftreten, in einem Schauspiel, sondern seitwärts, als radikale Infrastellung." (Das Sichtbare, S. 61ff.) Levinas favorisiert den widernatürlichen Habitus der Geiselnahme des Gehörs in einer Art Wahnsinn des Hörens.

sprochen verlautet ein anderes Gesetz. Es ist das langsame Regime der nächsten Kühnheit, unbeschreibliches Zeugnis der verfehlten Entgegnung in der ausführlichen Metonymie des geschundenen Anderen. Im Aufriß der Befriedigung interveniert die unbedachte Geste als Experiment der absoluten Instanz. „Das Bewußtsein verliert seinen ersten Platz." (HAM 42)[38]

Hierchen ist nicht Dortchen. Religionsphysiologische Artikulationen neuer Sätze sind daher mit Sonde und Skalpell gesetzt. Im Antlitz des Anderen erfahren sie die periphere Verwandlung – „Kerne mit Anlagerungen, Anordnungen, Impulse zu Kreisen und als deren bestimmendes Prinzip tritt die Periodizität hervor."[39] Diesseits von züchtungsoptimierter Geschichte und verneinungsverklärter Gewalt erfolgt die Einweisung ins Antlitz des Anderen. Von ihm wird der Strömungskomplex der auf Reimung des Ungereimten kaprizierten Apperzeptionsvarianz geschüttelt, gestoßen und außer Atem gebracht. So fremd ist das letzte Freisprechen des in AQE raffinierten Stilwillens. Zur Alchimie egologischer Autokomposite wahrt er die Distanz der kampfbereiten Front. Das Pathos der pneumatischen Exegese trennt ihn von den empörendsten Zumutungen neutralisierungsaffinen Umverstehens. Gegen den altmythologischen Formzwang im modernitätstüchtigen Hermeneutengewand opponiert sein Erstling Ehrenwort. Im Scheitelpunkt der Krisis, wo dem Selben die Säfte stocken, wendet er das Futurum resurrectionis gegen das Alibi aus Allgewalt und Weltgeschichte. Am Stilwillen, der sich im Taumel des Unbegreiflichen behauptet, verpufft das Feuerwerk der hermeneutischen und semiologischen Retuschen, die persistenten Referenzen von Sinn und Wissen. Vor dem Hochgefühl des entma-

---

38 Mit mythischer Sprachkraft ist das Werk Elias Canettis dem Aufschreibesystem Bewußtseinsraum entrückt. Der Schreibstrom, der das Werkidol unterspült, liest sich als Herrschaftskritik des ichfremden und materialgerechten Rationalismus, der das unmögliche Sprechen verwirft, in dem der Tod nistet, weil sich in seinem Reich der Zweiten Ethik Gesetz und Name berühren. „Ich habe noch keinen Augenblick in der Welt gelebt, ohne in diesem oder jenem Mythos enthalten zu sein. Es hatte alles immer Sinn, selbst die Verzweiflung. Es mag von einem Augenblick zum andern anders ausgesehen haben: immer war es ein Sinn, der weiterwuchs. Ich mag ihn nicht einmal erkannt haben, er erkannte mich. Er mag geschwiegen haben, später nahm er das Wort. Er sprach in einer fremden Sprache, ich habe sie gelernt." Elias Canetti, Die Provinz des Menschen, München 1972, S. 216f.

39 Gottfried Benn, GW Bd. I, S. 397. Im virtuosenreligiösen Periodenbau werden brennende Bilder aufs Spalier des modernitätskritischen Leidvertrauens gezogen. Benns höchster Glaubensgehorsam gegenüber dem neuen Formgefühl, in einer Rede auf S. George dargebracht, stellt Roboterstil und Montagekunst über Natur und Geschichte – sonst wären „die Opfer, die Kleist, Hölderlin, Nietzsche brachten, umsonst gebracht."

terialisierten Prophetengottes erzittert alle Wendung zur Triebpsychologie. Denn das Symptom des Menschen ist seiner Syntax weit voraus. Von diesem unmöglichen Sprechen im richtenden Gehör auf die Singularität spricht die unbedachte Geste, in der sich der Gefahrenindex des Iterativs Lebenssturm signalisiert. Denn „der Ruck, den man beim Übergang vom verteidigenden zum richtenden Denken spürt, ist doch das Zeichen dafür, daß das Erkennen erst hier lebensgefährlich für einen selber wird. [. . .] Denn es wird zum ‚Richten über sich selbst'. So daß in diesem extremen Falle wirklich, aber mit Heulen und Zähneklappern, geschieht, was die erkenntnistheoretischen Esel für den Normalfall halten: es wird ‚voraussetzungslos erkannt'. Das ist also etwas sehr Seltenes und soll selten sein."[40] Vor den formfordernden Mächten des Nichts kommt das Diktat der unbedachten Geste aus dem Dort des Denkens und dem Draußen des Dichtens. Sie reißen den Welttag des Herrn im Antlitz des Anderen heran und lösen die Bänder der Zunge in der tanzenden Einmut peripherer Verwandlung. Mit solcher Schleusenöffnung und Einströmungsnovität, die den Epochenbefund vom unmöglichen Sprechen ratifiziert, hat Franz Rosenzweig in der beständigen Schau des „Stern der Erlösung" die Zugkraft der unbedachten Geste erwogen. „Die Macht des Blicks vergeht nicht mit dem Augenblick. Ein Wort vergißt sich und soll vergessen werden, es will in der Antwort vergehen. Aber ein Blick erlischt nicht. Ein Auge, das uns einmal angeblickt hat, blickt auf uns, so lange wir leben. Als Aphrodite auf Amors und Psyches Hochzeit vor den seligen Göttern tanzte, da tanzte sie zuletzt nur noch mit den Augen."[41]

[40] Franz Rosenzweig, GS Bd. 1,2, S. 918
[41] Franz Rosenzweig, GS Bd. 2, S. 414

Ersuchen, Erbrechen

„Wem gelänge, sich auf das zu besinnen, was ihn einmal aus den Worten Luderbach und Schweinestiege ansprang, wäre wohl näher am absoluten Wissen als das Hegelsche Kapitel, das es dem Leser verspricht, um es ihm überlegen zu versagen."

Theodor W. Adorno, Negative Dialektik

Levinas' Grundbau der Affekte, der Leben heißt, verschafft der Einzigkeit Vorrang vor dem Bewußtsein, der Epiphanie vor der Enthüllung, dem Unsichtbaren vor der Intelligibilität, der Manifestation vor dem Verhältnis, der Verantwortung vor der Dankbarkeit. Anachorese und Apologie vermögen zufolge ihrer Emphase von Kränkung und Argument den Rang des Bewußtseins als Reich der reinen Vernunft zu bestreiten. Die Anderheit des Anderhaften ist dem elementaren Angriffswissen der prophetischen Rede und des richtenden Worts überstellt, weil das Antlitz im Elend von Ohnmacht und Schwäche eine Abstraktion ist, die im Raster der wahren oder falschen Form der Vorstellung fällt. Das Antlitz ist die Abstraktion unsichtbarer Güte, die Epiphanie der lebendigen Formidee des Anderen, das die Erwartung des Unfaßbaren eröffnet und der Erweckung zum Un-maß angehört; Schema und Typik absoluter Sensibilität gegen den okzidentalen Brückenschlag vom Einen zum Selben; nicht technische Adäquation, sondern unbedachte Geste[1]: entblößtes Er-

[1] Levinas' Einsatz der unbedachten Abstraktion mag Merleau-Pontys Bestimmung der „Hyperdialektik" vergleichbar sein. Sie ist „ein Denken, das zur Wahrheit fähig ist, weil es ohne Einschränkung die Vielzahl der Bezüge ins Auge faßt und das, was Ambiguität genannt wurde." Diese „Dialektik ohne Synthese" untersagt sich Überschreitungen, die in Positionen eines Positiven enden müssen. „Im Denken und im Leben kennen wir nur Übergänge, die konkret und partiell sind, angefüllt mit Überlebendem und behaftet mit Mängeln." (Das Sichtbare, S. 75) Levinas übersetzt das Überlebende ins primäre Trauma und den Mangel in wilde Skepsis. Merleau-Pontys heideggernahe Übergangssynthesen werden von Levinas zum „Salto mortale" (TU 362) radikalisiert. Merleau-Pontys philosophisches Programm um die Artikulation von Differenz und Abweichung ist im folgenden Passus kristallisiert. „Die Philosophie zerlegt unsere Beziehung zur Welt nicht in reale Elemente oder gar in ideale Bezüge, wodurch diese zu einem idealen Gegenstand würde, sondern sie unterscheidet Gliederungsformen in ihr, sie ruft geregelte Beziehungen der

eignis, entwaffnetes Denken, fassungslose Intelligenz der schutzlosen Aussetzung im entscheidenden Augenblick des Unmenschlichen. Levinas' Salto mortale primären Traumas und wilder Skepsis ins Wesensverhältnis von Tod und Sprache ist die pneumatische Exegese dessen, was im Zeugnis der verfehlten Entgegnung zu ernüchtertem Empfang erwacht, die Berufung zur Wunde AQE als Arkandisziplin Auferstehung, als Zögern zwischen Scham und Schande: gesättigte Schmach im „Zusatz von Milde"[2] ohne die bequeme Frechheit der Mischung von Hedone und Phronesis. „Das zentrale Geschehen der Zeit ist die Wiederauferstehung. Es gibt also keine Kontinuität im Sein. Die Zeit ist diskontinuierlich. Ein Augenblick geht nicht ohne Unterbrechung ekstatisch aus dem anderen hervor. In seiner Fortsetzung findet der Augenblick einen Tod und steht wieder auf. Tod und Auferstehung machen die Zeit aus." (TU 415)[3]

Vorwegnahme, des Wiederaufgreifens, des Überschreitens wach, die in unserer ontologischen Landschaft gleichsam eingeschlafen sind und nur noch als Spuren fortbestehen, und die dennoch in ihr weiterwirken und fortwährend Neues schaffen." (Das Sichtbare, S. 80)

[2] Theodor W. Adorno, Negative Dialektik, Frankfurt/M. 1966, S. 343. Das Grundbuch der Kritischen Theorie verhandelt die Nötigung der Metaphysik zum Materialismus. In der schwachen Verheißung zerrütteter Echtheitssiegel ist Adorno die Autorität unausweichlicher Vergeistigung indiziert. Leben, das vom Tod zehrt, in den Objektivierung entgleitet, wird zur Dauer zitiert. Das definiert die Schwellenerfahrung der Moderne als Methexis am Finstern. Versprechen gebrochenen Glücks sind dem Klagegesicht des Denkens schwarz verhängt. „Erheischt negative Dialektik die Selbstreflexion des Denkens, so impliziert das handgreiflich, Denken müsse, um wahr zu sein, heute jedenfalls, auch gegen sich selbst denken. Mißt es sich nicht an dem Äußersten, das dem Begriff entflieht, so ist es vorweg vom Schlag der Begleitmusik, mit welcher die SS die Schreie ihrer Opfer zu übertönen liebte." (S. 356)

[3] Leben und Tod der Arkandisziplin Auferstehung skandieren Levinas' Stilwillen zur vollendeten Zeit, den Einstellungswandel um die geschichtslose und gewaltfreie Grundfeste des Ewigen. Die Abwehrbewegung zur Selbsterhaltungsdiagnostik der Moderne ist als „Sieg in einer Zeit ohne das Ich" (SA 217) bekundet. So profiliert die Arkandisziplin Auferstehung ihre volle temporale Konkretion im hermetischen Sein des Anderen zum eminenten Text des Messianismus. Im religionsphysiologischen Spitzensatz von der atheistischen Seele, die sich in der Tabuzone des Bösen weiß, kulminiert die mantische Analytik der Vernunftidee Psychose, das Steuerelement der Transformation des Psychismus. „Die Vollendung der Zeit ist nicht der Tod, sondern die messianische Zeit, in der das Fortwährende sich in Ewiges verwandelt. Der messianische Triumph ist der reine Triumph. Er ist geschützt gegen die Rache des Bösen, dessen Rückkehr die unendliche Zeit nicht untersagt. Ist diese Ewigkeit eine neue Struktur der Zeit oder eine äußerste Wachsamkeit des messianischen Bewußtseins?" (TU 416)

Die Abstraktion, Ohnmacht und Schwäche, erwartet keine Aufnahme in Setzung und Stufung intentionaler Implikation, deren Bewußtseinsform die Abstraktion entstellen müßte. Sie ist unbedachte Geste, die sich dem freien Denken im Logos des Selben unbelehnbar vorenthält. Die Reserve oder Ressource produktiven Vor-Sprungs ist keiner Regierungskunst reiner Vernunft zur Enthüllung und Erfüllung dienlich. Das Dienstwissen von Ideendienern wird in Sinn und Bedeutung einer neuen Deduktion verschleppt, die den Aufzug der Einzigkeit flankieren; Sinn, Quasi-Schema der Erwartung des Unfaßbaren, Bedeutung, Quasi-Typik der Erweckung zum Unmeßbaren. Apologie und Anachorese plädieren für die bebende Exaltation des Schmerzes im primären Trauma und der Geduld in wilder Skepsis. Abstraktion ist das Wunder der in grenzenloser Anästhesie nicht identifizierbaren Inadäquation, die Achsendrehung von Differenz und Abweichung in die Sturzgeburt des entwendeten Konterfeis Antlitz. „Die Abstraktion des Antlitzes dagegen ist Heimsuchung und Ankommen, das die Immanenz *stört*, ohne sich in den Horizonten der Welt festzulegen. Die Abstraktion des Antlitzes erhält man nicht durch ein logisches Verfahren, das von der Substanz der Seienden, vom Individuellen, zum Allgemeinen übergeht. Sie kommt im Gegenteil auf diese Seienden zu, aber sie läßt sich nicht mit ihnen ein, sie zieht sich von ihnen zurück, sie ab-solviert sich. Das Wunder dieser Abstraktion rührt aus dem *Anderswo*, von dem sie kommt und in das sie sich zurückzieht." (HAM 52)[4]

Wunder der Abstraktion

Im Wunder der Abstraktion verweilt die Spur der mantischen Analytik der Vernunftidee Psychose. Ihr Anderswo ist der „Illeität der dritten Person" (HAM 54) angeschriebenes Er, abgezähltes Sie, ausgesprochenes Es, die die Korrelation von

---

[4] Störung der Immanenz, Abstraktion des Anderswo, Heimsuchung und Ankommen sind in den heuristischen Reflexionsbegriffen von Kunstlehren des Verstehens nicht einzufangen. Hermeneutik als Konstruktion des Richtungssinns von Gelebtem tendiert auf eine Enzyklopädie des Geistes, die sich in die Metaphysikgestalt des Idealismus kleidet, um dem naturwissenschaftlich geprägten Methodensinn zu entrinnen, welcher sich der philosophierenden Zeichensprache der Vernunft als exemplarischer Gängelwagen auferlegen will. Ihr Kathartikon wissenschaftstheoretisch immunisierter Orthosprache ist von einer Rhetorik der Defensive geprägt. Gadamers Grundriß einer philosophischen Hermeneutik ist keine hermeneutische Philosophie, sondern Organon der Geisteswissenschaften. Aus der Genealogie des romantischen Traditionsbruchs in Philologie und Historik bezieht sie die Grundsätze wirkungsgeschichtlicher Rationalität.

Enthüllung und Erfüllung unterbrechen, die Synthesis der Sekurität, die den Rang des Bewußtseins im Reich der reinen Vernunft zur Symbiose nahtloser Immanenz befugt. Das Wunder der Abstraktion oder die Spur der Illeität ist Aufzug der Einzigkeit im Anderswo, das die Anderheit des Anderhaften in unbedachte Gesten auswirft. Apologie der Einzigkeit, traumatische Kränkung und skeptisches Argument, so ist die Spur der Bedeutung ohne Kontext als Verkehrswissenschaft von Übermorgen markiert. Levinas' Rezeptionzyklus der seienden Fremde Anderheit stimmt das Anderhafte generativer Symbolizität als rationale Formkraft des Absoluten. „Die Spur ist die Einfügung des Raumes in die Zeit, der Punkt, an dem die Welt sich einer Vergangenheit und einer Zeit zuneigt. Diese Zeit ist das Sich-Zurückziehen des Anderen und folglich in keiner Weise eine mindere Stufe der Dauer, die in der Erinnerung intakt bleibt. Die Überlegenheit besteht nicht in einem Gegenwärtigsein in der Welt, sondern in einem unumkehrbaren Transzendieren. Sie ist keine Modulation des Seins des Seienden. Sofern sie Er und dritte Person ist, bleibt sie in gewissem Sinn außerhalb der Unterscheidung von Sein und Seiendem. Nur ein Wesen, das die Welt transzendiert – ein absolutes Wesen –, kann eine Spur hinterlassen. Die Spur ist die Anwesenheit dessen, was, eigentlich gesprochen, nie da war, dessen, was immer schon vorübergegangen ist." (HAM 57)

Das Wunder der Abstraktion, die Spur des Ex, ist die Geiselnahme im Jenseits des Körpers, der Exodus des Anhörens, das Exil des Angehörens; Spur, in der die Anderheit des Anderhaften unbedachte Gesten unmöglichen Rückzugs und ausgeschlossenen Entweichens auswirft; das Anderswoher und Anderswohin der Bedeutung ohne Kontext. Im „Augenblick einer ontologischen Synkope, für eine Zwischenzeit des Nirgendwo" (HAM 63)[5] bricht die generative Symbolizität als Krise um das Humanum des Humanismus auf. In Krisenepochen sind Potentaten der

[5] Hans-Georg Gadamer hat die ontologische Synkope als Hermeneutik des Verlangens bestimmt, mitgenommen und mißverstanden durch die verwirrende Mischung von Hedone und Phronesis. „Der Zustand des Verlangens ist also nicht eine solche Mischung von Lust und Schmerz, die sich einheitlich als Lust gibt durch das Überwiegen der Hoffnung oder einheitlich als Schmerz durch das Hoffnungslossein, sondern für das Verlangen ist charakteristisch, daß es ständig sich selbst voraus ist und doch ständig auf sich selbst zurückkommt." Platos dialektische Ethik, GW Bd. 5, S. 116. Dieses gegenwendige Moment des Pseudos ist in der Struktur der affektiven Logik begründet, die Hermeneutik in Verstehensverhältnisse übersetzt, welche ontologische Synkopen überbrücken. So rückt das hermeneutische ‚Als' in das Dia des platonischen Dialogs. „Plato sieht ja den Affekt allgemein als eine Weise des Entdeckens von Welt. [. . .] Im Wesen des Affektes liegt es offenbar, das Dasein so sehr in sich hineinzuziehen, daß es nicht anders als mit den Augen des Affektes selbst das im Affekt Gesehene ansehen kann." (S. 137, S. 151)

Anderheit auf Gipfel wahrheitskritischer Skepsis gerückt und in Gründe stilfundierten Traumas gesenkt. So wird der Einbruch der unbedachten Geste als Träger ferner Vergangenheitsseelen in den Logos des Selben geschärft. Das ist die Krise des Intentionalen, durch den sich der Humanismus von Descartes' Erregung bis zu Husserls Erschöpfung hat definieren müssen, als Formation freien Denkens, die Sinn und Bedeutung ihrer Kennerschaft und Könnerschaft gewißlich verbürgend auszuweisen weiß.[6] Dem Humanismus darf nur insofern gekündigt werden, als das Humanum am Pronunciatum[7] ein Ungenügen hat, das Levinas in die Formel vom

---

[6] Husserls Krisis-Schrift betont die Differenz zwischen dem im Objektivismus von Aufklärerei, hohler Bildungssucht, intellektualistischem Snobismus „sich verirrenden Rationalismus" und der „Rationalität" in „jenem hohen und echten Sinne" des „urtümlich griechischen" (Hua Bd. VI, S. 337) Philosophierens. In einer kaum verhohlenen Heidegger-Kritik wird Husserl deutlicher. Er definiert die cartesianische Rationalität als „äußersten Radikalismus der philosophischen Selbstverantwortung". Gegen den Einwand der „jetzt modischen Art", Descartes habe „jenes existenziell versagende, verfallende Menschentum" geschaffen, „dessen erster Repräsentant er selber sei" und das „‚Sekurität' erstrebe, gewissermaßen eine Assekuranz gegen die Schicksale", erklärt Husserl: „Ist man in einer Zeit, die so stolz auf ihre historische Gelehrsamkeit ist, völlig taub geworden gegen das Ethos dieses Philosophen, das sein Analogon hat als Ethos des echten Künstlers, als Ethos des echten Staatsmannes? Kann man nicht mehr verstehen, was Leben und Sichwissen in der Berufung und Tragik der Berufung ist?" (S. 426f.) Husserl sieht die Cartesianischen Meditationen im stoischen Schicksalsethos von Philosophie, Kunst, Politik konstelliert. Ein Ethos der Geiselnahme des Gehörs durch ein Jenseits des ertaubten Körpers historischer Gelehrsamkeit: der stolze Beruf des Rationalismus weicht der bescheidenen Berufung zur Rationalität. Aber auch Husserls extremanalytische Radikalität der „urquellend fungierenden Subjektivität" ist „vor die letzte Wende und die letzten Entscheidungen" (S. 102f.) gestellt. Denn die phänomenologische Rekonstruktion des Cartesianischen Motivs ist die Stiftung einer Erregung und einer Erschöpfung, der die Opposition von Sekurität und Tragik inskribiert ist, weil der entdeckende Genius Egologie das Antlitz des Anderen verdeckt. An seinem Ethos der Selbstbehauptung versteinert die Rede von der Rationalität zum Schlußstein der Rationalismusmauer.

[7] Mit dem Ausdruck Pronunciatum greift Descartes ein Lehrwort der topisch-rhetorischen Tradition auf, wie Manfred Riedel herausstellt. „Das deutet auf eine Erfahrung, die hinter der Metaphysik des natürlichen Lichts an die andere Seite der Sprache, an die des rezeptiven Hörens rührt. So wäre man versucht, den Cartesischen Grundsatz *auditiv* zu verstehen. Was er sagt, bewahrheitet sich hörend, in der Zusammenstimmung des Ausgesprochenen mit dem Gehörten, die jeder in der Tat an sich selbst erfährt. [...] Er erteilt einen Bescheid, aber dieses nicht vorläufig, sondern für immer." Hören auf die Sprache, S. 45f.

Sterbenkönnen im Dia des Dialogs von Kreatur und Kosmos faßt, ohne sich dem cartesianischen Gang des Gelingens zum Principium des Ego cogito, ego sum anzuschließen. Daher prägt der Krisenstil der Hagiographie[8] das Angriffswissen auf den schönen Schein Selbigkeit, die Aussetzung der mantischen Analytik der Vernunftidee Psychose im Augenblick des Unmenschlichen von Apologie und Anachorese, den die phänomenale Immanenz mit einem nunmehr tragisch akzentuierten Bestreben nach Sekurität gegen den Entzug der Huldigung immunisiert: „Leben ist, wo immer es zur Fassung kommt, schon Fortleben, das Leben hinter sich wie neben sich hat, aber nicht in einer bloß naturalen Äußerlichkeit, vielmehr in der Innerlichkeit einer intentionalen Tradition.“[9]

Das Intentionale, die Sekurität der Korrelation von Erfüllung und Enthüllung, Mensch und Welt, Geschichte und Gewalt, bildet die Zeichenimmanenz Phänomenologie. Der Andere wird gezwungen, „Posten in einer fremden Bilanz“ (TU 72) zu beziehen. Sein „Widerstand gegen die Totalität“, seine „Dimension des Psychismus“ (TU 68), wird annuliert: „In Wahrheit integriert sich das Seiende erst, wenn es tot ist.“ (TU 70)[10] Der Tod ist die absolute Integrationsformel der gleichnamigen

---

Nietzsches Krisenstil Hagiographie ist der feineren Künstlerschaft des dritten Ohrs gewidmet, das „seine Sprache wie einen biegsamen Degen handhabt und vom Arme bis zur Zehe hinab das gefährliche Glück der zitternden überscharfen Klinge fühlt, welche beißen, zischen, schneiden will.“ Friedrich Nietzsche, Werke, Bd. II, S. 714. So fällt die volle Rede der plasmantischen Tonfigur Zarathustra in die leere Publizität der gebildeten Zeitgenossenschaft. Das dichte Dunkel dieser heiseren Schreibstimme nötigt zu langen Leseohren, die den Klang psysiologischer Texturen zu vernehmen wissen. Nietzsches wunde Lettern sind die Musik der Agonie im dritten Ohr der Zeiten, denen Ausprägungen des abendländischen Schicksalsweges Philosophie miteinander statt umeinander weinen.

9 Edmund Husserl, Vorlesung ‚Natur und Geist‘ vom SS 1927, zit. nach Eduard Marbach, Das Problem des Ich in der Phänomenologie Husserls, S. 306. Auf Kant ist die tragische Struktur melancholischer Reflexionscharaktere zu datieren, die, mit der Architektonik der Kopernikanischen Wende befaßt, um die potentielle Größe des Menschen ringen, nachdem die bittenden Hände des gemeinsamen Gebets verdorrt sind. Hannah Arendts Scharfblick hat es in Vita Activa, München o.J., S. 360 bemerkt.

10 Der Tod ist Merleau-Ponty die absolute Bilanz der Integrationsdoktrin Philosophie, „sobald sie nicht mehr Dechiffrierung des Seins ist, zu dem wir Kontakt haben – des Seins im Zuge seiner Offenbarung, des Seins in Situation –, und sich ein für allemal restlos formulieren, in eine Doktrin kleiden, ihre eigene Bilanz ziehen will.“ (Das Sichtbare, S. 74) Todesfern ist die elliptische Verschiebung, die Levinas der Güte gewährt. „Die Güte besteht darin, sich im Sein so zu setzen, daß der Andere mehr zählt als ich selbst. So enthält die Güte für das Ich, das der Entfremdung seiner Vermögen durch den Tod ausgesetzt ist, die Möglichkeit, nicht zum Tode zu sein.“ (TU 364)

Zeichenimmanenz Ich, deren Seinsart in Hülle und Fülle den Augenblick der ontologischen Synkope mit Geschichte überdacht und deren Regierungskunst die Systole des humanistischen Nirgendwo mit Gewalt überwacht. Doppelte Plombe des Intentionalen im Stufenleben intentionaler Implikation, die das Humanum des Humanismus dem Logos des Selben vorbehält, seiner Zeitlichkeit Universalität verschafft, Geschichte und Gewalt zur Reichstheologie reiner Vernunft vereint. Die Schädelstätte gleichnamige Zeichenimmanenz, Tautologie von Geschichte und Gewalt, erlaubt nur den Verwesungsposten Ichbilanz. Sie ist die Ewigkeit, die niemals aus sich heraustritt, weil das Auseinander der Unterschiede in Ununterscheidbarkeit vermodert: Großkundgebung Zeit auf dem Medienplateau Selbigkeit. Hegels Lexikon, in Logik und Metaphysik den Gedanken Gottes verschmolzen, die sich bewegende Sichselbstgleichheit. Die formbewußte Indifferenz der reinen Identitätsformel von Textverarbeitung wird in strikter Scheidung von den Trübnissen Differenz und Abweichung implementiert, der barocken Vernunft aus Unterschiedsempfindlichkeiten, die die Anachorese der prophetischen Rede in die Apologie des richtenden Worts treibt, um der Einzigkeit rätselhafte Lebendigkeit zu versprechen. Ihnen bringt sie den Tod, um ihr Überleben in Henosis zu sichern; wogendes Gebären im Aufsehen ins Absolute vor der Torsion Sturzgeburt von Staaten im Staate.

Gravur

Die einschneidende Gravur, die das Intentionale durch den Anderen verzeichnet, ist die einfache Zeichnung der Verantwortung. Inversion des Intentionalen in die generative Symbolizität der Bedeutung ohne Kontext ist Levinas' Programm. Husserls „Stufen einer intentionalen Implikation“[11] werden in die rückwärtige Bewegung des Wahren abgetragen. Sie entführt die mit ontologischer Vorzugsklausel versehene „bestdenkbare Originalität“[12] der primordinalen Eigenheitsphäre Selbig-

---

11 Edmund Husserl, Hua Bd. VIII, S. 175. Im Leitstern der imperativen Formkunst Phänomenologie wird auf die intentionale Finallage der Reduktion gezielt. Aber die Hohe Schule der Einfühlung als apperzeptive Verfremdungstechnik bis zur „zweiten Hölle“ der Epoché läuft am majestätischen Material des Anderen auf: was die Implikation am Einen lähmt, zündet als Exposition am Anderen.

12 Edmund Husserl, Hua Bd. XV, S. 10. Im Formelement einer ästhetischen Metaphysik aus postromantischer Historik und Philologie hat Gadamers Hauptwerk die avancierte Fallhöhe subjektkritischer Hermeneutik bestimmen können. „In Wahrheit gehört die Ge-

keit im denkenderen Denken der Appräsentation. „Was man in der Appräsentation für das Geheimnis des anderen Menschen hält, ist gerade die Rückseite eines Bedeutens, das anders ist als das Wissen: das Erwachen zum anderen Menschen in seiner für das Wissen ununterscheidbaren Identität – Denken, in dem die Nähe des Nächsten, das auf die Erfahrung nicht reduzierbare Verkehren mit dem Anderen, die Annäherung an den ersten Besten bedeutet." (WG 211)[13] Ihrem raschen Bild unvordenklicher Vergangenheitsseelen ist die ewige Jugend der unbedachten Geste absolviert. „Von der Verantwortung aus, die immer älter ist als der *conatus* der Substanz, älter als das Anfangen und das Prinzip, vom An-archischen aus ist das Ich, das zu sich selbst zurückgekommen ist, verantwortlich für den Anderen – das heißt, Geisel für alle infolge seiner Unaustauschbarkeit selbst – Geisel für alle anderen, die genau als *andere* nicht zur selben Gattung wie das Ich gehören, da ich für sie verantwortlich bin, ohne mich um ihre Verantwortung für mich zu kümmern, denn sogar für diese Verantwortung bin ich letztlich und von Anfang an verantwortlich. Das Ich, ich bin der Mensch, der das Universum trägt, das ‚erfüllt ist von allen Dingen'. Verantwortung oder Sagen, das früher ist als das Sein und als das Seiende, und das nicht in ontologischen Kategorien gesagt wird. Der moderne Anti-Humanismus hat vielleicht doch Unrecht, wenn er dem in der Geschichte und in der Ordnung verlorenen Menschen die Spur dieses vor-geschichtlichen und an-archischen Sagens *nicht* entdeckt." (HAM 83)[14]

---

schichte nicht uns, sondern wir gehören ihr. Lange bevor wir uns in der Rückbesinnung selber verstehen, verstehen wir uns auf selbstverständliche Weise in Familie, Gesellschaft und Staat, in denen wir leben. Der Fokus der Subjektivität ist ein Zerrspiegel. Die Selbstbesinnung des Individuums ist nur ein Flackern im geschlossenen Stromkreis des geschichtlichen Lebens." Wahrheit und Methode, Stuttgart 1960, S. 261

13 Appräsentation ist blitzartige und ruhelose Exposition, der Ruck im Revers fungierender Intentionalität. „Äußerste Ausgesetztheit, wie – noch vor jeder menschlichen Absicht – einem ‚Schuß aus nächster Nähe'. Auslieferung des Eingeschlossenen und des Gejagten – des Gejagten vor aller Jagd und vor aller Hetze." (WG 211)

14 Zugleich gilt Levinas' Erläuterung: „Wenn der moderne Antihumanismus den Primat leugnet, der der Person für die Bedeutung des Seins zukäme, der Person als freiem Ziel ihrer selbst, so hat er recht jenseits der Gründe, die er anführt. Er schafft Platz für die Subjektivität, die sich in der Selbstverleugnung, im Opfer, in der Substitution setzt. Seine geniale Einsicht besteht darin, die Idee der Person, die Zweck ihrer selbst ist, aufzugeben. Zweck ist der Andere, und ich bin Geisel." (SA 328) Im Gottesurteil finden der Andere und die Geisel den Atheismus der Seele als Deckung auf Distanz. So wird ihre Wahrheitsfrage in der mantischen Analytik der Vernunftidee Psychose vollstreckt: Substitution ist der religionsphysiologische Befehlsbereich des großen Opferstils.

Auf der Spur der Aussetzung in wunderbare Augenblicke des Unmenschlichen sind einige Ausdrücke Levinas' zu verstehen; die „Singularität der Empfindung" (TU 78), die sich gegen jedes System stellt; die „Erkenntnis ohne Apriori" (TU 81), in der sich die Idee des Unendlichen offenbart; die „Sprache der Augen", die im „Wort des Meisters" (TU 93) unterweist. Die Ausdrücke verweisen auf den vorgeschichtlichen und anarchischen Charakter des Anderen, für den Levinas' Passion des Sagens einsteht, wenn sie Kants Architektonik aus Selbstaffektion, Selbstsetzung und Erscheinungsstufung überschreibt. „Die Gerechtigkeit besteht darin, im Anderen meinen Meister anzuerkennen." (TU 97)[15] Das Experiment der absoluten Instanz des Anderen ist „Trauma des Staunens" (TU 100)[16]; Zumutbarkeitserwägung rabbinischer Provenienz, die Levinas in die Spur der Unterweisung schmiedet, weil sie keinen Bilanzposten in Identitätsformeln von Sichselbstgleichheit einnimmt. „Nur das absolut Fremde kann uns unterweisen." (TU 100) Aus seiner unbedachten Geste steigt die „Epiphanie des Antlitzes als Antlitz" (TU 103); Konjekturaltopologie Antlitz in der rationalen Formkraft des Absoluten oder die Nacktheit ohne

---

15 In seinem Tagebüchern ‚Siebzig verweht' Bd. I/II, Stuttgart 1980/1, notiert Ernst Jünger am 21. 7. 1979 zum Gedanken der Meisterschaft des Anderen: „Wie immer wir damit einverstanden sein mögen: ein Meister hat uns geträumt. Ihm zu entrinnen, ist unmöglich, selbst wenn wir uns töten würden: er hat den Schlußpunkt gesetzt. Der Solipsist möchte ihm die Feder aus der Hand nehmen, doch er schreibt nach Diktat." Zitiert nach Martin Meyer, Ernst Jünger, S. 609. Im Schreiben nach Diktat ist der Artist der organischen Schriftkonstruktion der Messias der meisterlich geträumten Welt. Diese Konjektur um die Speicher und Archive bestdenkbarer Originalität gibt den Inbegriff eines Lebens aus Totaler Mobilmachung, den elementaren Frontgedanken, der die Ordnung der Naturgeschichte wie Schachzüge eines Kriegsplans entziffert. Die vom Wort des Meisters gerüstete Geisel der Schrift ist Jüngers Arkanum.

16 Der Philosoph, der „das erste und letzte Sein, das Ding" konsultiert, hat Merleau-Ponty zufolge „seinem ununterbrochenen Sein beizuwohnen", ihm „Hohlraum und Spielraum zu gewähren". Philosophie ist „eine Frage, abgestimmt auf das poröse Sein, das er befragt, von dem er aber keine Antwort erhält, sondern lediglich eine Bekräftigung seines Staunens. Die Wahrnehmung muß als dieses fragende Denken begriffen werden, das die Wahrnehmungswelt eher sein läßt, als daß es sie setzen würde, und vor dem die Dinge werden und entwerden in einer Art gleitender Übergänge diesseits von Bejahung und Verneinung." (Das Sichtbare, S. 81) Levinas' Trauma des Staunens und Merleau-Pontys Konfirmation des Staunens sind evident intuierte Korrelate einer rückhaltlosen Infragestellung, die „unsere gewohnten Einsichten erzittern lassen bis hin zu ihrer Auflösung." (S. 81) Solches Erzittern, die Aussetzung im entscheidenden Augenblick des Unmenschlichen, erfolgt der extremanalytischen Weite im Angesicht der Gefahr, die die Bedeutung ohne Kontext bedeutet, weil sie keinem sicheren Selbst ein selbes Sich bedeutet.

Posten, der Hunger ohne Bilanz, die Erfragung ohne Immanenz, die Fremdheit ohne Zeichen. Auf dem Platz des Lichts, den der Logos des Selben mit Begriff und Horizont des Staunens annektiert hat, erscheint der Gemeinplatz des Elends als Hohlraum des primären Traumas und Spielraum der wilden Skepsis. Das Quasi in Schema und Typik der unbedachten Geste, die Aussetzung ohne Schlußform noch Denkakt, kann nicht in ontologischen Kategorien gesagt werden. Seine Antithese bestdenkbarer Originalität entdeckt sich „einen Gott, der zugänglich wird in der Gerechtigkeit. Die Ethik ist die spirituelle Optik." Als Redaktion der materialen Antizipation der Wahrnehmung einer Gottesidee zeigt sich der Primat des Ethischen auf dem Platz des Lichts, die Religion in der Relation. Die Umschöpfung des unbezüglichsten Urworts erregt eine Dezentrierung und erschöpft eine Depotenzierung: pneumatische Exegese des Zueinander von Fernen im Pathos der Distanz, mit dem die Zukunft in die Gefäße des Regimes der nächsten Kühnheit einstürzt. Die neue Deduktion der Gottesidee ist Levinas unverzichtbar, weil die theologische Sprache der Erbaulichkeit die religiöse Situation des philosophischen Denkens zerstört, die Religion in der Relation, die als Senke des Glaubens im Wissen nur trostlosen Mißmut entbietet. Ihre Katamnese der Affektion gilt die Anachorese der prophetischen Rede in die Apologie des richtenden Worts. Dem Ruck im Revers der Reduktion entspringt der formlose Leibraum Liturgie; das Zögern zwischen Scham und Schande, das im Umweg über die nichtmenschliche Realität Gott dem Vorwärts in unerbittlicher Härte ergeben ist, dem das Regime der nächsten Kühnheit mit Schmach gesättigt erwacht. „Der Andere ist nicht die Inkarnation Gottes; vielmehr ist er durch sein Antlitz, in dem er körperlos ist, die Manifestation der Höhe, in der sich Gott offenbart." (TU 108)[17]

Humanismus des anderen Menschen

Dieser Entdeckung des Humanismus des anderen Menschen – der Rezeptionszyklus der Anderheit des Anderhaften – sind Levinas' Schriften gewidmet. Entdekkung aber, die nicht operative Begriffe der intentionalen Analytik zum Thema philosophischer Verfahren erhebt, wie es Generationen von Phänomenologen widerfahren ist, die den Abbau von Verdeckungen zu untersuchen pflegen. Sondern

[17] Im Antlitz des Anderen ist das Ego der Gottesidee unterstellt. Das Empfangen der äußersten Gabe, für den Anderen zu sterben, profiliert die Arkandisziplin Auferstehung: Befehl des „Zu-Gott, von dem die diachrone Zeit die einzige Chiffre ist, zugleich Ergebenheit und Transzendenz" (WG 220).

ein Entdecken, das als Ersuchen gesättigter Schmach und Erbrechen bequemer Frechheit bestanden sein muß; Entdecken, das die Einzigkeit vor das Bewußtsein, die Epiphanie vor die Enthüllung, das Unsichtbare vor die Intelligibilität, die Manifestation vor das Verhältnis, die Verantwortung vor die Dankbarkeit postiert. Die Postierung, heikel bis zum Unannehmbaren, ist die Exposition der Untreue, die im ethischen Sprechen ankommt, das sich von der Anderheit des Anderhaften belagert entdeckt. „Hier beginnt alles mit dem Akkusativ." (SA 314) Akkusativ, die Anschrift nach dem Diktat der seligen Fremde: Vom Anruf wird ereilt, wer dem Andern ausgesetzt werden muß. So umschreibt die Akkusativsequenz das Szenario von Posituren einer materialen Vorladung in ein inkalkulables Verhör. Die Aussetzung der Seele im Akkusativ deklamiert das energische Diktat, das Geheiß der Anklage, den Imperativ auf Gehorsam. Das Einverstehen von Akkusativ und Imperativ im Befehlsbereich des Diktats ist dem Angriffswissen jener Zweiten Ethik geschuldet, in der sich Levinas' Nekrolog auf den Vergeistigungsnominativ hermeneutischer Kunstlehren schreibt, welche fremde Ferne und nächste Nähe zur Verschleifung von Verschiedenem in einer „Selbstbegegnung des Geistes"[18] zu wissen gewohnt sind. Eine Entdeckung, die dem ethischen Sprechen die Anstrengung der Absolution auferlegt, welche auf die Sekurität des Intentionalen gerade nicht erbaut werden kann. Der Humanismus des anderen Menschen erfordert die Inversion des Intentionalen um ein Humanum der Verantwortung, das unsere gewohnte „Allergie gegen die Aura"[19] bis zu ihrer Auflösung erzittern läßt, weil sich in der Katamnese

[18] Hans-Georg Gadamer, Wahrheit und Methode, S. 227: „So ist jede Begegnung mit einem Text für sie [die Hermeneutik] eine Selbstbegegnung des Geistes." Damit ist der Aufstand in die nichttangible Subjektivität fixiert, die alle verkannte Eigenheit als externes Ichmodifikat auszuweisen vermag. Die hermeneutische Gründungstat der geschichtlichen Welt als „Philologie im großen" (S. 322) ist nihilismusaffin: die im Manna der Lettern freigespielte Kunstlehre divinatorischen Verstehens kreuzt unter der Flagge der weltgeschichtlichen Konstruktion Europas gegen die unbedachte Geste.

[19] Die Allergie gegen die Aura ist Adornos Negativer Dialektik „ungeschieden von der ausbrechenden Inhumanität." (S. 158) Diese ist gegen die Konfiguration von Mimesis und Rationalität gerichtet, die in Kants hausbackener Vernunftkritik als Standhalten erzittert. Denn die Metaphysik der Idee ist Kants Rettungsangebot vor der unausdenkbaren Verzweiflung, die die Tabuzone des Amphibologiekapitels umsäumt. Ihr höchster Preis des Ding an sich wird von einer unbegreiflichen Drohung bewacht. Kant hat sie auf die Paralogismusformel gebracht, die Heideggers postmetaphysische Analytik des Denkens und Dichtens befragt. „Offenbaren die Paralogismen trotz ihrer fundamentalen Bedeutung nicht die ontologische Bodenlosigkeit der Problematik des Selbst von Descartes' res cogitans bis zu Hegels Begriff des Geistes?" (Sein und Zeit, S. 320)

der Affektion das Entkommen aus dem Idealismus bedeutet. „Die Vernunft ist allein. Und in diesem Sinne begegnet das Erkennen niemals etwas wirklich anderem. Das ist die tiefe Wahrheit des Idealismus.“ (ZA 41) Lyotard hat das Gefühl des Schwindels aus Ohnmacht und Schwäche beschrieben, das der exzessiven Semantik um die Spur des Anderen zukommt, wenn der Akkusativ als Stoß ins Ungeheure dem Idealismus den Stolz des Nominativs entwendet und die Souveränität der Vergeistigung aushebelt. „Genau das: Das Gefühl, daß das Unmögliche möglich ist. Daß die Notwendigkeit kontingent ist. Daß man verketten muß, daß es aber nichts zu verketten gibt. Das ‚und‘ ohne Anschluß. Also nicht nur die Kontingenz des Wie der Verkettung, sondern auch das Schwindelgefühl des letzten Satzes. Unsinnig, klar. Aber der Blitz ereignet sich – er blitzt auf, bricht in das Nichts der Nacht, der Wolke, des blauen Himmels.“[20] Nichts anderes sagt Levinas' Postulat einer „Exaltation der Sprache“ (AQE 228), mit der Umschöpfung von Urworten in einer halbbarbarischen Witterung fürs Wanken befaßt, die langsam und unbeschreiblich ausführlich prozediert, bis der Ruck im Revers der Reduktion eklatiert: „eine unlösliche, unheilbare Zerrung, die sich nicht an die Grenzen der Identität hält.“ (SA 316) Zerrung, deren protoethische Streckung den Einbruch des Anderen in der egologischen Rede vermißt, ein „Können, das aus Unvermögen besteht“ (SA 226) und die Suprematie der Reflexion über das Sein bestreitet. Ihm ist das Antlitz des Anderen anverwandelt, befallen von der Aussetzung der Seele, aus der Levinas „die Grammatik der Hermeneutik verwirft“.[21] „Doch der Philosoph muß auf die Sprache zurückkommen, um das Reine und Unsagbare zu übersetzen – und sei es auch nur, indem er es verrät.“ (HAM 97)[22]

---

[20] Jean-François Lyotard, Der Widerstreit, S. 135. Lyotards Exposition des Freudschen Acheronta movebo erfragt das Sprechen nach Auschwitz. Das Ensemble von skeptischem Genauigkeitssinn und traumatischer Differenzierungsschwelle ermöglicht ihm eine dezidierte Lektüre Kants, die als Spurensuche einer Kindheit des Urteilens im ausgereiften Kritizimus verstanden wird. Kant sieht „die Reflexivität ‚vor‘ der Argumentation am Werke, in jener ‚Vorgängigkeit‘ der Gebung, in einer ‚Affektivität‘, die ursprünglicher ist als die gesamte rationale und sogar sprachliche Tätigkeit. Es gibt bei Kant etwas Heterogenes, und es ist anläßlich seines Auftretens und seiner Vertrautheit, daß die Reflexivität erwacht.“ Jean-François Lyotard, Grundlagenkrise. In: Neue Hefte für Philosophie Nr. 26 (1986) S. 12.

[21] Klaas Huizing, Das Sein und der Andere, S. 203. Bedenken gegen das aneignungshermeneutische Paradigma auslegenden Verstehens nötigen Levinas zu einer „Sprache als Aufriß und Abenteuer“ – einem „transegologischen Sprechen, das, von der thematisierenden Eingrenzung befreit, sich in die Nähe zum Anderen ent-grenzt.“ (S. 206, S. 204)

[22] Franz Rosenzweigs erste Regel des Übersetzens lautet: „Übersetzen kann nur, wer von

Auf die Sprache zurückkommen ist das Ersuchen ethischen Sprechens um Epiphanie der Anderheit des Anderhaften. Das Ersuchen entdeckt sich aus dem unmöglichen Rückzug oder dem ausgeschlossenen Entweichen vor dem Wunder der Abstraktion, vor der Anderheit des Anderhaften, vor der Reinzeichnung der Verantwortung. Die unbedachte Geste, ob diskret oder ausladend, erfordert Fügungen präzisen Erbrechens der bequemen Frechheit grenzenloser Anästhesie und strengen Ersuchens der gesättigten Schmach bebender Exaltation. Sie ist von der Allergie des Logos des Selben geschieden, der jene als Regression im philosophischen Verstande oder Allegorie des Sozialen zu verhandeln weiß. Übersetzen erfordert meisterliche Untreue, die in der Entdeckung die Epiphanie vernimmt, in der das Antlitz des Anderen spricht. „Übersetzen heißt zwei Herren dienen"[23]: Trauma und Skepsis. In ihrer Wiederholung erwidert die mantische Analytik der Vernunftidee Psychose dem Humanum Verantwortung aus primärem Anderswoher und zu wildem Anderswohin. Diese Konjekturaltopologie um die rationale Formkraft des Absoluten im wunderbaren Augenblick des Unmenschlichen verleiht der Epiphanie des Antlitzes das Gesicht der Gefahr. Kants vernunftkritisch verborgener Handgriff um eine neue Deduktion in Schema und Typik hat sich ihr gestellt.[24] Mit ihm trägt Levinas Textverarbeitungen als Achsendrehung zu Sturzge-

---

der Unmöglichkeit innig überzeugt ist." (GS Bd. 1,2, S. 698) Messianisch führt der Weg des Übersetzens vom Fremden ins Eigene über die Gottesidee. „Das einzige, was wir haben, ist die Gewißheit, *daß* er uns schließlich dahin führt. Ein ‚Schließlich', das ja in jedem Augenblick eintreten kann. Sonst wäre es freilich unerträglich." (S. 700)

23 Franz Rosenzweig GS Bd. 3, S. 749. Am Lutherdeutsch wird die „Glaubensfrage des Übersetzens" als erlaubt und geboten exponiert. Die Aporie lautet: „So prallt hier der Mut jenes Erlaubt und der Ernst jenes Geboten an das verschlossene Tor jenes Unmöglich." (S. 752f.) Selten und kostbar ist die geschichtliche Stunde der „Heiligen Hochzeit" getrennter Sprachgeister. Die „Einigung des Babels der Völker" ist „eine Frucht, die das Volksleben unter der Konstellation einer ganz einmaligen Geschichtsstunde gereift hat. Die Stunde der Volksgeschichte kann nicht wiederholt werden." (S. 755f.) Einer neuen Bibelübersetzung legt sich „ein aus drei Einmaligkeiten geflochtener Verhau in den Weg: Einmaligkeit des kirchenversichtbarenden, Einmaligkeit des schriftsprachegründenden, Einmaligkeit des weltgeistvermittelnden Buchs. Niedergelegt kann dieser dreifache Verhau nicht werden und darf es nicht. Aber übersprungen werden kann und darf und muß er. Muß er – schon um ohne Gefahr stehenbleiben zu dürfen." (S. 758) Der Übersprung geschieht Rosenzweig in der Partiturschreibung der Atemkolen, die Lautbares und Lesbares „laut lesbar" (S. 768) verschmelzen, um den Periodenbau des Einen Atemzugs als physiologische Textur zu auskultieren.

24 Und zwar schon im Geistesgefühl des Erhabenen. Kants „Idee der reinen praktischen Vernunft – das Gesetz und die Freiheit – macht sich in einer Quasi-Wahrnehmung

burten ins prophetische Futur, in den Kontiguitätsraum der Passion des Sagens zur Geduld des Unendlichen. Diskursangestellten von Trauma und Skepsis wird sie bis zur Umnachtung im Regime der nächsten Kühnheit implementiert. Metonymien des geschundenen Anderen sind Verarbeitungskapazitäten vom Subtilen des Fleisches zum Luziden der Gnade aggregiert.[25] Das ist die Feuerkraft rätselhafter Lebendigkeiten im Nervenkrieg um Staaten im Staate auf dem Schauplatz von Denken und Leiden. Ihr Schaltwerk von Abtastungen des Anderen und Selektionen des Fremden in den Erstlingsworten Trauma und Skepsis vermag noch den Anti-Humanismus Derridas zu verstören. Derridas Clou besteht im Aufweis der subtilen Verschiebung, die Husserls phänomenologischer Wahrnehmungszauber zwischen eidetischer Intuition und teleologischem Formalismus erfährt, wenn sie Geburt und Tod der irrenden Zeichen selbst zu sein begehrt. Ein unmöglicher Phonolog stimmt die phänomenologische Stimme, um die absolute Stille ihres Selbstbezugs zu stören. Ein Dort und ein Draußen, die die geistige Leiblichkeit zerfurchen. Auf der transzendentalen Kanzel wird der spirituale Reichtum des Ausdruckslosen rätselhaft beseelt, bis Husserl auf die Ur-Schrift der Differenz trifft. „Und sind schließlich der Tod, die Idealisierung, die Wiederholung und die Bedeutung hinsichtlich ihrer Möglichkeit nicht nur von ein und derselben Erschließung denkbar?"[26] Aber Levinas Realitätsprüfung der kryptohenologischen Übertragungszeichen im iterativen Zeichensturm erklärt: „Schon am Anfang stimmt alles zusammen, nach einigen Seiten ist dank einer furchterregenden Fragestellung für das Denken nirgends mehr Platz." (EN 68)[27]

---

innerhalb des Zerbrechens der Einbildungskraft selbst bemerkbar, also auch dank eines Fehlens oder sogar Verschwindens der so verstandenen Natur. Das Geistesgefühl bedeutet, daß es dem Geist an Natur fehlt, daß die Natur ihm fehlt. Er fühlt nur sich selbst. Daher ist das Erhabene nichts anderes als die opferbringende Ankündigung der Ethik auf ästhetischem Gebiet." Jean-François Lyotard, Das Inhumane, S. 234

25 Friedrich Kittler, Grammophon, Film, Typewriter, Berlin 1985, wird der Nervenkrieg um das Schaltwerk Schrift vom Ingenieur des Liebesbriefvampirismus Franz Kafka begründet. Das Manifest der Informationsmaschine Post lautet: „Wie kam man nur auf den Gedanken, daß Menschen durch Briefe miteinander verkehren können! Man kann an einen fernen Menschen denken und man kann einen nahen Menschen fassen, alles andere geht über Menschenkraft. Briefe schreiben aber heißt, sich vor den Gespenstern entblößen, worauf sie gierig warten. Geschriebene Küsse kommen nicht an ihren Ort, sondern werden von den Gespenstern auf dem Wege ausgetrunken. Durch diese reichliche Nahrung vermehren sie sich ja so unerhört." (S. 327)

26 Jacques Derrida, Die Stimme und das Phänomen, S. 151

27 Die Debatte um den Anderen zwischen Derrida und Levinas erfolgt seit nunmehr zwanzig Jahren im Geiste wechselseitiger Ehrerbietung. Levinas konzediert Derridas

Nicht wird der Platz des Lichts reklamiert, auf den der Raum des Bewußtseins die Zeichen der Immanenz verteilt. Die meisterliche Untreue ist rückhaltlose Erfragung im Responsorium von Denken und Leiden, die sich weder dem Begriff noch dem Horizont ergibt: „prädikationslose Sprache, die sich nur erhebt, um sich zu entäußern.“[28] Sie instruiert den Gemeinplatz des Elends in Trauma und Skepsis, die kein Skandal der Spontaneität und kein Scheitern der Freiheit bezeichnet. So würde es in die todbringende Totalität einrücken, die die Sekurität des Überlebens ist. Primäres

„zuende gedachtem Ende der Metaphysik“ (WG 161) unerhörte Präzision. Er hätte die „Kritik des transzendentalen Scheins“, der Kantischen Destruktion vergleichbar, auf Husserls phänomenologische Vergegenwärtigung des temporalen Seinsakts ausgedehnt. Aber ist Derridas Kritik, wie raffiniert und wuchtig auch immer, nicht der Bindung an die Bande des Seinsgeschehens erlegen, wenn er die „absolute Differenz der Transzendenz als Nicht-Indifferenz“ (WG 164) verwischt? Das ist Levinas' unbändiger Einwand, den er im Register von Trauma und Skepsis als „Affektion durch das Unsichtbare“ (WG 164) entfaltet, „Affektion, aber ohne Berührung: Affektivität“ (WG 165). Denn Derridas Markierung der Differenz der Geschlechter in seinen letzten Studien tributiert der naturalen Ordnung des phänomenalen Befunds Selbstaffektion. Wo die Phänomenologie klassischen Zuschnitts bei Husserl und Merleau-Ponty das Aufspringen der Zeitlichkeit untersucht, gewahrt Derrida das Aufklaffen der Geschlechtlichkeit. Die Trophäe der Geschlechtlichkeit ist zur Hand, wenn sich nichts mehr für die Geschlechter tut, die den Händen der Geschichte und Gewalt entgleiten. Der Diskurs des Geschlechts ist die Ekstase der Endlichkeit ohne das Mal der Transzendenz; Befindlichkeit im Sinne Heideggers: Schematismus absoluter Sensibilität im Paroxysmus von Angstlust und Reizschutz. Man muß wohl sagen, daß Heideggers ausdruckslose Bestimmung der Affektion Derrida in Bann geschlagen hat. „Affektion setzt ontologisch das Gegenwärtigen voraus, so zwar, daß in ihm das Dasein auf sich als gewesenes zurückgebracht werden kann.“ (Sein und Zeit, S. 346) Diese Affektionsbestimmung verzeitlicht die Stimmungen des Daseins ohne Levinas' Verbindlichkeitsmaxime „Erhöhung zur Würde einer Seele“ (WG 193). Gegen die Transzendenz einer „Rationalität, die älter ist als die Offenbarung des Seins“ (WG 165), findet Derridas Diskurs des Geschlechts ‚Befriedigung‘, indem die Zeitaffektion den Geschlechterraum berührt. Hier rührt Derridas Fortschrift von Heideggers Grundbuch „Sein und Zeit“ an die daseinsabschiedliche Raffung des Gevierts im Zeitspielraum beim späten Heidegger. Am Ende der zuende gedachten Metaphysik spielt der Diskurs des Geschlechts zum Tanz des letzten „technischen Siegs“ auf, der jenseits der Metaphysik mit nicht mehr metaphysischen Mitteln errungen wird. Derridas Fort- und Festschriften Heideggers weisen die Affektion, mehr oder weniger versteckt, dem Verfängnis der Techné Frau zu. Nicht nur dazu Levinas: „Die Totenglocke der Seinsphilosophie hallt in dem auf seine Weise triumphalen Te Deum der unwiderstehlichen Wissenschaften wieder.“ (WG 158) Es ist etwas an Levinas, das Derrida entzogen scheint.

[28] Klaas Huizing, Das Sein und der Andere, S. 207

Trauma und wilde Skepsis sind an die Unsicherheit der unbedachten Geste gebunden. Ihr Übersetzen in erwidernder Wiederholung kommt auf die vielnamige Sprache der Bedeutung ohne Kontext zurück, die in gleichnamigen Zeichenimmanenzen von Archéphilie nicht absolviert ist. Übersetzen im entscheidenden Augenblick des Unmenschlichen ist Aussetzung in die *Höhe*, in der die Überspannungen elevierter Transzendenz bezeichnen: „Die Dimension der Höhe, in der der Andere steht, ist wie die primäre Wölbung des Seins, die den Vorrang des Anderen begründet, den Niveauunterschied der Transzendenz. Der Andere ist metaphysisch." (TU 120)

Denken und Leiden, deren duldsame und schmerzhafte Gravur Levinas vertieft, ist nicht das freie Denken der Entdeckung, Enthüllung und Erfüllung im Logos des Selben, sondern die Promiskuität unbedachter Gesten in „ontologischer Schwingung"[29]: „Gravität des Körpers, seinem conatus exstirpiert." (AQE 91) Primäres Trauma erbricht und wilde Skepsis ersucht die Metaphysik des Anderen. Ersuchen und Erbrechen im Anspruch der Anderheit des Anderhaften sind diesseits der gleichursprünglichen Bestimmtheit von Befindlichkeit und Verstehen die unstimmige Anfänglichkeit der exemplarisch empfindbaren Rede; die Querung ethischen Sprechens, die den Stand des Verstehens entzweit, den Satz der Auslegung zerbricht und die Geltung der Aussage zerstreut, weil sie angesichts „gefährlichen Lebens" (AQE 154) auf die Sprache zurückkommt.[30] Sprache ist Levinas Eins-für-den-

[29] Mit ‚ontologischer Schwingung' umschreibt Merleau-Ponty die unumgänglich unbedachte Geste eines philosophierendes Denkens, das „umgeben ist von Zeit und Raum wie von einer Anhäufung, einer Wucherung, einem Übergreifen und einer Promiskuität, – als unablässige Trächtigkeit, unablässiges Gebären, als Generativität und Generalität, als rohe Wesenheit und als rohe Existenz, die wie Ausbuchtungen und Verschlingungen derselben ontologischen Schwingung sind." (Das Sichtbare, S. 91f.) Die Philosophie des Fleisches ist das medienanalytische Interface dieser ontologischen Vibration.

[30] Martin Heideggers „Sein und Zeit" gründet Sprache als Bedeutungslehre in der „Ontologie des Daseins". Ihre Programmformel lautet: „Die Aufgabe einer Befreiung der Grammatik von der Logik bedarf vorgängig eines positiven Verständnisses der apriorischen Grundstruktur der Rede überhaupt als Existenzial und kann nicht nachträglich durch Verbesserungen und Ergänzungen des Überlieferten durchgeführt werden." (S. 165f.) Gegenüber Ernst Cassirers humanistischer Konzilianz in Nachtragsfragen geisteswissenschaftlicher Traditionsbildung ist Heideggers Gestus des Revolutionären prägnant. „Die Tradition entwurzelt die Geschichtlichkeit des Daseins" (S. 21). Die scheinbar gemeinsame „Forderung einer existenzialen Analytik" (S. 51) zerstiebt an der Kantfrage um das Schematismuskapitel der Vernunftkritik: Cassirers implizite Prinzipienlehre symbolischer Weltnachtkritik bleibt deskriptiv. – Heideggers Frage, welche „Seinsart der Sprache über-

anderen, Fürsprache der Epiphanie am Rande des Zerrinnens, „extreme Spannung der Sprache" in der „bedeutenden Stimme" (AQE 182), die Exstirpation oder Extinktion ansagt. „Substitution, Stellvertretung, Eins-fürs-andere – besteht nicht eben darin, in dessen entscheidender Aufhebung des Für-sich, das Für-den-Anderen, meine Verantwortung für den Anderen?" (EN 75) Die unstimmige Anfänglichkeit im Ersuchen und Erbrechen entdeckt der Epiphanie ethischen Sprechens Ohnmacht und Schwäche aus Trauma und Skepsis. Sie sind die Gravur eines Zwischen der Zeiten und Räume im „gordischen Knoten des Körpers" (AQE 97), das in der absoluten Sensibilität von schneidendem Schmerz und harrender Geduld aufbricht. „Keine Empfindung ohne somatisches Moment."[31] Das zeichnet die Reinzeichnung der Verantwortung, von der Gewalt und der Geschichte geschieden und deshalb mit Rücken und Gesicht promiscue zur Wand gekehrt[32], wo es sich in

haupt zukommt" (S. 166), wird aber in organischen Begriffen von Wachstum und Zerfall, Leben und Tod artikuliert. Sie sind dem „ontologischen Bewegungsbegriff" (S. 180) des Verfallens auf höchst zweideutigere Weise verfallen als die vorprädikativ verwurzelte Dialektik der Sprache bei Humboldt, die sich im Dualis von Anrede und Erwiderung konstituiert. Solches Verfallen ist im Krisenstil Derridas zur extensiven Praktik Dekonstruktion geworden. Erst Levinas wird das Sagen von der ontologiepflichtigen Bewandtnisganzheit der Existenzialien trennen können, indem die Rede aus dem Antlitz des Anderen ergeht. Der hier installierte Riß der Befriedigung ist nicht ontisch-ontologisch infiziert. Levinas kann die Rede als Erwartung des Unfaßbaren oder Skepsis und die Sprache als Erweckung zum Un-maß oder Trauma nehmen. In der ethischen Differenz von primärem Trauma und wilder Skepsis hat die geschlechtsspezifische Verräumlichung des Zeitstoffs Geschichte verspielt.

31 Theodor W. Adorno, Negative Dialektik, S. 191. Diese crux aller Erkenntnistheorie inkarniert den metaphysischen Zug einer materialistischen Sehnsucht, der Einsicht und Verderben konfundiert sind. Denn Empfindung ist als Statthalter des Nichtbegrifflichen desavouiert: „jenes Ontische, vor dem es dem Reinheitsanspruch schaudert und das er, hochmütig zitternd, an die Einzelwissenschaften zediert. Das kleinste ontische Residuum in den Begriffen, an denen die reguläre Philosophie vergebens herumreibt, nötigt sie, das Daseiende selber reflektierend einzubeziehen, anstatt mit dessen bloßem Begriff vorlieb zu nehmen und dort sich geborgen zu wähnen vor dem, was er meint." (S. 140)

32 Mit dieser Tortur wird das Transzendentalsubjekt seines Kernbestandes an vermögenswirksamer Leistung beraubt. Die Emanationen des Erzeugungsidealismus bis zu Husserls budgetbewußtem Spezialeffekt „historischer Teleologie unendlicher Vernunftziele" (Hua Bd. VI, S. 347) werden durch die reinzeichnende Verantwortung versetzt. Levinas gibt das Paradigma der Substitutionskette: „Transzendenz der Güte, Adel des reinen *Erduldens*, Selbstheit reiner Erwählung, Liebe ohne Eros." (GP 106) Levinas spitzt ihre Ekliptik der Namen auf der magischen Schwelle im Tor des Worts zum wahren Namen Textfalle Tumor zu.

„Huldigung“ (AQE 63) entzieht: „Das Antlitz bedeutet in der Mittellosigkeit, in der ganzen Ungewißheit der Frage, im vollen Risiko der Sterblichkeit.“ (WG 222) Unmöglicher Rückzug, ausgeschlossenes Entweichen. So wird die Verflechtung von Aufklang des Akkusativs und Bedeutung ohne Kontext in der eminenten Textur AQE nominiert, die dem Vergeistigungsnominativ der egologischen Karriere den Ruin auf den Kopf zusagt, was verdienteste Forschung beirren und zu gewissen sonderbaren Ressentiments verlocken möchte. „Es ist deshalb nur konsequent, wenn Levinas sein eigenes Denken als ‚denkenderes Denken‘ qualifiziert: innerhalb der nüchternen Sprache des Denkens läßt sich das ‚Jenseits der Ordnung‘ überhaupt nur als Bruch und Verwirrung des Denkens benennen.“[33]

Metaphysik des Anderen

Trauma und Skepsis sind die Schule ethischen Sprechens. Sie unterweisen die Metaphysik des Anderen. Sie sind der bereitete Empfang für die tiefe Fremdheit der meisterlichen Herrschaft, weil sie der unstimmigen Anfänglichkeit des Ersuchens und des Erbrechens die unumkehrbare Beziehung zur Höhe entdecken. Ihre primäre Wölbung ist ein Luxus, der sich nicht auf den Platz des Lichts gründet, wo im Namen des eifrigsten Gottes Gedanke um Schattierungen der Sekurität gerungen wird, um Freiheit und Spontaneität. Trauma und Skepsis entbieten die Strebungen des Ersuchens und Erbrechens der Metaphysik des Anderen, die Transzendenz des zuende gedachten Endes der Metaphysik. Sie zielt auf die „Erhöhung zur Würde einer Seele“ (WG 193): „Der Platz des Guten oberhalb jeder Art von Wesen ist die tiefste, die endgültige Lehre – nicht der Theologie, sondern der Philosophie.“ (TU 146)[34] Es ist die Belehrung um die Höhe, die auf die Geduld des Unendlichen trifft,

[33] Klaas Huizing, Das Sein und der Andere, S. 199. Im Namen der botengängerschaftlichen Sinngebung, der abrufbaren Dienstform des Gebrauchswissens Hermeneutik, wird Levinas flirrende Koketterie aufgerechnet. „Statt eines eingehenden Referates liefert Levinas immer deutende Skandierungen. Die Verschränkung von Heidegger, als der fortschrittlichsten ‚ontologischen‘ Position, mit Husserl, als der ausgearbeitetsten Intersubjektivitätstheorie, die schließlich noch mit der modernen Ontosemiologie amalgamiert wird, verlangt eher Inszenierung als ein betont hermeneutisches Vorgehen.“ (S. 204)

[34] Als Religiosität faßt Levinas das Verwinden der formalen Frömmigkeit um die logische Relation im Neuplatonismus, welche, geprägt von Heimweh nach dem Hellenismus, die Autonomie des Denkens in die Einheit des Einen zurückschrieb. „Man kann sich gewiß mit Recht fragen, ob die Devotion, die diese Religion ursprünglich beseelte und die untrennbar war von der Nächstenliebe und von der Sorge um Gerechtigkeit, nicht in

wenn die bedeutete Gliederung der Anachorese prophetischer Rede und die Apologie des richtenden Worts in der Katamnese der Affektion durch die unsichtbare Güte auf die Sprache zurückkommen. Ihr Riß der Befriedigung ist Kontraktion, der urplatonische Affektkristall des sorgsam entfremdeten „Sprachleibs"[35] im Angriffswissen, dessen mantische Analytik der Vernunftidee Psychose die Sinnzufuhr kompensatorischer Verlegenheitshistorismen sei's hermeneutischer Konsistenz sei's semiologischer Kompetenz abstößt, um den Spalt des Verzichts im Diskurs der Entsagung zu eröffnen, der Affektkristall des Platonpensums, die ganze Ungewißheit um Frage und Fragezeichen. Denn Platons Relationsstruktur des Ideengeflechts ist Analytik der Reflexionsbestimmungen des Lebendigen. In der Seligkeit des Seins hat die Idee ihr Erzittern; die Kontraktion über das sokratische Drama des Seinsverlangens hinaus und in die erwidernde Wiederholung seiner versäumten Möglichkeit hinein, die die Lebhaftigkeit des Lebewesens im Erleidnis Trennung bezeugt.[36] „Das Unendliche ereignet sich, indem es in einer Kontraktion auf die Ausbreitung zu einer Totalität verzichtet und damit den getrennten Seienden einen Platz läßt." (TU 148): „Das Unendliche öffnet für sich die Ordnung des Guten." (TU 147)

Die Metaphysik des Anderen bringt die getrennten Seienden auf die Sprache zurück. „Die Metaphysik nähert sich, ohne zu berühren. Ihre Weise ist nicht Handlung, sondern soziale Beziehung." (TU 151) In der Näherung der sozialen Beziehung ist das Widerstehen gegen die Totalität beschlossen. Es ist bestimmender Widerstand, der nicht nur nicht berührt. „Affektion, aber ohne Berührung" (WG 165): Affektivität, die mit primärem Trauma belädt und mit wilder Skepsis belastet.

---

diesem Ethischen selbst den Ort ihrer semantischen Entstehung sowie die Bedeutung ihrer Nicht-In-Differenz für die unendliche Differenz zum Einen finden mußte, anstatt sie der Nicht-Erfülltheit des Erkennens zu verdanken." (WG 234)

35 Husserls „Sprachleib" (Hua Bd. VI, S. 369) ist die semantische Brücke des lebensweltlich fundierten Körperwissens, das zwischen geometrischer Idealität und idealer Objektivität übersetzt, um die leibgebundene Metaphorologie einer „neuartigen Sprache" (S. 214) zu sprechen: Husserl erfindet das phänomenale Ehrenwort Anschauung, das ihm quer zur substruktiven Begriffspraxis die Lebensweltphilosophie stiftet.

36 „Das tiefe Leiden macht vornehm; es trennt." Friedrich Nietzsche, Werke, Bd. II, S. 744. Mit diesem Gedankenzug ist Nietzsches aristokratischer Ausstieg aus der verstiegenen Subjektivität der in sich kreisenden Dekadenz der nihilistischen Moderne bezeichnet. Der atheistischen Seele verleiht er den Index von Zorn und Geheimnis. Mit ihm sind Kafkas Übungen der Verstocktheit begabt: erst mit dem Griff am Hals öffnen sich diesem Experten der Macht die Schleusen der Sprache. In ihrem Stromlauf gelingt der narrativen Waffenübung die Verwandlung ins kleine.

Der Pulsschlag des ‚Ich denke'[37], Apparatur der Apperzeption, in der der Genius der Vorstellung dem Denken lauscht, um das Denken an die Vorstellung zu verhören, welcher die Tonsprache in der höchsten Bedeutsamkeit der Götterfreude verstummt ist, wird unterbrochen. Die Kontraktion des Widerstandes und die Extension der Totalität treten auseinander.[38] Die Metaphysik des Anderen ist in der Last des Traumas und der Ladung der Skepsis exzentrische Geiselnahme des Gehörs durch das Jenseits des Körpers, die unendliche Kontiguität von Staaten im Staate, der affektive Hörraum der Seufzer der Kreatur im Schlafgewand Leib, exzentrisches Dia des Dialogs von Kreatur und Kosmos. „Die Objektivierung, die in gewisser Weise vom Zentrum des denkenden Seienden ausgeht, manifestiert von ihrer ersten Berührung mit der Erde an eine Exzentrizität. Was im Subjekt als das Vorgestellte enthalten ist, ist auch das, was seine Aktivität als Subjekt trägt und nährt.

---

[37] Die Einheit der Apperzeption ist die Geiselnahme des Gehörs durch den Genius der Vorstellung. Diesem Erzeugungsidealismus der Ich-Schöpfung gilt Levinas' Destruktion. „Das ‚Ich denke' ist der Pulsschlag des vernünftigen Denkens. Die Identität des Selben, das in seinen Beziehungen mit dem Anderen unverändert und unveränderlich ist, ist ganz und gar das Ich der Vorstellung. Das Subjekt, das kraft der Vorstellung denkt, ist ein Subjekt, das seinem Denken lauscht: Das Denken denkt sich in einem Element, das dem Schall und nicht dem Licht analog ist. Seine eigene Spontaneität ist wie eine Überraschung für das Subjekt, als ob das Ich das überraschen würde, was sich trotz seiner vollständigen ichlichen Herrschaft abspielt. Diese *Genialität* ist die eigentliche Struktur der Vorstellung; im gegenwärtigen Denken ist sie Rückkehr zur Vergangenheit des Denkens, Übernahme dieser Vergangenheit in der Gegenwart; Überschreiten dieser Vergangenheit und dieser Gegenwart wie in der platonischen Erinnerung, wo das Subjekt sich zum Ewigen aufschwingt. Das besondere Ich verschmilzt mit dem Selben, wird eins mit dem ‚Daimon', der zu ihm im Denken spricht und der das universelle Denken ist. Das Ich der Vorstellung ist der natürliche Übergang des Besonderen zum Universalen. Das universale Denken ist ein Denken in der ersten Person. Aus diesem Grunde ist die Konstitution, die für den Idealismus das Universum vom Subjekt aus rekonstruiert, nicht die Freiheit eines Ich, das diese Konstitution überlebt und dabei frei und wie oberhalb der Gesetze bleibt, die es konstituiert hat. Das konstituierende Ich löst sich in dem Werk, das es versteht, auf und geht ins Ewige ein. Die idealistische Schöpfung, das ist die Vorstellung." (TU 177f.)

[38] Merleau-Ponty hat der Dehiszenz unstimmiger Anfänglichkeit die Aufgabenformel gegeben: „das Ursprüngliche zerspringt, und die Philosophie muß dieses Zerspringen, diese Nicht-Koinzidenz, diese Differenzierung begleiten." (Das Sichtbare, S. 98) Hören und Sehen sind ihm im methodischen Dreh Nicht-Koinzidenz verschränkt. „Man müßte erneut zurückkommen auf diesen Gedanken der Nähe durch Distanz, der Intuition als Abhorchen oder Abtasten in der Verdichtung, eines Sehens, das Sicht von sich selbst ist, Drehung seiner selbst in sich, die jede ‚Koinzidenz' in Frage stellt." (S. 101)

Das Vorgestellte, das Gegenwärtige, ist *geschehen*, schon Vergangenes." (TU 183) Die Vorstellung, das Werk des Sehens, das im Blick erfaßt, ist durch die Kontraktion der Sprache strukturiert.[39] Sie entwaffnet das Auge, das Begriff und Horizont als Grenzideen der Vorstellungsform ergreift und das Prestige des Lichts im Schema des Sehens begründet. „Das Licht läßt das Ding erscheinen, indem es das Dunkel vertreibt, das Licht fegt den Raum leer. Das Licht läßt gerade den Raum als eine Leere entstehen." (TU 271)

Ehrenwort

Im Sprachgeschehen ist nun keine Rückkehr ins Dunkel avisiert, an den Rand der Vorstellung, wo sich die Prosa der Repräsentation in die Welt der Wahrnehmung verläuft. Die Kontraktion aus der Höhe erschließt die Ordnung des Guten in Trauma und Skepsis. Die ungerührte Belastung der exzentrischen Exteriorität gliedert Hören und Sehen, indem sie das Schema der Sensibilität mit einem unmöglichen Intervall belädt, das Gesehenes und Gehörtes ans Geschehene ausliefert, Aussetzung des Hörbilds iterativer Lebenssturm ins Antlitz der Auferstehung des Worts. Ihre Rede stellt tumbe Ohren zur Rede, deren Moralität Nietzsches Einsicht zufolge viel mehr Künstler ist, als der blöde Blick denkt, der durch Hineinreden und Herumhören treibt: „Etwas Neues hören ist dem Ohre peinlich und schwierig; fremde Musik hören wir schlecht."[40] Primäres Trauma und wilde Skepsis sind die Eideshelfer des zweiten Registers, des elementaren Worts vom „Ehrenwort" (TU

[39] In Schwere, Hemmung, Gegenstoß der Verstandesansicht von den Vernunftgegenständen wird Gadamer „ein Wesenszug der spekulativen Spiegelung sichtbar: die Ungreifbarkeit dessen, was doch die reinste Wiedergabe des Sinns ist." So interveniert wirkungsgeschichtliches Hören, das im Ansich das Fürmich erkennt, „ungreifbar seinem eigenen Sein nach und doch das Bild zurückwerfend, das sich ihm bietet." Wahrheit und Methode, S. 445ff.

[40] Friedrich Nietzsche, Werke, Bd. II, S. 650. Bildung ist Nietzsche der gute Wille zum schlechten Hören, die Verschulung der sofort ausgedeuteten Tonfigur im habi(ri)tuellen Klanghorizontverschmelzen der Hermeneutik, die die Aufenthaltsdeutung Philosophie als unbedingtes Nichtverstandenwerdenkönnen annulliert. So zerschellen neue Reden, mit dem Hammer als Stimmgabel geformt, an den alten Ohren einer tauben Zeitgenossenschaft. Und so ist Nietzsches Ohr auf Geheiß seiner Zeit, die auch unsere Zeit ist, der Wunde Zeit geöffnet, dem futuralen Text des Lautbilds mantische Analytik der Vernunftidee Psychose, die mit den sprechenden Augen des Antlitzes das Kommen des Ehrenworts erhört.

291).[41] In ihm verspricht das aufbehaltene Sprechen des Anderen, zum abgeschiedenen Hören der Fremde zu stehen; ihr Zerspringen in die Nicht-Koinzidenz ohne Denkakt noch Schlußform als gebrechliche Innigkeit in pathologischer Differenz und topologischer Devianz zu exponieren. So tritt das Monogramm der problematischen Gemeinschaft von Trauma und Skepsis in das Martyrium des Stelldichaus von Frage und Fragezeichen, Exposition, die jede Koinzidenz verfraglicht. Der Erstling Ehrenwort übersetzt Heraklitische Flüsse an neue Ufer der Arkandisziplin Auferstehung.[42] Dieses Übersetzen im Ehrenwort erfragt die unverletzliche Lautgestalt flammenden Schmerzes und wehender Geduld, die Anachorese der prophetischen Rede in die Apologie des richtenden Wortes.[43] Das Ehrenwort primären Traumas und wilder Skepsis bekundet dem Medienplateau Promiskuität ein Angriffswissen,

---

[41] „Alle Sprache als Austausch verbaler Zeichen bezieht sich schon auf dieses ursprüngliche Ehrenwort. Das verbale Zeichen findet dort statt, wo jemand etwas einem Anderen zu verstehen gibt. Es setzt also schon eine Beglaubigung des Signifikanten voraus." (TU 291)

[42] Martin Heidegger hat die Übersetzung als stiftendes Sprachgeschehen in das Beginnen vor dem Beginnen gerückt, wo es gilt, das Wenige des Einfachen zu hören. Zu den im Anfang Gefangenen und von ihm angegangenen Denken sagt der Parmenides-Kommentar: „Die Dichtung eines Dichters, die Abhandlung eines Denkers steht in ihrem eigenen, einmaligen, einzigen Wort. Sie zwingt uns, dieses Wort immer wieder zu vernehmen, als hörten wir es zum ersten Mal. Diese Erstlinge des Wortes setzen uns jedesmal über zu einem neuen Ufer." Gesamtausgabe (= GA), Frankfurt/M. 1976ff., Bd. 54, S. 18. In Gadamers Theologie des Worts liegt das Fleisch von Ewigkeit bei Gott: „Das größere Wunder der Sprache liegt nicht darin, daß das Wort Fleisch wird und im äußeren Sein heraustritt, sondern daß das, was so heraustritt und sich in der Äußerung äußert, immer schon Wort ist." Wahrheit und Methode, S. 397

[43] Martin Heideggers Lektüre des Gedichts von Georg Trakl hat das Sanfte und das Zerstörische im Begriff des Geistes untersucht. „Der Geist ist das Flammende und erst als dieses vielleicht ein Wehendes. [...] Flamme, die entflammt, aufjagt, entsetzt, außer Fassung bringt. Das Flammen ist das erglühende Leuchten." Martin Heidegger, Unterwegs zur Sprache, Pfullingen 1971, S. 60. Leider heißt es auch: „Fremdes folgt schon, ihm selber kaum enthüllt, dem Ruf auf dem Weg in sein Eigenes." (S. 41) Jacques Derridas Schrift ‚De l'Esprit. Heidegger et la question', Paris 1987, hat die „pensée juive comme une inépuisable pensée du *feu*" (S. 165) gelesen. Kronzeuge ist Franz Rosenzweigs ‚Stern der Erlösung'. Zum Ewigen Volk heißt es dort: „In seinem Leben allein brennt das Feuer, das sich aus sich selber nährt und das darum des Schwertes nicht bedarf, das seiner Flammen aus den Gehölzen der Welt Nahrung zubrächte. Dies Feuer brennt in sich selber. Seine Strahlen, die in die Welt hineinleuchten, erleuchten die Welt; ihm selber brauchen sie nicht zu leuchten. Es weiß nichts von ihnen. Es brennt, schweigend und ewig." (GS Bd. 2, S. 372)

das Hineinfragen der pathologischen Differenz und das Heraushören der topologischen Devianz, die der Extension der Totalität die Kontraktion des Widerstandes aufschlagen. Es ist der Widerstand dessen, der keinen Widerstand leistet, der ethische Widerstand aus wehrlosem Grund: „Aderlaß" (AQE 91) rätselhafter Lebendigkeiten der Anderheit des Anderhaften in der unbeholfenen Aussetzung ohne Denkakt noch Schlußform. Das Antlitz der Erstlinge des Wortes erhebt sich „in seiner Nacktheit und seiner Not hart und absolut vom Grunde der wehrlosen Augen." (TU 286) Epiphanien des Intervalls absoluter Sensibilität aus Schmerz und Geduld im Responsorium von Denken und Leiden entsteigen der „Erhabenheit im Antlitz des Meisters. Jene Stimme, die von einem anderen Ufer kommt, lehrt die Transzendenz selbst" (TU 248), den „Erguß – wie ein rückwärtiger conatus, wie eine Inversion der Wesenheit" (AQE 89): „Die primäre Unterweisung lehrt diese Erhabenheit selbst, die ihrer Exteriorität entspricht, sie lehrt die Ethik." (TU 248)[44]

Die Belehrung aus der Höhe trifft auf das Unendliche im Unsichtbaren. Sie unterhält die Affektion der Rede und die Affektivität der Sprache, die Abschattungen des Sprachlichen nach Daseinsrelativitäten. Am Rande des Zerrinnens, aus dem Lichtkreis des Vorstellens verbannt, halten sie das unbeirrte Hören im Antlitz des Anderen aus. In den Bahnungen des primären Traumas und den Peilungen der wilden Skepsis wird die gleichnamige Zeichenimmanenz des Gewußten gestört und die Extension des Wissens zur Totalität gesprengt.[45] Die meisterliche Untreue der unbedachten Geste leitet die Kontraktion ethischen Widerstands gegen die Monumentalhistorie auf dem Höhenweg der Seinsgeschichte, welche den Niedergang der

---

[44] Helmuth Plessners Schrift ‚Grenzen der Gemeinschaft' hat den wehrlosen Grund zur zentralen Taktbestimmung des Ethos der Grazie ausgebildet. Von der Mächtigkeit des Psychischen heißt es: „Warum hält hier die Welt den Atem an und kapituliert der Geist vor einer höheren Gewalt des Herzens? Weil hier das Letzte schutzlos und in solcher Einfachheit erschienen ist, daß es im wahrsten Sinne des Wortes auch in und mit der Äußerung nichts mehr zu verlieren hat. [. . .] Das Schlichte, ganz und gar Einfache und Elementare unseres Inneren, unmittelbar gegeben, nimmt uns durch seine absolute Schutzlosigkeit, seinen Mangel an Anspruch die Waffe der Ironie aus der Hand. Vor dem ganz und gar Schutzlosen sinkt das Schwert, es bleibt nichts mehr, über das es zu triumphieren gäbe." Gesammelte Schriften (=GS), Ed. G. Dux et al., Stuttgart 1980ff., Bd. V, S. 73

[45] Hans-Georg Gadamer hat die spekulative Mitte der Sprache in die hermeneutische Virtualität der Selbstbegegnung des Geistes übersetzt. „Ein jedes Wort bricht wie aus einer Mitte hervor und hat Bezug auf ein Ganzes, durch das es allein Wort ist. Ein jedes Wort läßt das Ganze der Sprache, der es angehört, antönen und das Ganze der Weltansicht, die ihm zugrunde liegt, erscheinen." Wahrheit und Methode, S. 434

ontologisch verfaßten Idee des Guten bestimmt. Mit Levinas prallt die Monumentalhistorie, das bis in die hermeneutische Urbanität antiquarische Wissen von geschichtsmächtigen Erschlossenheiten, auf die Zeitmauer unvordenklicher Vergangenheit. Vor der Belehrung um das Sein zur Zukunft aus dieser Höhe bleiben Historismusvarianten Aggregate perspektivischer Observationen: in der heiligen Aufgabe der Entzifferung geschichtlicher Hieroglyphen beim Okular Ranke, dem forschungslogisch verwissenschaftlichten Ausdrucksleben der Geschichte bei Droysen, die sich ohne Sukkurs durch die Idealität der Kunst und die Kommunion der Seelen versteht, der gedankenbildenden Arbeit des Lebens bei Dilthey, wo die reine Sinnspur historischer Aufklärung im Übergang von der Psychologie zur Hermeneutik der Gebilde der Lebendigkeit ausgezogen wird, bis zu Gadamers wirkungsgeschichtlicher Philologie im großen, Majuskeln der zur Tradition gereiften Autorität des Überlieferten. Den vollen Händen des wehrlosen Grundes indes sind Schattierungen der Sekurität auf dem Platz des Lichts verwirkt, den die heuristischen Reflexionen um historische Kunstreligionen vermessen. „Die Kenntnis der Wörter gewährt noch nicht das Wissen der Worte."[46] Ihr Erwirken exponiert eine andere Freigabe, Gravur der überschwenglichen und ungreifbaren Antiphysis der Exposition, Exstirpation, Extinktion. „Die Idee des Unendlichen im Bewußtsein ist ein Überfließen dieses Bewußtseins; die Inkarnation dieses Überfließens bietet einer Seele, die nicht länger paralysiert ist, neue Vermögen, das Vermögen zu empfangen und zu geben, das Vermögen voller Hände, das Vermögen der Gastlichkeit." (TU 295) Damit befreit der ethische Widerstand aus wehrlosem Grund die Bedeutung vom Kontext des Anschreibens verbuchter Gegenwart und des Abzählens verhörter Vorstellung. Die Bedeutung ohne Kontext ist Aussprache der unumkehrbaren Beziehung zur Höhe, die der Leere entrückt ist, welche den Platz des Lichts im Schema des Sehens auf wirkungsgeschichtliche Umschrift der eleatischen Urschrift gründet. Der Empfang für die tiefe Fremdheit der meisterlichen Herrschaft, für Trauma und Skepsis, Erbrechen und Ersuchen, ist der Bedeutung unvordenklicher Vergangenheit ohne Kompensat heilsgeschichtlichen Kontexts gewährt; der Gastlichkeit für eine nicht mehr hermeneutische Hermetik des Schicksals, die ins furchtbare Antlitz unergründlichen Lebens taucht, ohne den Paralysekern Apperzeption im Ausdruck der geistigen Gegenwart zu befestigen, wie es Ernst Jüngers

[46] Martin Heidegger, GA Bd. 54, S. 22. Das Wissen der Worte ist im Informationskern Ehrenwort beschlossen. Vom Wissensbetrieb um die Kenntnis der Wörter gilt: „Jeder Vorrang wird geräuschlos niedergehalten. Alles Ursprüngliche ist über Nacht als längst bekannt geglättet. Alles Erkämpfte wird handlich. Jedes Geheimnis verliert seine Kraft." (Sein und Zeit, S. 127)

Desinvoltura-Lehre mit metaphysischen Obertönen in der Zone der Kopfschüsse widerfährt.[47] Ihr Erwirken atmet „das Wehen des Geistes im Denken" (WG 198)[48], das Übersetzen der unvergessenen Gastlichkeit der Antiphysis Ehrenwort ins prophetische Futur der mantischen Analytik von der Vernunftidee Psychose. „Denken, das zum kategorischen Imperativ gezwungen, das durch einen unbekannten Gott inspiriert wird, das zum Tragen unablässiger Verantwortungen gezwungen wird, aber so gerade meine persönliche Einmaligkeit, mein Erstgeborenenrecht und meine Erwählung sanktioniert", unbeirrtes Hören der Idee des Guten, „Vergangenheit, ausgehend vom Futurum der Prophetie". (WG 265)

Hart angeschrieben, nackt abgezählt, in der rationalen Formkraft des Absoluten ausgesprochen: Das Vermögen der Gastlichkeit ist keine Fakultät des Bewußtseins. Es ist die zur Rede gestellte Rede von Moira und Aletheia; das Ehrenwort der

---

[47] Ernst Jünger zeigt „den Menschen als Anarchen und Waldgänger, als distanzierten Beobachter, als argwöhnischen Phänomenologen des Terrors und, nicht unbedenklich, als Privatier vor den Stürmen der Weltgeschichte." Desinvoltura bezeichnet Jünger dabei „Gelassenheit gegenüber dem unvermittelten So-Sein der Wirklichkeit und ist die Macht dessen, der die Zumutungen der Welt von sich wegzurücken weiß. Sie ist Heiterkeit in der Erkenntnis, daß auch die Tyrannei ihre finstere Aura verliert, wo sie nicht mehr für absolut, sondern für kontingent genommen wird." (Martin Meyer, Ernst Jünger, S. 412) Anders als in Jüngers planetarischer Herrenreiterattitude verlieren Levinas Tyranneien keine Gewichte.

[48] In Goethes Intuition vom brausendsten Gottessturm als „sausenden Geist, der über den Wogen brütet", hat Rosenzweig eine unmittelbare Einwirkung der hebräischen Bibel auf Goethes Sprache erkannt. Allgemeiner heißt es: „Die Bibel ist der Hort dieser Sprache des Menschen, weil sie Prosa ist. Prosa noch im verzückten Sang der Kündung, noch im wirkungsmächtigen Spruch des Gesetzes. Sie ist als Schrift Niederschlag, nachträglicher, Nieder-Schrift, des geschehenen Durchbruchs des Worts, der in der Geschichte des Geschlechts genau da steht, wo in der Geschichte des Einzelnen: am Augenblick seiner Menschwerdung. Das Wort, das keine Maße und Bindungen erträgt, weil sich die Seele in ihm entbindet und vermißt, ist in sie gesprochen, spricht aus ihr. [...] Seither ist das nächtige Schweigen, das das Menschengeschlecht in seinen Ursprüngen umgab, jeden von jeden und alle vom Draußen und vom Drüben trennend, das Tor gebrochen, das nie mehr ganz zugehen wird: das Tor des Worts." (GS Bd. 3, S. 782f.) Merleau-Pontys Tor des Worts ist Husserls Terminus Erwirken. „Schön ist aber der Gedanke, das *Erwirken* wörtlich zu nehmen: es ist wirklich *Leeres, Unsichtbares* – Das ganze positivistische Gerümpel von ‚Begriffen', ‚Urteilen', ‚Relationen' ist eliminiert und der Geist quillt wie Wasser hervor aus dem Riß des Seins – Man muß nicht nach geistigen Dingen suchen, es gibt nur Strukturen der Leere – Ich will diese Leere einfach in das sichtbare Sein einpflanzen, will zeigen, daß es dessen *Kehrseite* ist, – speziell die Kehrseite der Sprache." (Das Sichtbare, S. 176)

Stimme, die vom anderen Ufer der sprechenden Zunge kommt und die „Erhöhung zur Würde einer Seele“ (WG 193) in der Geiselnahme des Gehörs souffliert[49]; die mit Last und Ladung der primären Wölbung beladene Metaphysik des Anderen, die Levinas höchst riskant bezeichnet: „Vorkommen der Demut“ (WG 248). Sie krönt die gesellige Zeugung von Zweiter Ethik und Erster Philosophie in der mantischen Analytik der Vernunftidee Psychose. Vor dem Demutsaffekt im Angriffswissen muß verharrt werden. Denn hier ist die königliche Regung der Seele um das Gute zum Anhören der Güte gestimmt, um das alle Seelen alles tun, weil das äußerste Bewußtseins-Differential Seelenwissen kein Nie und Nirgends kennt. Demut ist das Zuvorkommen des Ersuchens in der Zurückhaltung des Erbrechens, der sanfte Sturm oder die scheue Jagd des Angriffswissens, die unbedachte Geste der Intelligenz des Unendlichen, die pathologische Differenz oder topologische Devianz aus der Bedeutung ohne Kontext. Im Riß des Seins ist das Vorkommen der Demut im Entzug der Huldigung das Tor des Ehrenworts. Es wird von Levinas mit unerbittlicher Gebärde durchschritten, mit einer richterlichen Rede im Tritt des Traumas und im Schritt der Skepsis. Denn der höchste Setzungscharakter des nichtpropositionalen Angriffswissens im Zeugnis der Demut ist der Befehl, das imperativische Ehrenwort um die fürstliche Gestalt des Menschen, die „jenseits dessen bedeutet, was sich im Gehorsam vergegenwärtigt und darbietet“ (WG 264): „Die Bedeutung – das ist das Unendliche, d. h. der Andere. Das Intelligible ist nicht ein Begriff, sondern eine Intelligenz. Die Bedeutung geht der Sinngebung voraus und bezeichnet die Grenze des Idealismus, statt ihn zu rechtfertigen.“ (TU 299)[50]

---

49 Goethes Farbenlehre hat die Geiselnahme des Gehörs durch das Jenseits des Lichtkörpers exemplifiziert. Sie ist bekanntlich mit Taten und Leiden des Lichts befaßt. Das Aufhorchen ins Wenige des Einfachen ist Goethes wurzelsinnlichem Sagenkönnen Naturhermetik. „Man schließe das Auge, man öffne, man schärfe das Ohr, und vom leisesten Hauch bis zum wildesten Geräusch, vom einfachsten Klang bis zur höchsten Zusammenstimmung, von dem heftigsten leidenschaftlichen Schrei bis zum sanftesten Worte der Vernunft ist es nur die Natur, die spricht, ihr Dasein, ihre Kraft, ihr Leben und ihre Verhältnisse offenbart, so daß ein Blinder, dem das unendlich Sichtbare versagt ist, im Hörbaren ein unendlich Lebendiges fassen kann.“ Zitat nach Manfred Riedel, Hören auf die Sprache, S. 220. Riedels eigenes Programm geht auf eine Naturhermeneutik, welche sich dem esoterischen Problem von Vernunft und Sprache öffnet, um eine „Resensibilisierung unserer Beziehungen zur Natur“ zu erwirken, „die sich dem ästhetischen Denken der Gegenwart angesichts der durch den Aufstieg der Technik ausgelösten Lebenskrise des neuzeitlichen Menschentums stellt.“ (S. 185)

50 Die königliche Regung ist ein hermetisches Wort. Es indiziert die Destruktion des Idealismus. Ihm ist der Phänotext Hermeneutik, der „Zirkel des Verstehens“, „nicht

Transzendenz

Die Dimension der Transzendenz bezeichnet die Grenze des Idealismus. Warum? „Der Idealismus, wird er zu Ende gedacht, reduziert alle Ethik auf die Politik." (TU 314) Er identifiziert Wille und Vernunft im neuzeitlichen Ordnungsbild des Menschentums: bestandsicherndes Herstellen und horizontbildendes Vorstellen sind in ihm festgestellt. Die Identifikation ist die Rechtsquelle[51] der Totalen Mobilmachung von Geschichte und Gewalt. Ihr staatsförmiges Behaupten ist im Begriffskern Exekutive. Säkularisierte Staatlichkeit ist ein Spitzenprodukt des okzidentalen Rationalismus. Der Weltgeistredaktion im Identifikationsidealismus Exekutive widersetzt sich Levinas zufolge das Apotropäum „pathetische Erfahrung der Menschheit"

---

notwendig das ursprüngliche Geschehen der Logik des Seins." Levinas' Begründung innerhalb der mantischen Analytik der Vernunftidee Psychose erfolgt mit der äußersten Schärfe genotextuellen Angriffswissens. „Das eigentliche Geschehen des Ausdrucks besteht darin, von sich selber Zeugnis zu geben und zugleich die Gewähr für dieses Zeugnis zu übernehmen. Diese Bezeugung seiner selbst ist nur als Antlitz, d. h. als Wort möglich. Das Wort erzeugt den Anfang der Verstehbarkeit, sogar die Anfänglichkeit, das Prinzentum, die königliche Herrschaft, die unbedingt befiehlt. Das Prinzip kann nur ein Befehl sein." (TU 290) Anders gesagt, die Apologet(h)ik zielt auf das apodiktische Rechtsgeheiß Richten. Im Urteilskern ist das rechtsförmige Gebot gewaltlos und das zeitförmige Geheiß geschichtslos zur polemischen Epoptik der Auferstehung des Abendlandes im Anderen verknüpft. Gottfried Benn hat den Fremdkörper Wort mit katechontischem Zeitzünder ausgestattet. „Verharren vor dem Unvereinbaren" ist seine antisynthetisch gespannte Formel. „Der Mensch muß neu zusammengesetzt werden aus Redensarten, Sprichwörtern, sinnlosen Bezügen, aus Spitzfindigkeiten, breit basiert -: *Ein Mensch in Anführungsstrichen.*" (GW Bd. IV, S. 163) Levinas' Übersetzung: Spitzfindigkeiten wilder Skepsis, breit basiert im primären Trauma. So gewinnt die mantische Analytik der Vernunftidee Psychose ihre Weite im Angesicht der Gefahr. Benns Mensch in Anführungsstrichen skizziert Freuds Staat im Staat, Versuch und Versuchung der Experimentalphilosophie Nietzsches, von der Heidegger erklärt: Die „Härte und Verbindlichkeit des Denkens muß eine Gründung in den Sachen selbst erfahren, wie sie die bisherige Philosophie nicht kannte. [. . .] Die neuen Denker müssen Versuchende sein, d. h. sie müssen das Seiende selbst hinsichtlich seines Seins und seiner Wahrheit fragend auf die Probe stellen und in die Versuchung bringen." (Nietzsche I, S. 37)

51 Franz Rosenzweigs ‚Stern der Erlösung' hat Recht, Gewalt und Staat über den Lebensbegriff soziologisch verlötet. „Die Gewalt läßt das Leben zu seinem Recht gegen das Recht kommen. Indem der Staat selber gewaltsam ist und nicht bloß rechtlich, bleibt er dem Leben auf den Fersen. Es ist der Sinn aller Gewalt, daß sie neues Recht gründe. [. . .] Das Recht wird in der gewaltsamen Tat ständig zum neuen Recht." GS Bd. 2, S. 370

(TU 315)[52]. Das Vorkommen der Demut wahrt dem Vitalzeichen Transzendenz den Index des exekutivenfremden Staates im Staate, die Passivität, die passiver ist als alle Passivität. Das ist die mobilisierungsfeindliche Bedeutung ohne Kontext des Aufsehens ins Absolute. Die affektionierte Besonderung Kierkegaards, das gesteigerte Unterschiedsempfinden Simmels, der sphingoide Körpertraum Benns bezeichnen die literatenphilosophische Pathosformel vom magischen Augenblick scharf zentrierter Identifikationsresistenz, der die societas perfecta aus widerbrüderlichem Willen und gottunfähiger Vernunft zerfallen ist.[53] Resistenz ist der ethische Widerstand der Einzigkeit aus wehrlosem Grund ohne Kontext noch Kalkül: Desistenz.[54]

---

[52] Die Pathosformel ist in der modernen Anthropologie geschichtsfähig geworden. Ihr Widerfahrnischarakter wird in Levinas' Spätwerk AQE zur Exposition der Passivität in Trauma, Obsession, Psychose gesteigert. Bernhard Waldenfels hat in seinem Buch ‚Stachel des Fremden', Frankfurt/M. 1990, auf Levinas' Spuren die „Steigerungsform" umrissen, „wo uns nicht nur etwas entgegenkommt, sondern uns überkommt, uns mitreißt oder lähmt derart, daß etwas mit uns geschieht, was unsere Eigentätigkeit ausschaltet." (S. 122) In AQE ist Levinas' Verschaltung von Pathos und Passivität über die Frequenzen von Trauma und Skepsis im Revers von Geschichte und Gewalt montiert. Das äußerste Bewußtseins-Differential von primärem Trauma und wilder Skepsis ist dem Proprium des Selben, der Selbstung absoluten Seins, absolut unzugänglich: pathologische Differenz oder topologische Abweichung in der heilsgeschichtlichen Promenade der Verdrängungsnarbe Selbstbewußtsein. Ihrer Techné des Problemdenkens muß über Bestrebungen einer Rehabilitation der praktischen Philosophie hinaus nachgedacht werden, der Kernbefunde der Aristoteles-Interpretation dem Hörbild Kierkegaards nahekommen. Dabei erhält die Phronesis, das fürsorgliche Sichumsehen, den Vollzugsstatus einer anderen Art von Wissen: den leidenschaftlichen Sinn für das Tunliche und Taugliche. Solche Passivitätsfrequenz im Revers des Kinesisprogramms Aktivität des Geistes entzaubert den Traum von der Philosòphie als strenger Wissenschaft nochmals, um der pathetischen Bekümmerung im Bezug von Synesis und Phronesis die Bahn der Urteilskraft Kants zu eröffnen: den anderen Anfang der Aufenthaltsdeutung Philosophie, das Angriffswissen von der Sturzgeburt des Anderen, die mantische Analytik der Vernunftidee Psychose.

[53] Karl Löwiths schneidende und bittere Analyse hat das Umbuchstabieren der Verfallserfahrung mit spätantiken Resonanzen im Nationalsozialismus markiert. „Überhaupt war das Faktum und das Bewußtsein von der Auflösung schon längst vor Hitler bis zu einem Punkte gediehen, an dem es umschlagen konnte, und dieser Umschlag war der Nationalsozialismus, d. h. *die Auflösung mit umgekehrten Vorzeichen.* Man nannte das ‚Aufbruch'." Mein Leben in Deutschland vor und nach 1933. Ein Bericht, Stuttgart 1986, S. 25

[54] Desistenz ist das Erstlingswort von Philippe Lacoue-Labarthe. Ihm hat Jacques Derridas Buch ‚Psyché. Inventions de l'autre', Paris 1987, einen Aufsatz gewidmet. Dort heißt es „Die Desistenz ist das Unabwendbare [. . .] Das Werk Lacoue-Labarthes gleicht zuerst, für

Die Idee des Unendlichen in der Weise des Unsichtbaren und der Güte wird vom Vermögen der Gastlichkeit empfangen. Die unumkehrbare Beziehung zur Höhe segnet die Intelligenz, das erste Intelligible der getrennten Seienden, mit dem unaufhörlichen Überschuß, „den die Unendlichkeit des Unendlichen" (TU 316) an gebrechlicher Innigkeit vollzieht. Er unterweist Levinas' Protest gegen den Idealismus darin, „daß das Ideal eines von Ewigkeit her erfüllten Seins, das nur sich selbst denkt, nicht als ontologischer Maßstab für ein Leben, für ein Werden zu dienen vermag, die der Erneuerung, des Werdens und der Gesellschaft fähig sind." (TU 316) Die Dimension der Transzendenz ist in der Sensibilität für Schmerz und Geduld bezeugt, der Erwartung des Unfaßbaren und der Erweckung zum Un-maß, in der „extreme Passivität zur extremen Meisterschaft" (TU 350)[55] wird, das Vorkommen der Demut im Ereignis Angriffswissen, der Angang des unerschrocken Erschütterbaren durch einen „neuen Schnitt im Sein" (TU 427). Demut, gesättigte Schmach im Zögern zwischen Scham und Schande, steht gegen Krieg und Revolution als Realien des Staatlichen. Diese Katamnese der Affektion bis in die doppelte Affektion in Kants Opus postumum, deren Religiosität des Sich im Ruf „Es ist ein Gott" kaum chiffriert erscheint, wird im religionsphysiologischen Telegrammstil von AQE evoziert. „Verletzlichkeit, Aussetzung in Beleidigung, ins Weh – Passivität, passiver als alle Geduld, Passivität des Akkusativs, Trauma der Anklage, bis zur Verfolgung durch eine Geisel unterzogen, in der Geisel verursacht, der Identität, die sich den anderen substituiert: Sich – Niederlage oder Abgang der Ich-Identität. Das ist, auf die Spitze getrieben, die Empfänglichkeit. Also Empfänglichkeit als die Subjektivität des Subjekts. Substitution für den Anderen – der eine an Stelle des anderen – Sühne." (AQE 18) Ein Menschentum in Anführung, breitbasiert oder

---

mich jedenfalls, der *Probe* auf das Unabwendbare: beharrlich, geduldig, denkend, der Erfahrung eines sehr *eigentümlichen* Denkens vom Unabwendbaren." (S. 597f.) Lacoue-Labarthe hat die Desistenzbestimmung als „angeborenes Gebrechen" akzeptiert. „Das Subjekt ist ursprünglich Gebrechen am Subjekt, und dies Gebrechen ist seine – anbrechende – Innigkeit." Die Fiktion des Politischen. Heidegger, die Kunst und die Politik, Stuttgart 1990, S. 122

55 Das ist Levinas' frühe extremanalytische Formel für das konjekturaltopologische Angriffswissen von primärem Trauma und wilder Skepsis. Im Spätwerk wird ihr unaufhörliches Umschlagen zur Steigerung ins Äußerste exzediert, sofern AQE die unbeugsame Vorladung zur Reinzeichnung Verantwortung in der Geiselnahme Substitution bekundet, deren gebieterisches Aufhorchen und ehrfürchtiges Anhören im Schicksalstil des Ausdruckslebens der „Psychose" als mantische Analytik einer Vernunftidee umhegt wird; umhegt mit dem Vernunftgefühl Achtung, das der Anderheit des Anderhaften entgegengebracht wird.

spitzfindig, im Humanismus des anderen Menschen als Sühneopfer erwidernd wiederholt, wird Levinas' mantischer Analytik der Vernunftidee Psychose als Verheißungsgipfel oder Möglichkeitsspitze mit den Krisenindizes eines Salto mortale aufgeboten, um dem Responsorium von Denken und Leiden den „Anspruch eines Anderen Gesetzes zu erheben und durchzukämpfen."[56]

In der Dimension der Transzendenz wirft sich das Vermögen der Gastlichkeit auf die Idee des Unendlichen. Es überschreitet die Grenze des Idealismus. Die Extreme von Passivität und Meisterschaft bilden die Pole seiner Apologie „im Pathos des Hörenlassens des Gesagten und Sichzusagenden."[57] Diese besteht darin, „daß das Subjekt für den Anderen existiert, d. h. sich in Frage stellt und den Mord mehr fürchtet als den Tod" (TU 362). Robert Spaemann hat die Metanoia des Unbedingten bemerkt, den Salto mortale ins Wesensverhältnis von Sprache und Tod. „Hork-

---

[56] Thanos Lipowatz, Die Verleugnung des Politischen. Die Ethik des Symbolischen bei Jacques Lacan, Weinheim 1986, S. 12. Gegen den henologischen Hüftschwung im Hermeneutenbetrieb Sozialwissenschaften erklärt Lipowatz: „*Ein*, ein *ein*facher (*ein*fältiger) Diskurs, der die *ganze Wahrheit* enthält, ist unmöglich, jedes Sprechen ist Verschiebung von mehreren Diskursformen." (S. 19) Über Lacans ‚Lalangue' – die das Reale berührt, das Sagen vereitelt und nach Schrift verlangt – wird im Anspruch des Anderen Gesetzes die Wahrheit über das Subjekt gesprochen. Das Andere Gesetz ist ein ungeschriebener und unschreibbarer Affektkristall, den Lipowatz über die Schwellenfunktion der attischen Tragödien für die Geburt der modernen Subjektivität als Postulat der Urteilskraft hört. „Die strategische Dimension der Psychoanalyse liegt im Primat der *Urteilskraft*, die Mündigkeit ermöglichen soll, ohne in den Rigorismus des moralischen Gesetzes zu verfallen. An Einbildungskraft hat es nie gemangelt, die Urteilskraft scheint aber das knappste Gut der Welt zu sein." (S. 68) Lipowatz verlangt nach einer „gesteigerten *Verantwortung* gegenüber einer *verwahrlosten* Welt und einem *verwahrlosten* Denken": „Die *Kraft* des Realen liegt gerade darin, daß man es *nicht* herausfordern kann, nichts aber ihm widersteht." (S. 116) So wird die Autorität des Worts, die generative Symbolizität des „*selbständig denkenden, der Einschüchterung unzugänglichen, nach Wahrheit ringenden Menschen*" (S. 156) dem Diskurs aus Wissen und Macht entwendet, der die panische Ohnmacht der Gewalt und die narzistische Schwäche der Geschichte in der Archéphilie des Politischen begründet, im ärmlichen Schema von Provokation und Replik bei Ernst Jünger und Carl Schmitt. Sehr deutlich heißt es in Lipowatz' Apologie einer zivilpolitischen Sublimierungsethik mit Resonanzen eines „tragischen Humanismus" (S. 214): „Die Alternative zu einer gewalttätigen, ‚spannenden' Politik ist die intelligente Politik, die die List des Begehrens kennt, aber den Begriff der Wahrheit nicht preisgibt." (S. 97)

[57] Manfred Riedel zeigt sich so „das akroamatische Phänomen des *Logos*, ein altes Widerfahrnis, das die hermeneutische Philosophie in anderer Weise als das Geschehen am Grunde der Welt erfährt." Hören auf die Sprache, S. 176

heimer und Adorno schrieben, daß es gegen den Mord letztlich nur ein religiöses Argument gäbe. Warum ‚religiös'? Weil das Argument nur dort verständlich ist, wo Menschen eines ‚Heiligen' innegeworden sind. Das Heilige ist das Inkommensurable, das funktional nicht Ableitbare oder Begründbare, das ‚Gute' im Sinne eines einstelligen Prädikats."[58] Die Furcht um den Anderen überschreitet den Mord, den der Idealismus in seinen Grenzen anerkennt, um sein Überleben auf dem Platz des Lichts und im Schema des Sehens zu sichern.[59] Hegels Rechtsphilosophie gibt das beste Beispiel. Dort ist der Verbrecher, Theunissens bestechender Analyse zufolge, der erste Mensch.[60] Durch seine Verletzung naturwüchsiger sittlicher Bestimmungen merkt das Rechtsleben auf den Formzwang Politik.[61] Die Strafe belegt, daß die

---

58 Robert Spaemann, Glück und Wohlwollen. Versuch über Ethik, Stuttgart 1989, S. 127. Diese Arbeit verficht „das Aussein auf das für den Anderen Zuträgliche" (S. 127) gegen den Relativismus der Diskursethik. Mit dem „Mut zur Einseitigkeit" wird die „Einführung einer intuitiven Evidenz in die Ethik" verteidigt. Sie ist so ‚fanatisch' wie Levinas oder Aristoteles. „Wer sagt, man dürfe auch seine Mutter töten, hat, so schreibt Aristoteles – die Grenzen des Diskurses bezeichnend –, nicht Argumente, sondern Zurechtweisung verdient." (S. 185) Die Zurechtweisung des Nicht-Rechtfertigbaren ist bei Levinas als extremanalytischer Umschlag von Passivität und Meisterschaft markiert.

59 Die logische Negation ist im Idealismus als tötungsbereite Negativität konzipiert. Sie muß als Ermöglichung des Mordes verstanden werden. Hegels Dialektik der Anerkennung ist vollständig ein Kampf auf Leben und Tod. „Nur der Mord zielt auf die vollständige Verneinung. Die Negation durch die Arbeit und den Gebrauch wie auch die Negation durch die Vorstellung realisieren einen Zugriff oder ein Begreifen. Sie beruhen auf der Bejahung oder streben sie an, sie können. Töten ist nicht Beherrschen, sondern Vernichten, der absolute Verzicht auf das Verstehen. Der Mord übt Macht aus über das, was der Macht entkommt. Er ist noch Macht, denn das Antlitz drückt sich im Sinnlichen aus; aber schon Ohnmacht, weil das Antlitz das Sinnliche zerreißt. Die Andersheit, die sich im Antlitz ausdrückt, liefert die einzig mögliche ‚Materie' für die totale Negation. Töten wollen kann ich nur ein absolut unabhängiges Seiendes, dasjenige, das unendlich meine Vermögen überschreitet und das sich dadurch ihnen nicht entgegensetzt, sondern das eigentliche Können des Vermögens paralysiert. Der Andere ist das einzige Seiende, das ich kann töten wollen." (TU 284)

60 Michael Theunissen, Die verdrängte Intersubjektivität in Hegels Theorie des Rechts, in: D. Henrich/R.-P. Horstmann Ed., Hegels Philosophie des Rechts, Stuttgart 1978, bes. S. 346. Der These von der – wohl monarchisch – verdrängten Intersubjektivität können wir uns nicht anschließen.

61 Die unbrüderliche Aristokratie des rationalen Kulturbesitztums Recht geht aus Verletzung, d. h. Negation hervor. „Ein Prozeß als Rechtshandlung wird überhaupt erst denkmöglich, wenn ein Recht negiert wird. Strafe und Strafrecht setzen nicht eine Tat, sondern eine Untat an ihren Anfang. Ist das vielleicht eine ‚positive' Auffassung der Untat

Gemeinschaft das Verbrechen aufnimmt, sich in ihm als Gesellschaft anerkennt und es durch die Staatlichkeit zurückgibt. Sie ist die Vergegenständlichung der Tat im Gesetz und die Objektivierung des Täters zur Person. Der Austausch der Anerkennung akzentuiert den rechtsphilosophischen Überlebenskern Politik ohne den Überschuß Metanoia des Unbedingten. Kein Vitalzeichen Transzendenz überwölbt also den Funktionskreis moderner Staatsraison. Preußens Staat und Hegels Philosophie sind nur differentielle Artikulationen innerweltlicher Autorität des Selben. Traditionsloser Fortschrittsglaube und titanische Dekadenzidee markieren ihre Legitimität als Sklavenland des Seienden. Im Dokumentatorium des Steuerelements Dienstwissen, entmenscht und entgöttert, avanciert die Politische Romantik in Hegels „Roman über den freien Willen“[62] ohne Fundierung im römischen Rechtsgedanken. Ihr „Kultus des Weltlaufs“[63] arriviert ohne Anspruch des Anderen Gesetzes, ohne den Umschlag von Passivität in Meisterschaft, von Demut in Angriff, die Metanoia des Unbedingten ins Quasi von Schema und Typik, die Billigungsformel des appräsentativen Akkusativs, das zweite Register des dritten Ohrs. „Nur dieses Maß an Entgötterung und Entmenschung macht es begreiflich, daß gerade hochzivilisierte Nationen zur Selbsthilfe einer künstlichen autoritären Bindung im Politischen greifen, um die elementaren Daseinsinstinkte vor den nihilistischen und defaitistischen Schlußfolgerungen der Intelligenz zu schützen.“[64]

und ein ‚Primat‘ des Verbrechens?“ Carl Schmitt, Der Begriff des Politischen, Berlin 1963, S. 14f. Kafkas Werk, die Bibel der literarischen Welt der Moderne, hat die Rechtsförmigkeit der „schuldlosen Anklage“ (WG 228) in Abweisungsgestalten wartender Stille exerziert: seinen Romanfragmenten der Negation ist die Wahrheitsfrage falsch gestellt. Sie kann nur in einem zweideutigen Kultus der Unschuld beantwortet werden, der das Verderben besiegelt.

62 So charakterisiert Michel Villeys Aufsatz ‚Das römische Recht in Hegels Rechtsphilosophie‘ die grundlegenden und interessierten Verzeichnungen Hegels. Hegels Ausgang vom abstrakten Recht Roms, dem welthafte Moralität und konkrete Sittlichkeit erst folgen, ist bereits verfehlt. „In Rom stellt das *ius* nicht Eigenschaft und Entfaltungsspielraum eines *Subjekts*, sondern zuerst und vor allem ein *Beziehungsgefüge* dar.“ (In: M. Riedel Ed., Materialien zu Hegels Rechtsphilosophie, Bd. 2, Frankfurt/M. 1975, S. 144)

63 Theodor W. Adorno, Negative Dialektik, S. 301. Hegels Geschichtsphilosophie intoniert die epochal abgerichtete Stimmlage von der Weltgeschichte als Weltgericht, deren Akzent und Volumen stille Ästhetik-Ghettos verstört. Eine erbitterte protestantische Wendung: etwas in Hegel will das geheime Einverständnis zwischen Begriff und Materie nicht, das, was die Enzyklopädie des Geistes zerbrechen könnte, die religionsphysiologische Aussetzung der atheistischen Seele.

64 Helmuth Plessner, Die verspätete Nation. Über die politische Verführbarkeit bürgerlichen Geistes, Frankfurt/M. 1974, S. 101. Mit dem Verfall christlichen Zeitbewußtseins und der

Die Furcht um den Anderen aber ist in den ethischen Widerstand versenkt. Das Gefühl, daß das Unmögliche möglich ist, verschafft dem Überschuß des Unendlichen in der gebrechlichen Innigkeit das Vitalzeichen Transzendenz: „Herrlichkeit einer langen Sehnsucht" (GP 115). Herrlichkeit ist der Affektkristall der Pathoserfahrung einer Menschheit in Anführung; der Stoß ins Ungeheure, der sanfte Sturm und die scheue Jagd aus primärem Trauma und in wilder Skepsis; aidos der Griechen, das Wissen um den nur erborgten Glanz des kostbarsten Seienden, von dem nur ein Quasi gesagt und nur ein Quale gehört werden kann. Ihre Bedeutung ohne Kontext, die sich vom Anspruch des Anderen Gesetzes verliehen weiß, ist vom Kalkül geschieden, der die Geschichte und die Gewalt zur neuzeitlich panischen und narzistischen Politik verknüpft, der Paranoia des einverleibenden Aneignens im Herstellen und Vorstellen. Die unumkehrbare Beziehung zur Höhe ist vom Horizont der Begriffe getrennt, die die Identifikation von Wille und Vernunft mit patziger Grimasse zur Sekurität des Intelligiblen gestalten. Die vollen Hände der Gastlichkeit, die Sensibilität des Schmerzes und der Geduld, die Passivität und die Meisterschaft, die unbedachte Geste und die königliche Regung: ihre Desistenz überschreitet Korrelatbalancen intentionalanalytisch fungierender Apperzeptionskerne. Primäres Trauma und wilde Skepsis, Erbrechen und Ersuchen sind die Geisel der seienden Fremde vor der Geschichte als Vorstellung der Gegenwart und der Gewalt als Gegenwart der Vorstellung. Die generative Symbolizität der Bedeutung ohne

---

Auflösung geschichtlicher Weltbilder hat die Politische Romantik das verborgene Diesseits der modernen Leistungskultur Europas im Volk zu entdecken vermeint. Im „volksbiologischen Aufbruch" (S. 148) normfrei entscheidungsbereiter Mächte wurde abgewiesen, „was der Protestbegriff Volk als volksfremd und volksschädlich von sich ausschließt: das Römische in allen seinen Abwandlungen." (S. 54) Im „Blutglauben" (S. 187) des „Verlegenheitshistorismus" (S. 95) der entzauberten Moderne wurde zum restaurativen Aktionsprogramm gegen die epochalen Zeichenlektüren vom Ausfall des göttlichen Heilsplans bei Kierkegaard, Marx, Freud und Nietzsche mobilisiert. Die Politische Romantik, auch und gerade bei Carl Schmitt, unterstellte dafür die unsichtbare Realität ‚deutsches Volk'. „Fichtes These, das deutsche Volk habe unter den europäischen Völkern und besonders im Vergleich mit Frankreich eine eigentümliche Bedeutung, weil es ein ‚Urvolk' sei mit gewachsener Sprache, nicht latinisiert und deshalb mit seinem Ursprung noch im Kontakt, aus ihm sich erneuernd und nicht nur entstanden, wirkt dabei wie eine Analyse der ganzen im Begriff des Volkes aufgespeicherten Affektladung." (S. 53) Plessners Resümee des Unglücks Apolitie aus dem brutalen Vakuum der Weltkriegserfahrung: „Deutsches Staatsbewußtsein sucht sich in der Geschichte zu verankern, in einer Perspektive auf die realen Anfänge, aber als Ankergrund bietet sich immer wieder nur naturhafte Ursprünglichkeit." (S. 64)

Kontext belehrt den Kalkül der Politik aus der Höhe.[65] Die exzentrische Exteriorität, die auf die Sprache zurückkommt, läßt Trauma und Skepsis in den Schwindel aus Ohnmacht und Schwäche einmünden. „Die Sprache, der Quell aller Bedeutung, entsteht in dem Schwindel des Unendlichen, von dem man vor der Geradheit des Antlitzes ergriffen wird und der den Mord möglich und unmöglich macht." (TU 383) Deshalb ist Sprache, die nach Adornos Wort in Luderbach und Schweinestiege anspringt, „keine Maske, die dem Sein aufgesetzt ist, sondern – wenn es gelingt, sie mit all ihren Wurzeln und ihrem ganzen Laubwerk zu erfassen – der zuverlässigste Zeuge des Seins".[66]

---

65 Die Belehrung des künstlich autoritären Politikkalküls ‚Nationalsozialismus' aus den Niederungen des ‚volksbiologischen Aufbruchs' hat Freuds betont weltliche Beziehung zum Judentum als „dunkler Gefühlsmacht" geleitet. Ein Brief von 1926 verlautet: „Aber es blieb genug anderes übrig, was die Anziehung des Judentums und der Juden so unwiderstehlich machte, viele dunkle Gefühlsmächte, umso gewaltiger, je weniger sie sich in Worten erfassen ließen, ebenso wie die klare Bewußtheit der inneren Identität, die Heimlichkeit der gleichen seelischen Konstruktion." (Zit. Peter Gay, Freud, S. 675) Ein ozeanisches Gefühl, dem Freud zwei Eigenschaften zu verdanken meint: „Weil ich Jude war, fand ich mich frei von Vorurteilen, die andere im Gebrauch ihres Intellekts beschränkten, als Jude war ich dafür vorbereitet, in die Opposition zu gehen." (Zit. Peter Gay, Freud, S. 677) Zehn Jahre später reagierte Freud auf den deutschen Hexenkessel mit dem Vorschlag einer Psychoanalyse der Naziseele. Sie muß die Leitidee jeglicher Lektüre des ‚Mann Moses' bilden. – Die Konkordanz von ozeanischer Gefühlsmacht und „Primat des Intellekts" hat Freuds Phonolog im Umschlagen von Metaphysik in Metapsychologie betont: Die „Stimme des Intellekts ist leise, aber sie ruht nicht, ehe sie sich Gehör verschafft hat. Am Ende, nach unzählig oft wiederholten Abweisungen, findet sie es doch." Die Zukunft einer Illusion, SA Bd. IX, S. 186. Was sie findet, ist die Geiselnahme des Gehörs durch ein Jenseits des Lebewesens, der unmögliche Phonolog davon, daß „der Todestrieb stumm im Inneren des Lebewesens an dessen Auflösung arbeite". Das Unbehagen in der Kultur, SA Bd. IX, S. 246

66 Maurice Merleau-Ponty, Das Sichtbare, S. 99. Philosophie ist ihm zufolge selbst Sprache, „aufgerufen von den Stimmen des Schweigens", um einen „Artikulationsversuch" fortzuführen, der „das Sein eines jeden Seienden ist." (S. 100) Bei Elias Canetti wird die Formel von der Sprache als zuverlässigstes Zeugnis des Seins bestätigt. Am Meister des „akustischen Zitats" Karl Kraus steht die Sprachwaffe im Bann von „Wörtlichkeit und Entsetzen". Durch Karl Kraus erfaßt Canetti, daß „der einzelne Mensch eine sprachliche Gestalt hat, durch die er sich von allen anderen abhebt. Ich begriff, daß Menschen zwar zueinander sprechen, aber sich nicht verstehen; daß ihre Worte Stöße sind, die an den Worten der anderen abprallen; daß es keine größere Illusion gibt als die Meinung, Sprache sei ein Mittel der Kommunikation zwischen Menschen. Man spricht zum andern, aber so, daß er

Trauma und Skepsis, Erbrechen und Ersuchen im Angesicht des Unendlichen, durchstoßen die todbringende Immanenz des Zeichenkalküls, die Extension der Totalität, die Freiheit und Spontaneität Gleichnamiger, die Politik des Überlebens. Sie entwurzeln das Erstaunen für die tiefe Fremdheit des „sprechenden Auges" (TU 89), drittes Ohr im zweiten Register, Geisel des Gehörs, Passivität und Meisterschaft aus wehrlosem Grund, nächtlicher Blick: „Die Offenbarung ist Rede." (TU 106) Die Sprache der Bedeutung ohne Kontext im rascheren Atem der prosodischen Aktion Angriffswissen fällt aus dem Erstaunen in die Höhe des wehrlosen Grundes Entsetzen. „Das Wort erhebt sich schon in dem Antlitz, das mich sehen sieht – es bringt die ursprüngliche Offenheit der Offenbarung." (TU 139) Die Rede ist als Wort der Offenbarung das Sie der Sprache, sofern diese die Ordnung des Guten eröffnet. Ein Sie, das die vollen Hände der Gastlichkeit nach dem Affektkristall von Passivität und Meisterschaft beurteilt, der die Herrlichkeit einer langen Sehnsucht zu Staaten im Staate umschlägt, welche die unbedachte Geste und die königliche Regung im ethischen Akt der persönlichen Antwort bezeugen. Dem Dasein, auf Erhaltung verstockt und in Behauptung verstrickt, läuten sie Abschied. Auf immer lautet der auditive Bescheid, der Imperativ des sprechenden Auges im Antlitz des Anderen. „Die solipsistische Unruhe des Bewußtseins, das sich bei all seinen Abenteuern als Gefangener des Selbst sieht, kommt hier zu ihrem Ende: Das wahre Außen ist in diesem Blick, der mir alle Eroberung untersagt." (SA 198)[67]

---

einen nicht versteht. Man spricht weiter, und er versteht noch weniger. Man schreit, er schreit zurück, die Ejakulation, die in der Grammatik ein kümmerliches Dasein fristet, bemächtigt sich der Sprache. Wie Bälle springen die Ausrufe hin und her, erteilen ihre Stöße und fallen zu Boden. Selten dringt etwas in den anderen ein, und wenn es doch geschieht, dann etwas Verkehrtes." (Elias Canetti, Das Gewissen der Worte, Frankfurt/M. 1981, S. 45ff.) An der Figur Hermann Brochs hat Canetti auf eine unvergleichliche „Ausgesetztheit" in der „Nacktheit des Atems" erkannt. Vgl. Elias Canetti, Das Augenspiel. Lebensgeschichte 1931–1937, München 1985, S. 38f. Die intime „Verquickung aller Laute, die wir bilden, mit Lippen, Zähnen, Zunge, Kehle" hat Canetti in ‚Die Provinz des Menschen. Aufzeichnungen 1942–1972', München 1974 beschäftigt. „Wie soll ein Leben Wert haben, das als Darm angelegt ist. [...] Es ist alles vom Fraß angesteckt, es ist alles dem Fraß verfallen." (S. 138f.)

67 Die Gigantomachie um Heideggers Gelassenheit und Levinas' Geiselschaft untersagt Eroberung. Denn ihr Angriffswissen bezeichnet das Paradox eines Aufbruchs ohne Wiederkehr in der äußersten Verdichtung des Rätsels Demut. So ist Levinas und Heidegger beschieden, Resonanzen des platonischen Denkens zu bewohnen, Kants praktische Philosophie zu beerben und Nietzsches ‚Sein zur Zukunft' zu erstreben. In den Grenzbegriffen von Schöpfung und Erlösung postiert dabei Levinas die aristotelische Zweckidee

Das Äußerste, das dem Begriff entflieht, ist der eminente Text des Messianismus. Er ist die richtende Rede über den Wortbruch des Idealismus inmitten der spekulativen Mitte des Daseins. Dem Sprachleib der Devotion in Devorationen des Geistesgefühls, der äußersten Ausgesetztheit der Appräsentation, dem Schuß aus nächster Nähe, dem Befehlsbereich großen Opferstils in Sinnengenuß und Sittengefühl, dem Sein zur Zukunft von der Schöpfung bis zur Erlösung, dem Grenzbegriff der gebrechlichen Innigkeit auf der Waage des Unendlichen, der Katamnese der Affektion im Antlitz des Anderen, ihnen gibt die Wunde AQE das Zeugnis der elementaren Kraft Ehrenwort: die dunkle Dichte eines Imperativs, der sich der größeren Rhetorik der Ohnmacht öffnet. „Demut und Bekennen; es macht sich vor aller Theologie; Kerygma und Gebet; Verherrlichung und Dankbarkeit." (AQE 190)

des vollendet Jeweiligen in der phänomenalen Figuration einer unüberbietbaren Passivität. Das Trauma der Billigkeitserwägung und die Skepsis des Mitsichzurategehens erteilen der philosophischen Moralität den drakonischen Grundzug: Aristoteles' Aktualität nach Auschwitz.

Kerygma

„Nichts kann unverwandelt gerettet werden, nichts, das nicht das Tor seines Todes durchschritten hätte."

Theodor W. Adorno, Negative Dialektik

„Was als Botschaft der Göttin Vernunft begann, hat als Gangsterparole bei Bert Brecht geendet."

Carl Schmitt, ‚Nomos-Nahme-Name'

Nun ist dieser Andere oder dieses Andere seit dem Parmenides-Dialog des platonischen Sokrates vielfach angegangen worden. In gewisser Weise ist das Anderhafte der Anderheit sogar das Zentralthema der Philosophie des 20. Jahrhunderts. Man denke etwa an Husserls Fünfte Cartesianische Meditation, an Heideggers Daseinsanalytik des Mitseins, an Sartres sozialrevolutionäre Kritik der dialektischen Vernunft. Im Titel Intersubjektivität zudem ist dem Thema eine anhaltende und überlegte Aufmerksamkeit beschieden, die Alteritas ins System von Intelligibilität und Relation umschlägt. Systemidee als „Gesetztes, das als Ansichsein auftritt", der „Geist gewordene Bauch."[1] Welche Bestimmung in der Anderheit des Anderhaften wird von Levinas' Modell des Antlitzes des Anderen erarbeitet, die sich nicht im Denken der angeführten Autoren fände? Es ist mutmaßlich die ontologiekritische Dimension ethischen Sprechens, die ethische Differenz, deren Spur in der Anachorese prophetischer Rede und der Apologie richtenden Worts Levinas untersucht. Es ist diese Spur unmöglichen Rückzugs oder ausgeschlossenen Entweichens, deren

1 Theodor W. Adorno, Negative Dialektik, S. 30, S. 32. Aber in gotischem Überschwang der „Expression" als „große, rasende, singende, kommandierende, in die Tiefe gestürzte Leidenschaft" reift kritische Systemidee zum gnostischen Leitwissen. Die Losung „Psyche über Pneuma" bietet Ernst Bloch auf, um „die Feinde und Genien der universalen, absoluten Selbstbegegnung in der Apokalypse zu systematisieren, als welche allein den völligen Mechanismus des Erwachens und der mystischen Selbsterfüllung in Totalität vorstellt." Das ist die „direkteste Art der begrifflichen Menschengnosis", die sich in Demut und Andacht als „Metaphysik der Innerlichkeit" einbekennt. Geist der Utopie (Ausgabe von 1918), Frankfurt/M. 1971, S. 304, S. 294, S. 348f. Auch die methodenkritische Aufgabe der philosophischen Hermeneutik rekonstruiert das wirkungsgeschichtliche Bewußtsein aus dem Heimkehrtopos selbstvergessener Philologie und Historik. „Wo gehn wir denn hin? Immer nach Hause." (Novalis)

Affektkristall Levinas' unbeugsame Vorladung um den Menschen in Anführungsstrichen und Diebshaken sammelt, der Bewegtheit aus Ohnmacht und Schwäche, Schmerz und Geduld ist. „Wir verfangen uns endlos im Netz der Anführungsstriche." Denn die fürchterliche Wunde AQE ist „eine Werkstatt von Anführungsstrichen, die mit Diebshaken einen Text ohne Umrandung aufbrechen. Die Sprache außer sich bringender und doch von einer Sprache zur anderen in aller Strenge unübersetzbarer Text."[2] Im Angriffswissen auf den schönen Schein des Selben ist die generative Symbolizität des Begehrens pathetisch eingeschrieben; eine Verschränkung von Denken und Leiden, die die Befriedigung des Einen einem Aufriß des Anderen aussetzt, aus dem das Andere Gesetz wie Wasser quillt.[3] Deshalb ist Levinas' Untersuchung der wunderbaren Zeichen dieser peinlichen Affektion „ein Gang zum Unsichtbaren." (TU 376) Gang zum Unsichtbaren auf der Spur unmöglichen Rückzugs oder Erweckung zum Un-maß in Erwartung des Unfaßbaren: Levinas' Fügung der unbedachten Geste zur königlichen Regung ist als energische

---

[2] Jacques Derrida, Eben in diesem Moment in diesem Werk findest du mich, in: Parabel Bd. 12, Gießen 1990, S. 66. Levinas' schwierigem Unterfangen, das Maß einer Sprache maßloser Zerreißung zu bestimmen, assistiert Derridas Aufsatz durch die Zuweisung unmöglicher Symbolklassen wie Dislokation ohne Namen, extravagante Topik, unbeschreibliches Performativ, Agrammatikalität der Gabe. Die Naht und der Riß, die Ansteckung und die Unterbrechung machen aus AQE „ein Gewebe, das Textur und Atextur verflicht, ohne sie zu vereinigen." (S. 58) „Voilà – die seltsame Kraft eines Textes, der sich dir ohne sichtbare Verteidigung ausliefert", ins „Geheiß zu empfangen, das dir sanft gegeben, anvertraut wird, so und nicht anders zu lesen, anders und nicht so zu lesen." (S. 57)

[3] Rainer Maria Rilkes Zeit der anderen Auslegung in den ‚Aufzeichnungen des Malte Laurids Brigge' läßt die Quellen antihermeneutischer Wasser sprudeln und als hermetische Medientransposition niedergehen. Am Ende halluzinatorischer Auditionen von Götterreden aus Müttermündern steht die andere Fremde oder das fremde Andere des Geschrieben-Werdens. „Noch eine Weile kann ich das alles aufschreiben und sagen. Aber es wird ein Tag kommen, da meine Hand weit von mir sein wird, und wenn ich sie schreiben heißen werde, wird sie Worte schreiben, die ich nicht meine. Die Zeit der anderen Auslegung wird anbrechen, und es wird kein Wort auf dem anderen bleiben und jeder Sinn wird wie Wolken sich auflösen und wie Wasser niedergehen. [. . .] Aber diesmal werde ich geschrieben werden." Werke in drei Bänden, Frankfurt/M. 1966, Bd. 3, S. 156. Carl Schmitts ‚Die Buribunken' hat die historische Erzählung Ichheit als Cut-Up-Technik des Weltgeistes karikiert. Ein zentraler Passus: „Ich schreibe, also bin ich; ich bin, also schreibe ich. Wer schreibt mich? Ich selbst schreibe mich selbst. Was ist der Inhalt meines Schreibens? Ich schreibe, daß ich mich selbst schreibe. Was ist der große Motor, der mich aus diesem selbstgenügsamen Kreis der Ichheit hinaushebt? Die Geschichte!" (Zit. nach Friedrich Kittler, Grammophon, S. 349)

Leidenschaft einer Passion des Sagens umschrieben, deren Pathos der Systemdistanz im Regime der nächsten Kühnheit einer Katamnese der Affektion ergeben ist, die wie ein Ruck im Revers der Reduktion statthat, um sich im primären Trauma als extravagante Topik und in wilder Skepsis als unbeschreibliches Performativ zu bezeichnen. So passiert die Katamnese der Affektion, im Platonpensum des Zögerns zwischen Scham und Schande dem herrschaftlichen Scheitern des Fragenkönnens Philosophie anverwandelt, das Tor des Todes, dessen Pfosten Konstruktion und Destruktion die unbedachte Geste entwurzelt und verschleppt. „Voilà, fast immer läuft es so bei ihm, wirkt er so sein Werk; das Gewebe unserer Sprache unterbrechend, um dann die Unterbrechungen selber zu verweben, kommt eine andere Sprache, jene zu verstören. Sie bewohnt sie nicht, sie geht in ihr um.“[4]

Anführungsstriche, Diebshaken

Solch Begehren hat den Grundzug unerhörten Sagens am Rande des Zerrinnens. Denn der Gang zum Unsichtbaren ist um materiale Antizipation im Ehrenwort Gottesidee bestrebt. Die theologische Sprache, die Relation in der Religion, die die religiöse Situation philosophischen Denkens zerstört, gilt es zu zerstören. Zerstörung der Zerstörung, Redaktion der absolut geduldigen Tat Liturgie, Umschöpfung von Urworten im Vorwärts von unerbittlicher Härte, bebende Exaltation der Geduld des Unendlichen, Kerygma von der „Apriorität des Apriori“ (SA 265), Kerygma „au fond d'un *fiat*“ (AQE 46), Kerygma im apriorischen Perfekt unvordenklicher Vergangenheit.[5] So wird die Ortschaft des denkenderen Denkens

---

[4] Jacques Derrida, Eben in diesem Moment, S. 50. Die religionsphysiologischen Phantomglieder einer postphänomenologischen Zombiesprache umreißen das Martyrium der Darstellung in AQE. In ihm ist der Aufbruch des Ehrenworts zu einer Schriftlichkeit ohne Wiederkehr zum religionsphysiologischen Stilwillen geworden. Vom rhetorischen Fluidum einer phänomenologisch überformten Erlebnispsychologie ist dieser Ausdruck epochaler Sprachnot denkbar weit entfernt. Das hermetische Sein zum eminenten Text postuliert eine Bedeutsamkeit ohne Kontext von Sinn und Wissen, die sich der verrufenen Sprache der Erbaulichkeit mit psychopathologischen Akzenten ergibt. Das ist Levinas' moralische Intuition der phänomenologischen Technik nach Auschwitz.

[5] „Der ‚Apriorismus‘ ist die Methode jeder wissenschaftlichen Philosophie, die sich selbst versteht.“ Martin Heidegger, Sein und Zeit, S. 50. Im reinen Namen der erwidernden Wiederholung aus dem Ethos des erschließenden Fragens wird die neukantianische Problemgeschichte attackiert. Sie erscheint als Niedergang der philosophischen Sachnähe. Gadamer hat die prägnante Einwendung begriffsgeschichtlich formuliert. Der dialektische

passiert, wie es Lyotards Anhören inkommensurablen Gefühls, Derridas Ellipse unmöglicher Eifersucht, Deleuzes finsterer Vorbote esoterisches Wort im Desaster energischen Sanftmuts unternehmen, das im hermetischen Sein zum eminenten Text erfahren wird. Die Anachorese prophetischer Rede und Apologie richtenden Worts ist im Psychismus um die Einzigkeit der „Affektion durch das Unsichtbare" (WG 164) gewidmet, der Affektivität einer Alterität, deren unbedachte Geste diesseits von Macht, Befriedigung und Adäquation, Schädelstätten vermoderter Innerlichkeit, die Symbolizität des Begehrens generiert. Desistentes Begehren um das Kerygma einer Apriorität des Apriori prägt das Vitalzeichen Transzendenz. Im Vorkommen der Demut zum Ereignis Angriffswissen gibt die Herrlichkeit der langen Sehnsucht die schärfste Formel von sanftem Sturm und scheuer Jagd im Aussein auf die für den Anderen einzig zuträgliche Fremde: „Nachtwache als Dienst der Nächstenliebe." (WG 258) Sie bedeutet eine „Umwendung der Subjektivität" aus der grenzenlosen Anästhesie in die bebende Exaltation, kerygmatisches Zeugnis der verfehlten Entgegnung auf die Metonymien des geschundenen Anderen, Ruck im Revers der Reduktion, dem das „Abseits des Subjekts" (SA 327) den Aufbruch ohne Wiederkehr testiert. Im Akkusativ trassiert der Verkehr unter Vorladung der Subjektivität von Übermorgen, „die mit einer Singularität in Berührung ist, mit einer absoluten und als solche unvorstellbaren Subjektivität, welche die Thematisierung und die Vorstellung ausschließt. Hier haben wir die ursprüngliche Sprache, das Fundament der anderen" (SA 275): Kerygma, Ejakulat eines Akkusativs, das aus der Katamnese der Affektion wie Wasser quillt. Die unbeugsame Vorladung ins wehrlose Weh haftet in primärem Trauma und wilder Skepsis an der verklärten Leibhaftigkeit der Alteritas; ethische Differenz ohne Denkakt noch Schlußform, der die Arkandisziplin Auferstehung zum Experiment der absoluten Instanz des Anderen gerinnt. „Die christliche Dogmatik, welche die Erweckung der Seelen mit der Auferstehung des Fleisches zusammendachte, war metaphysisch folgerechter, wenn man will: aufgeklärter als die spekulative Metaphysik; so wie Hoffnung leibhafte Auferstehung meint und durch deren Vergeistigung ums Beste sich gebracht weiß."[6]

Sinn von Problem „hat nicht eigentlich in der Philosophie, sondern in der Rhetorik seinen Ort. Es gehört zu seinem Begriff, daß es eine eindeutige Entscheidung aus Gründen nicht gestattet. [...] Die Problemgeschichte des Neukantianismus ist ein Bastard des Historismus." Wahrheit und Methode, S. 358

[6] Theodor W. Adorno, Negative Dialektik, S. 391. Stringenz hat Kritische Theorie als revolutionärer Nullpunkt Politischer Theologie. Ihre Umschöpfung von Urworten ist als säkularisierter Stilwille einer im Zeitalter der Neutralisierungen entzauberten Vergeistigung zu lesen. Den frömmelnden Akkumulationsindex des hermeneutischen Kapitals über-

Die ethische Differenz unerhörten Sagens ist der Symbolizität des Begehrens eingeschrieben. Der Andere widersteht der Befriedigung ontologischen Verstehens, weil er der von sich her sprechende Andere ist. Der Ort seines Widerstandes ist das Antlitz, das das Sagen schutzlos aussetzt, ohne den Schirm des Verstehens[7] aufzuspannen, der die Adäquation des Wissens und des Seins verspräche. Als „der erste sichtbare Riß" (WG 142) ist das Sprechen des Anderen der Ursprung der Sprache. Sein Widerstand gegen die hermeneutische Schutzhaft des Verstehens, das vieles vom Einen sagt, ohne eines vom Anderen zu sagen, ist das Kerygma wehrlosen Wehs geknechteter Kreatur, die Epiphanie ihres Ersuchens und Erbrechens; Ejakulat des Akkusativs ohne Sediment in der Vergeistigungsbilanz des Nominativs; hermetischer Appell, die Anderheit des Anderhaften gegen die ausdrückliche Überlieferung henologischer Anfangsgründe seit Platon[8] zu beachten. Das Vernunftgefühl Achtung der Vernunftidee Psychose beruft das Gerechte ins Sprechen, das Gerade in Anachoresen prophetischer Rede und Apologien richtenden Worts. Das

---

schreibt sie mit dem Standindex der Destruktion, um die empörendsten Zumutungen des theologischen Absolutismus in einer materialistischen Logomachie zu erneuern, der Himmel und Hölle nach Auschwitz die eschatologische Konkordienformel geben. In der suggestiven Inbrunst des Futurum resurrectionis, solidarisch mit „Rimbauds Vision einer von Unterdrückung befreiten Menschheit als der wahren Gottheit" (S. 390), hat sie die weltkluge Sehne ihrer besten Kraft in die titanische Achsenverschiebung profaner Erlösung investiert. Opferlose Nichtidentität ist der Imperativ ihrer Heiligung des „endlosen Zugs gebeugt aneinander Geketteter", die mit dem Zwangsrecht des versteinerten Scheins gebrochen hätte.

7 Martin Heidegger hat das Adäquationspostulat zur existenzialen Konstruktion der Grundverfassung der Geschichtlichkeit aufgespannt. Vgl. Sein und Zeit, S. 376

8 Platons doxakritische Leidenschaft für das Politische liefert die metaphysischen Anfangsgründe einer entpolitisierten Selbstverantwortung, die neuzeitliche Politikbegriffe prägt. Platonkritische Reflexionsbegriffe um das Wohlgefallen am Politischen hat deshalb Ernst Vollraths Studie zur ‚Rekonstruktion der politischen Urteilskraft', Stuttgart 1986, entwickelt. Ihre Maximenlehre ist nicht objektiv, aber verbindlich. Sie soll die „Sichtbarkeit des Politischen selbst wieder erfahrbar" (S. 21) machen. Auch bei Vollrath, der die „metaphysische Leidensgeschichte der Meinung" (S. 32) erzählt, wird das Wagnis des Pluralismus in den Bruch mit Parmenides investiert. Das Wohlgefallen am Politischen wird als phänomenales Handeln aus der reflektierenden Urteilskraft Kants gefaßt, zu der sich die Welterfahrung des Geschmacks gesellt, eine Erkenntnisweise, die begriffslos, unmittelbar und taktvoll operiert. Die Verbindlichkeit des subjektiv Allgemeinen gilt Vollrath als ein Ansinnen von Beistimmung, die auf die erweiterte Denkungsart des Gemeinsinns verweist, das Geschichtszeichen der politischen Urteilskraft im freien Spiel der Meinung und der proportionierten Stimmung des Pluralismus.

Antlitz des Anderen, dem das Sprechen entspringt, qualifiziert die ethische Bewegtheit der erwidernden Wiederholung von Lehrstücken der phänomenologischen Technik in der moralischen Intuition bei Levinas. Scharf formuliert: Alterität ist die Krisis der Selbstheit. Das gelingende Formleben der ethischen Differenz unerhörten Sagens ist instabil, ein Gefädel, Gefüge und Gezüge dichter Ohnmacht und krauser Schwäche der Symbolizität des Begehrens. Es ist als hermetisches ‚Ex' von der Hermeneutensekurität des Intentionalen geschieden; Ex eines Exodus ins Exil, der aus dem hermeneutischen Phänotext des Selben in den hermetischen Genotext des Anderen zieht, Affektkristall des Anderen Gesetzes als vom Gottesbeweis unantastbare Gottesidee. Ein Zug, der das messianische Qualieren bis zur prophetischen Rede aufweist, die königliche Regung der unbedachten Geste unerhörten Sagens. Von ihrem Zug rationaler Formkraft im „puren Defizit" (AQE 71) fordernden Flehens, enorm und unmerklich, erklärt Hermann Cohen: „Die Propheten sind die Idealisten der Geschichte. Ihr Sehertum hat den Begriff der Geschichte erzeugt, als des Seins der Zukunft."[9]

[9] Hermann Cohen, Religion der Vernunft aus den Quellen des Judentums, ND 1966, S. 305f. In seiner Schrift ‚Ethik des reinen Willens' setzt Cohen die Offenbarung prophetischer Rede vom Mythos ab. So wird sie im Zorn politikträchtig und im Geheimnis geschichtsfähig. „Bei den Propheten hingegen wird der Ursprung der Religion in ihrer Differenz vom Mythos darum so evident und so prägnant: daß sie durch den Begriff ihres neuen Einzigen Gottes in eine schroffe Opposition zu allem Mythos getrieben werden." Vor dem Gott der Sittlichkeit ist die prophetische Rede auf das Verhältnis des Menschen zu seiner Sittlichkeit beschränkt. „Der Prophet lenkt das Interesse ab von der Natur, und hin auf die Geschichte. Er ist selbst Politiker, Patriot und Märtyrer. In dem politischen Denken reift seine Moral und seine Religion. Er ist nicht regierender Staatsmann, noch Orakel erteilender Priester; sondern er ist der Anwalt der Armen [...] er ist der freie Redner, der mit der Geißel seines Enthusiasmus auftritt gegen die Könige, die Fürsten, die Reichen und die Priester. Aber er begnügt sich nicht damit Liebe zu predigen gegen die Armen, gegen die Witwe und die Waise; sondern in seinem Horizont erhebt sich der Fremdling. Und der Fremdling bleibt nicht der Gastfreund, für den auch Zeus sein besonderes Ressort hatte; sondern er wird zum Vertreter des Menschen unter den Völkern." (Ethik, S. 405ff.) Franz Rosenzweig setzt für die prophetische Rede das Wesensattribut ‚Künden' ein. Im Gegensatz zum religiösen Genius ist der Künder „immer gebunden an seine Kunde." An gleicher Stelle gibt er die Regel seines Übersetzungsvorschlags. „Sprache darf nicht archaisieren. Das wäre gegen ihren Sinn und Auftrag. Sie muß ganz Gegenwart, ganz für das Heute, ganz – gesprochen sein." (GS Bd. 3, S. 798) Eben dieses Gesprochene des Philosophierens fand Rosenzweig bei Cohen, dessen Vorlesung er zuerst 1913 besuchte. Unter den Feinsinnigen, Tiefsinnigen, Scharfsinnigen der Zunft hätte allein Cohen „ein ursprüngliches, kein bloß angelerntes Verhältnis zu den letzten Fragen. [...] Er war ein frommer Mensch." (Bd. 3, S. 240)

Die Anderheit des Anderhaften hat den Schrecken des Seins erfahren, den der Logos des Selben imponiert, um ihn durch Erfüllung und Enthüllung zu meistern. Sie muß daher einem Dasein entrissen werden, das mit der zureichenden Gründung der erschöpfenden Sorge um das Seinsverstehen befaßt ist. Im Aufgebot dispositioneller Deutungsschemata, wie sie im Logos des Selben kategorial diszipliniert verfügt sind, generierte die Alterität keine Symbolizität des Begehrens. Sie sprengt und invertiert daher jeden intentionalen Kunstgriff, weil sie den Schulterschluß vom Einen zum Anderen, der nichts anderes als das andere Eins des Selben wäre, in Frage und zur Rede stellt. Sie beschreibt die philosophische Grenzerfahrung einer phänomenologischen Epiphanie denkenderen Denkens, die durch das Erscheinen hindurch gibt und nimmt, grüßt und dankt, ohne den Zugriff der Enthüllung oder den Eingriff der Erfüllung zu verstatten; mit jener Untreue gewappnet, die der Symbolizität des Verlangens ohne Mangel oder Begehrens ohne Fehl zukommt und die in der unbedachten Geste der Sprache aufzubrechen vermag, als ethische Differenz des unerhörten Sagens im elementaren Erstling Ehrenwort. Ehrenwort, das als „Akkusativ" einer „Verschuldung vor aller Beleihung" bis unter die Haut mit Vorladung überzieht; zum Ersticken verstopft, verschnürt und mit einer Betäubung überschüttet, der Levinas die exakte Trope „Passivität der Verfolgung" (AQE 141) reserviert.

Die Bewandtnis der Wendung zum ethischen Sprechen hat Levinas mit dem Nachdruck philosophiegeschichtlicher Exkurse herausgestellt. Sie umreißen das Programm eines messianischen Qualierens um die Gerechtigkeit, das der Anderheit des Anderhaften entgegenzukommen bestimmt ist. Ein Programm, das die ethische Differenz des unerhörten Sagens, die königliche Regung der unbedachten Geste Ehrenwort, die Symbolizität des Begehrens zu erhören antritt: Tollheit des Willkommens nördlich der Zukunft. Sie wirft sich wider die Symbiose von Geschichte und Gewalt, die Allergie des Systems und den Wechsel des Logos des Selben auf Macht, Befriedigung, Adäquation aus intentionaler Enthüllung und Erfüllung, in deren Zwangsindentität das Selbst der Selbstbehauptung das lebhaftere Leben versäumt, nämlich den Befehlsbereich des Denkens und Dichtens aus dem Antlitz des Anderen. Die erste Hypothese des Parmenides wird in Mikrologien des sich erniedrigenden Gottes bis unter die kosmologische Haut inkonditioniert.[10] „Chaos-

[10] Die begriffsgeschichtliche Forschung zur Herkunft des Wortes Kosmos hat den politisch-militärischen Gebrauch in der frühgriechischen Bedeutung herausgestellt. Anordnung und Anweisung durch das gesprochene Wort sind im Wortstamm Kosmos verfügt. Stefan Welzk, Die Einheit der Erfahrung. Eine Interpretation der parmenideischen Fragmente, München 1976, hat betont: „So ist es angesichts der Nachdrücklichkeit, mit der Parmenides die Festsetzungen der Menschen desavouiert, nur naheliegend anzunehmen, daß er

mos"[11] ist das Dia des Dialogs von Kreatur und Kosmos, Textur und Atextur, der zivilisatorische Effekt der Katamnese der Affektion, die im hermetischen Sein zum eminenten Text chiffrierte Erregungsladung der Umbesetzung schöpfungsumwetterter Urworte, der Springbrunnen der Seele des exzentrierten Ich und seiner Radargeräte Trauma und Skepsis. So verlautet das Pluralismusdekret im förmlichen Schrei nach Besonderung in der unerhörten Tonfigur Vorkommen der Demut: „Wir möchten uns auf einen Weg machen auf einen Pluralismus zu, der nicht in einer Einheit fusioniert. Wir möchten, wenn dieses gewagt werden darf, mit Parmenides brechen." (ZA 19)[12]

---

den Terminus seiner originalen Bedeutung gemäß gebraucht, um eine künstliche, denaturierte und gewaltsame Ordnung in Entgegensetzung zur natürlichen Harmonie des Seienden zu bezeichnen." (S. 159) Auch Vigdis Songe-Möller, Zwiefältige Wahrheit und zeitliches Sein, hat die militärische Metaphorik des Wegs zum Wahren beobachtet. „Der ‚natürliche' Zustand scheint vielmehr ein Sprengen der Grenzen zu sein." (S. 101) Dem wird ein Ausblick auf den politischen Denker Parmenides angeschlossen. „Parmenides hat als Dichter, Denker und Gesetzgeber die Notwendigkeit, Grenzen des menschlichen Daseins zu setzen, zugleich aber die Unmöglichkeit, diese Grenzen festzusetzen, gesehen und durchdacht." (S. 103)

11 Gilles Deleuze, Logique du sens, Paris 1968. Mit diesem Kunstwort ist der aleatorische Punkt einer seriellen Depotenzierung bezeichnet, die Deleuze dem Denken der Stoa zuweist, dem waghalsigen Denken einer mantischen Analytik, das die Affirmation des Geschicks mit der Kontestation des Notwendigen verbindet. Im Chaosmos erhebt sich die Zeit der anderen Auslegung als selige Fremde. „Dieses dezentrierte Zentrum zeichnet zwischen die Serien und für alle Disjunktionen die unbarmherzige Gradlinigkeit des Aion, das heißt die Distanz, an der sich die des Ich, der Welt und des Gottes Beraubten ausrichten: Grand Canyon der Welt, Einriß des Ich, göttliche Zerstückelung." (S. 206)

12 Der Chok der unbehausten Sicht auf die Seelengröße der Alteritas verleiht der phänomenologischen Technik den mentalitätsgeschichtlichen Stoß. Er trifft die Menschenmission im Zögern zwischen Scham und Schande. Denn das Wagnis des Willkommens im Antlitz des Anderen gilt der rebellischen Lebendigkeit verletzlicher Dignität. Ihre vitale Distanz und kardinale Diskretion ist im egologischen Monument des Denkens unbeglaubigt. Im republikanischen Augenblick dieser Erscheinung der Differenz weilt der Prolog einer unergründlichen Verbindlichkeit, die das Tor des Todes im Feld der Sprache durchschritten hat. Ihr Siegel der höchsten Prüfung ist das Aufleuchten der Namen im Zerbrechen des Seins.

Exkurs: Mit Parmenides brechen

Mit Parmenides brechen, ein platonisches Motiv. Es hat sowohl an der thetischen Metaphysik des Lehrgedichts des Eleaten wie auch an der sophistischen Anfechtung des gorgianischen Traktats ‚Über das Nichtseiende' sein Maß gewinnen müssen. Der eleatische Begriffsmonismus des Absoluten und die sophistischen Standardformeln der Negativität bildeten den Ausgang der Fragestellung des platonischen Sokrates. Für ihn blieb der Thron der Wahrheit im Ringen von dogmatischer Spekulation und agnostischer Skepsis frei; ein Ringen freilich, das das Unbedingte der Verbindlichkeit und die Verbindlichkeit des Unbedingten wechselseitig halbiert. Im dritten Ohr des zweiten Registers sind zwei Ohren genug, um am unbedingten Nichtverstandenwerden zeitgenössisch vergeistigter Nominative zu ertauben. Das gibt dem Platonpensum den tragischen Index der Zeitenwende, die Gestalt einer unkonstruierbaren Frage, in der sich der Tugendlehrer einer neuen Paideia vom Regelkreis der Affektkontrolle zwischen tradiertem Schöpfungsmythos und intelligiblem Erlösungsdrama sondert, aussetzt, abstürzt. „Platons Denken bewegte sich nicht nur weg von der Sophistik, sondern gleichzeitig zurück zur Eleatik, und zwar so, daß sein Verhältnis zu beiden Positionen sich als ein – wenn auch mit unterschiedlicher Gewichtung – gespaltenes darstellt. Indem er von der Sophistik die legitime Forderung einer argumentativen Begründung aller Geltungsansprüche aufnimmt, jedoch mit Sokrates deren jede Verbindlichkeit zersetzende Tendenz ad absurdum führt, gewinnt er am Denken selbst jenen unbedingten Inhalt, den Parmenides berechtigterweise postuliert, ohne ihn jedoch in der thetischen Form unvermittelten Konstatierens adäquat fassen zu können."[13]

Die platonische Bestheit, der ausgezeichnete Sinn für das Tunliche und das Taugliche, tritt stets gespalten auf. Es ist die Spaltung von Autorität des Unbedingten

---

[13] Christoph Jermann, Philosophie und Politik. Untersuchungen zur Struktur und Problematik des platonischen Idealismus, Stuttgart 1986, S. 38. Platons ‚Sophistes' ist ein Erklärungsversuch des ‚falschen Satzes', daß derjenige, der es unternimmt, ‚Nichtseiendes' zu sagen, gar nicht reden kann, im Prädikationsmodell einer Verflechtung, die als das „Allerunmöglichste" (241 b 3) bezeichnet wird. Parmenides' „so starken Satz [soll] ein Weniges mit Gewalt abgerissen" (241 c 8f.) werden; eine Gewalt, die Seinsdenken und Doxalehre am Problem des Nichtseienden wenig sachgemäß verschränkt. Der Unterschied von Platon und Parmenides ist zu groß: „das was bei Parmenides nur Auserwählte erfahren können, können bei Platon prinzipiell alle, die vom philosophischen Eros getrieben sind, erringen. Die dichterisch-bildreiche Verfahrensweise bei Parmenides wird durch reines logisches Aussagen bei Platon ersetzt." V. Songe-Möller, Zwiefältige Wahrheit und zeitliches Sein, S. 119f.

und Legitimität des Verbindlichen. Tugendwissen als Empfang der äußersten Gabe in der unerkannt anerkannten Gottheit Daimon ist daher in die doppelte Figur prüfender Belehrung und quälender Erforschung gebunden. Sie überführt Reflexionen um Glück und Gebrauch, Eudämonie und Utilitarismus geständigen Nichtwissens vor dem delphischen Gott Apoll, der auf den Formzwang der Rhetorik verfügt, so daß das zweite Register der Gottheit Dionysos klanglos schwindet. „Der Gott stirbt nicht in der Tragödie, er stirbt in der Rhetorik."[14] Sein Name wird niemals genannt, seine Stimme nirgends vernommen; Genius dessen, der verbürgt, „was an Unsterblichem in uns ist" (Nomoi 631d). Der Gott hat das erste und letzte Wort auf dem Weg zur göttlichen Gesetzgebung. „Der Mensch ist ein künstliches Spielzeug in der Hand des Gottes, und dieses ist wahrhaftig noch das Beste an ihm" (Nomoi 803c). Die Puppe Mensch, die der ‚Phaidros' (246aff.) als Wagenlenker Geist im Kampf mit den Rossen Mut und Gier und die ‚Politeia' (588aff.) als inneren Menschen im Kampf mit dem Löwen und dem vielköpfigen Ungetüm zeigt, wird von verschiedensten Fäden gezogen. Es gilt, im Gewühle der Empfindung leibenden Lebens und im menschlichen Ansprechen der Herkünfte des Seienden dem einzigen Zug des „goldenen Bandes", dieser „schönsten Führung", zu folgen. Die elitäre Askese um den eminenten Text vom Denken und Dichten im Iterativ Lebenssturm ist in den Kronosmythos der ‚Politeia' eingelassen, der vom Einsatz des edleren Geschlechts der Dämonen erzählt, um die hochbeglückende Eintracht von Recht und Gesetz in der Gerechtigkeit zu verschaffen. Der Puppe Mensch wird im Alterswerk des platonischen Sokrates das feierliche Orakel verkündet. „Für Staatsgemeinden, in denen nicht ein Gott herrscht, sondern irgendein Sterbling, gibt es keine Flucht aus Mühsal und Verderben." (Politeia 713e)[15]

---

[14] Philippe Lacoue-Labarthe, Der Umweg, in: Nietzsche aus Frankreich, W. Hamacher Ed., Berlin 1986, S. 101. Daß die Sprache den Tod über die Tragödie bringt, hat Nietzsches ‚Geburt der Tragödie' gegen ihren hegelianischen Einschlag notieren können. Zugleich muß sie den Einbruch der Rhetorik selbst verzeichnen: das Unmögliche der Zuflucht beim Mythos der Musik ist in der allegorischen Rede bezeugt, die das Dominium der Sprache, des Denkens, der Philosophie als Krisis der Metaphorik bekräftigt. Im Lichte des Logos wird der Mythos immer rhetorisch gewesen sein, d.h. im Rationalen artikuliert. Das muß im Schlagwortcharakter von Nietzsches Publikationen als Marktstrategie erkannt sein. „Seine Worte und Sätze reizen auf, reißen mit, gehen ein und regen auf." Martin Heidegger, Nietzsche I, S. 527

[15] Die Platonischen Mythen sind Erzählungen von lockerer Inkohärenz, allusive Kompositionen märchenhafter und theorematischer Elemente. Auch das Lied vom Lob aufs Gerechte, das den gemeinsamen Ernst einbekennt, ist als Mythos innerer Unterredungskunst kenntlich – „das ins Kosmische ausgezogene Lineament der sich im Logos deuten-

Hegel hat das Gottes-Zeichen im sokratisch-platonischen Diskurs als Effekt protreptischer Spaltung gelesen. „Das Daimonion steht demnach in der Mitte zwischen dem Äußerlichen der Orakel und dem rein Innerlichen des Geistes; es ist etwas Innerliches, aber so, daß es als ein eigener Genius als vom menschlichen Willen unterschieden vorgestellt wird [. . .] Dies ist nun der Mittelpunkt der ganzen weltgeschichtlichen Konversion, die das Prinzip des Sokrates macht"[16]. Bestheit, die schönste Führung des goldenen Bandes, fungiert in allen Versionen um die Standmitte des platonischen Diskurses, in dem man nicht wissen kann. Die Verschmelzung des Logos Protreptikos und der religiösen Paränese spaltet die ursprüngliche attische Gerichtsrede in namenlose Dialoge und stimmlose Traktate. Sie gewinnen Standmitte in der Apologie, der Textsorte dikanischer Verteidigung in der Tradition der Palamedesreden der großen Tragiker wie Euripides, aber auch des Sophisten Gorgias. Ihrer Formel ‚Niemand fehlt freiwillig' ist die Verflechtung agonistischer Diskurselemente mit Rhetoriken souveränen Tugendwissens zu verdanken. Der erste der durch ungerechtes Urteil getöteten Helden, dem im Hades zu begegnen der platonische Sokrates sich freut, ist Palamedes (Apologie 41 a 8ff.). Nemo sua sponte peccat ist die Ikone des Chaosmos im Platonismus, in der sich die Umkehrung einer Subjektivität in das Begehren Gottes bezeichnet. „Die Bedeutung einer Ikone ist darin zu sehen, daß auch der Gott, den sie darstellt, sie anblickt. Man glaubt von ihr, sie sei Gott wohlgefällig. Hier bewegt sich der Künstler auf einer Ebene des Opfers – indem er nämlich annimmt, es gebe Dinge, hier Bilder, die die Kraft haben, das Begehren Gottes zu wecken."[17]

---

den Seele selbst. Nicht im Aufschwung und der Entrückung in eine andere Welt wird platonischer Mythos erfahren, sondern in der Rückbeziehung auf die Selbsterfahrung des Menschen gewinnen die alten Fabeldinge dieser Mythen ihren Sinn aus den Steigerungen, Umkehrungen, Fernsichten und ironischen Gegenbildern der wirklichen Welt." Hans-Georg Gadamer, GW Bd. 5, S. 208

[16] G. W. F. Hegel, Geschichte der Philosophie I, Werkausgabe Frankfurt/M. 1968, Bd. 18, S. 495. Gilles Deleuzes Antiplatonismus hat dieser Konversion den „geheimen Punkt" Nietzsches kontrastiert, in dem anekdotisches Leben und aphoristisches Denken ungeteilt sind. Gegen die platonischen Seelenschwingen stehen die vorsokratischen Hammerschläge, die stoische Logik des Schicksals, die neue Geographie einer Physik der Kavernen und einer Kunst der Fläche. „Dort gibt es Dimensionen, Stunden und Orte; eisige oder erhitzte, niemals gemäßigte Zonen; die ganze exotische Geographie, die eine Denkungsart und einen Lebensstil charakterisiert." Logique du sens, S. 153f.

[17] Jacques Lacan, Die vier Grundbegriffe, S. 120. So wird dem gezähmten Blick dessen, der zu sehen keine Augen hat, das Perspektiv der Arkandisziplin Auferstehung implantiert: Platons Ideenlehre ist ein Fanatismus der Transzendenz in der bedrängten Linienführung einer Idolenordnung, die im Jenseits des Seins um das Augenlicht Gottes streitet.

Deshalb ist die Apologie des richtenden Worts das politische Vermächtnis des platonischen Sokrates. Im Sinn unfreiwilligen Fehls ist das Programm radikaler Endlichkeit als Anachorese prophetischer Rede beschlossen. Ihre Standmitte umgreift das sokratisch-platonische Bildungskalkül einer unverletzlichen Nahheit messianischen Qualierens, die im Machtrausch des vergeistigten Nominativs, Kalkül der Mischung von Hedone und Phronesis, unversehrtes Kerygma vom Ejakulat des Akkusativs bleibt. Es ist das Daimonion der Nähe des Nächsten, die schönste Führung des goldenen Bandes, das dem Sinn unfreiwilligen Fehls die Spitze eines Programms radikaler Endlichkeit verleiht; das „niemals genug Nahe" im Regime der nächsten Kühnheit, das in der deskriptiven Untreue eine tiefere und weitere Unruhe um die Religion in der Relation bezeugt. „Die Nähe als das mehr und mehr Nahe macht sich zum Subjekt. Es erwartet seinen *Superlativ* als *mein* unausweichliches Unbehagen. [. . .] Dieser Überschuß oder Mangel – wirft mich aus der Objektivität der Beziehung. Wird die Beziehung Religion?" (AQE 103f.)[18] Diese Unruhe bricht mit dem Eins des Parmenides und dem Vielen des Gorgias, der doppelten Unbestimmtheit der eleatischen Entrückung des Unbedingten und des sophistischen Zerwürfnisses der Verbindlichkeit. Die Parataxe von Einheit und Vielheit mündet in den Schein ideenlogischer Letztbegründung, weil beide nur in Wechselwirkung aufeinander sind, was sie sind, und so ihr Wesen an sich nur in Beziehung aufeinander haben. Die parmenideische Positivität des unerreichbaren Eins und die sophistische Negativität des unüberschaubaren Vielen erweisen sich vor dem Daimonion der Nähe des Nächsten als ungenügend. Ihr Zeugnis der verfehlten Entgegnung ist in Metonymien des geschundenen Anderen deponiert. Die „Dehiszenz der Nähe" indes ist „bestimmter als die der Totalität gefügten Beziehungen: Bedeutung, der-eine-für-den-Anderen, Unmittelbarkeit in der Kosung und im Kontakt des Sagens – einer Haut und eines Antlitzes, einer Haut, die immer Modifikation eines Antlitzes ist, eines mit Haut beschwerten Antlitzes." (AQE 106f.) Der platonische Sokrates trägt das mit der Haut der Ironie beschwerte Antlitz eines Daimon der Depression,

[18] Religion nennt Levinas die Bedeutsamkeit des Superlativs, der das hermetische Sein zum eminenten Text durch den wissenschaftsaffinen Komparativ der Objektivierung und Thematisierung steuert. Die Deformalisierung von Relationsbegriffen aus dem ‚Sehr Hohen' des Superlativs sprengt die Gestaltenfolge der Selbstbegegnung des Geistes im Wissen. Es ist selbst das Kerygma eines entontologisierten modalen Denkens. „Das Antlitz allein vermittelt Transzendenz. Es liefert keinen Gottesbeweis, sondern das unabdingbare Umfeld des Wortes Gott, seiner ersten Nennung, des ersten Gebetes, der ersten Liturgie." (AS 65)

dessen Drama des Seinsverlangens Züge der Weltseele trägt.[19] Auf schelmische Kleinigkeiten verteilt die Dehiszenz seiner Dialektik die neue Paideia eines „Staates in Worten", dessen Möglichkeit in der Philosophie allein liegt. „Aussehend wie ein Staat, der ganz auf der Kraft der Erziehungsorganisation beruht, ein geschichtsloser Neuanfang aus dem Nichts durch die Macht einer neuen Gewöhnung, ist er in Wahrheit ein Bild, in dessen Großschrift die Seele die Gerechtigkeit erkennen soll."[20]

Die Nähe des Nächsten, ein platonisches Motiv und die Leitidee von Levinas' Gang zum Unsichtbaren. Im Umgang des Eins und des Vielen ist die Spur seines unmöglichen Rückzugs unumgänglich verfehlt. Die Spur ist bei Platon und Levinas eine Nahheit, die der Entrückung des Gottes zugewandt und vom Zerwürfnis der Sterblinge abgezogen ist. Sie zeigt ihre „Exzeption" im Abdruck „unbeugsamer Redlichkeit" (AQE 107) vor dem philosophischen Vermögen zur politischen oder ethischen Gemeinschaft, das Seinslehren des Einen und des Vielen in Aufruhr setzt. Unter der Vorladung unbeugsamer Redlichkeit, der Reinzeichnung Verantwortung, der die Anderheit des Anderhaften kundgibt, entzündet sich der Aufruhr des Eins und des Vieles. Ein Aufruhr, dem sich das Wagnis des Pluralismus aussetzt, indem es die prüfende Belehrung und die quälende Forschung um die Standmitte der Bestheit im Feldzug um die Tugend der Zukunft wiederholt, Levinas' Hypostasenterm des beispielhaft Empfindbaren in ontologischer Vibration: „Die Subjektivität zählt genau durch die Hypostase, zeigt sich im Gesagten, gewiß nicht unter einem Namen,

[19] Hans-Georg Gadamer hat die „Arithmos-Struktur des Logos" bei Platon unterstrichen. Sie prinzipiiert die Unterscheidung der Gattungsformen der Grenze und des Begrenzten. „Die pythagoreischen Kategorien von Grenze und Unbegrenztem galten dem vorplatonischen Denken ebenso für die Bestimmtheit des Seienden wie für die mathematische Bestimmtheit, ohne daß beides voneinander unterschieden wurde. Daß das, was Grenze ist, etwas anderes ist als das Begrenzte, an dem sie ist, ist eine Einsicht, die sich erst gewinnen läßt, wenn man durchschaut hat, daß Gebilde wie Zahl und Maß von anderer Seinsart sind als das, was sie bestimmen, und das ist die große Leistung des platonischen Denkens, wie wir sie aus der ‚Politeia' und dem ‚Theaetet' kennen." Platos ungeschriebene Dialektik, GW Bd. 6, S. 140. Das wahre Prometheusfeuer aus Himmelsmathematik und Sternenmusik in Gadamers lakonischer Synthesis: „‚Seele' ist die Bewegung des Himmels oder besser: sie ist die in der Bewegung des Himmels sich entfaltende und sich mit sich selbst immer wieder zusammenschließende Zahlenfolge, die zugleich die Zeit ist." (S. 142)

[20] Hans-Georg Gadamer, GW Bd. 5, S. 196. Im Wächterstand ist der verstaatlichte Menschenkern Platons gefaßt. An der Wegkreuzung von Freund und Feind gewährt der Sandwichstaat aus Blutbad und Brautbett „Einigung ohne Entkräftigung" (S. 200). Er inkarniert Bildung als Einigung des Unvereinbaren, „des Zwiespalts des Wilden und des Friedlichen im Menschen." (S. 198) Wie stets drängt Hermeneutik auf Reimung des Ungereimten, statt vor dem Unvereinbaren zu verharren.

sondern, nach dem immer gleichen Muster der Seienden, als Pro-Nomen." (AQE 108) Der Hypostase Bestheit in ihrer extremanalytischen Einzigkeit ist kein phänomenal namhaftes Vorbild zulässig. Sie ist nichts als Vorladung. In der Wiederholung erwidern das Trauma und die Skepsis, die elementare Kräfte des Ehrenworts, dem messianischen Qualieren in der Anachorese der prophetischen Rede und der Apologie des richtenden Worts. Unbedachte Geste Redlichkeit, unter Vorladung gerät sie außer sich, in die unbegreifliche Drohung um den höchsten Preis der mantischen Analytik der Vernunftidee Psychose. „Identität des Einzigartigen, Modifikation nur in der Erosion des Alterns, in der Permanenz eines Verlustes an Selbst." (AQE 136) Dabei wird das philosophische Modell von Autorität und Legitimität, von Produktion und Legitimität, wie es vom platonischen Sokrates begründet wurde, von Levinas' Angriffswissen um die Vorladung aufgenommen, zum Anhören der Affektion der Hypostase verschoben und im Rezeptionszyklus von Trauma und Skepsis entwendet. Die Nahheit des Nächsten entspringt der Anderheit des Anderhaften, die das Daimonion des Unbedingten und der Verbindlichkeit in unbeugsamer Redlichkeit austrägt. Bestheit und Tugendwissen werden von Levinas im Antlitz des Anderen reformuliert, in einer Torsion, Distorsion und Unruhe um religionsphysiologische Verantwortung, die ihre „letzte Substanz bis in die Schleimhaut der Lungenflügel entäußert" (AQE 136); Drama oder Intrige, „die man religiös zu nennen geneigt ist, die sich nicht in Termini der Gewißheit oder der Ungewißheit sagt und keiner positiven Theologie aufruht." (AQE 188).[21] Religion ohne Relation oder Responsorium von Denken und Leiden unter Vorladung einer Singularität, die Thematisierung und Vorstellung ausschließt, welche das Trauma mildern und die Skepsis lindern müßten: was vielleicht die depressive Note im zweiten Register des sokratischen Gesangs erklärt; ein Gesang, der die flüchtige Seele williger stimmt,

---

21 Positive Theologie überschreibt den actus purus dem summum ens. Das ist der Archetyp der Umschrift des einfachsten Wink des Seins in den höchsten Beweis des Gottes. Levinas' Homo religiosus erscheint aus dem anstaltskirchlichen Gnadenwerk und seiner theologischen Kasuistik entlassen, welche im Katalog des Syllogismus practicus als Gewissensexamen, Bußkampf und Sühneritus orthodoxe Techniken der rationalen Lebensführung prinzipiiert. Gegenüber dem milden Vatergott der geschichtsphilosophisch transformierten Moraltheologie – Bedenke das Ende! Komme Deiner Anklage zuvor! sind ihre beiden großen tugendbildenden Sätze – hält Levinas' Hochgefühl am ambivalenten Prophetengott des Zorns und der Gnade fest. Im Schrecken, den die Höllenembleme der Gewissensdiskurse malerisch ausschreiben, ist die Schuldschrift der Gottesidee in Majuskeln fixiert, die Levinas' „ihrer Natur nach atheistische" (TU 76) Seele paraphiert. „In der Nähe der anderen belagern mich alle anderen als andere, und schon schreit die Besessenheit nach Gerechtigkeit, fordert Maß und Wissen, ist Gewissen." (AQE 201)

sich der Weisheit des Gesetzes zu öffnen. Die Epiphanie des Ersuchens und Erbrechens ist das goldene Band zur schönsten Führung unerhörten Sagens. „Hier haben wir die ursprüngliche Sprache, das Fundament der anderen." (SA 275)[22] Dieser Gang zum Unsichtbaren auf der Spur unmöglichen Rückzugs – unerhörte Verpflichtung des beispiellosen Zeugnisses – veranlaßt den okzidentalen Logos zum Aufruhr. Das wehrhafte Selbe, auf Sekurität bedacht, nimmt den kritischen Ausschlag der Alterität – Tränen der Ohnmacht und der Schwäche, rätselhafte Lebendigkeit extremanalytischer Vorladung im Angriffswissen – in die Schutzhaft von Macht, Befriedigung, Adäquation. Damit verhaftet es die Nahheit des Nächsten, den thaumurgischen Riß der ethischen Differenz, die Sturzgeburt des Anderen aus dem Vorkommen der Demut in der elementaren Kraft des Ehrenworts, die Standmitte der von der dringlichen Vorladung besessenen Passion des Sagens. „Äußerste Urgenz – Modalität der Besessenheit (die gewußt, aber kein Wissen ist): ich habe keine Zeit mich zu fassen." (AQE 111) Diese Haft im schönen Schein des Selben heftet den Aufsprung der produktiven Logik des platonischen Sokrates an die eleatische Entrückung und das sophistische Zerwürfnis. Die Historik des Verlegenheitshistorismus Platonismus hat sie an den Rand des Zerrinnens getrieben, deren Rekurrenz in der äußersten Urgenz des Zögerns zwischen Scham und Schande vorlädt: Entwaffnung des Denkens, Fassungslosigkeit der Intelligenz, Blöße des Ereignisses in breitbasiertem Trauma und spitzfindiger Skepsis.[23]

---

22 Das Wort, in dem die Sache selbst zu Wort kommt, zeichnet das Sein der Sprache seit der frühen Moderne aus. Das konnte griechisch nicht gedacht werden. „Weil hier die Richtung auf das Eidos als das Bestimmende des Logos gedacht wurde, konnte das eigene Sein der Sprache nur als Beirrung gedacht werden, deren Bannung und Beherrschung die Anstrengung des Denkens galt. Die Kritik der Richtigkeit der Namen, die im ‚Kratylos' vollzogen wird, stellt daher bereits den ersten Schritt in eine Richtung dar, an deren Ende die neuzeitliche Instrumentaltheorie der Sprache und das Ideal eines Zeichensystems der Vernunft liegt. Zwischen Bild und Zeichen eingezwängt konnte das Sein der Sprache nur ins reine Zeichensein nivelliert werden." Hans-Georg Gadamer, Wahrheit und Methode, S. 395

23 Elias Canettis literatenphilosophische Meteorologie hat den erleuchtenden Heraklit vom ordnenden Aristoteles unterschieden. „Der erleuchtende Geist hat die Art des Blitzes, er bewegt sich rapid über weiteste Strecken hin. Er läßt alles beiseite und geht auf ein Einziges los, das er selbst nicht kennt, bevor er es erleuchtet. Seine Wirksamkeit beginnt damit, daß er einschlägt. Ohne ein Mindestmaß an Zerstörung, ohne Schrecken gewinnt er für den Menschen keine Gestalt. Die Erhellung allein ist zu unbegrenzt und zu formlos. Das Schicksal der neuen Erkenntnis hängt vom Ort des Einschlags ab. Für diesen Blitz ist der Mensch noch großenteils unberührte Erde. Das Erleuchtete wird den Ordnern hinterlas-

Es ist ein Aufruhr, den Kallikles' kaum verhohlene Aggressivität gegen die bedrohliche Figur des platonischen Sokrates zu dem Ratschlag führt, Sokrates solle das Philosophieren lassen. Ironischerweise sieht Kallikles seinen Ahnherrn im Zethos der ‚Antiope' des Euripides. Zethos ist der Mann der Tat, der seinen Bruder Amphion, den Freund der Musen, aus dem Dasein müßiger Träumerei zum Handeln aufrufen will. Sokrates übernimmt das Rollenspiel, indem er sich Kallikles' „großem Wort" (Gorgias 508 c 8ff.) stellt. Kallikles' reservatio pectoris allerdings führt eine Rede um Eines und Vieles, die mit sich nicht reden läßt. Sie ist von ruinöser Harmlosigkeit, eine prahlerische Strategie, die im Ernstfall der Nähe des Nächsten auf Manöver abfälliger Immunisierung zurückgreift. Und doch ist er es, der das Dia des Dialogs trifft, weil er es mit Worten um ‚Krieg und Schlacht' eröffnet. Er ist der Heros der sophistischen Rhetorik, ebenso tyrannisch wie schmeichlerisch, ein Techniker der Schmähung, der kindhafte Philosophen mit Schlägen überziehen will – jene, die ihm „Einsicht, Wohlwollen und Freimütigkeit" (486 e 5ff.) attestieren, weil sie in der brutalen Verwerfung einen gewissen Wert erkennen, aus dem sich die Kraft des elementaren Ehrenworts zur Bedeutung ohne Kontext zu erheben vermag. Nemo sua sponte peccat. So wäre die Debatte um eine neue Rationalität von Wert und Würde der Redlichkeit zu überschreiben, messianisches Qualieren der Anachorese prophetischer Rede und Apologie des richtenden Worts um das goldene Band und die schönste Führung der Tugend der Zukunft, von Platon bis Levinas. Für beide gilt der Ruck im Revers ihrer Reduktion, wie ihn Werner Jaeger beschrieben hat. „Platons kongeniale Bilder der großen Sophisten, Rhetoren und Machtmenschen lehren mit nicht zu verkennender Deutlichkeit, daß er alle ihre Kräfte mit ihren blendenden Vorzügen und mit ihren ungeheuren Gefahren in seiner eigenen Seele trug, aber auch sie sind von Sokrates gebändigt und sind dann in seinem Werke zu einer höheren Einheit verschmolzen und ihm dienstbar gemacht."[24] Bei Levinas heißt die dienstbar unbeugsame Vorladung in den Anfüh-

---

sen. Ihre Operationen sind so langsam wie die anderen rasch; sie sind die Kartographen des Einschlags, dem sie mißtrauen, und trachten durch ihre Verrichtungen neue Einschläge zu verhüten." Elias Canetti, Die Provinz des Menschen, S. 253f.

[24] Werner Jaeger, Paideia II, S. 202. Hans-Georg Gadamers Klartext: „Plato denkt die Endlichkeit des suchenden Menschen von seinem Abstand gegenüber dem wissenden Gott aus, und das hat neben seinem religiösen Sinn auch seine dialektische Pointe. Aber die Unvollendbarkeit, die dem menschlichen Erkennen und Denken wie allem Irdischen anhaftet, schmälert nicht die Großartigkeit des Weges der menschlichen Erkenntnis, die immer ins Offene gestellt ist." Platos ungeschriebene Dialektik, GW Bd. 6, S. 152. Profaner, raffinierter und rasanter zugleich ist eine andere Lesart. „Der Skeptizismus ist eine Ethik. Der Skeptizismus ist für den Menschen eine Art, sich am Leben zu halten, und

rungsstrichen und Diebshaken des hermetischen Seins zum eminenten Text Nachtwache der Nächstenliebe, Herrlichkeit einer langen Sehnsucht, mantische Analytik der Vernunftidee Psychose.

Diese Kraft oszilliert zwischen Konsequenz und Scham, so daß die verschämten Zugeständnisse eines Polos oder Gorgias Unstimmigkeiten der rhetorischen Grundposition darstellen können, die Kallikles, herrenmenschliche Hohlworte zu übertönen suchen müssen. Die Kraft der gorgianischen Scham bändigt die konsequenzlogischen Unhaltbarkeiten eines Kallikles, weil sie die Nähe des Nächsten als ursprünglich einsehbar billigt. Das Zögern zwischen Scham und Schande wird vom platonischen Sokrates als scharfsinnige Verstandeshandlung aus Gründen erkannt. Sie möchte die rechte Verkleidung einer Gottheit sein. Die Nahheit als Part und Partizip der Rationalität wird vom platonischen Sokrates umgeschrieben. Unstillbarer Stillstand ist seine Formel für das messianische Qualieren der Nähe des Nächsten. In ihm sind Krieg und Schlacht um die politische und ethische Gemeinschaft in die schreckliche Erhellung Philosophie gefaßt. Sie ist „wie ein Minenfeld, wo der geringste Fehltritt alles in Staub und Asche zernichtet."[25] „Unter so vielen Reden, die alle widerlegt wurden, ist diese allein ruhig geblieben, daß man das Unrechttun mehr scheuen müsse als das Unrechtleiden, und daß ein Mann vor allem andern danach streben müsse, nicht daß er scheine, gut zu sein, sondern daß er es sei." (527 b 2ff.)

Die Dimension unstillbaren Stillstands als philosophisches Vermögen der ethischen und politischen Gemeinschaft wird im vierten Teil des Dialogs ‚Gorgias' entfaltet, der in sachlicher Proportion zur ‚Politeia' I (Thrasymachos) lesbar erscheint. Die sokratische Selbstdarstellung weist dabei von der ‚Apologie' zum ‚Gorgias' einen veränderten metaphorischen Kontext aus. In der ersteren bezeichnet Sokrates sich als einen Sporn wider die Trägheit (30 e 1ff.), in letzterer als Arzt für die Krankheit (521 e 3ff.). Was die Trägheit und die Krankheit gemeinsam überwindet, ist die im überaus abstrakten ‚Parmenides' erklärte Bahn der Liebe (137 a 4). Mit

er impliziert eine so heikle, so heroische Position, daß wir sie uns nicht einmal vorzustellen vermögen – vielleicht gerade wegen des Übergangs, den Descartes gefunden hat, als er die Suche nach dem Weg der Gewißheit bis an jenen Punkt des ‚vel' der Entfremdung vorantrieb, an dem nur ein Ausgang ist – die Bahn des Begehrens." Jacques Lacan, Die vier Grundbegriffe, Weinheim 1980, S. 235

25 So zeichnet Martin Heidegger die Fährnis, in und aus der die neuzeitliche Schieflage Moderne sich am Denken Heraklits vergreifen kann; am gutgestalteten Stand des Spruchs, der, nicht geschraubt für die gescheiten Gaffer und nicht gedrückt für die geschickten Raffer, das eigentümlich Bestrickende des anfänglich Versehrten wahrt. Vgl. GA Bd. 55, S. 35

Parmenides brechen, wie Levinas formuliert, verlangt also, die Bahn der Liebe zur Geiselnahme des Gehörs zu vertiefen, das Anhören der Apologie unerhörten Sagens im Wagnis des Pluralismus zu verteilen und das Responsorium von Denken und Leiden zu unstillbarem Stillstand umzugestalten.[26] Der Sinn des unfreiwilligen Fehls des Parmenides kann nur einem Brechen zukommen, das die platonischen Motive im Programm einer radikalen Endlichkeit einem Qualieren zuführt, welches das Daimonion der Bestheit in das Differieren der ethischen Differenz transformiert, die dem normativen Imperativ des parmenideischen Verdikts um das Nichtsein entgegentritt. Transformation, die der henologisch sekurierten Vision vervollkommneter Selbstverfassung sagt, daß ihr wirkungsgeschichtlich prominentes Format „Lichtreise"[27] vergangen ist, weil die ethische Differenz die Reinzeichnung einer Ewigkeit vergibt, die alle Zeiten eint; unstillbarer Stillstand oder messianisches Qualieren der Verantwortung am Rande des Zerrinnens. Transformation unter Vorladung, die in ein Beginnen vor dem Beginnen taucht, dessen Anachorese der prophetischen Rede mit der Geschichte, dessen Apologie des richtenden Worts mit der Gewalt bricht, Geschichte und Gewalt des sprechenden Spruchs: Parmenides wird im Geheiß und Gebot der Göttin instruiert, die dem aufrecht und im Sprung über den „gähnenden Schlund" (Fr. 1,18) gelangten Jüngling die verborgene Selbigkeit von Sein und Denken verbürgt. Der Spruch enthüllt den Starrsinn des Einen und erfüllt das Besserwissen des Selben, ohne an den unstillbaren Stillstand im Inbegriff des vergeistigten Nominativs zu rühren, den Levinas im Wagnis des Pluralismus alsbald zum kerygmatischen Ejakulat des Akkusativs überstürzen möchte. Die Geschichte und

[26] Als „Unmöglichkeit, dem zu entgehen, was einem stets entgeht", definiert Alain Finkielkraut ‚Die Weisheit der Liebe', München 1988, S. 64. Sie zielt auf das Rätsel des Inkognito im Antlitz des Anderen. Ihr Begriff ist mehr als die Vorstellung, ihre Halluzination mehr als die Wahrnehmung. „In der Liebe kommt der Andere von außen an einen heran, nistet sich in einem ein und bleibt einem fremd." (S. 72) Darauf reagieren das Porträt und der Kommentar, die Investitionen auf ausgelagerten Ich-Text. Dieser Bestimmungssinn und jenes Beschreibungswissen kompensieren die Zerlösung, die den Zugriff erwartet, empfängt und abweist. Denn die höchste Lust ist die verfehlte Entgegnung auf den unbezwinglichen Leib: die äußerste Ausschweifung findet sich auf die züchtigste Liturgie zurückgeworfen. In den magischen Kreis des Schicklichen gebannt vollendet sich die Religionsphysiologie der Liebe: sie hat ihren Triumph der Niederlage.

[27] Parmenides' Lehrgedicht benutzt häufig Lichtbilder. Im Proömium sind das ‚Haus der Nacht' und das ‚Tor der Straßen von Nacht und Tag', Hesiods Theogonie in formaler Analogie nachgebildet. Die Lichtreise zur wahren Einsicht – auf glühenden Wagenachsen, mit sonnenhaften Begleiterinnen, durchs ätherleuchtende Tor – führt zur Grenze des Kosmos, zum Rand der Welt.

die Gewalt, verstanden als Krankheit und Trägheit, die Bewegtheiten von Ohnmacht und Schwäche überwunden glauben müssen, weil der verharrende Spruch Werden und Vergehen in die Ferne des unterscheidungslosen Haufens verstoßen hat. So wird die Anderheit des Anderhaften in Trauma und Skepsis um die Spur unmöglichen Rückzugs oder ausgeschlossenen Entweichens in das Wagnis des Pluralismus ersucht. Der unscheinbare Gang zum Unsichtbaren ist der Geschichte verschollen und der Gewalt verloschen. Parmenides' Wehr des Selben verzeichnet das dem Stärkeren Zuträgliche zum ausgezeichnet Seienden im unfehlbaren Heroenrecht Macht. „Als ein Selbiges, und im Selbigen verharrend, ruht es in sich und wird so fest auf der Stelle verharren. Denn die mächtige Notwendigkeit hält es in den Fesseln der Grenze, die es ringsum einschließt, weil nach Fug das Seiende nicht unvollendet ist, denn es leidet keinen Mangel." (Fr. 8,28f.)

Das charakterisiert gerade die Schrift ‚Politeia' als Auftakt einer sittlich-religiösen Erneuerungsbewegung. Sie ist als Auseinandersetzung mit der These des Thrasymachos zu verstehen, wonach Gerechtigkeit das dem Stärkeren Zuträgliche sei, mit ihm allein verträglich und vereinbar. Das Gerechte als das dem einzelnen Zuträgliche wird in drei Phasen vorgetragen – vom ehrwürdigen Kephalos, wenn es niemand schade; von Polemarchos, wenn es nur den Feinden schade; von Thrasymachos, wenn es auch allen anderen schade. So wird die latente Negativität des Gerechtigkeitssophismas manifest. „Die ungewollte Frucht der rechtschaffenen Lustverachtung und Logosliebe des Kephalos ist die Logosverachtung des hedonistischen Machtpositivisten Thrasymachos."[28]

Das ist die Genealogie der sophistischen Sittlichkeit, die aus der behüteten Geborgenheit der narrativen Tradition bei Kephalos zum destruktiven Wildwuchs des argumentativen Tumults bei Thrasymachos heranreift. Das platonische Programm der ‚Politeia' ist das prinzipiendialektische Integrationsmodell der Antithese von hergebrachter Sittlichkeit und aufmüpfiger Subjektivität, von gesicherter Entrückung und haltlosem Zerwürfnis. So stimmt Sokrates dem Kephalos zu, daß das Schlimmste das Nicht-Übereinstimmen mit sich selbst sei, ohne aber in der Bleibe objektiver Sittlichkeit trügerische Zuflucht zu suchen. Und so stimmt Sokrates dem Thrasymachos zu, dem zufolge schlechtes Handeln auf Unwissenheit beruhe, ohne das blendende Scheinwissen sophistischer Argumentationskunst zu teilen.[29] Das

[28] Christoph Jermann, Philosophie und Politik, S. 188

[29] Platons Einwand gegen die rationale Argumentationskultur der Sophistik ist mythisch unterfüttert. „Wie die wahre Meinung eine göttliche Gunst und Gabe ist, so ist auch das Suchen und die Erkenntnis des wahren Logos kein freier Selbstbesitz des Geistes." Hans-Georg Gadamer, Wahrheit und Methode, S. 328. Platon hat dem politischen Denken die

'Politeia'-Programm prinzipiendialektischer Integration von messianischem Qualieren und unstillbarem Stillstand modelliert den aleatorischen Punkt, wo der Philosoph „zur Genüge geschaut" (Politeia 519 d 1f.) hat. Es ist der Punkt der Verantwortung, an dem „die Idee des Guten die größte Einsicht" (505 a 2) transportiert oder wo der Gang zum Unsichtbaren die Bahn der Liebe kreuzt, um den Kreuzweg des Responsoriums von Denken und Leiden zu eröffnen – unbeugsame Vorladung aus unvordenklicher Vergangenheit: „Anachronismus, der eine von den Skandierungen des Bewußtseins differente Temporalität attestiert." (AQE 112) Eine unvorstellbare Zukunft, der Verzug gegenüber dem Nächsten im Abseits des Subjekts, dessen Differenz „meine Nicht-Indifferenz zum Anderen" verursacht, weil sie das Tor des Todes passiert. Levinas hat den epimetheischen Spannungsbogen des Chaosmos, die exotische Geographie der Heiligenlegende, die der Geschichte enthebt und die Gewalt zermalmt, im Rationalen der Diachronie artikuliert. „Man kann dies apokalyptisch Aufspringen der Zeit nennen; aber es handelt sich um die verwischte und unbeherrschbare Dia-chronie der nicht-historischen, nicht-gesagten Zeit" (AQE 113).[30]

---

grundlegende Alternative einer mythischen oder ethischen Auffassung vom Staatsleben auferlegt. Im Gesetzesstaat, dem Staat der Gerechtigkeit, ist kein Raum für die mythologischen Auffassungen Homers oder Hesiods. Der Bruch mit dem Mythos begründet das Politische bei Platon, der selbst die Anmut der Mythen verspürte und ihr in naturphilosophischen und metaphysischen Überlegungen nachgab. Seine Ethik aber trennt sich von orphischen und pythagoreischen Elementen. Nur die Kardinaltugend der Gerechtigkeit zieht die vornehmen Eigenschaften der Seele an und befestigt das Gemeinwesen.

30 „'Zerspringen der Zeit' könnte man – apokalyptisch – dasjenige nennen, das nicht *gesagt* werden kann, weil es *stattgefunden hat* und weil wir über nichts vermögen, dieses Trauma in unsere Geschichtsschreibung oder auch nur in unser Gedächtnis eintreten zu lassen. Was dort geschehen ist, könnte man 'Zerspringen der Zeit' nennen, *aber* es handelt sich hierbei um die ausgelöschte, durch nichts darstellbare, durch nichts zu beherrschende oder zu beschwichtigende Dia-Chronie der nicht-gesagten, nicht-historischen Zeit. Es handelt sich um eine Zeitspaltung, die weder von Worten noch von Büchern eingeholt werden kann und die Erinnerung in einen unerträglichen *double-bind* stößt: Du mußt dich erinnern, um Zeugnis abzulegen, du darfst dich nicht erinnern, weil das Erinnerte dich vernichten würde." Elisabeth Weber, Zerspringen der Zeit. Über eine apokalyptische Wendung bei E. Levinas, in: Zeit-Zeichen, S. 93

Platon, Levinas

Selbstbewegung ist der prinzipiendialektische Schlüssel des platonisch-sokratischen Integrationsmodells. In ihm sind der Gang zum Unsichtbaren und die Bahn der Liebe unzähmbar und unnahbar verschränkt. Unzähmbar und unnahbar, weil sich das Ethische und das Politische der Entrückung der Geschichte und dem Zerwürfnis der Gewalt verweigern, um die daimonische Apologie der Nahheit des Nächsten zu nahen, aus dem Blochs Iterativ Lebenssturm die Fünkchen und Flämmchen apokalyptischer Seligkeit schlug.[31] Die Selbstbewegung bei Platon und die Fruchtbarkeit bei Levinas sind von den Könnerschaften und Kennerschaften der Geschichte und der Gewalt trennscharf unterscheidbar. Selbstbewegung und Fruchtbarkeit verweisen auf die abkünftige Ankunft dessen, was über das Genüge hinaus geschaut und geeint, gelöscht und gebahnt sein muß, um seine Nahheit nicht in gesicherte Entrückung oder haltloses Zerwürfnis zu versehen, die Schleppnetze erblindeter Hellsicht um Sinn und Wissen. „Die Fruchtbarkeit der Subjektivität, durch die das Ich überlebt, ist die Bedingung für die Wahrheit der Subjektivität als verborgener Dimension des Gottesurteils." (TU 364) Es ist das Daimonion der Standmitte Bestheit, die Güte des Guten in der Spur unmöglichen Rückzugs oder ausgeschlossenen Entweichens, der unstillbare Stillstand oder das messianische Qualieren des genau vergeltenden Antlitz des Anderen, deren Apologie Platon wie Levinas ereilt, um die „Zwiesprache von Höhen zu Höhen"[32] zu erlauben. Sie ist kein Minimal-

---

31 „Darum herrscht in allem, was wir gestalten, ewig gestalten, endlich mit Erlebnis, Barock, Musik, Expression, Selbstbegegnung, Reichszeit in der Philosophie, ein Sturm, der aus dem Maßlosen der Menschennatur stammt und zu dem Maßlosen auf Erden, zu der Stichflamme des Worts, zu dem ausgesprochenen individuum ineffabile, zu dem Zerreißen der Vorhänge, zu dem Rauch und Donner der gesprungenen Türen und dem Feuer, in dem sich das Wir und das Unsterbliche Gottes zur Höhe trägt, zu dem über alle Maße und Begriffe hinaus Unbegreiflichen, zu den Füßen des Messias und dem ruhend absoluten Pleroma der Liebeslust hindrängt." Ernst Bloch, Geist der Utopie, S. 387

32 Martin Heideggers anfängliche Lektüre seines Heraklit-Kommentars fährt in der von Jacob Taubes bemerkten Verknüpfung von Genie und Ressentiment fort: „Hier in den Klüften zwischen diesen Gipfeln der Geschichte versagt jede Historie, d. h. das gelehrte, vergleichende Vermitteln von Zeitaltern und Kulturen in den unbestimmten Raum eines bildungsmäßig aufgerafften Ideals." GA Bd. 55, S. 69. Im Parmenides-Kommentar ist das Verdikt Heideggers noch deutlicher. „Kultur gibt es erst seit dem Beginn der Neuzeit; sie beginnt in dem Augenblick, als die veritas zur certitudo wird, da der Mensch sich auf sich selbst stellt und sich selbst durch eigene ‚Pflege', cultura, durch eigenes Schaffen zum Schöpfer macht, d. h. zum Genie. Die Griechen kennnen weder dergleichen wie ‚Kultur'

konsens um den moralphilosophischen Rahmen der Religiosität des Sich. Die entschiedenen Grundworte um das Dia des Dialogs von Kreatur und Kosmos sind in der exotischen Geographie des Chaosmos plaziert. Die Höhen von Trauma und Skepsis verstummen fraglos ausgemachter Geschichte und geläufig verschiebbarer Gewalt.

Das erteilt der Selbstbewegung und der Fruchtbarkeit jene Nahheit, die die Geschichte und die Gewalt verhängt, weil das Register ihrer Transzendenz in Entrückung oder Zerwürfnis die abkünftige Ankunft der Apologie verstellt, welche die Standmitte der Bestheit am goldenen Band des Politischen zur schönsten Führung des Ethischen verhält. Levinas' besonnenes Feuer hat die Aporie von Geschichte und Gewalt zum stoischen Vitalzeichen Logik des Schicksals geschürt. In seinem Iterativ Lebenssturm treten die Zeitalter auf der Spitze des Traumbilds Transzendenz auseinander, der blöde Blick des Geschichtsglaubens, das tumbe Ohr des Gewaltkultus. Die Spur des Anderen hält die lebendige Formidee Transzendenz in extremanalytische Weiten des Erkenntnisblitzschlags, der das Jenseits des Körpers zur Geisel des Gehörs nimmt. Ihm entspringt der Periodenbau der neuen Paideia vom furchtbaren Antlitz des unergründlichen Iterativs Lebenssturm, fruchtbare Gabe des Vitalzeichens Transzendenz ohne Macht, Vergöttlichung, Einsamkeit. „In dem Neuen, das aus ihm herausbricht, erkennt das Subjekt sich wieder. Es findet sich in ihm wieder, unterwirft es. Seine Freiheit schreibt seine Geschichte, die *eine* ist, seine Entwürfe zeichnen ein Schicksal vor, dessen Herr und Knecht das Subjekt ist. Ein Seiendes bleibt das Prinzip der Transzendenz des Könnens. Am Ende dieser Transzendenz erscheint der Mensch, der nach Macht hungert, nach seiner Vergöttlichung trachtet und somit der Einsamkeit geweiht ist." (TU 402)[33]

Die Transzendenz des Könnens und Kennens verschließt den iterativen Lebenssturm um Nahheit des Nächsten. Das Wagnis des Pluralismus, messianisches Qualieren und unstillbarer Stillstand um das Ethische und das Politische, wird in Geschichte und Gewalt abgewiesen. Sie verengen die Seinsgestalten des Menschlichen auf den Satz der Konfektion. „Keiner tut freiwillig das Rechte."[34] Selbstbewe-

---

noch so etwas wie ‚Genie'." GA Bd. 54, S. 103. Mit dem Historismusverdikt fallen ‚Kulturphilosophie' und ‚Genieästhetik'. Das ist der fundamentalontologische Streich gegen das neukantianische ‚Wissen' und die postromantische ‚Kunst'. So wird die neuzeitliche Umschrift der Wahrheit in Gewißheit getroffen, der Rausch des Herstellens im Rang des Vorstellens, wo der „Geschmack zum Gerichtshof über das Seiende wird." Nietzsche I, S. 99

33 Das ist der sophistische Mensch. „Sophistik heißt die Invasion eines nicht großen Heeres aufgeklärter und geschulter Köpfe, entwurzelter Existenzen, berufsmäßiger Weisheitslehrer in die jüngere Generation der oberen bürgerlichen Schichten. Man marschiert in einer

gung und Fruchtbarkeit werden um ihre abkünftige Ankunft im Aufbruch ohne Wiederkehr gebracht, weil die Transzendenz, die die Seienden prinzipiieren, Entrückung und Zerwürfnis vorschreibt: die Versäumnisfigur der nichterwidernden Wiederholung, der Raum unverbindlicher Öffentlichkeit. Der Gang zum Unsichtbaren und die Bahn der Liebe sind der Transzendenzformel im Elan des Könnens und Kennens inkompatibel. Die Dimension unstillbaren Stillstands und messianischen Qualierens will allererst zur Genüge geschaut sein. Im Kristallglanz des raschen Bildes vom Gesicht der Gefahr erwächst die abkünftige Ankunft der Nahheit aus Selbstbewegungen und Fruchtbarkeiten, die sich der in Geschichte und Gewalt versunkenen Gabe im Vitalzeichen Transzendenz verdanken. Daher sind sie nie völlig verstandenes Geschick und nie restlos vertrautes Gemüt. Sie verwandeln vielmehr das Antlitz des Anderen, zur Genüge geschaut, in die Dimension Verantwortung für die alles überflammende Ferne und jedes überstürmende Fremde. Der Andere arretiert die geläufige Transzendenz von Tun und Trachten, Kennen und Können, die sich zu Geschichte geboren und in Gewalt geborgen weiß.[35] Er bereitet der abkünftigen Ankunft der Nahheit des Nächsten im Ethischen und Politischen den wehrlosen Grund des Gerechten. Die unergründliche Eröffnung seiender Fremde ist der Gang zum Unsichtbaren oder die Bahn der Liebe. Genaue Vergeltung des Bestvergessenen kadenziert den förmlichen Schrei nach Besonderungen im

---

breiten Front und mit geringer Tiefe, mit einem leichtbewaffneten und einem schwergerüsteten Flügel. Mit dem einen zielt man auf die Unterhaltung, unterwirft sich die Bedürfnisse des Wissens und des Witzes und schlägt seine Gegner aus der Position der Schaustellung, des Wettkampfes und Spiels mit Worten und Gedanken. Mit dem anderen Flügel wendet man sich in die Praxis, überrennt, was man an Vorbereitung und Erziehung für das Leben findet, und stößt vor mit der Parole von der Macht des überlegenen und geschulten Geistes über alle Widerstände." Karl Reinhard, Vermächtnis der Antike, Göttingen 1966, S. 220

34 Hans-Georg Gadamer, Plato und die Dichter, GW Bd. 5, S. 195. Deshalb soll der platonische Gedankenstaat „das wahre Lob der Gerechtigkeit verkünden, das gegen die sophistische Verkehrung ihres Sinnes siegreich bliebe: daß Recht nicht das Recht ist, das jeder gegen den anderen hat, sondern ein Rechtsein, das jeder für sich und alle miteinander sind; daß Recht nicht ist, wo jeder jeden bewacht, sondern wo jeder sich selbst bewacht und über das Rechtsein seiner inneren Verfassung wacht." (S. 196)

35 Gottfried Benns Expressionismusfigur Dr. Rönne markiert den geschichtslosen und gewaltfreien Anti-Philister. Vor Kerlen wie Weißbier kommen ihm weder der kleine Schnaps noch das bescheidene Witzwort über die Lippen. Wo das Telos des gefolgschaftdisziplinierten Seins den Rekord verklärt, schichtet er Krimskrams, filtert er Sud. Der neuromantische Genius der regressiven Kongestion bleibt dem wortmagischen Alexandriner „schattenhaft, negativ verendet, nur als Schnittpunkt bejaht".

Vorkommen der Demut. Die selige Fremde der eingesehenen Seele entrinnt dem Schrecken der Heimat-Henosis. Ihren Standindex hat sie im großen Feldzugsplan „gegen die menschliche Gemeinheit, gegen die kalte Teufelsfaust des Mißlingens, des Zerstörungsdämons und derart gegen, zugunsten des drohenden Problems der Apokalypse. Hier fließt allen Nebenflüssen ihr letzthinniges Hauptsystem: die Seele, der Messias, die Apokalypse sind das Apriori aller Politik und Kultur."[36] So kann Gadamer sagen: „In seiner Seele begegnet Sokrates einem Unaufklärlichen, an dem alle Aufklärung, die den Mythos zerstört, zuschanden wird."[37]

Die Apologie des Psychismus

Dieser Umbruch ethischen Sprechens ist Levinas die dringlichste Aufgabe im Responsorium von Denken und Leiden. Sein programmatisches Unternehmen ist der Spur der Bedeutung ohne Kontext als rationaler Formkraft des Absoluten seiender Fremde gewidmet, der Anderheit des Anderhaften. Ihren Modellkern Herrlichkeit einer langen Sehnsucht oder Nachtwache als Dienst der Nächstenliebe hat Levinas in Descartes' ideenlogischem Fluchtpunkt des Unendlichen im Endlichen gefunden, die in der dritten Meditation die Existenz Gottes beweisen soll. Levinas entfaltet ihre Bedeutsamkeit in der paradoxen Struktur eines Mehr im Weniger, eines Gedankens, der mehr denkt, als er zu denken vermag. Dieses Mehr des Denkens zitiert den metaphysischen Gedanken zur Verantwortung, sofern das Denken eine Rede ist, die aus dem Antlitz des Anderen empfangen wird: die Existenz anschreibt, das Wissen abzählt, die Seele ausspricht. So wird das Wagnis

---

[36] Blochs Gottesidee läßt Kant auf Hegel durchbrennen, weil Gott „am jüngsten Tage nur die Ethik als Goldwert anerkennt". Geist der Utopie, S. 434. Denn in Kants Opus postumum passiert das Abseits des Subjekts das transzendentalphilosophische Tor des Todes: in der doppelten Selbstaffektion steht Affekt gegen Affekt, in der Selbstsetzung Selbst gegen Sich, in der Erscheinungsstufung Erscheinung gegen Erscheinung. Blochs apokalytisch pochender Puls des Messianismus als Aufbruch ohne Wiederkehr entzündet sich an Kants materialer Antizipation der Wahrnehmung.

[37] Hans-Georg Gadamer, Plato und die Dichter, GW Bd. 5, S. 209. Nochmals: „Es gibt keine Deutung platonischer Mythenwelt, weil die im Mythos gestaltete Welt gar keine Welt ist, sondern das ins Kosmische ausgezogene Lineament der sich im Logos deutenden Seele selbst. Nicht im Aufschwung und der Entrückung in eine andere Welt wird platonischer Mythos erfahren, sondern in der Rückbeziehung auf die Selbsterfahrung des Menschen gewinnen die alten Fabeldinge dieser Mythen ihren Sinn aus den Steigerungen, Umkehrungen, Fernsichten und ironischen Gegenbildern der wirklichen Welt." (S. 208)

des Pluralismus auf das cartesianische Modell einsamer Rede appliziert: „Die Herrlichkeit des Unendlichen, das ist die an-archische Identität des Subjekts, aufgescheucht ohne möglichen Rückzug" (AQE 184).[38] Der monadologische Monolog bestdenkbarer Originalität, im Nullglied neuzeitlichen Sprechens dem Trug Archéphilie verkreuzt, wird in der Passion des Sagens dezentriert und sein panischer Erlösungsauftrag Gottesbeweis depotenziert. Im rascheren Atem der prosodischen Aktion gesprochen: „Das Antlitz spricht. Die Manifestation des Antlitzes ist schon Rede." (TU 87) Der Ursprung der Sprache aus der Paarung mit dem Gott ist diskursiv verstörtes und prädikativ verstocktes Zeugnis: höchster Preis der Herrlichkeit und unbegreifliche Drohung der Nachtwache, wenn Levinas sagt: „Durch die Stimme des Zeugen verherrlicht sich die Herrlichkeit des Unendlichen." (AQE 186) Das Antlitz des Anderen schreibt das sprachgründende Widerfahrnis, das Endliches auf Unendliches bezieht, damit Endliches vom Unendlichen in einem Mehr unterrichtet werde, welches das Weniger des Endlichen von sich aus nicht zu verschaffen vermag. Die Unterweisung aus dem Antlitz des Anderen ist Levinas das ethische Besser im ontologischen Mehr. Seine generative Symbolizität ist vorgängiger Empfang der Bedeutung ohne Kontext - schutzlos und unvergleichlich, elend und überlegen, ausgesetzt und unantastbar zumal, in der „meine Passivität im Sagen eklatiert." (AQE 187) Das Wagnis des Pluralismus unterbreitet Instruktionen des Unendlichen ohne Schlußform oder Denkakt. In Trauma und Skepsis erbricht und ersucht der Sinn unfreiwilligen Fehls die Endlichen: Die Geduld des Unendlichen, die bebende Exaltation vom ontologischen Mehr zum ethischen Besser, dementiert das cartesianisch gewendete Heroenrecht Logos des Selben. Der panische Erlösungsauftrag des conatus wird dem Dia des Dialogs von Kreatur und Kosmos exponiert, von dem das Geheiß genauer Vergeltung ergeht. „Geschöpf, doch von Geburt an

---

[38] Manfred Riedel hat die cartesianische „Aufscheuchung" der Dritten Meditation einer kritischen Zeichenlektüre unterzogen. „Wenn das *Ego* der Wahrheit des Seins gewiß geworden ist, wenn es meditierend aus sich heraus- und den Gang zum Beweis des Daseins Gottes, des Unterschieds der Seele vom Körper und der Gesetze der Körperwelt antritt, bedient es sich des Mittels von Schriftzügen, der Buchstaben, Zahlen und Zeichen. Während die *Prinzipien der Philosophie* dazu die Metapher vom verschlüsselten *Brief* heranziehen, den der Finger Gottes geschrieben hat, berufen sich die *Meditationen* auf die Metaphorik des *Siegels*, die verschlüsselten Schriftzüge der Künstlersignatur. Die dem *Ego* eingeborene Idee und die Gottesidee sind Ideen, die der Geist gleichsam namenlos besitzt, bevor er sich im Wort der Sprache ausspricht." Und in Frageform erwägt Riedel die extremanalytische Lektürekonsequenz von Levinas: „Die Idee ist nicht in mir, dem meditierenden *Ego*, sondern ich bin die Idee Gottes, sein Zeichen auf Erden?" Manfred Riedel, Hören auf die Sprache, S. 48

verwaist oder atheistisch, zweifellos seinen Schöpfer nicht kennend, denn kennte es ihn, übernähme es noch seinen Anfang." (AQE 133).[39]

Ethisches Sprechen, waffenlos gebieterische Rekurrenz, unwiderstehlicher Widerstand des Unendlichen im Endlichen, geballte Verflechtung von Erhabenheit und Bedürftigkeit. In der Geiselnahme aus wehrlosem Grunde ist der Blick schon Wort; Achsendrehung im Abseits des Subjekts, Sturzgeburt des Aufbruchs ohne Wiederkehr, Ausdrucksleben in Umschöpfung von Urworten seiender Fremde. Evidenzerkenntnispolitisch unerreichbar wird die Verantwortung als Vorzugsgestalt des Menschlichen dimensioniert, hermetisches Sein im eminenten Text des Anderen. „Die Infragestellung meiner selbst durch den Anderen macht mich dem Anderen in unvergleichlicher und einziger Weise solidarisch [...] Hier ist die Solidarität Verantwortung, als ob das ganze Gebäude der Schöpfung auf meinen Schultern ruhte. Die Einzigkeit des Ich liegt in der Tatsache, daß niemand an meiner Stelle antworten kann. Die Verantwortung, die dem Ich seinen Imperialismus und seinen Egoismus austreibt – sei es auch Heilsegoismus – verwandelt es nicht in ein Moment der universalen Ordnung. Sie bestätigt es in seiner Selbstheit, in seiner Funktion als Träger des Universums. Für das Ich eine solche Ausrichtung entdecken, heißt zugleich, Ich und Sittlichkeit zu identifizieren. Vor dem Anderen ist das Ich unendlich verantwortlich." (SA 224f.) Im konjekturaltopologischen Telegrammstil von AQE lautet der wunderbare Augenblick der mantischen Analytik der Vernunftidee Psychose: „Das Universum aushalten – erschreckende Last, aber göttliches Unbehagen." (AQE 157)

Levinas folgt den Hüllen und Füllen der Verfolgung im Logos des Selben. Die Belehrung am goldenen Band des Politischen zur schönsten Führung des Ethischen erfolgt über weite Strecken als Erforschung der ontologischen Sprache, die die Anderheit des Anderhaften verwerfen muß, um sich des Anderen als anderes Eines und fremdes Selbes versichern zu können. Die Belehrung weiß sich als soufflierte

---

[39] Als Gottes Nächster ist der Andere dem Anderen fremd. Darin bezeichnet die Postulatenlehre von der „anarchischen Passivität der Kreatur" (SA 316) den Aufbruch ohne Wiederkehr aus dem Abseits des Subjekts, die Zweite Ethik in der Ersten Philosophie. Denn der nahe Gott, der im fernen Anderen trifft, wird so mittellos ertragen, daß seine ausschließende Anwesenheit bestritten wird. Anders gewendet, Substitution der Geburt und Atheismus des Anfangs treten in Deckungen auf Distanz. Deshalb definiert Levinas' atheistisch codierte Gottesidee die Empfänglichkeit pneumatisch als „Affektion durch die Nicht-Erscheinung" (AQE 95). Blochs Scharfblick hat in der atheistischen Verlassenheit „eine furchtbare Art, von Gott umfangen zu sein", „eine ungeheure Frömmigkeit, heißeste Gottesliebe" erkannt. Geist der Utopie, S. 341

Rede aus dem Zeugnis der Inspiration, der Aufregung des Zungenredens zur Weissagung, die ethisch gewendete Bewegungsfigur des kerygmatisch ejakulierten Akkusativs auf der Bahn des Begehrens, die mantische Analytik der Vernunftidee Psychose. Die Identifikation von Ichheit und Sittlichkeit ohne Denkakt noch Schlußform ist die Direktive messianischen Qualierens oder unstillbaren Stillstands. Der Apologie am Rande des Zerrinnens ist der ontologische Befall des Gehörs egologischer Raub ethischen und politischen Sprechens; totalitärer Denkakt, imperiale Schlußform, die die Instruktion des Unendlichen für den Sinn des unfreiwilligen Fehls im Endlichen verfehlen; die im Antlitz des Anderen als Rede ersuchende und erbrechende Verpflichtung zur Verantwortung. Levinas' Philosophie des gesprochenen Wortes ehrt die Offenbarung der elementaren Rede, die Ohnmacht und Schwäche der zur Genüge geschauten Apologie. Identifikation von Ichheit und Sittlichkeit ist das rasche Bild der seienden Fremde Anderheit, die exemplarapriorische Ideation des Unendlichen in der kerygmatischen Intuition aus rabbinischem Magisterium und phänomenologischer Investitur, die ideierende Abstraktion vom Sprachleib des Anderen. Denn der ethischen Sprache gelingt es, das Paradox der Katamnese der Affektion auszudrücken, in die Phänomenologien vom kundigen Atemnetz der Arkandisziplin Auferstehung sich rüde geworfen finden, weil „das Ethische, über das Politische hinaus, auf dem Niveau dieser Umkehrung ist." (AQE 155) Langsam und unbeschreiblich ausführlich wird das methodische Niveau der Umkehrung von Levinas exponiert, die Kehre in den unstillbaren Stillstand der rätselhaften Lebendigkeit um Tod und Sprache, die wagender als die dialektische und williger als die heroische Pointe pulsiert, als sagender Ruck im Revers der Reduktion, bestrickender und versehrender als das Brotstudium der reinen Subjektivität. So sagt sich das religionsphysiologische Phantomglied Desistenz auf dem Medienplateau einer Zombiesprache. „Ich bin von jeher der Vorladung zur Verantwortung ausgesetzt gewesen, wie der drückenden Sonnenhitze ohne schützenden Schirm, wo aller Rückstand von Geheimnis und Hinter-Gedanke verfliegt, der Rückzug ermöglichte." (AQE 185)

Gabe

Dem Grundwort Psychismus, das Grenzerfahrungen erweiterter Seinsgestalten des Menschlichen auf dem Gestirn untersucht, dem kluge Tiere das Erkennen erfanden, hat sich Levinas' Streben verschrieben, das Wissen vom Anderen im Erfragen des Fremden zu lernen und nur dies. Der Psychismus zwischen Haut und Fleisch ist ihm Korrelat zur Reinzeichnung der Verantwortung, deren unstillbarer Stillstand und messianisches Qualieren aus dem Antlitz des Anderen das Wagnis des Pluralismus instruiert. Trauma und Skepsis bilden das Verfahren der religionsphysiologischen Gravur, des gravierenden Opfers im Sterbenkönnen, wunderbarer Augenblick wehrlosen Wehs. Hegels Religionsphilosophie wußte die Aufopferung Naturbestimmungen zu entreißen. „Das ist die eigene Bestimmung der Natur, daß sie sich aufopfert, verbrennt, so daß aus diesem Brandopfer die Psyche hervorbricht und die Idee sich in ihr eigenes Element, in ihren eigenen Äther erhebt." Hegels Gang zum Unsichtbaren beschreibt den Aufbruch des Begriffs aus der Natur, so „daß der in ihr verschlossene Begriff durchbricht, die Rinde des Außersichseins in sich zieht, idealisiert und, indem er die Schale des Kristalls durchsichtig macht, selbst in die Erscheinung tritt."[40] Hegels Apologie des Psychismus geht aus dem lutherbiblisch transportierten „Brandopfer" der Natur hervor; eine „Hochgabe"[41], die Levinas dem Logos des Selben zumutet, um das Unikat Anderheit des Anderhaften zu retten. Bei der hochproblematischen Ideenlehre von der Aufopferung ist dem Goethe-Erlebnis nachzusinnen, der das Ergebnis eines Besuchs der Dresdner Gale-

---

[40] G. W. F. Hegel, Vorlesungen über die Philosophie der Religion I, Bd. 16, S. 109. Hegels Katechontenprogramm einer metaphysischen Logik nach Kant säkularisiert das Religiöse im ungeheuren Satz der Relation. „Ohne Welt ist Gott nicht Gott." (S. 192) So entfaltet sich „ein zweiseitiges Tun, Gottes Gnade und des Menschen Opfer" (S. 218). Die Seite des Opfers ist ein „freudiges" (S. 225) und „geistiges Tun" (S. 229), ein „Aufgeben [. . .] der innerlichen Subjektivität" (S. 228). Der höchsten Entzweiung, die der Mensch ist, soll „das Herz brechen, d. h. der natürliche Wille, das natürliche Bewußtsein soll aufgegeben werden" (S. 233). In der Formel „unerkannt anerkannt" (S. 231) triumphiert die Relation über die Religion. „Über dieser Sphäre schwebt eine Trennung, die nicht aufgelöst ist; so klingt durch die Freude jener lebendigen Einheit ein unaufgelöster Ton der Trauer und des Schmerzes; ein Schicksal, eine unbekannte Macht, eine zwingende Notwendigkeit, unerkannt anerkannt, ohne Versöhnung, der das Bewußtsein sich unterwirft, aber nur mit der Negation seiner selbst, schwebt über dem Haupt von Göttern und Menschen." (S. 231f.)

[41] Franz Rosenzweig hat die Karriere des „Brandopfers" philologisch kommentiert. „Wo Luther ‚Brandopfer opfern' sagt, steht im Hebräischen *ha-alot olot* – nichts von Brand und nichts von Opfer, sondern nur: Höhungen höhen. Wir haben statt ‚Höhung' das verdeutlichende ‚Hochgabe' zu setzen gewagt. Hochopfer war nicht angängig, weil das Wort Opfer, ungleich seinem lateinischen Quellwort *offere*, das den Sinn des hebräischen Opferns gut wiedergibt, heut in unsrer Sprache einen unüberhörbaren Beiklang von Preisgabe und Entäußerung angenommen hat, der dem hebräischen *korban* (Nahbringung, Darbringung) ganz fern liegt. Luthers ‚Brandopfer' ist nicht aus dem Hebräischen, sondern aus dem Griechisch-Lateinischen übersetzt; die Septuaginta bildet diesen erklärenden Terminus für das Substantiv, während sie das Verb richtig übersetzt; die Vulgata hat ihn als griechisches Fremdwort übernommen, Luther hat ihn im Deutschen eingebürgert." (GS Bd. 3, S. 792)

rie fixiert. „Daß die Betrachtung von Bildern uns erschöpft und angreift, liegt daran, daß sie von uns ein Opfer fordern: magische Substanz. Nur dieses Opfer bewahrt uns vor der Gefahr der Reproduktion, das heißt davor, daß wir mit einem Echo antworten.“[42] Erregen und Erschöpfen sind Momente des Angriffswissens im Pathos der Distanz, die die Reproduktion der Gottesidee im Gottesbeweis untersagt, Thematisierung im Idealismus, Vorstellung in der Metaphysik, Kolophon der Relation in der Religion. Bei Levinas heißt es zum Angriffswissen aus dem Diskurs der Entsagung im Spalt des Verzichts, dem Schaltwerk der Huldigung in Abtastungen des Anderen und Selektionen des Fremden: „Passivität, die nicht nur die Möglichkeit des Todes im Sein ist, die Möglichkeit des Unmöglichen; sondern die vorgängige Unmöglichkeit dieser Möglichkeit, Unmöglichkeit sich wegzustehlen, absolute Empfänglichkeit, Feierlichkeit ohne irgendeine Frivolität, Geburt eines Sinns in der Stumpfheit des Seins, eines dem Opfer gehorsamen ‚Sterbenkönnens‘.“ (AQE 165) Sterbenkönnen ist die Aussetzung rätselhafter Lebendigkeiten im entscheidenden Augenblick des Unmenschlichen: die Antithese zur Reproduktion im Logos des Selben, die unbeholfene Hochgabe im rascheren Atem der prosodischen Aktion Angriffswissen, höchster Bund der Arkandisziplin Auferstehung aus dem Opfer zwischen Haut und Fleisch.[43] Entblößtes Ereignis, entwaffnetes Denken, fassungslose Intelligenz, erfinderische Vernunft des Denkens und Dichtens aus der

---

42 Zit. nach Martin Meyer, Ernst Jünger, S. 523. Vor der Betrachtung des Bildes werden wohlerzogene Ikonoklasten zu Bettlern um echofreies Hellhören. Denn die regulative Limesidee erfinderischer Vernunft: Kants reflektierende Urteilskraft, sprengt das monadische Ineinander ichlicher Verzeitigungen im Ästhetiktitel auf Rezeptionsgold. So zählt und erzählt die Seele von der magischen Substanz im Entzücken einer anderen Reflexionslust, die gegen die Wendung zur okzidentalen Triebpsychologie „die Wiederherstellung des Großen Menschen aus dem Labyrinthe der Welt“ erlaubte. Das ist die apokalyptische Fassung der Arkandisziplin Auferstehung, von der Blochs nachmetaphysisches Experimentum mundi zehrt. „Die Seele weint in uns und setzt sich hinüber, setzt Gott und den Traum; was aber das Dunkel der Nacht vor sich herjagt, wie Orpheus die Schatten, ist rein aus der Seele geboren und hat nichts als diese innerste Euridike zum Ziel.“ Ernst Bloch, Geist der Utopie, S. 227

43 So kann die magische Substanz gegen das normative Implikat der kanonischen klassischen Kunstreligion gelesen werden, die vor der historischen Kritik der Moderne ihren Wert als ausgezeichnete Geschichtlichkeit erneuern möchte, zeitexzentrisch im Ruin der Zeiten, wie Gadamers klassische Auffassung der Klassik definiert. „Klassisch ist, was der historischen Kritik gegenüber standhält, weil seine geschichtliche Herrschaft, die verpflichtende Macht seiner sich überliefernden und bewahrenden Geltung, aller historischen Reflexion schon vorausliegt und sich in ihr durchhält.“ Wahrheit und Methode, S. 271

„anarchischen Passivität der Kreatur" (SA 316).[44] Das Phantomglied Desistenz auf dem Medienplateau Zombiesprache ist vom religionsphysiologischen Vokabular „gefährlichen Lebens" umzirkt, das in seinem „starken Sinn" vernommen werden will; es zeichnet keine „Mängel der Gewißheit", sondern imprimiert die „Grundlosigkeit des Opfers" (AQE 154), Liturgie absolut geduldiger Tat, die kein wehmütiges Karmapensum von Apperzeptionskernen auf Mysterienbühnen universaler Triebintentionalität egalisiert. „Die Kommunikation mit dem Anderen kann nur als gefährliches Leben Transzendenz sein, als ein schönes Wagnis, das eingegangen werden muß." (SA 322) Die Anführungsstriche und Diebshaken der Nietzschelage, breitbasiert und spitzfindig, setzen Trauma und Skepsis extremanalytisch in Parenthese: „Das ‚Ich' unterjocht und tötet: es arbeitet wie eine organische Zelle: es raubt und ist gewalttätig. Es will sich regenerieren – Schwangerschaft. Es will seinen Gott gebären und alle Menschheit ihm zu Füßen sehen."[45] Die Zwiesprache von der Höhe Fruchtbarkeit zur Höhe Selbstbewegung ist Levinas' Acheronta movebo die

---

[44] Die virtuose Rhetorik der Frühromantik hat die anarchische Passivität der Kreatur zur Apotheose des Chaos ausgestaltet. Ihr üppiger Ideentumult ist die Denktechnik einer vagabundierenden Geistigkeit, um mit Spinoza den Leidenscharakter der spekulativen Potenz im Verwirrungsrecht der mythopoetischen Resurrektion zu betonen. Die „wohl brillanteste Metonymie der ‚heiligen Revolution'" hat Novalis' Forderung nach einem „Messias im Pluralis" geliefert, die buchstäblich religionsphysiologische Frucht der „süßesten Umarmung einer jungen überraschten Kirche und eines liebenden Gottes". Hermann Timm, Die Heilige Revolution, Frankfurt/M. 1978, S. 90. Das markiert Timm den Bruch mit Parmenides und das Wagnis des Pluralismus im Hohen Lied der Frühromantik. „Steil ist das signifikant Romantische, steil und exponiert, spannend bis zur Überspanntheit, geistreich bis zum geisterhaft-gespentischen Anonym, auf der Grenze heimisch, wo sich die verwegen kalte Konstruktivität mit fieberhaften Tagträumen zu liieren beliebt." (S. 12)

[45] Friedrich Nietzsche, Werke, Bd. III, S. 842. Nietzsches Bruch mit Parmenides im Wortlaut: „Parmenides hat gesagt ‚man denkt nicht, was nicht ist'; – wir sind am andern Ende und sagen ‚was gedacht werden kann, muß sicherlich eine Fiktion sein'." (S. 730) Das Fiktive ist der Leibraum des platonischen Pensums Ideenlehre im Labor des Nihilismus. Die konjekturaltopologischen Anführungsstriche der Artistenmetaphysik als Verkehrswissenschaft von Übermorgen erscheinen merkwürdig gebrochen: das spitzfindig Fiktive ist im sicheren Licht des „sicherlich" breitbasiert. Dem selbstischen Ichdunkel wird das Laubenlicht ausgeblasen, um die Kunstleuchte der epikureischen Askese zu entzünden. Sie fingiert Parmenides' Implikation des Nichts am anderen Ende falscher Lüste und ungenauen Wissens: „Daß das Nichts der eigentliche Ungedanke ist, den ein zu sich stehendes Denken nicht zulassen darf, das wird der eine und einheitliche Richtungspunkt, der den rechten Weg einhalten lehrt. [. . .] Es ist nur diese Aufweisung der Implikation des Nichts, auf der alles aufbaut." Hans-Georg Gadamer, Das Lehrgedicht des Parmenides, GW Bd. 6, S. 41f.

Übertragungsregel, die das ideenlogische Architekturat Egologie sprengt. Sie ist im Ethischen der Empfänglichkeit bis ins Quasi und Quale einer neuen Deduktion als Staat im Staate Philosophie behauptet, als Hoheitsakt des Hellhörens: Zweite Ethik von Heimatlosen der Ersten Philosophie. „Die Tropen der ethischen Sprache sind gewissen Strukturen der Beschreibung angemessen; im Sinne der Näherung, die vom Wissen absticht, und des Anlitzes, das sich von der Erscheinung abhebt.“ (AQE 155)

Die Instruktion des Endlichen aus dem Unendlichen, das Mehr im Weniger unfreiwilligen Fehls, ist auf das ethische Sprechen verwiesen, das auf der Kreuzung von Ichheit und Sittlichkeit verharrt. Es wahrt kryptische Züge ohne ontologische Immunität, dem Antlitz des Anderen zugleich abgelesen wie zugeschrieben. Ethisches Sprechen ist Ersuchen und Erbrechen um die Erwiderung tugendspezifischer Prädikate, wie sie die platonische Bestheit charakterisiert; Trauma und Skepsis um das goldene Band zur schönsten Führung oder um die Güte als Quelle des Unsichtbaren. Es ist ein geduldiger Aufbruch ohne die Assekuranz der Wiederkehr; Kerygma der Gabe, die am Rande des Zerrinnens unablässig, unbewohnt, ungewiß zum Sprechen anhält, die Erwiderung des Ex auf den Exodus von Anachorese und Apologie in das Exil des Psychismus. Die Philosophie kerygmatischen Ehrenworts verhält die Anderheit des Anderhaften zu Tauglichem und Tunlichem, das Taugliche messianischen Qualierens zum Tunlichen unstillbaren Stillstands. Ihr Tor des Todes verheißt kein Ankommen im sequentierten Trauerspiel um Fetischcharaktere von Machthunger, Vergöttlichung und Einsamkeit. Psychismus, das Ex des Exodus ins Exil, erwidert rätselhaft im Inkognito Antlitz zwischen Haut und Fleisch. „Es bedarf der Subjektivität, die allein ist, einzig, verschwiegen wie Kierkegaard sie geahnt hat.“ (SA 257) So erreicht die Geduld des Unendlichen, vom Hochgefühl des entmaterialisierten Prophetengottes der unbedachten Geste anbefohlen, die absolut geduldige Tat der Liturgie. Forderndes Flehen des puren Defizits, unmerkliche Gabe im enormen Raub, zweites Register im dritten Ohr, Hellhören als Geiselnahme des Gehörs im Jenseits des evidenzerkenntnispolitisch angeschlagenen Tonkörpers von der doppelten Membran der Geschichte und der Gewalt, schneidendes Sprechen in der Bedeutung ohne Kontext, melismatische Kehre in die exzentrische Positionalität der Schrift. Das Tunliche und Taugliche einer Redlichkeit, die Levinas' Epiphanie der unbedachten Geste als Botschaft von der schwierigen Heiligkeit, dem Opfer instruiert. Der Hoheitsakt von Heimatlosen, bebende Exaltation in Erwartung von Unfaßbarem und Erweckung zum Un-maß, schreibt die Religiosität des Sich als selige Fremde, exzentrisches Dia des Dialogs von Kreatur und Kosmos, Textur und Atextur, Naht und Riß, Ansteckung und Unterbrechung: Chaosmos, affektiver Hellhörraum für den Anspruch eines Anderen Gesetzes. So avanciert die unbedachte Geste zur königlichen Regung der fürstlichen Gestalt des Anderen, wohlwissend, daß das Ringen um das Maß einer maßlosen Sprache „den konstruktiven Adam nicht zu frühe ausziehen darf".[46] Extravagante Topik primären Traumas, unbeschreibliches Performativ wilder Skepsis, Gravur der agrammatikalischen Gabe einer seligen Fremde, im rationalen Diktat von Denken und Dichten artikuliert, dem Imperativ vom Zerspringen der Zeit im Akkusativ vom Springbrunnen der Seele. „Ursprung des Wertes oder des Guten, Idee der menschlichen Ordnung in dem Menschen verordneten Gebot. Sprache des Ungehörten, Sprache des Unerhörten, Sprache des Ungesagten, Schrift." (TU 10)[47] Erst in der gesättigten Schmach des Zögerns zwischen Scham und Schande hätten Luderbach und Schweinestiege als Bettler um das echofreie Hellhören der Hochgabe das Tor ihres Todes durchschritten, um in Abwandlungen um Ausstand, Ende und Ganzheit die Gabe des kerygmatischen Ehrenworts zu erkennen, die exotische Geographie des Aufbruchs ohne Wiederkehr im Abseits des Subjekts. Sie bringt in den Befehlsbereich des großen Stils von Trauma und Skepsis, vom Spürbaren der peinlichen Affektion, vom Denkbaren der wunderbaren Zeichen.

---

[46] So verlangt Ernst Bloch über das „Aufblättern der Dinge" im „Gottesgarten reiner Wesensbestimmungen" einen „fünften Sinn der Phänomenologie": „das sich entgegen Sehen, bis das Ding sich darin entgegen sieht." Geist der Utopie, S. 260f.

[47] Zur Botschaft von der schwierigen Heiligkeit hat Sigmund Freud die Begriffsbestimmung gegeben: „Sacer bedeutet nicht nur heilig, geweiht, sondern auch etwas, was wir nur mit verrucht, verabscheuenswert übersetzen können." Der Mann Moses, SA Bd. IX, S. 567. Die hier bedeutete Ambivalenz des Heiligen ist in Freuds Schrift „wie eine Tänzerin, die auf einer Zehenspitze balanciert" (S. 507), exponiert. In der Übersetzung von traumatischer Neurose und jüdischem Monotheismus wird der „merkwürdige Begriff der Heiligkeit" (S. 565) aus der Latenz einer exegetischen Entstellung heraus entfaltet. „Es ist bei der Entstellung eines Textes ähnlich wie bei einem Mord. Die Schwierigkeit liegt nicht in der Ausführung der Tat, sondern in der Beseitigung der Spuren." (S. 493) Das bekundete Zögern der Niederschrift Freuds ist das Verwerfen einer Erwiderung, die den Saum des Wiederholens zerreißt. Freuds Ambivalenz gegenüber der letztinstanzlich verfaßten Archéphilie ist darin zu sehen, daß er die weitausholende Spekulation der Kohärenz Wiederholung unterstellt, die das Gottesurteil erwidert, nachdem er den ontologischen Gottesbeweis ab-solviert hat. Genau diese Emanzipation von der Bedeutung des Symptoms Bewußtsein in der rätselhaften Lebendigkeit von Religionskapital und Neurosenwährung ist die unmögliche Formel für Freuds ‚Atheismus', d. h. der philosophische Theismus einer gottlosen Naturforschung. In Nietzsches metaphysisch gedachtem Wort ‚Gott ist tot' dauert das Sterben der entflohenen Götter. Aber für Levinas wird der „letzte Schlag gegen Gott" (Martin Heidegger, Nietzsche I, S. 240) noch geführt. Im tollen Menschen mit dem Gran Irre ist das Ereignis unterwegs, bei dem der letzte Mensch der Moderne nur blinzelt. Davon schreibt die gotische Theurgie gegen die Demiurgenblende seit Parmenides.

Schwierige Heiligkeit

„Der Ökonomie des Krieges entrinnt man nie."
Jacques Derrida, Die Schrift und die Differenz

„Vor dem Krieg waren die Altäre."
Emmanuel Levinas, Die Spur des Anderen

Levinas' Botschaft von der schwierigen Heiligkeit unterweist im Opfer der Schrift oder in der Schrift des Opfers. An Tod und Sprache gewinnt die Arkandisziplin Auferstehung die rätselhafte Lebendigkeit des wehrlosen Wehs, das den futuralen Text des Menschensprechens erregt und erschöpft. Die Anachorese der prophetischen Rede und die Apologie des richtenden Worts sind im Opfer als metaphänomenologischer Ruck im Revers der Reduktion markiert. Ein Ruck, der dem Halbbarbarischen im Iterativ Lebenssturm die extremanalytische Schärfe eines metametaphorischen Risses verleiht: Schneidendes Sprechen in die unabwendbare Obszönität des makellos enthaltsamen Platonpensums. Mit der prophetischen Rede erhalten die metaphysischen Anfangsgründe des Bruchs mit Parmenides im Wagnis des Pluralismus den zeitexzentrischen Index unvordenklicher Vergangenheit. So brennt Kants Hermetik des Unbegreiflichen im Drama des Seinsverlangens auf eine materiale Antizipation der Wahrnehmung einer Gottesidee durch, die dem Postillon Verstehen[1] von Hegel bis Gadamer versagt ist, weil der von sich her sprechende Andere in Spuren der Bedeutung ohne Kontext passiert, wo Opfersinn und Schriftzug in der generativen Symbolizität des Regimes der nächsten Kühnheit verkehren.

---

[1] Klaas Huizing, Physiognomisierte Urschrift. Levinas' Postscriptum der Moderne, in: Parabel Bd. 12, S. 33: „Als leibhaftiger Kurier kultureller Bedeutung läßt er die epochal verbindliche Ordnung unangetastet. Nur in der je eigenen Verbildlichung oder Formierung des immer schon vorgegebenen Bildentwurfs besteht die Freiheit des Anderen. Vom Ich thematisiert, verkommt er letztlich zum Gegenstand hermeneutischer Selbstversicherung." Levinas' Relektüren der Tradition in einem „Florilegium von Textsegmenten" aber zeigen den „Archäologen der Schrift", der Bedeutungskraft als „Liebesforderung" einklagt. „Immer nimmt er sich das Ganze des Okzidents vor, um in der Relektüre das Verdrängte, Retuschierte zu entziffern und wie das Kassiber Gefangener zu dekodieren." (S. 34f.)

Vom Ruck in der Relation zum Riß in der Religion erstreckt sich die Dynamik der geschmeidigen Umbauten der unbesonnenen Lust am sprechenden Körper, die AQE in Umschöpfung von Urworten dem überdehnten Belastbarkeitstest unterwirft, der sich im Hochgefühl eines entmaterialisierten Gottes zusammenzieht, um das Endstück des Anderen mit einem Einschlag von Oben zu versenden, welcher die Dauerspur der platonischen Ideenlehre – symphilosophisches Formgesetz obsessiv geistiger Bacchanale im Nominierungszauber universaler Sprachkultur – als fruchtbar gravierte Gabe erneuert, verschiebt und umformt. Der Verkehr im Inkognito von Antlitz zu Antlitz ist Hochgabe, das Zueinander von Fernen im Einschlag von Oben, der Riß der Religion im Ruck der Relation. So zieht die Geduld des Unendlichen auf, um sich in der bequemen Frechheit banausisch verstockten Daseins zu behaupten: als magere Marge seiender Fremde, am Rande des Zerrinnens vor der unbeugsamen Vorladung, die den Denkakt erdrückt und die Schlußform erstickt. Das Antlitz des Anderen ist schwierige Heiligkeit, weil es nicht in ontologischer Wehr übernehmen kann, was es in ethischem Weh zu erleiden berufen ist; weil die Ordnung der Hochgabe, zur Genüge geschaut, auf dem Schauplatz der Schrift den Verzicht erhört, der das Gehör zur Geisel nimmt, Geisel des zweiten Registers im dritten Ohr, die die Naht der Membrane luxiert, Textur und Atextur im kindlichen Schütteln des Schluchzens. „Das Ohr, das nötig ist zum rechten Hören, ist der Gehorsam.“[2] Das horchsamere Hören im Gehorsam ist die Geisel des Gangs zum Unsichtbaren auf der Bahn der Liebe, in der Ernst Bloch die Musik philosophieren hieß, um den Membranen des selbstischen Ichdunkels das römische Reich des Inwendigen zu errichten, Figuralparadigma des verborgenen Handgriffs der Antiphysis des Hellhörens, absolutes Klangbild der pythagoreischen Einheitslehre von Ethik, Arithmetik und Harmonik.[3]

---

[2] Martin Heidegger, Heraklit, GA Bd. 55, S. 260. In den ‚Beiträgen zur Philosophie. Vom Ereignis‘ winkt dem Gehorsam „die Ausmessung des weitesten Zeit-Spiel-Raumes des Seyns“, von dem Heidegger den wenigen „Zukünftigen des letzten Gottes“ erklärt: „In diesen Winken wird das Gesetz des letzten Gottes erwunken, das Gesetz der großen Vereinzelung im Da-sein, der Einsamkeit des Opfers, der Einzigkeit der Wahl der kürzesten und steilsten Bahn.“ GA Bd. 65, S. 408. Es ist schwer zu bestimmen, was bei der Vermischung von Einzigkeit und Einsamkeit in Heideggers Botschaft von der schwierigen Heiligkeit an Hörigkeit aufklingt und doch einem unerhörten Aufhorchen Weite bereitet.

[3] „Blochs ‚Geist der Utopie‘ ist die spekulative Ästhetik des musikalischen Auszugs aus der entzauberten Welt; sie deutet Musik als Theologie der noch nicht existenten Gemeinde. Bloch schreibt Musiktheorie als Reichstheologie, und diese musikalische Phänomenologie des gnostischen Menschengeistes sagt Hegels Phänomenologie des Geistes dieser Welt den Kampf an. Doch wie Hegel spottet Bloch über die ‚kraftlose Schönheit‘ der Griechen und

Fremde Musik

Die Botschaft von der schwierigen Heiligkeit ist die Zeitspur unvordenklicher Vergangenheit, die Falten der Vorladung in die Haut legt. Es ist die schneidende Einfalt der Falte, die die Macht aus dem verklingenden Wort entfernt, die Vergöttlichung aus der sedimentierten Schrift vertreibt und das Opfer vor der ontologischen Einsamkeit bewahrt. Das ist Stoß, Stachel und Stich der Botschaft von der schwierigen Heiligkeit, die die einzigartige Konjunktion von Präsenz und Absenz in der extremanalytischen Weite des Angriffswissens von AQE sequentiert, „anachronische Geburt, vorgängig ihrer eigentümlichen Gegenwart, Nicht-Anfang, Anarchie": „Geburt des Subjekts im Nicht-Anfang der Anarchie und im Nicht-Ende der Verpflichtung, ruhmreich wachsend, als ob sich in ihr das Unendliche ereignete. In der absoluten Vorladung des Subjekts vernimmt sich rätselhaft das Unendliche: das Diesseits und das Jenseits. Man wird die Tragweite und den Akzent der Stimme präzisieren müssen, in der das Unendliche sich so vernimmt." (AQE 178)[4] Es ist die Stimme des „exzentrierten Ich und der Radargeräte"[5] Trauma und Skepsis, die im Krisenindex der Anführungsstriche und Diebshaken das unvergeßlich Vergessene zu bergen sucht; die Spur des Anderen, in der die Verkehrswissenschaft von

der Renaissance, die sich vor der ungeheuren Macht des Negativen bewahren möchte. Im Ernst der echten utopischen Kunst spricht der gotische Geist der Auferstehung, der dem Tod ins Angesicht geschaut hat: ‚Exitus-Exodus'." Norbert Bolz, Auszug aus der entzauberten Welt, S. 41f.

4 In Nietzsches Immoralismus ‚Jenseits von Gut und Böse' wird der Philosoph unter Vorladung gestellt. Sein Angriffswissen akzentuiert das Königswort vom Vorkommen der Demut im doppelten Register grammatologischer Moralität – sie präzisiert „vor allem die Bereitwilligkeit zu großen Verantwortungen, die Hoheit herrschender Blicke und Niederblicke, das Sich-Abgetrennt-Fühlen von der Menge und ihren Pflichten und Tugenden, das leutselige Beschützen und Verteidigen dessen, was mißverstanden und verleumdet wird, sei es Gott, sei es Teufel, die Lust und Übung in der großen Gerechtigkeit, die Kunst des Befehlens, die Weite des Willens, das langsame Auge, welches selten bewundert, selten hinaufblickt, selten liebt". Friedrich Nietzsche, Werke, Bd. II, S. 680

5 Gottfried Benn, Brief an Oelze vom 21. 11. 1946, Zitat nach Norbert Bolz, Auszug aus der entzauberten Welt, S. 173. Ichexzentriert ist das Symptom des Menschen vor den formfordernden Mächten des Nichts gezeichnet. Deshalb ist Benns frühe religionsphysiologische Ekstasenlehre um Zerstäubungen der Stirn und Entschweifungen der Schläfe mit der Schaffung einer anderen Syntax befaßt. Der panische Insult durch die schwarze Letter wird artistisch calmiert. Die Exposition des Formgefühls vom dionysischen Leben ohne Himmelfahrt gebührt der schwarzen Kutte: „Für etwas, das jenseits deiner liegt, bist du erschaffen." (GW Bd. II, S. 181)

Übermorgen subjektmagisch als Fernnähe seliger Fremde firmiert, Zorn im Zusatz der Milde, Geheimnis im Aufzug der Redlichkeit, Kerygma der Ejakulation des Akkusativs. Stimme der großen Seele des Opfers und des weisen Gesetzes der Schrift, Rationalitätschance schneidenden Sprechens im fordernden Flehen, präzise im Gang zum Unsichtbaren, graziös auf der Bahn der Liebe, so geschieht ernüchtertes Erwachen im Empfang der „Affektion durch das absolut Andere" (WG 163).[6] AQE, die Experimentalphilosophie der absoluten Instanz des Hellhörens im kindlichen Schütteln des Schluchzens, in das sich das „Empfangen der äußersten Gabe: für den Anderen zu sterben" (WG 214) übersetzt. Die Katamnese der Affektion in der Bedeutung ohne Kontext bezeichnet die exotische Geographie des Superlativs, der in keinem Deutungsspiel humanwissenschaftlicher Organisation von Vergleichsbereichen[7] zu verwischen ist, weil ihre schwierige Botschaft die ontologische Ordnung im Mehr von Emphase und Hyperbole erzieht, die das Heilige im Besser ethischer Differenz erreicht. Die schwierige Heiligkeit eröffnet sich im Antlitz des Anderen als Diachronie, unumkehrbares Vergehen der Jugend und unaufhaltsames Zugehen aufs Alter: Doppellebenslust im Sterbenkönnen, bewegtes Zusammen, reizbare Tastatur und Tiefenglück durch Mark und Bein, Acheronta movebo oder exzentrische Positionalität der „Judaität"[8] im Stillebentext AQE: Überweltengroße Visionen

---

[6] Das definite Steuerelement, das im affinen Zusammenhang affektiver Qualitäten ins Unendliche prozessiert, hat Levinas als unvordenkliche Vergangenheit im Vorwärts von unerbittlicher Härte beschrieben. „Schon bei der Näherung bin ich Diener des Nächsten, bereits zu spät und diese Verspätung schuldig. Es ist als würde ich von außen – traumatisch – gesteuert, ohne mir dabei die Kraft, die mich leitet, innerlich vorstellen oder begrifflich erfassen zu können." (AQE 110)

[7] Im Systemzustand der Humanwissenschaften werden Götterattribute als wissende Eigenschaft und sinnige Relation disziplinärer Gewaltenteilung remythisiert. Im Pantheon des Methodensinns tributiert der strenge Erkenntnisakt dem Ernst der Offenbarungsqualität. Im wissenslogischen Traktat residieren sekundäre Rationalisierungen einer theologischen Hyperbel, die sich im hermeneutischen Residuum der Weltvernichtung vollstreckt sieht, die Hellhören durch Hellsicht supplementiert. Denn Hermeneutik tritt an, sich „dem blinden Schöpfer als hellsichtigen Vollender zu attachieren. So entsteht, eine Etage unter dem Genie, eine neue ästhetische Elite der Kritik und der Auslegung." Hans Blumenberg, Arbeit am Mythos, Frankfurt/M. 1984, S. 189

[8] DL 297: „Die Judaität ist eine Nicht-Koinzidenz in der Koinzidenz mit ihrer Zeit: ein Anachronismus im radikalen Sinn des Wortes, die Simultaneität einer Jugend, die, dem Wirklichen zugewandt, ungeduldig an seiner Veränderung arbeitet, und eines Alters, das alles gesehen hat und in den Ursprung der Dinge zurückkehrt." Ernst Bloch hat die Herzzelle der Conditio Judaica auf drei Züge gebracht: „Zuerst das eifernde, völlig

vom Messias im Pluralis sind die Herzzellen des Hellhörens. Im Antlitz des Anderen ist das genau vergeltende Sterbliche einer Stimme aufgeworfen, deren Volumen tiefer liegt als die Furchen, die das Denken Heideggers in die Erde zieht, deren Akzent weiter reicht als die Lebenswelt, der Husserls Anschauung das „Ackerfeld einer methodischen Arbeitsphilosophie“[9] gründet: der sechste Sinn der Phänomenologie, die dem Sich entgegen hört, bis der Andere darin dem Sich entgegenhört. Ihre überweltengroße Vision in Dunkelkammern des gelebten Augenblicks ist der antiepische Mikroaeon aller konstruktiven Archäologie philosophischer Idealismen; eine „Entgegenwärtigung des Heute“[10] im zweiten Register des dritten Ohrs, die die Weltgeschichte des Selben als Heilsgeschichte des Einen auf der Spitze erwidernder Wiederholung zerfällt, um im Dia des Dialogs von Kosmos und Kreatur als quasinaturgeschichtliche Antiphysis des Anderen einzufallen: metaphänomenologischer Ruck und metametaphorischer Riß im Revers der Reduktion. „Es ist vielleicht an der Zeit, in dieser Hypokrisie nicht nur einen zufälligen häßlichen Fehler des Menschen zu erkennen, sondern die tiefe Zerrissenheit einer Welt, die zugleich auf die Philosophen und die Propheten hört“ (TU 24). Das Eins, uneins gezweit: höchster Preis und unbegreifliche Drohung des Programmbefehls auf das Losungswort der Namen, die im Akkusativ den Imperativ des Vollstreckens erwarten, Chaosmos als intransitives Oxymoron von Kreatur und Kosmos. „Der Prophet fällt *philosophisch* dem Philosophen ins Wort, eine ‚methodische Schizophrenie‘, die in jedem Moment sein Werk von Grund auf bedroht und ineins trägt.“[11]

---

willensmäßige Verhalten gegen die Welt; danach der Drang auf die Verwandlung des Lebens zur Reinheit, Geistigkeit und Einheitlichkeit, womit der Gerechte die Schlüsselgewalt über das Obere erlangt; und schließlich – mit überweltengroßen Visionen – das ebensowohl motorische als prägnant historische, unbildliche, unnaturhafte Gerichtetsein auf ein noch nicht daseiendes messianisches Ziel über die Welt.“ Geist der Utopie, S. 321f.

9 Edmund Husserl, Hua Bd. VI, S. 104

10 Martin Heidegger, Sein und Zeit, S. 391. Im gleichen Zusammenhang einer antiepischen „Entwöhnung von den Üblichkeiten des Man“ verlangt Heidegger die konstruktive „Ehrfurcht vor der einzigen Autorität, die ein freies Existieren haben kann, vor den wiederholbaren Möglichkeiten der Existenz.“ Levinas wird diese Ehrfurcht durch die Kompressoren Trauma und Skepsis auf die Spur des Anderen setzen, wo der Entzug in Huldigung die sterbende Stimme des aufgedeckten Angesichts beim wahren Namen ruft. Er könnte Aristoteles, Kant oder Kierkegaard lauten. Oder aber Shakespeare.

11 Michael Mayer, Transzendenz und Geschichte, in: Parabel Bd. 12, S. 245. Durch die Formulierung „geschichtlich ohne Schicksal“ (TU 406) angeregt, schlägt Mayer vor, das Jenseits des Antlitzes als Phänomenologie einer Geschlechtergenealogie zu lesen, als „jüdische Transhistorizität“ (S. 246).

Das ist die kristalline Einsicht um Luderbach und Schweinestiege, bis zur Tränensprache des Psychismus verdichtet, die die physiognomische Metapher des Antlitzes rätselhaft klar umspielt. Der Faltenwurf schwieriger Heiligkeit, der die Verflechtung des Psychismus in Augenblicklichkeit allen daseinswichtigen Iterativs vom Lebenssturm beschreibt, ist Anachoresen prophetischer Rede und Apologien richtenden Worts verschlungen. Trauma und Skepsis sind der Chiasmus bindender Trennung der getrennt seienden Fremden.[12] Ersuchen und Erbrechen entbieten die Botschaft von der schwierigen Heiligkeit, die im Opfer den Denkakt erstickt und in Schrift die Schlußform erdrückt. Im puren Defizit, Schluchzen im extremanalytischen Stillebentext AQE, ist der Primat panoramatischen Erfassens bestritten, wo die Gewalt des Erkennens und die Geschichte des Erkönnens im Licht der Vernunft des Logos des Selben zu erstrahlen wissen. Schneidendes Sprechen ethischer Differenz, die im Besser der Bedeutung ohne Kontext das Mehr der ontologisch befaßten Bedeutung erschüttert; strukturale Zäsur aus Ruck und Riß im Revers der Reduktion, die im Bürgerkrieg der Sprache unterbricht. Die Botschaft von der schwierigen Heiligkeit im Antlitz des Anderen ist keine Korrelation im Sinne des phänomenologischen Schemas von Noesis und Noema, von Auffassungsform und Auffassungsinhalt. Ethisches Sprechen aus Staaten im Staate ist das Zeugnis der Verkehrswissenschaft von Übermorgen aus unvergeßlich Vergessenem, Investitur und Magisterium der genau vergeltenden Gabe Verantwortung, die Redaktion einer Stimme, die die unbesonnene Lust am sprechenden Körper akzentuiert, die pathematische Übung der Religion in der Relation. Hier gewinnen Ekstasen der Abstraktion das besonnene Feuer der Geduld des Unendlichen, die in der bebenden Exaltation irrwitziger Gelehrsamkeit und schroffer Übertreibung antritt, das Endliche aus Höhen der Hochgabe zur Geisel des Gehörs zu erhören.[13] Acheronta movebo ist die erste

---

12 Zum Modell bindender Trennung ist der Vorspruch zur Zeitschrift ‚Die Kreatur' zu hören. Er ist von Rosenzweigs Denkweise und Sprachführung inspiriert. Die ‚Kreatur' wollte „nicht etwa Theologie treiben, eher, in geistiger Demut, Kosmologie." Ihr Impuls war „ein Ja zur Verbundenheit der geschöpflichen Welt, der Welt als Kreatur". Sie gab ihm die Formel des Gesprächs: „der grüßende Zuruf hinüber und herüber, das Sich-einander-Auftun in der Strenge und Klarheit eigenen Beschlossenseins, die Unterredung über die gemeinsame Sorge um die Kreatur. Es gibt ein Zusammengehen ohne Zusammenkommen. Es gibt ein Zusammenwirken ohne Zusammenkommen. Es gibt eine Einung der Gebete ohne Einung der Beter." (GS Bd. 1,2, S. 1091f.) Das Dia des Dialogs von Kosmos und Kreatur ist auch bei Levinas' Querung des Sprechens oder Passion des Sagens Vorkommen der Demut – Chiasmus von Chaogito und Chaosmos.

13 Man muß das Magisterium als Kehre der sokratischen Maieutik nehmen. Aus der Bestimmung der Philosophie als Fußnote zu Platon wird eine Meditation über Shake-

Unterweisung aus Höhen zu Höhen, Hoheitsakt von Heimatlosen, der weder sich noch uns in Geschichte und Gewalt übersetzt. Sie zeichnet vielmehr das Vorkommen der Demut im Affektkristall des Anderen Gesetzes: das Paradies im Schatten der Schwerter Trauma und Skepsis, die Auferstehung des Erstlings Ehrenwort im artistischen Formungswert der Anführungsstriche und Diebshaken, die Passion des Sagens.[14]

Passion des Sagens

Durch die Investitur ethischen Sprechens, die Apologie des Psychismus oder des Aufbruchs ohne Wiederkehr, ist das Antlitz des Anderen erwählt, durch das Gute erwählt und der Bestimmung des Guten geweiht, dem Ersuchen und Erbrechen der bindenden Trennung. Es ist die Wahl des Anachronismus, „Anachronismus par excellence einer Vergangenheit, die niemals ein Jetzt war." (SA 258) So ist Sprache ins ethische Sprechen verschlagen: Schlag der Sprache, der im Sprechen ein- oder ausschlägt, um ein Zwischen zu markieren, das man ethische Differenz nennen kann. Ethische Differenz oder die rätselhafte Lebendigkeit der hermetischen Aufenthaltsdeutung Staat im Staate, das Phantomglied Desistenz auf dem Medienplateau Zombiesprache unter dem Diktat des Denkens und Dichtens. Sie unterhält den

---

speare. Das Magisterium oder die Unterweisung ist der kritische Kern der Rationalität des Angriffswissens, der Levinas' Destruktion des Idealismus trägt. „Die Idee des Unendlichen in mir, die einen Inhalt impliziert, der über den Rand des Gefäßes überfließt, bricht mit dem Vorurteil der Maieutik, ohne mit dem Rationalismus zu brechen; denn weit davon entfernt, den Geist zu vergewaltigen, bedingt die Idee des Unendlichen die eigentliche Gewaltlosigkeit, d. h. sie stiftet die Ethik. Der Andere ist für die Vernunft kein Skandal, der sie in dialektische Bewegung versetzt, sondern die erste Unterweisung." (TU 293f.)

14 Aus den Lefzen in Baudelaires passioniertem Biß des Sagens tropft räudige Ungeduld. In der glitzernden Metropole der Maske des Füreinander marodiert der exzentrische Mime mit rabiatem Aufzug. Im tiefsten Dichterwillen soll sein Auftauchen aus dem Abgrunde den Weltlauf unterbrechen. Höhnisch wirft er dem Tand und Glitter der Zirkulation das lumpigste Warenzeichen hinterdrein. Im Revers der aleatorischen Diskurse um die unmögliche Würde des prostituierten Lebens indes – „das verwirrende Mysterium der animalischen und katzenhaften Präsenz, deren eigentümliche Zweideutigkeit zu beschwören Baudelaire sich gefällt" (TU 223) – ist das Verkehrswissen von Übermorgen geparkt. „Die Seele – die Dimension des Psychischen, des Vollzugs der Trennung – ist ihrer Natur nach atheistisch." (TU 76) So gewinnt der Spleen, der sich als Exaltation der Sprache faßt, Gewalt über den Furor der romantischen Todesidee.

Psychismus: „Die personale Ordnung, zu der uns das Antlitz nötigt, ist jenseits des Seins." (SA 229) Die ethische Differenz, der Faltenwurf der makellosen Haut des Logos des Selben, ist das Ersuchen oder Erbrechen der bindenden Trennung ohne ein Entsprechen der getrennten Seienden. Tief sticht der Stachel der seienden Fremde, weit reicht die Herrlichkeit langer Sehnsucht, lange wacht der Dienst der Nächstenliebe. Ethisches Sprechen differiert um die Nicht-Indifferenz von primärem Trauma und wilder Skepsis in der Paarung unantastbarer Körperschaften. Hier wird der Knoten des Magisteriums und der Investitur im Chiasmus von Trauma und Skepsis geschürzt. Lebenden Toten lehrt das Vitalzeichen Transzendenz eine Lektion, die das Opfer des Lebens und die Schrift des Todes absichtslos verflechtet: Chiasmus im Raum der Kontiguitäten und Achsendrehung im Stundenbuch der Sturzgeburten; ein Sterbenkönnen, das seinen Herzschlag nicht vom Menschen hat und im Drama des Seinsverlangen von Parmenides bis Heidegger Fermente kommender Destruktion bezeichnet[15]: Exitus und Exodus, die kalte Teufelsfaust der Apokalypse, im Apriori von Politik und Kultur geballt.[16] „Wie wenn eine seltsame Schwäche die Gegenwart oder das In-actu-Sein erschauern ließe und erschütterte." (HAM 6) Die ethische Differenz ist die nichtintentionale Szene von Opfern und Schriften des schneidenden Sprechens im gewagteren Iterativ Lebenssturm, die Investitur und das Magisterium einer Nacktheit, die das Welken und Runzeln im Antlitz des Anderen entblößt.[17] Entblößtes Ersuchen oder Erbrechen der Botschaft

15 Alain Finkielkraut hat das Drama des Seinsverlangens als egologische Aporie ausgemalt. Im Antlitz des Anderen ist es „unmöglich, unbefangen und aus dem vollen zu existieren, sei es als hedonistisches Ich, das seinen Genüssen lebt, als heroisches Ich, das seine Macht entfaltet, oder als bürgerliches Ich, das sich der Verfolgung seiner Interessen verschrieben hat. Der Andere: der, der uns das Spiel des Seins verdirbt." Die Weisheit der Liebe, S. 135

16 Mit Novalis, dem Napoleon der frühromantischen Intelligenz, erfolgt die Intervention im Niemandsland zwischen Philosophie und Geschichte, die das Abseits des Fichteschen Subjekts als exotische Geographie eines Aufbruchs ohne Wiederkehr exponiert. Die verwegenste Sprachmagie um das für einen Messias in tausend Gliedern exkommunizierte Ich operiert metakritisch: Mit der Gedankenwelt eines im Rationalen artikulierten vernünftigen Chaos hat Novalis „das Geschichtsthema der moralphilosophischen Okkupation entwunden, um es für die religionsphilosophische Systembildung freizustellen." Hermann Timm, Die heilige Revolution, S. 82

17 Die zerfurchte Haut im Antlitz des Anderen ist eine von verschlungenen Pfaden der Vergangenheit zerfressene Gegenwart. Ihre kleinen Pforten ins Revers meines Blicks schlagen Schneisen, durch die sich der Andere entzieht und sein Antlitz mich bedrängt. Diesen gefahrenseligen Augenblick der Verwüstung hat Alain Finkielkraut als Zeugnis der verfehlten Entgegnung bestimmt. „Die Falten, die die Schönheit des Gesichts ruinieren,

von der schwierigen Heiligkeit, die als Aussetzung der mantischen Analytik der Vernunftidee Psychose in entscheidende Augenblicke des Unmenschlichen übersetzt: unter Vorladung. Sie ist die Auslese vor der Apparatur ethischer Differenz, die Ausnahme des Anderen im Wunder der Rationalität, die die Religion in der Relation aufweist. Geheiß der Geiselnahme des Gehörs durchs Diesseits fungierender Intentionalität, Jenseits jemeinigen Seinsverstehens, die weder bei Heidegger noch bei Husserl Entsprechen haben können. Trauma und Skepsis entblößen die Hüllen und Füllen der Apologie des Psychismus bis zur Entwaffnung des Denkens, Fassungslosigkeit der Intelligenz, Blöße des Ereignisses, Staat im Staat: Acheronta movebo unter Vorladung. Bindende Trennung der getrennt seienden Fremde ist der geräumte und gewogene Affektkristall von Zeitspur und Rätselstoff in der Fremderfahrung des Anderen: Investitur primären Traumas und Magisterium wilder Skepsis oder die Botschaft von der schwierigen Heiligkeit im Herzen der Gefahr. Denn wo es mit der Verantwortung im Gedankenzug der Reflexionsbestimmungen nicht weiter geht, läßt sich die Vorladung in die Religiosität des Sich gehen. Sie exponiert die ethische Differenz als Standrecht des wunderbaren Augenblicks vom hermetischen Sein zum eminenten Text der Zukunft: das Andere Gesetz der zivilpolitischen Sublimation im Hochgefühl der entmaterialisierten Gottesidee. So postuliert Levinas die „Entkernung des Substanzkerns des Ich, der sich im Selben formt", als Desistenz oder gebrechliche Innigkeit im Vorwärts von unerbittlicher Härte. Die extremanalytische Weite des Verharrens vor dem Unvereinbaren im Stillebentext AQE, im Rationalen artikuliert, wird zur Formkraft des Angriffswissen im Diktat von Dichten und Denken. „Die Einzigkeit, außer Begriff, Psychismus als Gran Irre, der Psychismus bereits Psychose, nicht ein Ich, sondern ich unter Vorladung." (AQE 180)[18]

Klaas Huizing hat die Züge der ethischen Differenz aufgezählt: „1. anarchische

---

machen es zu jener flüchtigen und gebieterischen Wirklichkeit, für die mir die Verantwortung zufällt. Mit seiner zerfurchten Haut ist der Andere nicht der Gegner des Ichs, sondern die Aufgabe, die ihm zu treuen Händen übergeben wird." Die Weisheit der Liebe, S. 36

18 Im Gran Irre (*grain de folie*) ist die exzentrische Positionalität der Abstandnahme vom selbstischen Ichdunkel dem Geschöpf von Abdankungen erkenntlich. So wird das Drama des Seinsverlangens aus den henologisch fundierten Begriffsangeln gehoben und aus der ontologischen Allianz von Denkakt und Schlußform gedreht. In der entkernten Herzzelle der Botschaft von der schwierigen Heiligkeit taktiert die Katamnese der Affektion das exzentrierte Ich und die Radargeräte Trauma und Skepsis. Gebieterisch bekundet sich die Niederlage des Lichts. „Das Entdeckte gibt in der Entdeckung sein Geheimnis nicht preis, das Verborgene enthüllt sich nicht, die Nacht zerstreut sich nicht." (TU 379)

und kontextlose Vergangenheit statt Präsenz und und kontextueller Eingegliedertheit; 2. Unrichtigkeit, Doppeldeutigkeit und Unsicherheit statt feststellender Beständigkeit und Objektivität; 3. ‚Zeugnis ablegen von der Spur' statt allgemeingültiger Evidenz; 4. einzigartiges Verhältnis statt universaler Mittelbarkeit und Gültigkeit; 5. rätselhafte Direktheit statt der Eindrucksmächtigkeit des Phänomens; 6. laterales Verhältnis statt erfüllter Intention."[19] Auf der Achsendrehung des Raumgestaltensehens und des Tonfigurenhörens im Standrecht des Augenblicks der Auslese vor der Apparatur der Vorladung erfolgt die Sturzgeburt der Anderheit des Anderhaften im Stundenbuch AQE. Die Inversion des conatus mündet im Aufruf zu einer neuen Rationalität, die die Umschöpfung von Urworten bis zur Umbildung ins Unleserliche betreibt, ins Irgendwo zwischen Haut und Fleisch, der der Ruck in der Relation und der Riß in der Religion formforderndes Flehen wird: die strenge Stimme Kerygma als Obsession des Akkusativs, deren Volumen mehr als Verpflichtung, deren Akzent besser als Verantwortung skandiert. So wird der Imperativ des Denkens und Dichtens im Antlitz des Anderen in unbedachten Gesten erkenntlich. „Die Obsession durch den Nächsten ist stärker als die Negativität. Mit dem Gewicht

[19] Klaas Huizing, Das Sein und der Andere. München 1988, S. 144. Huizing betont Levinas' „Revolutionierung in der Theoriekultur" (S. 190), die sich der „Soufflierung des Heideggerschen Diskurses" (S. 172) bedient, um Husserls Phänomenologie der phänomenologischen Reduktion zu verschärfen. „Husserls Methodenkonzept derart radikalisiert, wird als die primordiale Grundsituation nicht die eines unbeteiligten Zuschauers, sondern die ethischer Verantwortlichkeit freigelegt, die der Ebene des Bewußtseins voraufliegt." (S. 193) Diese Radikalität der rationalen Formkraft des Absoluten wird insbesondere im Spätwerk AQE erreicht, das die Skandierungen der hermeneutischen Grammatik zugunsten der Polysemie der hebräischen Syntax verwirft. „Seine Sprachgebilde oszillieren zwischen gelehrter Wissenschaftlichkeit und expressiver Kryptik hin und her. Nach kritischen Analysen der okzidentalen Episteme brechen Wortkaskaden ein, die den philosophischen Diskurs kontrapunktieren, – und zwar immer dann, wenn der von Levinas angenäherte Andere oder die radikale Unizität sich der Trennschärfe des Begriffs widersetzen und ihre eigene Bedeutung in der Domestizierung des Begriffs verlieren: die Einfriedung und Ausgrenzung zerstört die Anderheit des Anderen und die Unizität des Einen." (S. 201) Huizings Schlußbemerkung trifft den extravaganten Grenzcharakter in Levinas Diskurskalkül, das wuchtige Zugleich von esoterischer Ausdruckskunst und stilistischer Sprachstrenge. „Letztlich besteht der Kalkül darin, am Schrieb lesend das Denken aus der Kehre einzuüben. Noch die Unruhe der Ecriture evoziert die Destabilität und Unbeständigkeit, Atemlosigkeit und Anstrengung der ethischen Subjektivität, ist selbst Nachhall einer Erfahrung des Angegangenseins und Hinterlassenschaft einer Spur des Begehrens des Anderen." (S. 208f.)

ihres Schweigens selbst lähmt sie die Fähigkeit, dieses Gewicht zu übernehmen. Die bewußte Rede kann diese Ohnmacht noch sagen, ohne die Affektion zu heilen, die das Bewußtsein zerreißt, ohne durch das Geständnis ihrer Ohnmacht das ,Gran Irre' auszureißen – Splitter im Fleisch der Vernunft –, das das Erbeben der Subjektivität ist; selbst beim Philosophen, der davon spricht, und der, jenseits der Universalität, in der die gesagte Subjektivität erscheint, vom Nächsten besessene Subjektivität bleibt." (AQE 105)[20]

Aussetzungen

Strenge Stimme Kerygma, die im Stelldichein von Frage und Fragezeichen interveniert, um im Stelldichaus von Trauma und Skepsis unter Vorladung einer exotischen Geographie acherontischer Kavernen zu stellen, deren Erstling Ehrenwort im wehrlosen Weh des Hellhörens die Geschichte in Anführungsstriche und die Gewalt in Diebshaken stellt. Levinas' Frage und Fragezeichen im Superlativ einer Witterung fürs Wanken, die sich entgegen fragt, bis der Andere darin der Religiosität des Sich entgegen fragt: „Was aber ist gekommen, das Subjekt zu verletzen, daß es seine Gedanken exponiert oder sich in seinem Sagen aussetzt?!" (AQE 105) Das ist der sechste Sinn der phänomenologischen Frage. In ihr verweist die pneumatische Exegese auf die namhafte Botschaft von der schwierigen Heiligkeit, die namenlos ergeht, weil die unbedachte Geste im „gordischen Knoten des Leibes" (AQE 97) geschürzt ist; Signal vom Gran Irre, Signum des Psychismus, Siegel der Psychose, dessen also, daß Eines in Blöße gerufen, zur Vorladung gestellt, zum Verhör bestimmt ist, bevor es das Wort ergreift, um den Hüllen und Füllen von Macht, Vergöttlichung, Einsamkeit zu erliegen. Die ethische Differenz ist die Einführung einer Botschaft, die aus dem Antlitz des Anderen ergeht, um im Namen der Obsession des Akkusativs die Namen der schwierigen Heiligkeit zu vergeben, der Imperativ der Katamnese der Affektion im kundigen Atemnetz der Arkandisziplin

---

20 Als Splitter im Fleisch der Vernunft bezeichnet das Gran Irre die peinliche Affektion und das wunderbare Zeichen der unbedachten Geste im schneidensten Sprechen, im Spitzensatz vom Phantomglied Desistenz auf dem Medienplateau Zombiesprache. Sie läßt die Ohnmacht als königliche Regung und das Schweigen als fürstliche Gestalt eines Hellhörens verlauten, das die Akroamatik des Angriffswissens im Ehrenwort anstimmt. Störrischer Nacken höchster Klarheit in der transzendentalen Akustik des Akkusativs gebrechlicher Innigkeit, den der unendlich fromme Atheist Spinoza zu erhören vermochte, stärker als alle Negativität.

Auferstehung, königliche Regung im Phantomglied Desistenz und fürstliche Gestalt auf dem Medienplateau Zombiesprache. Ethisches Sprechen im Vorwärts von unerbittlicher Härte ist das entblößte Ersuchen und Erbrechen um Masse und Stütze der Katamnese der Affektion im Wagnis des Pluralismus; vom messianischen Qualieren des Opfers im Trauma, vom unstillbaren Stillstand der Schrift in der Skepsis, von der Auslese der Verantwortung vor der Apparatur Vorladung. Formforderndes Flehen in der strengen Stimme Kerygma, dem sich das Sagen in seinem promordialen Rätsel sagt, im Zeugnis der verfehlten Entgegnung auf die Metonymie des geschundenen Anderen. In ihm erwacht ein ernüchterter Empfang, Emphase und Hyperbole, die im Hochgefühl des entmaterialisierten Prophetengottes erzittern. Dies Regime der nächsten Kühnheit, Hoheitsakt von Heimatlosen in der Herzzelle der Witterung fürs Wanken, Ex im Gran Irre des Exodus des Psychismus ins Exil der Psychose, hat „Niemand" zur Adresse. „Der ‚Stützpunkt', an dem jene Umwendung des Seins zu sich selbst, die man Wissen oder Geist nennt, geschieht, bezeichnet also die Einzigartigkeit par excellence, sicherlich fähig, in einer indirekten Sprache zu erscheinen, unter einem Eigennamen, als ein *Seiendes*, fähig also, sich an den Rand der für jedes Gesagte charakteristischen Allgemeinheit zu setzen und sich dort auf das *Wesen* zu beziehen; zuvor jedoch Nicht-Quidditas – Niemand – bekleidet mit einem lediglich ausgeliehenen Sein, das ihre namenlose Singularität maskiert, indem es ihr eine Rolle zuteilt; der Stützpunkt des Geistes ist Personalpronomen." (AQE 135)[21] Ethische Differenz ist die Hagiographie im Antlitz des Anderen, die dem Anderen das Wort erteilt, weil das Antlitz das Wort vergibt, das unter Vorladung beliehen und im Verhör belehnt wird. Das Wort in der elementaren Kraft des Ehrenworts wird im Antlitz des Anderen zur Geisel des Gehörs genommen, Akkusativ des Niemand, Imperativ des Inkognito. Das ist das Unerhörte in der Formel vom Ausdrucksleben ethischer Differenz, die Tragweite und der Akzent der Stimme, die Bedeutung ohne Kontext anmutet; Staub und Asche einer Passivität, aus der sich keine Aktivität erhebt: die Passion eines Sagens, die sich in der Spanne von Trauma und Skepsis zur „Ouvertüre" spannt, „ohne Ausrede, ohne

[21] Im Anschluß an Überlegungen Husserls und Merleau-Pontys zur Formenlehre ästhesiologischer Übertragung, die in Merleau-Pontys einfühlungskritischen Ausdruck „Ich verleihe mich dem Anderen" mündet, unterstreicht Levinas die „Großzügigkeit" der ethischen Differenz, die in der Nähe des Anderen erfordert ist. Sie bemißt sich „am ethischen Wert dieses Geschehens, der Höhe des von mir an den Anderen Entliehenen, das mehr beträgt als die Investition des Seins ins reine Wissen: Sich ‚beim Anderen entleihen' kommt nicht aus dem ästhesiologischen Bereich. Es ist ein ‚Vorschuß', den man dem Anderen gibt!" (AS 139)

Entrinnen oder Alibi": „Sagen, das das Sagen selbst sagt, ohne es zu thematisieren, sondern indem es dieses noch exponiert", ist die „extreme Spannung der Sprache" (AQE 182), Kerygma. Sie ist die differentielle Artikulation eines Pathos der Distanz, der über den „Auswuchs des Verbs" (AQE 44) der Aussetzung der Namen gehorcht: Entzug der Huldigung im rascheren Atem der prosodischen Aktion, Endlosschleife von Hochgabe und Angriffswissen, Interfaceeffekt des goldenen Bandes und der schönsten Führung in der rätselhaften Lebendigkeit des Ehrenworts unter Vorladung. Kerygma, das Experiment der absoluten Instanz von der Ehre des Worts im Adel der Metaphysik, das schneidende Sprechen gebrechlicher Innigkeit, Herzzelle des hermetischen Seins zum eminenten Text des Anderen im Hochgefühl eines entmaterialisierten Gottes.

Das Halten des Worts in Ketten des Eins und des Anderes ist die extremanalytische Spannung generativer Symbolizität in die Bedeutung ohne Kontext. Der Verzicht ihres Ersuchens, die Versagung ihres Erbrechens im Chiasmus von Trauma und Skepsis bekommt als Passion des Sagens. Messianisches Qualieren und unstillbarer Stillstand ums Ehrenwort ist das Wagnis des Pluralismus, neue Deduktion im vernunftkritischen Quasi von Schema und Typik, deren Zögern zwischen Scham und Schande das Quasi zum Quale entformalisiert. Das Halten des Worts ist die Haltung ethischen Sprechens am Rande des Zerrinnens; Einhalten und Aushalten der Blöße ohne Bleibe zwischen Fleisch und Haut. Hier wird die Erwiderung tugendspezifischer Prädikate im Iterativ Lebenssturm zuteil; die Güte als Quelle des Wahren, vom Gang zum Unsichtbaren auf der Bahn der Liebe im Revers der Reduktion gekreuzt. Ruck im Phänomen und Riß in der Metapher, ernüchtertes Erwachen zum schmerzlichsten Empfang der äußersten Gaben, das Opfer und die Schrift. Wunderbarer Augenblick ernüchterten Empfangens im Zögern zwischen Scham und Schande, dem Erwachen des lebendigeren Lebens und des tödlicheren Todes ergeben. Kerygma vom zweiten Register des dritten Ohrs, das „unter uns eine radikal *andere* Stimme vernehmen läßt", den „Klang einer *zweiten* Stimme, welche die erste zerreißt und übertönt, den Laut zahlloser Sinne, die sich hinter dem Sinn drängen, der auf der sichtbaren Oberfläche des Textes sein Netz webt? Der *andere* Sinn, der das Selbe durchbricht und zerreißt – Botschaft. Sinn, der nur bedeuten kann, Stimme, die nur erschallt für den, der Ohren hat zu hören; für das Ohr, das sich um die es erreichende Stimme müht; für das Ohr, das in den Worten – die durch das Sagen und das Schreiben gemessen und gewogen – Metaphern hört, die sich emporschwingen und die sie bergenden Worthülsen zerreißen."[22] Die

22 ET 38f. Vor der kanonischen Domestizierung der poetischen Sprache durch Aristoteles ist die frühneuzeitliche Ästhetik an asymmetrische Ränder der Sprache ausgewichen. „Aus

andere Stimme im zweiten Register des dritten Ohrs trägt AQE's Botschaft von der schwierigen Heiligkeit, das wehrlose Weh der Verwundungsfigur des Akkusativs im obsessiven Verwunderungsmotiv Kerygma. Das rasche Bild Abraham konstelliert die Urszene der ethischen Differenz, den langsamen und unbeschreiblich ausführlichen Bruch der Religion mit der Relation: Die Suspension ethischer Entscheidung vor dem religiösen Gehorsam hat den genauen Sinn der Umschrift des Quasi ins Quale, dem „ein der Vermenschlichung unzugänglicher Kern des alten Prophetengottes" (H. Cohen) gewahrt bleibt. Denn der Sohn der Verheißung wird dem Gott der Verheißung entboten. Verhüllten Haupts siegelt die ewige Gemeinschaft die Katamnese der Affektion. Denn das Hellhören der Verheißung schreibt den Verzicht der gebrechlichen Innigkeit als Vorwärts von unerbittlicher Härte. Die religionsgeschichtliche Urszene liest sich als Entgegenwärtigung des Heute, die der große Andere als Fernnähe seliger Fremde gewährt. „Isaaks Opferung bekommt gerade durch ihre, von der Tradition stark betonte, Unnachahmlichkeit ihre für uns ewige Bedeutung. Kein Jude kann auf seinen Sohn, den Sohn der Verheißung, verzichten; Abrahams Verzicht geschah eben *für* alle kommenden Generationen, damit hinfort keiner mehr ihn nachtun müsse."[23]

Hier bin ich

Messianisches Qualieren und unstillbarer Stillstand um das Opfer und die Schrift sind der Ruck und der Riß in der Reinzeichnung Verantwortung. So ist ein Gran Irre der Anachorese der prophetischen Rede in die Apologie des richtenden Worts investiert. Psychismus ist die unbeugsame Vorladung ins schneidende Sprechen des fordernden Flehens, Psychose das pure Defizit im Differential von Trauma und Skepsis, „Psychismus schon Psychose" im Abseits des Subjekts, Nietzschelage des Aufbruchs ohne Wiederkehr. Nicht vom Menschen hat er seinen gefahrenseligen Herzschlag: Exzentrische Position im promordialen Rätsel auf Leben und Tod, das sublimierungsethische Arterienmuster im Respirationstrakt Angriffswissen. Im Revers der Reduktion fordert ethische Differenz das Aussetzen vor dem Austausch,

den traditionellen Denkformen, die der Rationalismus ausschließt, bilden sich manieristische Sprachformen: Die Analogie kehrt als kühne Metapher wieder, die Teleologie als ingeniöser Schluß, als Pointe, die allegorische Auslegung als Wortspiel." Heinz Schlaffer, Poesie und Wissen, Frankfurt/M. 1990, S. 121

23 Franz Rosenzweig, GS Bd. 1,1, S. 462

das Sagen vor dem Aussagen, die Passion vor dem Logos.[24] Die Preisgabe ontologischer Sicherung ringt im Mehr des Gangs zum Unsichtbaren ums Besser der Bahn der Liebe, um die Botschaft von der schwierigen Heiligkeit, die in die Bestheit des Anderen deportiert: Weil das Antlitz die Erscheinung verwunden haben wird, kann der Andere das Prinzip des Phänomens gewesen sein. Verwinden ist die Sammlung der Güte in die Widerfahrnis tugendspezifischer Prädikate, die die Tauglichkeit des Opfers und die Tunlichkeit der Schrift in ethischer Differenz ausweist. Mit solcher Acht auf den Goldgrund der Menschenlatenz – an der sich die Sekurität der Hülle und Fülle im Grundgedanken der wissenschaftlichen Weltgeschichte bis in die pointierte Nihilismuskritik verdacht hat – kann gesagt werden: Die ethische Differenz im Antlitz des Anderen differiert als Nicht-Indifferenz aus dem doppelten Bruch mit dem Zauber des Seinsverstehens und der Intentionalität. Die Investitur und das Magisterium der Philosophie des gesprochenen Wortes verlauten als Superlativ ohne den Komparativ der phänomenologischen Korrelationsforschung: „Sagen ohne noematische Korrelation im reinen Gehorsam vor der Anordnung der Herrlichkeit; ohne Dialog, in der auf Anhieb dem ‚Hier bin ich' unterstellten Passivität." (AQE 184)

Im Regime der nächsten Kühnheit ‚Hier bin ich' wird das Pathos der Distanz als Zeugnis der verfehlten Entgegnung auf die Metonymien des geschundenen Anderen aufrechterhalten. Davon spricht das schneidende Sprechen der neuen Deduktion, die den Menschen in Anführungsstrichen und mit Diebshaken der materialen Antizipation vom Ehrenwort Gottes aggregiert. Diese Redaktion der Reduktion weist über Ruck und Riß im Revers hinaus auf ein Zaus und Streu ohne Gnade, das die geschmeidigsten Umbauten beim Umschöpfen von Urworten erwartet: Armut und Askese der Liturgie, absolut geduldige Tat der Hoheit von Heimatlosen, gereifter als Denkakt und Schlußform, am Wetzstein der Tugend geschärfter Zorn bis zum Schliff ins Geheimnis, hermetisches Sein zum eminenten Text: Menschensprechen der Zukunft. Botschaft von der schwierigen Heiligkeit, die der anderen Stimme im zweiten Register des dritten Ohres beim Ehrenwort zuvorkommt, im Goldgrund der gefahrenseligen Diskretion und der halbbarbarischen Desistenz. Das Regime der nächsten Kühnheit ‚Hier bin ich' ist das Experiment auf die absolute Instanz der Verschleifung des Verschiedenen im Hochgefühl eines entmaterialisierten Gottes. Der Spitzensatz der Erwiderung tugendspezifischer Prädikate in Trauma

---

24 Die unbeschwichtigte Seele des Hellhörens hat Ernst Bloch im Rationalen des Tonbilds vernehmen wollen. „Das Tonbild ist nichts anderes als das Wie des Leidens, Erwartens und sich Entgegensehens überhaupt und auf keinen anderen wie immer selbstleuchtenden Goldgrund als den der rezeptiven Menschenlatenz aufgetragen". Geist der Utopie, S. 216

und Skepsis zieht von der Anachorese der prophetischen Rede in die Apologie des richtenden Worts. Die Vorladung ins wehrlose Weh irgendwo zwischen Fleisch und Haut ist das Gran Irre, das dem tauglichen Wort messianischen Qualierens die tunliche Ehre unstillbaren Stillstands verleiht, die Nicht-Indifferenz um Opfersinn und Schriftzug über die Reinzeichnung Verantwortung, die aus dem Antlitz des Anderen ergeht. Es ist das zuvorkommende Ehrenwort, das die Passion des Sagens mit der Fährnis belädt, vom Zauber geistphilosophischer Schlüsselterme operativer Aktivität der Thematisierung und Objektivierung abzulassen. Die Einlassung des Ablassens, das Anhören des Gefühls vom Responsorium des Denkens und des Leidens vermöchte die kleine Pforte zu eröffnen, in der Walter Benjamin den Tatort des Messias im Pluralis codiert, um die Software Erlösung im Vitalzeichen Transzendenz zu bezeichnen. Dieser Messias unter Vorladung ist der unbefangenen Hingabe an die artistischen Formwerte ethischer Differenz geständig.[25] Sein religionsphysiologischer Atheismus verbricht widergöttlich am Reich der diabolischen Herrlichkeit Henose, um die Ferne primären Traumas und die Fremde wilder Skepsis zu geselliger Zeugung in der Spur des Anderen zu konstellieren. Unbedachte Geste an der kleinen Pforte, großmütiger Undank des Messias im Pluralis der Anführungsstriche und Diebshaken, des Hellhörens auf Tonbilder, breitbasiert im Grundbau der Affekte und spitzfindig im Kitzel des Unendlichen. ‚Me voici' wäre sein erstes und letztes Wort; Luxation von Investitur und Magisterium, Luxus der Hagiographie ohne Entgelt noch Vergütung. ‚Hier bin ich' beschriebe die Paarung des Endlichen mit dem Unendlichen in der ethischen Differenz von Opfer und Schrift. ‚Me voici' ist das Modell der Diachronie des denkenderen Denkens aus der Nicht-Indifferenz bei Levinas; eine Diachronie, die das Opfer und die Schrift umeinander falzt; eine Faltung, deren Welken und Runzeln den Aufwurf einer Ewigkeit zeitigt, die wie der Gedanke der Wiederkunft bei Nietzsche alle Zeiten eint.[26] Vorladung, die den

[25] Im „gnostischen Rezidiv" erklingt das messianische Tonbild als ein Leben im Aufschub, das verwaltet werden muß. „Die Ökonomie des unsichtbaren Gnadenschatzes erfordert drakonische Sicherungen durch den Verteilungsmodus vom Sakrament bis zum Ablaß und vor allem durch das Dogma. Gnadenstreitigkeiten werden Symptom der paradoxen Situation einer Nachlaßverwaltung des Messias." Hans Blumenberg, Arbeit am Mythos, S. 252

[26] Im Grenzwert des Gottesbeweises schlägt Nietzsches Gedanke der Ewigen Wiederkunft sein Funkenspiel. Blasphemisch verlangt der stolze Frevelsinn dem sündengeschwächten Gott der gewissensaporetisch geschüttelten Neuzeit das letzte Dakapo ab, Stäubchen vom Staube der Selbstbewegung bei Platon oder der Fruchtbarkeit bei Levinas. „Der Ernst der Idee besteht darin, daß wiederholt wird, was durch den Menschen einmal entschieden worden ist. Dadurch wird das Handeln zur Schöpfung; die eine verantwortete Geschichte

Zeitvertreib Verfolgung der zeitparadigmatischen Formwelt des Verhörs im Programmbefehl um den wahren Namens exponiert; das System der Allergie, der Betrieb der Intelligibilität, das Geschäft der Relation, die Allegorie des Sozialen; die Stringenz des Selben, deren Verfolgung in Denkakt und Schlußform Folge, Folgerung, Folgsamkeit zur namensfesten Sekurität verputzt, zur Autorität der historischen Episodik in der Geschichte und Legitimität der mythischen Emblematik in der Gewalt. Die kleine Pforte zum Wagnis des Pluralismus wird durch Unterbrechung erschlossen, durch die unbedachte Geste der Verantwortung unter Vorladung, durch den Undank in Schrift und Opfer, mit der eigentümlichen Materie der Namen verfugt. Man kann diese Kehre aus der Hellsicht ins Hellhören des wehrlosen Wehs, die den Psychismus bis zur Psychose des ‚Me voici' trägt, als Hagiographie des Anderen im Genotext seiender Fremde auflesen und anschreiben, abzählen und aussprechen. Denn die Auslese vor der Apparatur puren Defizits ist die Katechontik der Arkandisziplin Auferstehung: die Ausnahme im Recht, das Wunder in der Theologie, die Unterbrechung in der Geschichte: das Andere Gesetz der zivilpolitischen Sublimation, Zweite Ethik in der Ersten Philosophie, das langsame Regime der nächsten Kühnheit, das unbeschreibliche Zeugnis der verfehlten Entgegnung, die ausführliche Metonymie des geschundenen Anderen.

Neue Deduktion

Die Passion des Sagens, das Ersuchen und Erbrechen um die unbedachten Gesten unstillbaren Stillstands und messianischen Qualierens, ist eine neue Deduktion des Psychismus. Sie markiert den Instanzenzug ethischen Sprechens, die Widmung des Quasi und die Beugung des Quale, die in der ethischen Differenz bis zur Obsession der Psychose ausgesetzt werden. Der Formzwang Europas auf extravagante Begriffsepoche der Aufenthaltsdeutung Philosophie wird im Königszeichen der geprägteren Form deformalisiert. Verstandesschema und Urteilstypik sind das Stelldichein von Frage und Fragezeichen im Revers der Reduktion, im Programmbefehl auf die eigentümliche Materie der Namen. An Auschwitz[27] wird die Rationalitätschance

entscheidet über alle Geschichten, die eine gewollte Wirklichkeit über Einschluß oder Ausschluß aller Möglichkeiten." Hans Blumenberg, Arbeit am Mythos, S. 271

27 Der Nazismus verkörpert den Einzug des Mythos ins politische Denken, die Mutation als „Mythation", die Jean-Luc Nancys Frage nach der Singularität unterbricht. Sein Buch ‚Die undarstellbare Gemeinschaft' zitiert Robert Antelmes Bericht ‚Das Menschengeschlecht', München 1987, um die Grenzerfahrung des Konzentrationslagers namhaft zu machen.

schneidenden Sprechens zur autoritativen Übung einer pathematischen Witterung fürs Wanken des Apperzeptionskerns, der Benn zufolge naturalistisches Gewäsch und ideologischen Dilettantismus zu verbindlichen Entlastungseffekten ballt. Es sind die spekulativen Taufen der ideellen Herrschaft der Humanwissenschaften, die sich der Last des Anderen und der Ladung des Antlitzes entledigt hätten. Aber der Vergeistigungstopos um Mimesis und Rationalität im egologischen Nominativ hat an der Achsendrehung des Totenbuchs AQE in die Sturzgeburt der Vorladung das Ende seiner Deutungswut. „Wie soll man in der Erinnerung an Auschwitz philosophieren, wie schreiben, in der Erinnerung an jene, die uns, manchmal auf versteckten Zetteln, nahe den Krematorien, gesagt haben: wißt, was geschehen ist, vergeßt nicht und doch werdet ihr nie wissen. Es ist dieser Gedanke, der die ganze Philosophie von Levinas durchquert, trägt, und den er uns, ohne ihn auszusprechen, jenseits und vor jeder Verpflichtung vorlegt."[28]

Diese Sätze präsidieren gleichsam dem Totenbuch AQE. Sie, die sich nicht aufs Verstehen verstehen, sind nicht unverständlich. Dezentrierung, ihr Stich in Verständigungsverhältnisse, Depotenzierung, ihr Stoß in Verhaltensverhältnisse: ihre Veranderung ist Verwandlungsstachel unvergessenen Nichtwissens von der wundgeschriebenen Stimme, welche, im entscheidenden Augenblick des Unmenschlichen dem Gehörgang tauber Geschichte und blöder Gewalt exponiert, verstummt. Das Alternieren zwischen Widmung und Beugung ist das Umklappen des Fächers Verantwortung unter Vorladung ins zweite Register des dritten Ohrs: mantische Analytik der Vernunftidee Psychose. Ihre Ekstase der Abstraktion entziffert die

---

„Der Tote ist stärker als die SS. Die SS kann den Kameraden nicht bis in den Tod verfolgen. [. . .] Sie stößt an eine Grenze. Es gibt Augenblicke, da könnte man sich töten, nur um die SS, angesichts dieses verschlossenen Dings, das man dann wäre, des toten Körpers, der ihnen den Rücken kehrt, der sich einen Dreck um ihr Gesetz kümmert, zu zwingen, gegen diese Grenze zu prallen." (S. 175)

[28] Maurice Blanchot, L'écriture du désastre, Paris 1980, S. 131. Das unmögliche Gedächtnis des erinnerungsfremden Namens wahrt Blanchots Werk im Unterwegs einer Sprache, die Strategien humanen Niederhaltens durchkreuzt: die Doxa, die das Fragen, der Sinn, der das Trauma, das Wissen, das die Skepsis niederhält. Dieses Nieder im Goldgrund der Menschenlatenz für den Anderen, das Nieder der exotischen Geographie des Superlativs, hat Jean-François Lyotard als Todesurteil des Erstlings Ehrenwort schreiben können, das „die Versöhnung des Namens in der Vorschrift mit dem Pronomen in der Norm, der Endlichkeit des Todes mit der Unendlichkeit des Gesetzes" untersagt. „Auschwitz" wäre also „der Name jenes unmöglichen Satzes, in dem das Gesetz nicht gewußt wird, in dem es nicht gerecht sein kann, in dem der Mensch sein Eigen, d. h. sein ‚wir' verliert." Streitgespräche oder: nach Auschwitz, Bremen 1984, S. 34f.

Botschaft von der schwierigen Heiligkeit in der unantastbaren Körperschaft vergrabener Zettel als sprechende Schrift. „Keine Empfindung ohne somatisches Moment", erklärt Adorno. „Die somatische, sinnferne Schicht des Lebendigen ist Schauplatz des Leidens, das in den Lagern alles Beschwichtigende des Geistes und seiner Objektivation, der Kultur, ohne Trost verbrannte. Der Prozeß, durch den Metaphysik unaufhaltsam dorthin sich verzog, wogegen sie einmal konzipiert war, hat seinen Fluchtpunkt erreicht."[29] Hier wäre Verstehen die Spitze des Verwerfens in Zerwürfnis und Entrückung: ohne das Bestehen unverständigten Traumas zu unverständiger Skepsis, ohne das Erbrechen des Traumas Opfer und das Ersuchen der Skepsis Schrift, ohne den Trotz der Untreue im Dunkel des gelebten Augenblicks, Dia des Dialogs von Kreatur und Kosmos. Die Investitur primäres Trauma und das Magisterium wilde Skepsis sind das rasche Bild von der Apologie des Psychismus, Erkenntnisblitzlicht der Brennpunkte der ethischen Differenz oder der sengende Brand der Nicht-Indifferenz; Obsession, die die Verantwortung in Blick und Ohr des radikaleren Bruders Vorladung exponiert, langsames und unbeschreiblich ausführliches Erwachen aus dem Halbschlaf des Verstehens, in dem die Hermeneutik den dogmatischen Schlummer kontinuiert.[30] „Irreduzibel aufs Bewußtsein, auch wenn sie es umstürzt – und, so verraten aber thematisiert in einem Gesagten, in dem sie sich zeigt, durchquert die Obsession das Bewußtsein gegen den Strom, schreibt sich als Fremde in es ein: als Ungleichgewicht, als Delirium, die Thematisierung auflösend, dem *Prinzip*, dem Ursprung, dem Willen, der *arché* entkommend, die sich in jedem Schimmer des Bewußtseins bestätigen." (AQE 128)

Die produktive Logik des Genotextes ist vorspringendes Angriffswissen auf den schönen Schein des Selben, die Zettelwirtschaft hermeneutenverwöhnter Üblichkeit.[31] Die generative Symbolizität Angriffswissen ist der Bedeutung ohne Kontext

---

29 Theodor W. Adorno, Negative Dialektik, S. 190, 358

30 Konjekturaltopologien um die traute Fremde in Selbstbegegnungen des Geistes sind wundgeschriebenen Stimmen gegenüber harthörig. Hans-Georg Gadamer hat die Grundformel des Lektüretriumphs unter Ebenbürtigem gegeben. „Jeder Text ist fremd genug, daß er eine Aufgabe stellt, und doch vertraut genug, daß ihre grundsätzliche Lösbarkeit auch dann feststeht, wenn man nichts anderes von einem Text weiß, als daß er Text, Schrift, Geist ist." Wahrheit und Methode, S. 227

31 Das zeichnet auch die Reserve, die die Kommmentare gegenüber den psychopathologischen Begriffen in Levinas' Texten zeigen. Das Schlagwetterleuchten Auschwitz, Feuerschein und Wolkensäule im Menschenbergwerk, ist ein umgekehrter Klimax, der selbst psychiatrisch orientierten Symptomatologien widerständig bleibt. Elisabeth Webers Arbeit über ‚Verfolgung und Trauma' hat daher, mit Nelly Sachs gesprochen, Levinas' Textur bis aufs Blut buchstabiert, um die untilgbaren Wunden und Narben der Erfahrung

gebeugt, der Verschränkung von Denken und Leiden gewidmet und der Pracht des Psychismus geweiht. Der Fügung der unbedachten Geste großmütigen Undanks gilt das Anhören des Gefühls im Iterativ Lebenssturm. Sein Instanzenzug aus dem Zeugnis von Inspiration, Investitur, Magisterium zieht in der Geiselnahme des Gehörs herauf. Hellhören verbürgt den erloschenen Seelen des unvergeßlichen Vergessens die postume Existenz der stillen Kraft des Möglichen, die Entgegenwärtigung des Heute in erwidernder Wiederholung, die Auferstehung im Ehrenwort der Antiphysis von Trauma und Skepsis. Die ethische Differenz der Passion des Sagens kulminiert im ‚Hier bin ich' der Botschaft von der schwierigen Heiligkeit. Sie eskaliert im zweiten Register des dritten Ohrs, der gefahrengesegneten Halbbarbarei der Wunde AQE, die dem Zeugnis absoluter Ohnmacht und Schwäche in Umschöpfung von Urworten die Szene des Genotextes erstattet. Hier ist das Revers der Reduktion eine Redaktion von Deformalisierungen: vom Quasi zum Quale erfolgt die Umbildung puren Defizits ins Unleserliche exzentrischer Positionalität. Das ist der sechste Sinn phänomenalen Hellhörens im Hoheitsakt von Heimatlosen ohne henologische „Heimkehrparabel".[32] Genotexte entbieten Totenmasken den Leibraum unvergeßlichen Vergessens, die Liturgie der Appräsentation, das Wunder der Ethik vor dem Licht in einem „Befehl, der ein ‚Gran Irre' in die Universalität des Ich schleudert" (AQE 116): „Ordnung der nicht-nominalisierten Apophansis" (AQE 59), Modalität des „Eventualen" (AQE 33). Das Gran Irre, forderndes Flehen, ist das

von Auschwitz kenntlich zu halten. „Dies mag auch ein Grund für die in der Sekundärliteratur häufig feststellbare Tendenz sein, die Philosophie Levinas' zu harmonisieren und zu idealisieren: das Widerstehende, Unauflösbare, Rauhe, ja Unverständliche wird geglättet, wenn nicht überlesen, der Philosoph zum Moralisten simplifiziert, die Liebe zur Caritas, die Leiblichkeit zu Verantwortung, der Schmerz zum Ertragen der Verantwortlichkeit entschärft." (S. 46)

32 Heimkehrparabeln gelten Hans Blumenberg als „Eingriff von undurchdringlicher Fremdartigkeit, ein blutiges Rechtsgeschäft von Gott zu Gott." Arbeit am Mythos, S. 89. Denn gegenüber Gott, Welt, Natur ist man immer einen Tod schuldig. Theologiekritische Geschichtsphilosophien sind dafür das vollkommene Leitformular. Erst der mythenverwobene Kunstgriff, den Schuldschein zu annullieren, entpflichtet von Geschichtsbindung und Gewaltbildung. In den Totalmythen Schelers wie Schellings ist die Grundformel der narrativierbaren Todesschuld expliziert. „Gott ist nicht das absolute Wesen, seine Attribute sind nicht rundum mit Allquantoren optimiert. Er kann eine Welt schaffen, aber er ist blind, sie zu sehen; er ist Inbegriff aller reinen Wesentlichkeit, aber ohnmächtig, Wesen zur Wirklichkeit zu bringen. Die Geschichte wird erzählbar, indem Gott ein Mangel und damit ein Zweck zugeschrieben wird, den zu erreichen Welt und Mensch gerade das richtige, wenn auch risikoreiche Mittel sind." (S. 238)

Rigorosum der Botschaft von der schwierigen Heiligkeit im Iterativ Lebenssturm Im Pathos der Distanz wird das Regime der nächsten Kühnheit dem Belastbarkeitstest absolut geduldiger Tat unterzogen, die das Trauma zum Stoßgebet dehnt und die Skepsis zur Danksagung streckt. Ihr obsessiver Genotext ist das sublimierungsethische Arterienmuster schneidenden Sprechens aus dem Respirationstrakt Angriffswissen, die verzettelte Rationalitätschance der Arkandisziplin Auferstehung aus dem Grund der Schrift. In ihr trifft die abgeschiedene Stille sprechender Körper den Gang zum Unsichtbaren auf der Bahn der Liebe. Als materiale Antizipation des Ehrenworts Gottesidee ist ihre Zukunft nicht mehr im Herzschlag des Menschen taktiert, sondern in Herzzellen des Ewigen entsetzt. Ewigkeit, das rieselnde Außen der Zeit, die Diachronie des unaufhörlichen Gemurmels, das zweite Register im dritten Ohr, Via eminentiae der Entblößung der Entblößung, Wirbel oder Strudel der Membrane des Hellhörens in der Passion des Sagens. Für Umbesetzungen des schöpfungsumwetterten Urworts vom Springbrunnen der Seele im exzentrierten Ich und seiner Radargeräte Trauma und Skepsis gilt: „Ohne diese Irre an den äußersten Grenzen der Vernunft würde das Eine sich wieder ermannen und im Herzen seiner Leidenschaft die Wesenheit erneuern." (AQE 64)[33]

Quasi, Quale

Levinas unterbreitet das Kunstwollen Genotext, die Aufregung des Zungenredens zum Weissagen der mantischen Analytik der Vernunftidee Psychose, als „‚signifiance baillée' à Autrui" (AQE 59f.). Dieser Ausdruck des Belastbarkeitstests absolut geduldiger Tat im Erstling Ehrenwort, esoterische Bewegungsfigur des Salto mortale in Sprache und Tod, unterweist die ethische Differenz in Auslesen vor Apparaturen zettelhaften Nichtwissens. In Dehnungen und Streckungen der Botschaft von der schwierigen Heiligkeit erfolgt die genaue Vergeltung der eingesehenen Seele, des Messias im Pluralis, der Apokalypse des Zerspringens der Zeiten im Apriori aller Politik und Kultur. Triftig erläutert Thomas Wiemer: „‚Bailler', ein altes Verb in der

---

33 Vgl. Elisabeth Weber, Verfolgung und Trauma, S. 107f.: „Wenn in der philosophischen Rede Stillen aufklaffen, bedeutet das nicht, sie sei zum Verstummen verurteilt. Sie klaffen ja in der Rede auf: als Zäsuren, als Wiederholungen, als Emphase, als Häufung von Vergleichen, Metaphern, Komparativen und Superlativen. In derart verhüllten Stillen bewegt die Rede sich wohl am Rand des philosophischen Diskurses und in der Nähe der ‚folie aux confins de la raison'. Sie insistiert, proliferiert gleichsam, gerät aus den Fugen, wiederholt, muß sprechen, ohne Ende und immer wieder von einem Unsagbaren sprechen, ist besessen, brennt."

Bedeutung von ‚donner' [...] ist aus dem lateinischen ‚baiulare' hervorgegangen, was soviel heißt wie: den Lastträger machen, eine schwere Last auf dem Rücken, das heißt mit dem Körper tragen; ‚baiulus' ist der Lastträger, aber auch schon der Briefträger, der Überbringer, von daher die Bedeutung des Gebens. Das Besondere des Ausdrucks ‚bailler signifiance' liegt, wenn man diese Geschichte in ihm mithört, darin, daß er ein Bedeutunggeben evoziert, das gibt, indem es trägt, mit dem eigenen Körper trägt; ein Geben, das darin besteht, seinen körperlichen Einsatz, sich zu geben, sich selbst zum Gebend-Gegebenen zu machen"[34].

Die Produktivität des Genotextes unterhält das ethische Sprechen bei Levinas' das Qualieren der unbedachten Geste und des großmütigen Undanks. Es ist ein Bringen oder Überbringen, ein Laden oder Überladen, mit Lasten oder Briefen oder Zetteln, der Spur der Bedeutung ohne Kontext gebeugt oder gewidmet. Im Antlitz des Anderen ist das Sprechen vom Zeugnis der verfehlten Entgegnung auf die Metonymien des geschundenen Anderen umbesetzt, ein Regime der nächsten Kühnheit, Psychismus, schon Psychose: ein Tragen und Geben oder ein Betragen der Widmung und Begeben der Beugung, die die Passion des Sagens ertragen muß, um der Spur des Bedeutens ergeben zu sein. Levinas zur Nicht-Indifferenz des ethischen Sprechens, die zwischen dem Laden und dem Bringen die kleine Pforte Membran öffnen könnte, den Hermetenkanal der Geiselnahme des Gehörs durch ein Jenseits des Zettelkörpers, das dem Ex des Exodus ins Exil die Form Martyrium verleiht. „Subjektivität des Subjekts als ein Allem-unterstellt-sein, vorursprüngliche Empfänglichkeit vor aller Freiheit und außer jeder Gegenwart, angeklagt in der Unbequemlichkeit oder der Inkondition des Akkusativs, im ‚Hier bin ich', das Gehorsam gegenüber der Herrlichkeit des Unendlichen ist, das mir den Anderen anbefiehlt. ‚Jeder von uns ist vor allen für alle schuldig, und ich mehr als die anderen', schreibt

[34] Thomas Wiemer, Die Passion des Sagens. Zur Deutung der Sprache bei Emmanuel Levinas und ihrer Realisierung im philosophischen Diskurs, Freiburg 1988, S. 202. Die Gabe des „Gebend-Gegebenen" torpediert den verbindlichen Entlastungseffekt des egologischen Nominativs im Vergeistigungsbetrieb der Humanwissenschaften. Im Königszeichen der geprägteren Form des Hellhörens werden die gesellschaftlich entseelten Naturkörper dem narrativen Einsatz eines Superlativs überstellt. Es ist die Religiosität des Sich im Revers jener Reduktion auf die Hellsicht, welche die vernunftkritische Organisation von Verstandesschema und Urteilstypik favorisiert. Was in der neuen Deduktion geschieht, die das Überlieferungsgeschehen der alten durch schöpfungsumwetterte Urworte unterbricht, hat Martin Heideggers pagane Heiligenlegende um den anderen Anfang der Aufklärung zur Sprache gebracht. „Zum Geheimnis des ersten Anfangs gehört es, soviel Helle um sich zu werfen, daß es einer nachhinkenden Aufklärung nicht bedarf." Nietzsche I, S. 605

Dostojewski in den *Brüdern Karamasow*. Subjektivität des Subjekts als Verfolgung und Martyrium: Rekurrenz, die nicht ‚Selbstbewußtsein' ist, wo das Subjekt sich noch in der Nicht-Indifferenz im Abstand zu sich selbst halten, aus irgendeinem Grunde an sich halten und sein Gesicht verhüllen würde; Rekurrenz, die nicht Koinzidenz mit sich ist: Ruhe, Schlaf oder Materialität; sondern Rekurrenz diesseits von sich selbst, diesseits der Indifferenz zu sich – eben Substitution für den Anderen und im Intervall *Einer* ohne Attribute, noch ohne die ‚Einheit des Einen', die käme, um ihn als wesentliches Attribut zu verdoppeln; *Einer*, aus aller Relation gelöst, aus allem Spiel, buchstäblich ohne Situation, ohne Bleibe, von überall und aus sich selbst ausgestoßen, Einer dem Anderen ‚Ich' oder ‚Hier bin ich' sagend." (AQE 186) Rekurrenz, Ruck im Revers tauber Geschichte und blöder Gewalt, Reduktion der extravaganten Begriffsepoche der Hellsicht auf ein Hellhören, das sich im Rationalen des Totenbuchs AQE artikuliert. Das heißt die Passion des Sagens: „Das Subjekt des Sagens nähert sich, indem es sich aus-drückt, im buchstäblichen Sinne des Wortes aus jedem Ort, ohne weiter irgendeinen Grund zu bewohnen." (AQE 62) So ist die ethische Differenz Emphase und Hyperbole aus der Höhe einer Rekurrenz: ein Überladen und Überbringen, das im Antlitzalarm des Anderen als Vitalzeichen Transzendenz erscheint, in der genauen Vergeltung gebrechlicher Innigkeit. Das ist Levinas' Verfahren sprachlicher „Überdetermination ontologischer Kategorien, die sie in ethische Terme umformt" (AQE 146); die Transformation phänomenaler Deskriptionen des Phantomglieds Desistenz aufs Medienplateau Genotext. Die ‚surdétermination', das Überladen und Überbringen der Apologie des exzentrierten Ich der Einzigkeit und seiner Radargeräte Trauma und Skepsis, ist das Martyrium der Zombiesprache,[35] der Produktivitätsindex der ethischen Differenz, das schneidende Sprechen der lebenden Toten, von überall und aus sich selbst ausgestoßen. Genotext der Szene von Drama und Intrige; artistischer Formwert unbedachter Gesten im Standrecht des Augenblicks, rätselhafte Lebendigkeit ohne Bleibe noch

[35] „Gegen meinen Willen für einen Anderen" (AQE 14) exponiert das Martyrium der Zombiesprache in den Peripetien von Kampf und Liebe. Im Register der elitären Askese um die stolzen Aphrodisia üppiger Leibeslust hat Michel Foucault den Zombiestatus der erotischen Erfahrung plaziert. Die namenlose Transgression am Rande des Zerrinnens indes ist nicht ohne bukolische Reminiszenz und verschwiegenen Altruismus. So bleibt das sublimierungsethische Transformationsprogramm der disziplinargesellschaftlich spezifizierten Teilrationalitäten selbst in der Schwebe. „Die Erfahrung der Erotik bestätigt nicht die Identität, sondern überschreitet sie und spielt mit ihr. Sie spielt mit dem exorbitanten Reiz der Anonymität, der Obskurität, in der ein Anderssein möglich ist und wirklich wird und zugleich zwischen allen Kategorien in der Schwebe bleibt." Wilhelm Schmid, Auf der Suche nach einer neuen Lebenskunst, Frankfurt/M. 1991, S. 342

Grund, wo ethische Differenz[36] die hermeneutische Versuchsanordnung Geistesgegenwart im Ruf des wahren Namens verwinden will. Der wahre Name ruft die lebendig Toten zur königlichen Regung in die fürstliche Gestalt des Menschen. Als Antlitz des Anderen hat Levinas sie der Sprache aufgebürdet.

So wird die Spur des Bedeutens der ethischen Differenz eröffnet, ein Überladen und Überbringen progressiver Zeichendeutung der sich entziehenden Huldigung, wie es auf programmatische Weise von Jacques Derrida bezüglich des Abbaus der im europäischen Formzwang auf Apperzeption sistierten Begriffsepoche formuliert wurde: „Zweifellos muß man sie im Rahmen der Semiologie selbst verändern, verschieben, sie gegen ihre Voraussetzungen ausspielen, sie in andere Ketten neu einschreiben und nach und nach das Arbeitsgebiet umgestalten, um auf diese Weise neue Konfigurationen zu erzeugen."[37] Die Grammatologie des Genotextes schreibt

---

[36] Mit dem Ausdruck ‚Drama' erlaubt sich Levinas einen bei ihm seltenen ausdrücklichen Bezug zu Nietzsche. „Es handelt sich um Konjunkturen im Sein, denen vielleicht am ehesten der Ausdruck ‚Drama' angemessen wäre, und zwar Drama in dem Sinne, in dem Nietzsche diesen Ausdruck verwenden möchte, wenn er am Ende von ‚Der Fall Wagner' bedauert, daß man diesen Ausdruck immer mit Handlung übersetzt habe." (TU 31) Nietzsches Experimentalphilosophie zweiter Naivität ermittelt in den Grenzen seiner Gegenwart gegen die Amoralität der Zukunft. Ein Etwas von Morgen verlangt ihm eine Moral der Vornehmheit, die mit einer bedeutenden Ermäßigung des Menschenwertes nicht nur bei Wortmenschen zu denken genötigt ist. Deshalb ist das Drama nicht mit Handlung zu übersetzen, sondern als Vorladung zu exponieren: Das Drama ist die Pathosformel für das Gericht über die Handlung. Dazu Klaus Lichtblaus Aufsatz ‚Das Pathos der Distanz. Präliminarien zur Nietzsche-Rezeption bei Georg Simmel', in: Georg Simmel und die Moderne, Ed. H.-J. Dahme/O. Rammstedt, Frankfurt/M. 1984, S. 247: „‚Pathos' bezeichnet nämlich bereits in der Tragödienschrift des jungen Nietzsche einen zentralen Gegenbegriff zu dem der ‚Handlung' und sollte jenen eigentlichen Kern des dramatischen Geschehens verdeutlichen, der sich einer handlungstheoretischen Interpretation des antiken griechischen Dramas entzieht, wie sie später durch die Rezeptionsgeschichte der Aristotelischen ‚Poetik' nahegelegt worden ist. Nicht im ‚Tun', im ‚Handeln' besteht Nietzsches späteren Schriften zufolge denn auch das Zeichen für Vornehmheit, sondern in der *Unmittelbarkeit*, im *Anderssein*, in der *Rangdistanz* der vornehmen Haltung." Schon bei Nietzsche wird die Artistenmetaphysik als dezisionistische Verantwortungsethik bedeutet, deren Achsendrehung im Iterativ Lebenssturm Levinas den weiteren Ruck der extremanalytischen Substitution gibt: Verkehrswissenschaft von Übermorgen.

[37] Jacques Derrida, Positionen, Wien 1986, S. 63. Im Text ist der „ethische Phonologismus" kritisch markiert. „Die Schrift *sollte* zurücktreten vor der Überfülle eines lebendigen Wortes, das aufgrund der Durchsichtigkeit seiner Notation vortrefflich dargestellt würde

die ethische Differenz in die Höhe von Emphase und Hyperbole, deren Passion des Sagens in Syntax und Semantik die Namen Gottes zu ersteigen trachtet, dem Guten gewidmet und der Güte gebeugt, im Antlitz erboten und im Anderen erwiesen. Die Passion des Sagens ist der gebenden Spur tragenden Bedeutens verhaftet. Ihre generative Symbolizität um die Bedeutung ohne Kontext konvergiert mit Derridas Versuch, „einen neuen Schriftbegriff zu schaffen."[38] Die ethische Differenz ist dem Kommen eines denkenderen Denkens unterstellt, im Namen dessen, der nicht genannt wird, da kein Denken Ihn erreicht, kein Sinn Ihn erringt, kein Wissen Ihn erfaßt. „Ein Unendliches, das sich nicht kreisförmig mit sich zusammenschließt, sondern sich aus dem ontologischen Raum zurückzieht, um einem getrennten Seienden einen Platz zu lassen, existiert göttlich. Es ruft jenseits der Totalität Sozialität ins Leben" (TU 77). Das Wagnis des Pluralismus, das Qualieren der Nicht-Indifferenz, pocht an die kleine Pforte, aus der unstillbarer Stillstand pulsiert. Die Botschaft von der schwierigen Heiligkeit wird von der ethischen Differenz vernommen und zur Fügung der unbedachten Geste aus der Höhe gewendet. Die Grammatologie des Genotextes artikuliert das ethische Sprechen bindender Trennung der getrennten Seienden in der Rationalität eines namengebenden Hellhörens, das die Hyperbole des Überladens und die Emphase des Überbringens in die Apologie des Psychismus der Spur der Einzigkeit wendet. Die Sprachenwende im

---

und das dem sprechenden Subjekt sowie jenem, das den Sinn, den Inhalt, den Wert empfängt, unmittelbar gegenwärtig wäre." (S. 65) Genau das ist das Vitalzeichen Transzendenz im Phonolog Ehrenwort.

[38] Jacques Derrida, Positionen, S. 66. Derrida schlägt eine „Art doppeltes Register für die grammatologische Praxis" vor, welche „die Wissenschaft festschreibt und ent-grenzt; sie muß die Normen der Wissenschaft in deren eigener Schrift wirken lassen, in freier und doch strenger Weise" (S. 81). Das Verwirrungsrecht der romantischen Mythologie, im Geiste der Physik verjüngt und im Ausdruck der Arabeske gesteigert, hat sich des doppelten Registers bedient. Das frühromantische Personal hat die diabolische Grundformel aller mythischen Figuration, die Gott gegen Gott aufbietet, als titanisches Epochenprogramm im Nullwert der geschichtlichen Zäsur um 1800 exerziert. Im stigmatischen Katalog des Nicht-Ich, in der kultischen Litanei des Nicht-Werks, im rhapsodischen Referat der Fragment-Welt sind die glänzenden Traumgeburten des Olympischen gewichen. An der Prometheusgestalt reflektiert sich der genuin griechische Seinsbefund, daß tieferes Erkennen in Schrecken gebaut ist. Mit dieser dramatischen Standspur im flirrenden Ideenparadies bestätigen die ästhetischen Eliten um 1800 Levinas' Verkehrswissen von Übermorgen, dem die Genealogie des Prophetengottes im Antlitz des Anderen unerreicht bleibt. Die Botschaft von der schwierigen Heiligkeit weist die Allegorie des Menschen in den Humanwissenschaften zurück.

Antlitz des Anderen heißt Levinas Passion des Sagens. „Die Verben, die Possessivadjektive und die syntaktischen Figuren, die man verwenden wollte, um die einzigartige Verdrehung oder Kontraktion des *Sich-selbst* zu desartikulieren, das in sein eigenes Volles geflohen oder exiliert ist, bis zum Zerspringen oder bis zur Spaltung – im Hinblick auf seine Rekonstitution als im Gesagten identifizierte Identität –, tragen bereits die Markierung des Sich-selbst, dieser Verdrehung, dieser Kontraktion, dieser Spaltung." (AQE 132) Das quere Wort ist die Passion des Sprechens in ethischer Differenz, sofern im produktiven Vorsprung Genotext die Sozialität den Namen willkommen heißt, dessen rätselhafte Lebendigkeit in Maserung und Faltung, Höhlung und Relief keinen Herzschlag mehr vom Menschenverb hat. Psychismus als Psychose, Einbruch ohne Schutz und ohne Schatten, das Gran Irre, Drehung, Kontraktion, Spaltung des Namens, der die Passion des Sagens obsediert. Rekurrenz der Religionsphysiologie des Sich, noch einmal: „Der ‚Besessenheit' antwortet die Metapher. Sie steht für ein Symptom, also für eine Wunde, Narbe, ein Trauma oder jedenfalls für die Möglichkeit einer solchen Verletzung der philosophischen Rede, anders gesagt, sie markiert die Stellen, in der die philosophische Terminologie nicht trägt und anderer Idiome bedarf."[39] Der Ökonomie des Krieges entrinnen Luderbach und Schweinestiege niemals. Aber vor dem Krieg der Relation um Strom und Steg war der Altar von Trauma und Skepsis, der Schriftzug und der Opfersinn der Arkandisziplin Auferstehung, das Aufbrennen im hermetischen Sein zum eminenten Text der Hochgabe als Aufriß unvordenklicher Vergangenheit. Um rätselhafte Lebendigkeit in der „Unmöglichkeit, Gott zu entkommen", wird nicht gewürfelt. Unbegreiflich bis in die prophetische Rede bleibt die materiale Antizipation der Kantisch proponierten Gottesidee, die unbesonnene Lust am sprechenden Körper des Gottes, das Hellhören auf die Botschaft von der schwierigen Heiligkeit, Empfang eines Ernstes ohne alle Eitelkeit. „Passivität, die nicht nur die Möglichkeit des Todes im Sein ist, die Möglichkeit der Unmöglichkeit, sondern die dieser Möglichkeit vorhergehende Unmöglichkeit, Unmöglichkeit, sich zu entziehen, absolute Empfänglichkeit, Ernst ohne jede Eitelkeit, Entstehung eines Sinnes in der Stumpfheit des Seins, eines ‚Sterbenkönnens', das dem Opfer unterworfen ist." (SA 329f.)

[39] Elisabeth Weber, Verfolgung und Trauma, S. 134. Das Idiom jüdischen Weltgefühls eklatiert in überweltengroße Visionen. Sie zerbrechen die philosophische Zeichensprache der Vernunftwissenschaft. Der geschlossene Stromkreis des geschichtlichen Lebens, potestas indirecta hermeneutischer Kunstlehren des Verstehens, erscheint wie gelähmt. Aber aus dem Flackern der phänotextuellen Subjektivität schlägt die ewige Flamme der gebrechlichen Innigkeit.

Fremdsprache Ehrenwort

„Die Macht will alles erkämpfen. Aber es gibt Unerkämpfbares. Aber gerade dies – Gedanken auf Taubenfüßen – beherrscht die Welt. Der Geist! Der Sieg der Besiegten, ihre ‚Chance'."

Franz Rosenzweig, Zweistromland

Strukturanalysen der Soziologie, Politik, Psychoanalyse sind humanwissenschaftliche Errungenschaften, die das menschliche Selbstverständnis demaskiert haben.[1] Fortan kann die philosophische Rede nicht mehr wissen, wovon und wozu, woher und wohin sie spricht, wenn sie sich dem Menschen zuspricht. Es sei denn, der Mensch ist der Verfolgte, für dessen Verfolgung ein Sich jenseits der Ichheit Verantwortung trägt. Was der Demaskierung unerreichbar widersteht, ist die Hagiographie des Anderen im Genotext seiender Fremde, der Psychismus, seit eh und je Psychose, Magisterium und Investitur einzigartiger Höhe: Ersuchen und Erbrechen

---

1 Hayden Whites Arbeiten ‚Auch Klio dichtet' (Stuttgart 1986) und ‚Metahistory' (Frankfurt/M. 1991) haben Historiographie und die Poetik literarischer Gattungen quasisymmetrisch aufeinander abgebildet. Im Stilwillen der historischen Forschungsmethode zeigt sich das Martyrium erkenntniserschließender Darstellung. Das Sein der Sprache determiniert das Regulativ der historischen Vorstellung bis in das arbeitsteilige Leistungswissen hochspezialisierten Geschichtserzählens. Der Informationskern der Geistestechnik historischen Deutungswillens folgt einer sprachlichen Dramaturgie, welche die modernen Verwissenschaftlichungsmodelle Historischer Sozialwissenschaft hinterrücks ereilt: Tropologien des Diskurses bestätigen die Fiktion des Faktischen. White hat das Rhetorikarsenal der sekundären Bearbeitung untersucht, das die Formenlehre der Bewegtheit geschichtlichen Sprachlebens bis in den disziplinierten Methodensinn des Post-Historismus organisiert. Ihm ist das Ereignis von Sprache verfolgt, ereilt, gefangen: Satzfiguren präjudizieren Aussageregeln, postulieren Beschreibungsidentitäten, imprägnieren Bedeutungsmuster, immunisieren Erklärungseffekte. Sprachimmanent, diskurstypologisch und metahistorisch wird in einer „prägenerischen Plotstruktur" über den Plausibilitätscharakter im Geschichtsentwurf entschieden. Der historische Text fixiert ein im Rationalen artikuliertes literarisches Kunstwerk. Konzeptionalisierungsstrategien protokollieren eine figurative Matrix, ein narratives Geschichtszeichen für die Engführung von Denken und Dichten, welche die geschichtlichen Phänomene konstituiert.

um den aller Demaskierung zuvorkommenden Erstling Ehrenwort von der „Exteriorität, die ganz und gar Befehl und Autorität, nämlich ganz und gar Überlegenheit ist, sich zu sagen." (TU 420) Exteriorität im Revers von Sinn und Wissen, von Nominativ und Vergeistigung, Ruck und Riß der Geiselnahme im zweiten Register des dritten Ohrs: die materiale Antizipation vom Ehrenwort Gottesidee ist dem Einschlag von Oben exponiert, der die neutralen Gebilde humanwissenschaftlicher Provenienz beunruhigt, denen funktionsidentische Systemstellenbörsen das normative Purgatorium individuierter Lebenskurse bilden. Denn die neue Deduktion ist eine entformalisierte Redaktion in Trauma und Skepsis, die die Umschöpfung von Urworten im Vorwärts von unerbittlicher Härte zu unendlich geduldiger Tat erhebt. Liturgie, das Zueinander von Fernen im Umweg nichtmenschlicher Realitäten, ist eine bebende Exaltation, die die grenzenlose Anästhesie des Cogito vereitelt und die bequeme Frechheit des Cogitatum verrückt, die in Descartes' Larvatus prodeo als Privatreligion verkappt einherschreiten und in den restaurativen Zügen der relationalen Modernität zum „extremen Ikonoklasmus"[2] aufrücken, Tummelplatz von Hermeneutensekten. „Aber aus diesem Abenteuer geht ein verwundetes Cogito hervor: ein Cogito, das sich setzt, aber nicht besitzt; ein Cogito, das seine ursprüngliche Wahrheit nur durch das Eingeständnis der Inadäquation, der Illusion und der Lüge des aktuellen Bewußtseins versteht."[3]

---

[2] Vgl. Paul Ricoeur, Die Interpretation. Ein Versuch über Freud, Frankfurt/M. 1974. Freuds Metapsychologie ist eine Lektion, die in Energetik der Kräfte und Hermeneutik des Sinns von der Bedeutung des Symptoms Bewußtsein zu emanzipieren sucht. Im Idol markiert Ricoeur den „Wachtraum der Menschheit" (S. 171) als sprechende Dunkelheit. Methexis am Finsteren vermischt den höchsten Preis mit einer unbegreiflichen Drohung. „Der Mensch ist im wesentlichen ein von innen bedrohtes Wesen. [...] Das Ich ist in erster Linie das, was der Drohung gegenüber schwach ist." (S. 191)

[3] Paul Ricoeur, Die Interpretation, S. 449. Die Metapsychologie instruiert im Entweichen der egologischen Begründung, die Ricoeur in die Aufgabenformel einer „Peripetie der Reflexion" (S. 431) übersetzt. Bei Freud wird sie in der Dynamik der Übertragung entfaltet: Erinnern, Wiederholen, Durcharbeiten. Hegel und Freud bieten Ricoeur eine „Antithetik der Reflexion". „Im Kontrast zu Hegel entdeckt man bei Freud eine fremdartige und tiefe Philosophie des Schicksals, die gleichsam die unbezwingbare Kehrseite einer jeden Phänomenologie des Geistes mit ihrer Ausrichtung auf die absolute Zukunft der totalen Rede ist." (S. 479) Mantische Analytik der Vernunftidee Psychose beschreibt auch die Geburt des Menschen zur Ordnung des Zeit-Zeichens, das hermetische Sein zum eminenten Text, die Zukunft der zerbrechlichen Innigkeit.

Verwundetes Cogito

Dem verwundeten Cogito entspricht kein Entsprechen, das Transzendenz in Bürgschaften von Sinn und Wissen plaziert. Daher ist Unantastbarkeit das erste Wort und der letzte Name der Botschaft von der schwierigen Heiligkeit, Verwunderungsmotiv in der Verwundungsfigur Exteriorität, die den Horchposten im zweiten Register des dritten Ohrs verlangt, das Labyrinth der Membrane, dem das Quasi zum Quale entformalisiert wird. „Daher sind die Soziologie, die Psychologie und die Physiologie taub für die Exteriorität. Der Mensch als Anderer kommt von Außen auf uns zu – als Getrennter oder Heiliger – als Antlitz. Seine Exteriorität – d. h. sein Appell an mich – ist seine Wahrheit. Meine Antwort kommt nicht zu einem ‚Kern' seiner Objektivität wie ein Akzidens hinzu, sondern ist überhaupt erst das Ereignis seiner Wahrheit (die sein ‚Standpunkt' über mir nicht abzuschaffen vermag). Dieser Überschuß der Wahrheit über das Sein und seine Idee hinaus, den wir durch die Metapher von der ‚Krümmung des intersubjektiven Raumes' suggerieren, bedeutet die göttliche Intention jeder Wahrheit. Diese ‚Krümmung des Raumes' ist vielleicht die eigentliche Gegenwart Gottes." (TU 421) Schwierige Heiligkeit ist ein integraler Modus, der sich in der sündhaften Merkwelt der attentistischen Moderne erhebt, wenn das Aufhorchen ins Wenige des Einfachen den Erstling Ehrenwort aus Taten und Leiden des Lauts erhört, der in der blinden und tauben Mundhöhle des Geschöpfs von Abdankungen ertönt, in subjektmagischen Krisenzeichen, Anführungsstrichen und Diebshaken. Am Betäubten gewinnt sich das Formgesetz des moralischen Ingeniums, die Eifersucht um den höchsten Undank, die Untreue als königliche Regung der unbedachten Geste, die der kalten Teufelsfaust des verstockten Daseins im Responsorium von Denken und Leiden[4] Abschied winkt. Abschied in bebender Exaltation, denn unter „der nüchternen Beschreibung der Humanwissenschaften", in der „unmöglichen Indifferenz in bezug auf das Menschliche, die sich gerade im unaufhörlichen Diskurs über den Tod Gottes, das Ende des Menschen, die Auflösung der Welt nicht verbergen kann [...] erreichen uns die ohnehin

[4] Max Webers Responsorium von Denken und Leiden ist in der strikten Verschränkung von Methodologie und Religionsphilosophie bezeugt, die sein Werk zur Gänze bestimmt. „Durch sie gewinnen auch Webers berühmteste Texte die gedämpfte Form eines Pathos, in dem die Rede vom Schicksal mit dem Postulat der rationalen Konsequenz, die Erkenntnis ebenso wie Lebenspraxis beherrschen soll, in einem einzigen Gedanken zusammengenommen sind, der doch als solcher unentfaltet bleibt." Dieter Henrich, Denken im Blick auf Max Weber, in: Karl Jaspers, Ed. Jeanne Hersch, München 1986, S. 213. Der einzige Gedanke Webers: unauflösbare Einsamkeit.

schon unbedeutenden Zeichen einer Sprache in Dissemination [...] Reste, die der Katastrophe selbst vorhergehen." (AQE 76)[5]

Ethisches Sprechen umkreist die Sozialität des Wortes, eine von der Souveränität humanwissenschaftlicher Demaskierung verfemte Alterität der Verfolgung und Verantwortung, die in der unbeugsamen Vorladung mündet, der Levinas den Ausdruck Psychose reserviert. Der Umriß nichtpropositionalen Wissens[6] eines neuen Humanismus der Exteriorität – dunkle Dichte des Hellhörens im Denken und Dichten ohne Name, Stellung, Titel – zerbricht den Rahmen, die Ordnung und die Genügsamkeit des doxischen Gebrauchswissens humanwissenschaftlicher Provinienz, Enthüllung der Hüllen und Erfüllung der Füllen unbewußter Einflüsse, psychischer Komplexe, ideologischer Heucheleien.[7] Kants Einsicht, daß der theore-

---

5 „Die okzidentale Philosophie hat niemals die gnoseologische – und folgerichtig ontologische – Struktur der Bedeutsamkeit bezweifelt. [...] Die auf der Haut der Unmittelbarkeit blühende Sensibilität, ihre Verletzbarkeit, findet sich im Prozeß des Wissens wie anästhetisiert. Aber auch, ohne Zweifel, verdrängt, suspendiert." (AQE 80) Deshalb sind die Humanwissenschaften der „Kontemplation von Ideen, die Republiken ermöglichen" (DL 212), unfähig: Das Orientierungswissen vom umsichtigen Besorgen der Bewandtnisganzheiten reiner Relation und purer Dynamik steht gegen die Geduld des Unendlichen, die Aussetzung in den entgegenwärtigten Gegenwarten der ‚Krümmung des Raums'.

6 Im Bann der propositionalistischen Projektion avancieren die Humanwissenschaften. Sie verfehlen das Sein der Sprache, die problematischen Tropologien, das Martyrium der atopischen Darstellung, die Front der indirekten Mitteilung, die sekundäre Knotenlinie sprachlicher Plotstrukturen. „Was sich in Sätzen ausdrücken läßt, bildet immer nur gleichsam die Oberfläche des Wissens und des Erkennens." In Erinnerung der Platonischen Schattenbilder bis in die semantischen Abschattungen in Phänomenologie und Fundamentalontologie kann man mahnen, daß man „den Bereich der Schatten nicht hinter sich läßt, solange man sich innerhalb seiner darum bemüht, Ideale der Exaktheit und der Präzision zu verwirklichen." Wolfgang Wieland, Platons Schriftkritik und die Grenzen der Mitteilbarkeit, in: Volker Bohn Ed., Romantik. Literatur und Philosophie, Frankfurt/M. 1987, S. 43f.

7 Michel Foucaults Konfigurationen um eine Archäologie der Humanwissenschaften haben die Synonyma-Kette der einen Vokabel vom Menschenwesen gesprengt. Im Denken Foucaults ist das anthropologiegesteuerte und historismusgestützte Unwidersprechlichkeitspostulat der Humanwissenschaften intolerabel. Hier legt sich das Wissen Foucaults, vom Bedeutsamkeitsschwund des Mathesiskonzepts belehrt, in die Falten des Fiktiven und des Problematischen, um am philosophischen Körper das nachmetaphysische Experiment des stoisch tradierten Lehrstücks vom kohärenten Seelenleitungsprinzip der Parrhesia zu erproben, deren Anmut Kunst und Existenz vereint und im Menschen den Menschen selbst umkehrt. Unter Mensch leben wie ein Gott ist ihr Meditationsversprechen auf das

tischen Vernunft selbst Interessen einwohnen, hat den Primat der praktischen Vernunft wohl begründet, ihn aber schon mit einer dunklen Dichte versehen, die das Zögern zwischen Scham und Schande frösteln macht.[8] Dieser Primat, der im Zug vom Quasi zum Quale in sich erzittert, wird in der ethischer Differenz doppelter Selbstaffektion aufgenommen, als schwierige Heiligkeit der Selbstsetzung vertieft und zur Erscheinungsstufe im Erstling Ehrenwort umgestaltet. Das Des-Interesse der Güte im Vorkommen der Demut ist der Zoll lebendigeren Lebens und tödlicheren Todes, den das schneidende Sprechen im Gang zum Unsichtbaren auf der Bahn der Liebe passieren muß, um die neue Deduktion zu erlangen. Das Gran Irre, das die mantische Analytik der Vernunftidee Psychose in Zaus und Streu inspiriert, ist Sprache in Dissemination, die das Ungenügen am Kompositum Mensch, forderndes Flehen puren Defizits, vom Quasi zum Quale treibt. „So paradox es klingen möge: gerade als der ‚alienus' – als der Fremde, als der Andere – ist der Mensch nicht entfremdet" (AQE 76).[9]

---

liebliche Werk des asketischen Lebens, das unaufdringlich und anspruchsvoll vor den neuzeitlichen Pastoralmächten der christlichen Seelsorge zu bestehen vermag. Plotins Maxime ‚Seine eigene Statue meißeln' entfaltet in Foucaults späten Lehrschriften ihre unergründlichste Verbindlichkeit, das riskierteste Leben um die exotische Flora der Seelengröße im Menschengarten.

8 Für das Zögern zwischen der Scham der Metaphysik der Ewigen Wiederkunft und der Schande des Nihilismus im Willen zur Macht ist Nietzsches Philosophieren emblematisch. Kants Postulatenlehre der praktischen Vernunft trägt Nietzsches verbissenem Unternehmen eine dunkle Dichte ein, die noch die Schlange im Schlund Zarathustras frösteln macht. Denn sie erweist, daß „hinter Nietzsches strengster Ablehnung des Descartschen Cogito die noch strengere Bindung an die von Descartes gesetzte Subjektivität steht." Martin Heidegger, Nietzsche II, S. 174

9 Vielleicht ist das die Schlüsselformel für Max Webers Projekt einer Soziologie als Kulturwissenschaft, die im Nachhall der älteren Moralwissenschaften von der Metareflexion auf Wertideen grundiert ist. Rationalität steht Weber im Kampf zwischen Gott und Teufel. Die Antinomie von Person und Institution, Idee und Interesse leitet die spiritualistische Konstruktion seiner Studien. Der Stempel der Alienation prägt seine berühmte Wendungen um den Verzicht auf die faustische Allseitigkeit des Menschentums. Das weltfremde Experiment auf die absolute Instanz im Kulturmenschentum heißt Wirklichkeitswissenschaft. Im Laboratorium der Dezision wird das problematische Überleben unmöglicher Authentizität ohne ontologisches Attribut tariert. Denn der personale Kitt, in dem sich das Schicksal der Seele aus Pietätsbeziehungen erkennt, ist vertragsverrechtlichten Risikogesellschaften zerbröselt. Die Aporie von Entfremdung und Entzauberung wird angesichts der übermächtigen Sozialkörper der Mündigkeitsmassen in der Moderne diagnostiziert. Die Kette letzter Entscheidungen, durch welche die Seele ihr Schicksal wählt, ist Webers Umschrift

Schwierige Fremde der Alteritas seiender Fremde ist das Humanum im Humanismus des anderen Menschen. Vor aller klassifikatorischen Enthüllung und Erfüllung in den Humanwissenschaften, die das Selbstverständnis des Menschen zerschlagen, um ihn im Logos des Selben nach sozialallegorischen Merkmalen der Allergie zu verorten, ist er das magere Seiende in den Anführungsstrichen und Diebshaken der Reinzeichnung Verantwortung. In Fügungen unbedachter Geste und großmütigen Undanks ist er der Angang des Angriffswissens, der Schuß aus nächster Nähe, breitbasiert aus primärem Trauma, spitzfindig in wilder Skepsis. Der Angang des Alienus, das Vorkommen der Demut zum Angriffswissen vom Dia des Dialogs von Kreatur und Kosmos, ist die Anachorese prophetischer Rede in Apologien des richtenden Worts: Psychismus, der das Ich der Ichheit seiner Ichlichkeit beraubt, weil die ethische Differenz der exzentrischen Positionalität schneidenden Sprechens einwohnt, das die Achsendrehung des Totenbuchs AQE in die Sturzgeburt der Arkandisziplin Auferstehung unterhält. Via eminentiae im Abseits des Subjekts, der alles mit dem Ejakulat des Akkusativs beginnt, Kerygma oder die formfordernde Zerlösung des Quasi ins Quale. So wird der Erstling Ehrenwort aus der Botschaft von der schwierigen Heiligkeit auf das zweite Register des dritten Ohrs gestimmt, ohne die tumbe Apperzeption anzurufen, die in Kompensationsformeln um Modernisierungsschäden für die Exteriorität sorgsam ertaubt.[10] „Der Mensch, der als Individuum einer Sorte oder als ein zu einer bestimmten ontologischen Region gehöriges Seiendes aufgefaßt wird, der im Sein verharrt so wie alle Substanzen, besitzt kein einziges Privileg, das ihn zum Zweck der Realität machen

---

seiner Gottesidee einer gottverlassenen Gottesfurcht. „Die Redlichkeit eines heutigen Gelehrten und vor allem eines heutigen Philosophen kann man daran messen, wie er sich zu Nietzsche und Marx stellt. Wer nicht zugibt, daß er gewichtige Teile seiner eigenen Arbeit nicht leisten könnte ohne *die* Arbeit, die diese beiden getan haben, beschwindelt sich selbst und andere. Die Welt, in der wir selbst geistig existieren, ist weitgehend eine von Marx und Nietzsche geprägte Welt." Zit. nach Eduard Baumgarten, Max Weber. Werk und Person, Tübingen 1964, S. 554f.

10 Kompensationsformeln für Modernisierungsschäden sind das Wissenskapital der Humanwissenschaften: Inflationsheilige der Lebensordnungsdefizite in den Industriegesellschaften. Max Webers Pathogenesen von Rationalisierungsprozessen haben das Dürftige ihres staatsphilosophischen Biedermeier im harten Kontrast zum Pathos der letzten Stellungnahme betont. Erst in der letzten Stellungnahme blickt man dem Schicksal der Zeit in sein ernstes Antlitz, ohne den revolutionsphilosophischen Rückfall in die eschatologische Weltnegation betreiben zu dürfen. Deshalb begründet Webers Soziologie der Gegenneuzeit die Tradition des futurisierbaren Antimodernismus in Umorientierungszumutungen. Ihre Stifterfiguren: Marx, Nietzsche, Freud.

könnte [. . .] Man muß jedoch den Menschen im Ausgang von seiner Verantwortung denken, die älter ist als der conatus der Substanz und als die innere Identifikation, von der Verantwortung aus, die immer von außen rufend jene Innerlichkeit stört. Diesem Mehr an Verantwortung ist es zuzuschreiben, daß die Subjektivität nicht das Ich ist, sondern Ich." (HAM 99)

Humanwissenschaftliches Heroenrecht entspringt den Kennerschaften und Könnerschaften eines Logos, dessen Transzendenz auf Macht, Vergöttlichung und Einsamkeit gründet: Generalthesis der soziologisierten Moderne am Identitätspol Europa. Die Sekurität der Geschichte und der Gewalt ist der Umschlagsplatz der Hüllen und Füllen einer Menschlichkeit, die sich in makellos obszöner Figuration aus Denkakt und Schlußform am Unantastbaren der ethischen Differenz vergreift, weil das im Rationalen artikulierte Weh der Geiselnahme des Gehörs im Hellhören jenseits des Körpers aller Bewußtseinswehr als Regression im philosophischen Verstande erscheint. Der Angang der ethischen Differenz im Alienus der seienden Fremde ist eine „Differenz, die Nicht-Indifferenz ist" (AQE 105), ein Erschauern und Erschüttern, Erbrechen und Ersuchen um Unantastbares, Vorkommen der Demut im Angriffswissen der mantischen Analytik der Vernunftidee Psychose. Humanwissenschaften ist die Epiphanie der Nicht-Indifferenz jene unbedachte Geste, die ihre Aufklärung in Klassifikationen der Enthüllung und Erfüllung zu erwarten hätte, welche die Anmutung Exteriorität als ausweisliches Delegat reiner Vernunft begründete. So wäre der Psychismus, schon Psychose in der Souveränität ontologischer Egologien stationiert, die als ideenlogische Nachrichtentechnik im Theoriegefüge der Sozialwissenschaften[11] wirksame Schleppnetze sind.[12] Die ethi-

[11] Die Versteppung der Evidenzerkenntnispolitik in den Sozialwissenschaften entwickelt eine intensivierte Deportationsdichte in Steuerschaltungen auf die rotierende Transportgesellschaft. Im Metabolismus ringförmiger Identitäten von Passagiermenschen situiert Paul Virilio ihre exotische Geographie von Beschleunigungen, die kein Aufbrechen implizieren. Der Platz des Lichts, der Verläßlichkeiten trauter Fremde grundiert, wird zum Medienplateau der Phantomexistenz lebendig Toter auf dem „tragischen Flughafen des Vernichtungslagers. Abfertigungsstelle, Endstation und Tore der Antistadt, die sich ins Nichts eines verschwundenen Territoriums öffnen, Orte der Ausscheidung, die man benutzt, um in einem Bogen, leer vom beschleunigten Umherirren, wieder an den Ausgangspunkt zurückzukehren, air-terminal, Spektroskop, vor dem das Volk, Wandernde, Gespenster der letzten Revolution, der Revolution der ewigen Wiederkehr, im Transit, auf Bewährung, schattenhaft vorbeidefiliert." Der negative Horizont, München 1989, S. 128

[12] Claus Offe hat den „trüben Katalog" von Webers pessimistischer Persönlichkeits- und heroischer Elitenethik mit einem sozialwissenschaftlichen Standardeinwand zurückgewiesen. „Das sind Begriffe, die den Eindruck eines expressiven Raunens hinterlassen,

sche Differenz, Obsession, Gran Irre, Psychismus und Psychose ums Unantastbare, ist der Splitter, Stachel, Dorn praktischer Vernunft im humanwissenschaftlichen Fleisch. Sein spitzes Weh bekundet den wunderbaren Augenblick ernüchterten Empfangens: Hellhören in die dunkle Dichte lebendigeren Lebens und tödlicheren Sterbens. Ethisches Sprechen vom Seinsrecht der Appräsentation und ontologische Aussage im Informationskern der Apperzeption, der Angang der Nicht-Indifferenz und der Gleichmut demaskierender Enthüllung und Erfüllung sind daher nicht reziprok. Die universale Allergie, die von der Apologie im Antlitz des Anderen affiziert wird, vermag keine erwidernde Wiederholung des Unantastbaren. Denn die Obsession der Allergie, die die Humanwissenschaften dem Alienus zumuten wollten, um ihn im Logos des Selben zu beheimaten, müßte die Sozialallegorie des Hellsehens mit der Faszination einer Gehorsamserzwingungschance auszustatten wissen, von der ereilt zu werden sie, die innerweltenkleine Evidenzerkenntnispolitik, sich und anderen versagt. Das Unantastbare proliferiert Staaten im Staate Humanwissenschaften, unumkehrbare Asymmetrien bis zur Gottesidee des gekrümmten Raumes, der Levinas' Humanismus des anderen Menschen im Affektkristall des Anderen Gesetzes erwidert, welcher der Sprachenwende im rascheren Atem der prosodischen Aktion Angriffswissen verwendet ist. Sie ist Ersuchen und Erbrechen ums zuvorkommende Ehrenwort im Vorkommen der Demut; um das Zeugnis der Inspiration, der Investitur und des Magisteriums in der Passion des Sagens; Erwiderung der bindenden Trennung der getrennten Seienden, des Ex des Exodus in das Exil von Verfolgung und Verantwortung. Erwiderung, deren Grammatologie den Produktivitätsindex Genotext konstituiert, das forderndste Flehen des flüchtigsten Alienus im Regime der nächsten Kühnheit. Die Genealogie des Ungewissen im Springbrunnen der Seele stellt Umwege über nichtmenschliche Realitäten bis in die fernste Zukunft dem Einschlag von Oben heraus, der materialen

---

insofern die gemeinten ethischen Normen nicht analysiert und expliziert, sondern in immer neuen Umschreibungen bloß evoziert werden und der Sache nach irrational und opak bleiben." Wilhelm Hennis indes betont Webers „Aushalten" im Leiden an der „Kümmerlichkeit der Antlitze" um ihn herum, ohne billige Ausflüchte zu suchen. „Überall interessierten ihn die Widersprüche, die Ambivalenzen, die Aporien, in die der Mensch in der Moderne hineingerät." „Zähneknirschend" in seiner Ergebenheit an die geschichtlichen Gehalte untersuchte Weber die „Konsequenzen, die die Modernität für das ‚Menschentum' hat. Wir stellen diese Frage doch gar nicht mehr. Wer würde denn heute so etwas wie den Schluß der ‚Protestantischen Ethik' wagen: ‚Dies Nichts bildet sich ein, eine nie vorher erreichte Stufe des Menschentums erreicht zu haben'?" Max Weber. Ein Symposion, Ed. Christian Gneuss/Jürgen Kocka, München 1988, S. 172ff.

Antizipation vom Ehrenwort Gottes. Ein Gran Irre der Reinzeichnung Verantwortung des Menschentums in Anführungsstrichen und Diebshaken, das im ernüchterten Empfang ohne Denkakt noch Schlußform erwacht, wo vielleicht das Ewige Levinas' Programmbefehl paraphiert, der alle Zeiten eint. „Ein Außen haben, das hören, was von außen kommt – o, Wunder der Exteriorität! Das ist es, was man Erkennen oder Thora nennt. Die erhabensten Formen des Menschlichen sind nicht pathetischer." (DL 50)

Ethisches Sprechen entzieht humanwissenschaftlichen Sätzen den Erstling Ehrenwort, die gesättigte Schmach im Zögern zwischen Scham und Schande. Differential unumkehrbarer Erwiderung, Sprachenwende in forderndes Flehen. Denn die währende Bedrängnis und warnende Reue ist im Kreuzweg von Magie und Positivismus exponiert. Im Weltalter von Weltbild und Weltanschauung will die unbestreitbarste Erfahrung der Epoche unterstrichen sein, die Unmöglichkeit des Sprechens. Die Weisung ethischer Differenz im schneidenden Sprechen entspringt so der Botschaft von der schwierigen Heiligkeit, die der humanwissenschaftlichen Enthüllung und Erfüllung entschlüpft, dem Vergeltungsangebot in Sinn und Wissen für die Deutungswut sprachlich Entmächtigter. Schlupf der Brisur oder Ruptur ist der Staat im Staate: Unantastbar ist die Investitur der Nahheit des Nächsten und das Magisterium des Grundes des Gerechten, die das Antlitz des Anderen vom denkenden Ding im Raume der Sozialallegorie trennt. Die Erwiderung schwieriger Heiligkeit hat an humanwissenschaftlicher Weltlichkeit keinen Teil. Ihre Obsession der Psychose flieht den Gleichmut der Merkmalsgruppen und Abschattungsreihen, ihr Psychismus scheut die klassifikatorische Aussage im universalen System. Denn die Botschaft von der schwierigen Heiligkeit ist von der Beschaffenheit des Choks. Er entwurzelt das Staunen in Skepsis und Trauma, statt sich im Wissen zu lindern und im Sinn zu mildern: Kopfüber des Hellhörens im Klangleib der Umschöpfung von Urworten, mit unverhängtem Ohrenpaar gelesen und geschrieben, dem reizbarsten Organsinn der regsamsten Tastatur. Die Geistesgegenwart Bewußtsein, im Schema intentionaler Implikation aufs Erfassen des im Wechsel der Erscheinungen Identischen orientiert, wird in ihrer Harthörigkeit überrascht. Die Überraschung, die sich zwischen dem skeptischen Ersuchen und dem traumatischen Erbrechen erstreckt, ist der großmütige Undank der unbedachten Geste irgendwo zwischen Fleisch und Haut, gebrechliche Innigkeit, die sich dem Hörsturz im Machtspruch des Idealismus entringt. Das Denken und Dichten in Liturgien der Nietzschelage, Umweg im Zueinander von Fernen nichtmenschlicher Realität, postiert Epiphanie vor Enthüllung, Unsichtbarkeit vor Intelligibilität, Manifestation vor Verhältnis, Verantwortung vor Dankbarkeit: Trauma und Skepsis erwidern der ethischen Differenz unerhörten Sagens in der königlichen Regung einer Iteration, die der Entrückung Geschichte entrückt und dem Zerwürfnis Gewalt zerworfen ist: der iterative Lebenssturm um die Berufung zur Wunde AQE, von Häschern der Sehnsucht im Königszeichen der geprägteren Form von Zorn und Geheimnis geschlagen.[13]

Beginnen vor dem Beginnen

Die Thaumurgie von Trauma und Skepsis lauert im Grunde des Gerechten, das im Antlitz des Anderen aufspringt und die humanwissenschaftliche Sekurität anspringt. Die Botschaft von der schwierigen Heiligkeit trifft die ethische Differenz. Der Erstling Ehrenwort ist ein Chok, der die Nahheit des Nächsten zeitigt, Qualieren um unstillbaren Stillstand im Wagnis des Pluralismus. Hier berührt die schwierige Heiligkeit Levinas' die praktische Vernunft Kants. „Vielleicht könnte man diese eigenartige Beziehung folgendermaßen charakterisieren: Gewöhnlich wird das affizierende Objekt von dem Bewußtsein des erkennenden Subjektes wahrgenommen und in ein System von Vorstellungen, Begriffen, Kategorien eingegliedert. Im Falle des Nächsten hat die Affektion den Charakter eines Schocks, eines Stoßes. In einer Vergangenheit, die so tief weggesunken ist, daß ich mich ihrer nicht zu entsinnen vermag, in einer Zeit vor dem Beginnen, hat mich jener Stoß auf traumatische Weise getroffen."[14] Das Angriffswissen Trauma und Skepsis bricht mit dem Bau ontologischer Eidetik, die die Totalität der Humanwissenschaften privilegiert. Das Antlitz des Anderen ist kein Phänomen von unbestimmter Bedeutung und kein Noema mit unklarem Sinn. Es bezeugt die extravagante Transzendenz, das Vitalzeichen der Ausschweifung von Verfolgung und Verantwortung, die aus der Höhe von Emphase und Hyperbole kommt. Der Erstling Ehrenwort erwidert Trauma und Skepsis

---

13 Prosaischer formuliert Husserl die „kombinierte Einstellung" von phänomenologischer Enthaltung und positiver Hingabe als „transzendental erschlossene, geklärte, begründete Positivität." Edmund Husserl, Hua Bd. XIII, S. 206. Das vollendet Unvollkomene des Reduktionsprozesses definiert die Orientierungswaise Mensch als Wesen der Ferne. Dilatanten Exekutionsverlegenheiten ist nur der Modus der Hingabe im Revers der Reduktion absolut. Seine Rhetorik unmöglichen Rückzugs oder ausgeschlossenes Entweichens übersetzt die meisterliche Untreue der Religion in der Relation: entwaffnetes Denken, fassungslose Intelligenz, entblößtes Ereignis. Levinas' Rhetorikformel: barockes Unterschiedlichkeitsempfinden, lakonisch nobilitiert, zwingt den Schuß aus nächster Nähe mit der Geduld des Unendlichen zusammen. So sind Wahrnehmungsdichte und Vorstellungsdauer durch eine Sprachhaltung esoterischer Ausdruckskunst ins Sein verkeilt. Überdeutlich ist die Verschränkung von Begriff und Halluzination.

14 Stephan Strasser, Jenseits von Sein und Zeit. Eine Einführung in Emmanuel Levinas' Philosophie, Den Haag 1978, S. 293

als Hochgabe in der Passion des Sagens: Schneidendes Sprechen ethischer Differenz, das versunkene Zeiten des Beginnens vor dem Beginnen artikuliert. Versunkene Zeiten, die ein Ewiges auszeichnen, das alle Zeitlichkeiten schrumpfen läßt, der Umriß des Humanismus des anderen Menschen, die schwierige Heiligkeit der Anachorese prophetischer Rede in die Apologie des richtenden Worts, Psychismus, schon Psychose. Aus dem Beginnen vor dem Beginnen befremdet das seiende Fremde die Aufenthaltsdeutung Philosophie. Im Beginnen vor dem Beginnen bestdenkbarer Originalität ist das Vorkommen der Demut aus dem Ältesten des Alten, dem der höchstvergessene Flitterstaat Humanwissenschaft das Heroenrecht auf Totalität erschließt, der Sekurität der Paarungsassoziate Allergie/Allegorie entzogen.[15]

Ein Beginnen also, das die ontologische Eidetik um Denkakt und Schlußform im schönen Schein des Solipsismus verläßt, um das Kommen denkenderen Denkens oder den Staat im Staate zu empfangen.[16] Es ist Stoß des produktiven Genotextes seiende Fremde und Stich der ethischen Differenz Anderer; Sozialität des Erstlings Ehrenwort, die der bindenden Trennung der getrennten Seienden das rasche Bild des Erbrechens und die prompte Rede des Ersuchens verleiht, in langsamen und unbeschreiblich ausführlichen Anführungsstrichen und Diebshaken. Das zuvorkommende Ehrenwort des Beginnens vor dem Beginnen ist das Vitalzeichen Transzendenz als Ausschweifung einer Meditation um den Namen. Ethik erfleht das Anhören des Gefühls, in dem versunkene Zeiten und kommendes Denken zur Geiselnahme des Gehörs im Jenseits der Körperschaft Ichheit zusammentreten. „Das Ethische ist das Zerspringen der ursprünglichen Einheit der transzendentalen

---

15 Vgl. Odo Marquard, Temporale Positionalität. Zum geschichtlichen Zäsurbedarf des modernen Menschen, in: Epochenschwelle und Epochenbewußtsein, Poetik und Hermeneutik XII, München 1987, S. 349: „Die Utopie tarnt sich als Katastrophenprognose, das Prinzip Hoffnung maskiert sich als Depression, die Fortschrittstheorie ist zur Verfallstheorie umgeschminkt, sie ist die revolutionäre Eschatologie im Resignationspelz. Dabei aber bleibt die Geschichtsphilosophie durchaus das, was sie war: die Gegenneuzeit."

16 Hier ist auf Martin Heideggers Bestimmung des Denkens aus dem Anfang zu verweisen. In der Parmenides-Vorlesung heißt es: „Anfang ist dasjenige, was mit diesen Denkern etwas anfängt, weil es sie dergestalt in den Anspruch nimmt, daß von ihnen ein äußerstes Zurücktreten vor dem Sein gefordert wird. Die Denker sind die vom An-fang Angefangenen, von ihm in ihn Eingeholten und auf ihn Versammelten." GA Bd. 54, S. 11. Heidegger spricht der Gefangenschaft anfänglichen Denkens das Daimonion zu, das Ungeheure: „Das Un-geheure ist das Einfache, Unscheinbare, für die Greifzange des Willens Ungreifbare, allen Künsten der Rechnung Sichentziehende, weil alles Planen Überholende." GA Bd. 54, S. 150.

Apperzeption – *das heißt das Jenseits der Erfahrung*" (AQE 189). Der Angang der Fremdsprache Ehrenwort gilt der Namenspende, die im Experiment der absoluten Instanz ‚Hier bin ich' erwidert. Ihre dunkle Dichte ist das traumatische Residuum skeptischer Weltvernichtung. „Denn Name ist nicht Schall und Rauch, sondern Wort und Feuer."[17]

Exkurs: Meditation im Namen

Wort und Feuer sind die Pole der Umschöpfung des Urworts Name in der Dynamik geschmeidiger Umbauten der unbesonnenen Lust am sprechenden Akkusativkörper, den der Imperativ der neuen Deduktion des Denkens und Dichtens aus Ohnmacht und Schwäche trifft. Im Namen ergeht der Ruf an die seufzenden Eingeweide, Organsinn gebrechlicher Innigkeit zu sein, wenn die Fremdsprache Ehrenwort im Revers der Reduktion angeht. Der Name ist die Redaktion, die die Rationalitätschance schneidenden Sprechens bewährt, um das Pathos der Distanz im Regime der nächsten Kühnheit dem Einschlag von Oben zu exponieren. Wort und Feuer sind die materiale Antizipation vom Ehrenwort Gottes, die Zukunft der Anachorese prophetischer Rede und richtenden Worts, der Name, der den futuralen Text des Menschensprechens im Glutkern Hermetik anspricht. Der Name selbst, Sigle fremder Ordnung, nennt die feinste Faser der Ferne, die die Naht auftrennt, welche das Selbst und das Sich verstrickt. Irgendwo zwischen Haut und Fleisch, bewegtes Zusammen, reizbare Tastatur und Tiefenglück, zieht ein wehrloses Weh Anführungsstriche und Diebshaken puren Defizits aus, enorm und unmerklich, in Riß und Ruck einer Deportation aus dem ontologischen Mehr ins ethische Besser: Vorwärts von unerbittlicher Härte als unmerkliche Vorladung ins enorme Verhör, in dem die unvordenkliche Vergangenheit die Spur des Seins zur Zukunft passiert. So erhält die Umbildung ins Unleserliche der Katamnese der Affektion den Schliff schneidenden Sprechens, in dem das kindliche Schütteln des Schluchzens zur Sprache in Dissemination kommt. „Was ist nur dem Subjekt zugestoßen, was hat es verletzt, daß es seine Gedanken exponiert und sich in seinem Sagen aussetzt!?" (AQE 106) Pro-Nomen, das alles, was einen Namen tragen kann, narbenhaft bezeichnet – Siegel der höchsten Prüfung, die Witterung fürs Wanken des egologischen Architekturats imponiert: „marque de son sceau", sagt Levinas im Schlußsatz von AQE. Der Name führt, von Ihm gesiegelt, eine Obligation ins Sein, deren Maß sich nicht dem Sein gemäß bemißt, das in Komplexitätssteigerung,

[17] Franz Rosenzweig, GS Bd. 2, S. 209

Desorientierungsfolgen, Zivilisationsdynamik arbeitsteiliger Ersatzverzauberung sich verlaufen mag, wie es die Humanwissenschaften den Orientierungswaisen der Moderne als Entlastungseffekt offerieren. Siegel semantischer Implikation: Spur, Unruhe und Störung durch das, was vorübergegangen ist, ohne in die Gegenwart möglicher Vergegenwärtigung einzugehen. Zeichen eines Rätselhaften, unauflösbar in eindeutigen Entdecktheiten. Bekundung unterscheidender Merkmale und Legitimation des Einmaligen. Attest des definitiv Beschlossenen und in Geltung Gesetzten, des Unwiderruflichen, des Unkündbaren. So ist alles, was einen Namen duldet, trägt und lädt, als Spur und Zeichen, Urkunde und Attest rätselhafter Lebendigkeiten gesiegelt. Siegel des exzellenten Bedeutens ohne Kontext, das sich unter den Namhaften egologisch verbürgter Apperzeptionskerne am Rande des Zerrinnens bewegt; Siegel des Namens, exzentrische Positionalität des gekrümmten Raums, in keinem Idealsprachenprogramm gewußt und in keiner Überlieferungsgeschichte gedacht.

Sein Name befiehlt dem Sinn unfreiwilligen Fehls den Einfall der Stellvertretung bis zur Leibbürgschaft. Er verheißt der Güte als Quelle der Wahrheit, sich unter dem Namen zu bewegen, der den Grund des Gerechten und die Nahheit des Nächsten ins Vorkommen der Demut beruft. Aus dem Siegel des Namens, der Opfersinn und Schriftzug zu unstillbarem Stillstand qualiert, ist die Nicht-Indifferenz entzündet, die im Antlitz des Anderen die Entwaffnung des Denkens, die Fassungslosigkeit der Intelligenz, die Blöße des Ereignisses entfacht; das Zeugnis von Inspiration, Investitur, Magisterium, sofern im Namen die Geiselnahme des Gehörs durch das Jenseits der Körperschaft Ichheit erfolgt; der nackte Ruf, Anruf und Aufruf der Anderheit des Anderhaften. Niemals erlöschen gesiegelte Apologien des Psychismus, weil sich die Güte im Unsichtbaren der einzigartigen Namenlosigkeit unter Dem Namen bewegt; eine Quelle, die ihre Wahrheit im Ersuchen und Erbrechen ohne Entsprechen, in der Epiphanie ohne Negativität, in der Verantwortung ohne Verfolgung hat. Ihr Opfersinn und Schriftzug, im Unerhörten pathologischer Differenz aufgelesen, im Unantastbaren topologischer Devianz angeschrieben, im Genotext Gottesidee abgezählt und in der mantischen Analytik der Vernunftidee Psychose ausgesprochen, ist das Siegel der jüdischen Bestimmung, Affektkristall des Anderen Gesetzes: die rätselhafte Lebendigkeit der rationalen Formkraft des Absoluten als Herrlichkeit einer langen Sehnsucht oder Nachtwache im Dienst der Nächstenliebe.[18]

---

[18] Die Conditio Judaica treibt das Wort und das Feuer ins Unsagbare, in die unerträgliche Abwesenheit der Gottesidee, in den Zorn schneidenden Sprechens und das Geheimnis kindlichen Schluchzens. Zwischen Wüste und Schatten existiert im Asphaltdschungel der Moderne eine gottverlassene Gottesfurcht, die den Gesichtsverlust durch ein Manna von

Dafür steht das Namenlos in Levinas' Lehre vom Pronomen als Angelpunkt des Geistes, unbeugsame Vorladung, die die pneumatische Exegese vom Quasi ins Quale treibt: Kompressoren-Liturgie der ethischen Differenz, die im Schaltwerk von Abtastungen und Selektionen schichtet, schneidet, schält, bis die Sprache in Dissemination den Erstling Ehrenwort vergibt.[19] Dem Pro-nomen zugesprochen, das mehr ist als ein Deckname in der Namensdecke, die für den aufkommt, der unaussprechlich bleibt. Das „Pro" ist die formale Anzeige einer Stellvertretung bis zur Leibbürgschaft, das in einem starken Sinne gehört werden will, als geballtes Kerygma des Akkusativs, als Salto mortale ins Wesensverhältnis von Sprache und Tod. Man kann den Titel „Namenlos"[20], der in der Reihe der Eigennamen die erste Sozialität im letzten Wort hütet, in die Judaität um Trauma und Skepsis übersetzen. Er erscheint dann selbst als Für-Sprache der Nahheit des Nächsten aus dem Grunde des Gerechten; der Besiegten der Geschichte und der Gewalt, deren Sehnen entrückt und deren Streben verworfen ist, weil dem Responsorium des Denkens und

---

Lettern im Antlitz des Anderen abgegolten hätte: Verkehrswissenschaft von Übermorgen. Wort und Feuer der Conditio Judaica instituieren das exhaustive Attribut des Narrativen, das Hans Blumenberg mythenkritisch exponiert. „Wenn alles aus allem hergeleitet werden kann, dann wird eben nicht erklärt und nach Erklärungen verlangt. Es wird eben nur erzählt. Ein spätes Vorurteil will, dies leiste nichts Befriedigendes. Geschichten brauchen nicht bis ans Letzte vorzustoßen. Sie stehen nur unter der einen Anforderung: sie dürfen nicht ausgehen." Arbeit am Mythos, S. 143

19 „Für all das fehlen uns die Namen" (Hua Bd. X, S. 75), entfährt es Husserl im Zuge einer strengen Deklination der Phänomenologie des Zeitbewußtseins. In diesem Geständnis ist der namenlose Schrecken schon intentional gebändigt und phänomenal gezähmt. In den Prozeßformen der Metamorphosen des Sprachleibs, die der dynamische Platonismus des Spätwerks proponiert, ist Husserl versichert, daß der Ausfall der Namen in die Passungen der Lebenswelt einrasten wird.

20 Samuel Becketts Roman ‚Der Namenlose' ist nach einer symmetrischen Rhetorik konstruiert, deren methodisch an Descartes geschulter Geist in Präambel und Traktat die letzten Schlupfwinkel der Epochenerfahrung unmöglichen Sprechens verfolgt. Die „große sprechende Kugel" (Werkausgabe Bd. 8, S. 416) mit der „Konsistenz eines Eis" (S. 415) genießt den Krampf der antihermeneutischen Stimme. Aphon weiß sie, daß „die Stunde des Sprechens, weit davon entfernt, geschlagen zu haben, wahrscheinlich nie schlagen wird." Und: „Teure Verständnislosigkeit, dir werde ich letzten Endes verdanken, ich zu sein." Gegen die „süßsaure Katechetensprache" (S. 507, 443, 486) heißt es im Programmbefehl aufs fordernde Flehen puren Defizits: „Ich bin der, den man nicht kriegen wird, der nicht erlöst werden wird, der zwischen den Bänken kriecht, auf den neuen Tag zu, der herrlich zu werden verspricht, mit Rettungsringen bekränzt, den Schiffbruch erflehend." (S. 462)

Leidens ein seltsam phosphorisierender Glanz eignet. Es ist der Glanz der Physis, in dem das Sein in Wahrheit ist, die furchtbare Totenmeldung ohne einen Schimmer vom Bewußtseinsformular, die dunkle Dichte des hermetischen Seins zum eminenten Text, deren deformalisierter Genotext irgendwo zwischen Haut und Fleisch unter der Berührung des Worts erzittert, die unbegreifliche Drohung der Geisel des Gehörs, um den höchsten Preis im Jenseits des Körpers gezogen. „Die entriegelte Kommunikation entspringt der riskanten Entdeckung des Selbst, dem Bruch mit der Interiorität und der Aufgabe allen Obdachs, in der Aussetzung des Traumas, in der Verletzlichkeit. [...] Das Sagen entdeckt, jenseits der Nacktheit, was es an Verstellungen noch in der Exposition einer bloßgelegten Haut geben kann." (AQE 62)[21]

Namenlos ist das Ersuchen und Erbrechen ums Übersetzen der Conditio Judaica im Programmbefehl aufs zweite Register im dritten Ohr. Aus der Blöße ohne Bleibe irgendwo zwischen Haut und Fleisch, „Pro" des Erstlings Ehrenwort im Abseits des Akkusativs, stoßen Trauma und Skepsis zum Angriffswissen auf den schönen Schein Solipsismus, den das namenprotzende Selbst selbstredend unterstellt. Die Conditio Judaica erhebt sich mit dem Vitalzeichen Transzendenz als Doppellebenslust rätselhafter Lebendigkeiten gegen das Kennen und Können von Macht, Vergöttlichung und Einsamkeit, von deren Tun und Trachten belagert sie in den Lagern sich erlebt hat.[22] Ihr namenloses Ersuchen und Erbrechen um das zuvorkommende Ehrenwort Sozialität wuchert als Tumor. Tumor, rasches Bild des primären Traumas und prompte Rede der wilden Skepsis; besonnenes Feuer des Beginnens vor dem Beginnen im Gedächtnis der Judaität; Bestimmung messianischen Qualierens um unstillbaren Stillstand; Dehiszenz dessen, was niemals zur Genüge geschaut und geeint, gelöscht und gebahnt ist: Die Textfalle Tumor ist die Ekliptik der Namen im Namen, das Schaltwerk von Abtastungen der unbedachten Geste und Selektio-

21 Vgl. Adornos Verdikt über die Kommunikation: „Alles, was heutzutage Kommunikation heißt, ausnahmslos, ist nur der Lärm, der die Stummheit der Gebannten übertönt." Negative Dialektik, S. 339

22 Nietzsches Hagiographie der Conditio Judaica ist zu gewichtig, als daß sie übergangen werden dürfte. „Was Europa den Juden verdankt? – Vielerlei, Gutes und Schlimmes, das vom Besten und Schlimmsten zugleich ist: den großen Stil in der Moral, die Furchtbarkeit und Majestät unendlicher Forderungen, unendlicher Bedeutungen, die ganze Romantik und Erhabenheit der moralischen Fragwürdigkeiten – und folglich gerade den anziehendsten, verfänglichsten und ausgesuchtesten Teil jener Farbenspiele und Verführungen zum Leben, in deren Nachschimmer heute der Himmel unsrer europäischen Kultur, ihr Abend-Himmel, glüht – vielleicht verglüht. Wir Artisten unter den Zuschauern und Philosophen sind dafür den Juden – dankbar." Friedrich Nietzsche, Werke, Bd. II, S. 716

nen der königlichen Regung. Das Orakel des Stelldichaus von Frage und Fragezeichen diviniert die meisterliche Untreue im Revers der Reduktion, um dem Erstling Ehrenwort das Rätsel auf Leben und Tod aufzugeben, mit dem sich die Religion aus der Relation löst: als Reste einer Sprache in Dissemination, die im Zaus des Traumas und im Streu der Skepsis der Katastrophe vorstehen. „Wird der Überschuß oder Mangel, der mich aus der Objektivität der Bezüge wirft, zur Religion?“ (AQE 104)

In der Textfalle Tumor wird der Thrombus schneidenden Sprechens wagender, sagender, williger: Fremdsprache als Pronomen mit dem Gran Irre, der das Abseits des Subjekts als Embolie markiert, Aderlaß des primären Anderswoher, Blutsturz des wilden Anderswohin, unbeugsame Vorladung, breitbasiert in unausweichlicher Entfremdung und spitzfindig im unheimlichen Gast. Die Geiselnahme des Gehörs durch das Jenseits des Namenskörpers ernennt zum namenlosen Übersetzen von primärem Trauma und wilder Skepsis in den Psychismus, schon Psychose, die „Religiosität des Sich“ (AQE 150). Im Tumor wuchert die Reinzeichnung Verantwortung als bindende Trennung der getrennten Seienden, als Quale im Quasi, das die neue Deduktion von Schema und Typik entformalisiert: Dia des Dialogs von Kreatur und Kosmos, Anachoresen prophetischer Rede in Apologien des richtenden Worts. Die unter die Eigennamen gestreute Namenlosigkeit, mantische Analytik des basalen Bruchs von Selbst und Sich, gibt der Obligation Psychismus die Nahheit des Nächsten als Grund des Gerechten. Levinas hat die Textfalle Tumor in AQE als obsessives Erbrechen und Ersuchen um die Gabe der Religiosität des Sich, als Güte der Schöpfung im Geschöpf von Abdankungen erschrieben. Die mantische Analytik der Vernunftidee Psychose gilt dem Glutkern Hermetik der rätselhaften Lebendigkeit von Staaten im Staate, die Hochgabe, die den Gang zum Unsichtbaren mit der Bahn der Liebe in „zellulärer Erregbarkeit“ (AQE 183) kreuzt, um im zweiten Register des dritten Ohrs als ‚Hier bin ich‘ anzukommen: entwaffnetes Denken, fassungslose Intelligenz, entblößtes Ereignis sind die materiale Antizipation des Erstlings Ehrenwort von der Gottesidee, dunkle Dichte reizbarsten Hellhörens der Exteriorität oder wehrloses Weh im Akkusativ des geheimnisvollen Nichts.[23]

[23] Wie das Ereignis, Moment sukzessiver Temporalität, zum zeitfreien Element der Geschichte wird, hat Vladimir Jankélévitch als ewiges Präterium verewigt. „Das ist das geheimnisvolle Nichts eines ausgerotteten Mädchens, auf immer in einem deutschen Konzentrationslager verschwunden; keiner kennt Namen und Existenz dieses Kindes: dieses Kind ohne Grabstatt, anonymer als das unauffällige Begräbnis in einer namenlosen Gruft: dieses auf immer unbekannte Kind ist ein ewiger Moment der Geschichte, nicht der ganzen Ewigkeit, sondern seit seiner Vernichtung für alle Zeiten; dieses Kind ist künftig eine unzerstörbare Vergangenheit der menschlichen Zeitlichkeit; und man könnte sogar sagen: die Menschengeschichte wäre nicht dieselbe, wenn die kleine Märtyrerin nicht

Wundhöhle Auschwitz

Deshalb müssen wir, so erklärt Levinas, „einen neuen Zugang zu den jüdischen Texten schaffen und dem inneren Leben aufs neue Priorität verleihen." (EN 104) Priorität des Gangs zum Unsichtbaren auf der Bahn der Liebe ist unmöglicher Rückzug oder ausgeschlossenes Entweichen, Apriorität des Apriori im Dia des Dialogs von Kreatur und Kosmos, Chaosmos und Chaogito, dem die Ekliptik schneidenden Sprechens in die Textfalle Tumor gerät, „Ohne-Bleibe", „Nicht-Welt", „Nicht-Behausung" als Inbegriff der „negativen Größe" (AQE 226), die dem Trauma die Enthüllung im Wissen und der Skepsis die Erfüllung im Sinn verwehren. Dieses Weh vor aller Wehr, Wind und Wetter ausgesetzt, ist die „Exposition ohne Himmelfahrt" (AQE 227). Ihre Textfalle Tumor erwartet Levinas' meisterliche Untreue im Revers der Reduktion, als Gran Irre im Glutkern Hermetik, als Thrombus aller Embolie, als Schürfsaum tangentialer Luxationen bis zur Berstungsblutung der Wundtasche AQE. Achtung! Denn das Iterativ Lebenssturm wird von der Wundhöhle Auschwitz paginiert. „Welches ist diese infinitesimale und vollkommen unbewußte Differenz, diese pneumatische und staubfeine *Diaphora*, die aus dem Überlebenden der Hölle einen Menschen macht, der nicht wie die anderen ist? Zweifellos nichts Bestimmbares oder Wägbares [. . .] Nur eine gewisse Ausstrahlung von Ferne, ein irgendwie fremder und flüchtiger Schimmer im Blick: dieser undefinierbare Schimmer ist wie der metaempirische Widerschein des Unsühnbaren, d. h. des Unverzeihlichen, d. h. des Unwiderruflichen. Und je mehr der

existiert hätte; dies wäre eine andere Menschengeschichte, die Geschichte einer anderen Menschheit! Die endlose, verzweifelte und gewissermaßen metaempirische Wut des Hasses bemißt so das Unvermögen des Hassers: der vernichtende Haß wollte vergeblich das Unauslöschliche vertilgen; nicht zufrieden mit dem Tod dessen, was er haßt, will er noch und absurderweise den Tod töten; in den Krematorien verzehrt er das Sein dieses Nicht-Seins durch das Feuer, verstreut die Asche wie der Wind den Rauch verflüchtigt, verwischt bis in die letzten Reste den verabscheuten Normalzustand; wütet gegen das Nachgelassene, gegen die Werke und selbst das Gedächtnis dieser Nichtexistenz, die ein so hartes Leben hat und trotz allem noch existiert; der Hasser in seinem ohnmächtigen Wüten, seinem deutschen Wüten, verfolgt endlos das delirante Unternehmen der Auslöschung; jenseits der Nacht, des Abgrunds, des Vergessens, des primitiven Chaos, wo sich alles Gedächtnis vermischt, hat der endlose Haß die Endlösung (*solution-limite*) einer metaphysischen Vernichtung zum Ziel. [. . .] Namenlosigkeit, Nichtigkeit und Nein sind in der nazistischen rabies teutonica wie in der deutschen Metaphysik des Nichts assoziiert." L'Irréversible et la nostalgie, Paris 1974, S. 162f.

Überlebende der Hölle dieses Uneingestehbare mit Schweigen umhüllt, desto schwerer wiegt das Unsagbare in seiner Existenz."[24]

Diaphora des Umschlags von Wüste und Schatten im inneren Leben der jüdischen Bestimmung; namenloses Ersuchen und Erbrechen um das zuvorkommende Ehrenwort Verantwortung. Sie erstreckt sich bis auf die Repräsentanz der Seinsgestalt des Menschlichen, von der Stellvertretung bis zur Leibbürgschaft; im Zeugnis der Inspiration, der Investitur, des Magisteriums der bindenden Trennung der getrennten Seienden. Die seiende Fremde der jüdischen Bestimmung ist Schwellenerfahrung einer Menschheit in Anführungsstrichen und Diebshaken. „Das Judentum ist die Menschheit, die an der Schwelle einer Moral ohne Institution steht." (EN 105) Moral ohne Institution ist Moralität[25]: Die namenlose Obsession, Psychismus, schon Psychose um das beste Pronomen, die Religion in der Relation, das Gran Irre im Erstling Ehrenwort, das schneidende Sprechen im zweiten Register des dritten Ohrs, das Dia der Diaphorese von Trauma und Skepsis. Moral ohne Institution oder Bedeutung ohne Kontext ist ohne Entsprechen. Ihre generative Symbolizität hält auf der Schwelle der kleinen Pforte aus, der die prüfende Belehrung des Magisteriums Skepsis und die quälende Erforschung der Investitur Trauma abgerungen wird. Das wird als Obligation zur Verantwortung ohne Verfolgung vernehmbar; Priorität der Anachorese prophetischer Rede in Apologien richtenden Worts, Psychismus, schon Psychose in unbedachter Geste, königlicher Regung und großmütigem Undank im Antlitz des Anderen. Dem entnimmt Levinas die „Sendung zum Anderen in der Herrlichkeit des Unendlichen" (AQE 194).

---

[24] Vladimir Jankélévitch, L'Irréversible, S. 239. Auch für Levinas gilt die methodische Bestimmung, die das Buch trägt: „Vielleicht ist das moralische Gebiet das einzige, das uns das Recht erteilt, diese irrationale Sprache zu sprechen." (S. 237) Das unmoralische Wissen des Moralismus wird exponiert, um das moralische Wissen von der Unmoralität zu verbreiten.

[25] Moralität ist bei Levinas das „Bewußtsein der moralischen Unwürdigkeit". Es ist von der „Idee der Unendlichkeit" ereilt und „Anfang des sittlichen Bewußtseins." (TU 115) Nietzsches „Antinomie: Sofern wir an die Moral glauben, *verurteilen* wir das Dasein" (Werke, Bd. III, S. 568) kann mit heideggerkritischem Akzent gelesen werden. Heideggers Kernsatz „Die ekstatische Zeitlichkeit lichtet das Da ursprünglich" (Sein und Zeit, S. 351) würde Levinas' Wundsatz vom Zeugnis der verfehlten Entgegnung replizieren: „Die enthusiastische Herrlichkeit richtet das Ex umsprünglich." Moralität ohne Institution ist die kontraideologische Formel für eine Lebensführungsordnung im Sinne Max Webers, in der die Rearistotelisierung der modernen Ethik in einem Um-Sprung der Fundierungsverhältnisse fällig wird, in dem die Humanwissenschaften die Bestimmung des Menschen ein- und austragen.

Auf der Schwelle zwischen der Wüste und dem Schatten, der Ordnung des Seins und der Anarchie der Güte wird die Conditio Judaica als Bedeutung ohne Kontext gestiftet, die Reinzeichnung Verantwortung als disseminierte Moralität, Pathos der Distanz im Regime der nächsten Kühnheit, der Glutkern Hermetik im Dia der Diaphorese des Erstlings Ehrenwort. Bedeutung ohne Kontext oder Psychismus als Psychose: sie trägt und erträgt, lädt und belädt das Zögern zwischen Scham und Schande mit der Herrlichkeit des Unendlichen, um sie in der zur unbeugsamen Vorladung gesättigten Schmach auszutragen, die Levinas' neue Deduktion vom Quasi zum Quale inneres Leben nennt, das Jenseits des Seins von Schema und Typik, die Apriorität ohne Apriori, das Hochgefühl des entmaterialisierten Gottes ohne Gottesbeweis.

Irreale Realität

Die Ethik der Intimität ist der Sinn des unfreiwilligen Fehls auf der Schwelle zum Wagnis des Pluralismus, das Zwischen von Wüste und Schatten, das im unstillbaren Stillstand messianischen Qualierens in den Dämmer des Unendlichen hinauslangt. Deshalb hält Levinas' Passion des Sagens die Einzigkeit schneidenden Sprechens in die Priorität des inneren Lebens, Apriorismus des Apriori, Erstling Ehrenwort in der Textfalle Tumor oder zweites Register im dritten Ohr, die Pro-Vokation des Pronoms in einem Vokativ, der dem Subjekt „sans identité" oder der „identité dépareillée" (AQE X) gilt. Das Aufhorchen ins Wenige des Einfachen, Kreuzweg des Gangs zum Unsichtbaren und der Bahn der Liebe, ist „keine Philosophenkonstruktion, sondern die irreale Realität der Menschen, die im alltäglichen Weltgeschehen verfolgt werden, um deren Würde und Sinn die Metaphysik sich nie gekümmert hat und vor der sich die Philosophen das Gesicht verhüllen." (HAM 101) ‚Irreale Realität' ist das Reale der mantischen Analytik der Vernunftidee Psychose, die Aussetzung des Responsoriums von Denken und Leiden im entscheidenden Augenblick des Unmenschlichen, Affektkristall des Anderen Gesetzes, Dia des Dialogs von Kreatur und Kosmos, der Diaphorese von Chaogito und Chaosmos. Der meisterlichen Untreue im Revers der Reduktion ist die Exteriorität als Rätsel auf Leben und Tod aufgegeben, als Glutkern Hermetik in der Textfalle Tumor, als Gran Irre im Abseits des Akkusativs, der unmöglichen Rückzug und ausgeschlosenes Entweichen in den Empfang ernüchterten Erwachens übersetzt. Das Schulungsprotokoll der Exteriorität im Einschlag von Oben, Investitur primären Traumas und Magisterium wilder Skepsis, ist in der pneumatischen Exegese AQE sedimentiert, der Thaumaturgiestudie im Novellenstil mit der intellektuellen Schönheit eines Wissenschaftsmärchens, dessen Stillebentext Flaneure von Spaziergangsphantasien auf das Ex, Exodus ins

Exil, der Textfalle Tumor stößt.[26] In der Hagiographie des Affektkristalls ethischer Positivität wird das Entrücken anonymer Geschichte und das Zerwürfnis neutraler Gewalt durch die personale anarchische Verantwortung unterbrochen, die in der Judaität als Eifersucht um die höchste Undankbarkeit deponiert ist. Die unbedachte Geste ihrer königlichen Regung ist in die kostbare Aporie schneidenden Sprechens mit dem Zusatz der Milde gestellt. Das Vorkommen der Demut im rascheren Atem der prosodischen Aktion Angriffswissen ist die unbeugsame Vorladung wehrlosen Wehs in die Conditio Judaica.

Diese Umkehr ist durch den Einsatz der Stellvertretung bis zur Leibbürgschaft gekennzeichnet. Sie ist das Ersuchen und Erbrechen um die unbedachte Geste, die königliche Regung und den großmütigen Undank inneren Lebens. Ihr exemplar-apriorisches Prior graviert die Reinzeichnung der Verantwortung aus der Verschattung des goldenen Bands Politik und der Verwüstung der schönsten Führung Ethik. So wird der Nahheit des Nächsten der Grund des Gerechten als unbedachte Geste aufgelesen, als königliche Regung angeschrieben, als Vorkommen der Demut abgezählt, als Berufung zur Wunde ausgesprochen. Die Substitution versagt dem Logos des Selben die Sekurität der Henose versprechenden Stelle Entsprechen. Diese wird vielmehr in Frage und zur Rede gestellt. Jeder Posten der Geschichte und der Gewalt – Transzendenz um Macht, Vergöttlichung und Einsamkeit – wird zu dem ent-stellt, das keine Stelle hat und keinen Namen trägt; das Vertriebene und das Heimatlose, das Mittellose und das Verlassene, das der vielnamigen Ortschaft iterativen Lebenssturms Ausgesetzte. Die stellenlose Substitution der Verantwortung rückt in Obsession zu Leibe, sitzt als Psychismus im Nacken, brennt als Psychose auf den Nägeln. Levinas liest und schreibt, hört und spricht unverstellte Dringlichkeiten ethischer Differenz als Prior inneren Lebens: der Andere, so will es der Entzug der Huldigung in die Hochgabe von Staaten im Staate, steckt in meiner Haut: als Gran Irre um die Religiosität des Sich. Vorwärts von unerbittlicher Härte im hermetischen Sein zum eminenten Text der Zukunft einer unvordenklichen Vergangenheit ist ein verwüstender Satz und eine verstörende Lektüre; überweltengroße Vision der Beraubten des jüdischen Weltgefühls in der doppelten Membran von Gewalt und Geschichte;

[26] Auch Nelly Sachs' Mozartschweben im todwunden Herzklopfen von Wunde zu Wunde gehört diesem Schreibprozeß an. Puls und Atem sind das Vitalzeichen Transzendenz ihrer lyrischen Passion zur experimentellen Moritatenliteratur. Taghell ist ihre vom Sterbenkönnen ausgebrannte Mystik um das Vermächtnis der Toten in der Liebe zum Erstling Ehrenwort. „Da kommen Gedichte plötzlich wie ein Blutsturz bis zur Vernichtung, bis an den Tod. Man bebt, man bittet, es solle aufhören, aber man muß sich fügen, man ist eine ‚Wallstatt'." Briefe der Nelly Sachs, Frankfurt/M. 1984, S. 303

spastischer Rhythmus des zerschlagenen Ohrenpaares, unterbrochen und wiederaufgenommen, im fingerkrummen Würgegriff der von Parmenides bis Heidegger gleichförmig bestdenkbaren Originalität immer schon woanders; eine neue Deduktion der materialen Wahrnehmung einer gottverlassenen Gottesidee: Verzückung im ‚Sternbild Marter'[27], der Zeilensprung im Trauma Blutsturz und in der Skepsis Aderlaß, der Schrieb der blaugeäderten Bahnung, aus der Herzwand des Selben geschnitten: Am Thrombus des Anderen ist die Embolie des Selben bezeichnet.

Es gehört zweifellos zu den originellsten Beiträgen der Untersuchung AQE, daß sie die Verantwortung für den Anderen aus religionsphysiologischen Deskriptionen der Leiblichkeit zu gewinnen sucht, deren Überschuß sie dem ethischen Sprechen zuweist. Leiblichkeit ist die konkrete Gestalt inneren Lebens, die Merleau-Pontys Spätwerk zur einer Philosophie des Fleisches erweitert[28] und Benn zu einer hyperämischen Theorie der Dichtung verschärft[29]. Sie bedeutet Aussetzung im entschei-

---

27 Nelly Sachs, Die Gedichte I, Frankfurt/M. 1966, S. 169. Die „Berufung: Wunde zu sein" ist in Nelly Sachs' Geiselnahme des Gehörs durch ein Jenseits des Körpers prägnant, in dem das verschwundene Alphabet der Buchstabenengel verschwiegene Auferstehung feiert. Ihr dringt die „Musik der Agonie ins Ohr des Universums", während „die immer rinnende Endzeit im Ohr die Rede der Ausgesetzten führt." Das Buch der Nelly Sachs, Ed. Bengt Holmquist, Frankfurt/M. 1977, S. 282, S. 277, S. 278.

28 In Merleau-Pontys später Philosophie des Fleisches verlangt die ontologische Schwingung „abenteuerliche Konsequenzen". Fleisch, für das die „traditionelle Philosophie keinen Namen" hat, ist ein „Element", eine Art inkarniertes Prinzip oder allgemeines Ding der vorsokratischen Naturspekulation, Textur einer „von innen her bearbeiteten Masse". Alle kulturelle Idealität bis zur Idee der Intelligenz selbst ist an „Artikulationen des ästhesiologischen Leibes" gebunden: „sie gleitet über Wege, die sie nicht gebahnt hat, sie verwandelt Horizonte, die sie nicht eröffnet hat, sie rührt an das fundamentale Geheimnis jener Begriffe ‚ohne Äquivalent', die, wie Proust sagt, nur deshalb in der Nacht des Geistes ihre dunkles Dasein fristen, weil sie an den Fugen der sichtbaren Welt erahnt wurden." Das Sichtbare, S. 110f.

29 Vgl. Gottfried Benn, GW Bd. I, S. 82: „Der Körper ist der letzte Zwang und die Tiefe der Notwendigkeit, er trägt die Ahnung, er träumt den Traum. Der Schwellungscharakter der Schöpfung ganz evident: in ihm erschuf sie ihre Korrelate und fordert in den Räuschen nach Gestalt. Alles gestaltet sich aus seiner Hieroglyphe: Stil und Erkenntnis, alles gibt er: Tod und Lust. Er konzentriert das Individuum und weist es auf die Stellen seiner Lockerungen, die Germination und die Ekstase, für jedes der beiden Reiche einen Rausch und eine Flucht. Es gibt – und damit endet diese hyperämische Theorie des Dichterischen – nur eine Ananke: den Körper, nur einen Durchbruchsversuch: die Schwellungen, die phallischen und die zentralen, nur eine Transzendenz: die Transzendenz der sphingoiden Lust."

denden Augenblick des Unmenschlichen; die Empfänglichkeit als Regime der nächsten Kühnheit bis zur Verwundbarkeit als Zeugnis der verfehlten Entgegnung, das Bad des Genießens im Aufbruch ohne Wiederkehr, die peinliche Affektion der Schärfe des Schmerzes, das wunderbare Zeichen der Geduld des Unendlichen. Leibendes Leben exponiert das Vitalzeichen Transzendenz jenseits des Kennens und Könnens im Drama des Seinsverlangens um Sekurität in Rollmopsbelange und Gassenhauertremolo[30] als Seufzen der Eingeweide im Schlaf des Leibs. AQE ist das mikrologische Stundenbuch der Sturzgeburt des Anderen im Geschöpf von Abdankungen, die Aussetzung der wunderbaren Zeichen und der peinlichen Affektion, die breitbasierte Pathologie des primären Traumas, die spitzfindige Topologie der wilden Skepsis. AQE zeigt die Anderheit des Anderhaften in den befremdlichen Anführungsstrichen der Textfalle Tumor, der mantischen Analytik der Vernunftidee Psychose als Liturgie im Nietzschepensum, dessen Vermächtnis verlautet: „und oft genug habe ich mich gefragt, ob nicht, im großen gerechnet, Philosophie bisher überhaupt nur eine Auslegung des Leibes und ein *Mißverständnis des Leibes* gewesen ist."[31]

---

[30] Levinas hat die Leistung von Merleau-Pontys phänomenologischen Wahrnehmungsanalysen anerkannt. „Merleau-Ponty unter anderen und besser als andere hat gezeigt, daß das unleibliche Denken, das das Wort denkt, bevor es es ausspricht, das Denken, das die Welt der Worte konstituiert und das Wort zur Welt hinzufügt – zu einer Welt, die zuvor in einer grundsätzlich transzendentalen Operation aus Bedeutungen konstituiert wurde – ein Mythos war. Schon das Denken ist ein Gestalten im System der Zeichen – in der Sprache eines Volkes oder einer Zivilisation –, um von dieser Operation selbst die Bedeutung zu empfangen. Das Denken geht auf Abenteuer aus, sofern es weder von einer vorherigen Vorstellung noch von diesen Bedeutungen noch auch von den zu artikulierenden Sätzen ausgeht. Das Denken arbeitet also gewissermaßen im ‚Ich kann' des Leibes. Das Denken ist im ‚Ich kann' des Leibes tätig, bevor es sich eine Vorstellung von sich bildet und bevor es diesen Leib konstituiert. Die Bedeutung überrascht selbst das Denken, das sie gedacht hat." (TU 296f.) Merleau-Pontys Wahrnehmungsanalysen umkreisen den Widerklang der philosophischen „Frage, abgestimmt auf das poröse Sein". Ihr sei nichts als die Bekräftigung des Staunens zu entlocken. „Die Wahrnehmung muß als dieses fragende Denken begriffen werden, das die Wahrnehmungswelt eher sein läßt, als daß es sie setzen würde, und vor dem die Dinge werden und entwerden in einer Art gleitender Übergänge diesseits von Bejahung und Verneinung." (Das Sichtbare, S. 81)

[31] Friedrich Nietzsche, Werke, Bd. II, S. 11. Wie sehr Nietzsches Denken, seinem Selbstverständnis nach Frühgeburt einer noch unbewiesenen Zukunft, Schemata lohnfordernden Entsprechens eingelassen ist, um sie in Grenzregionen von Namenlosigkeit, Nichtigkeit und Nein zu treiben, wo sie die noumenale Erneuerung des Desasters der Sanftheit bedeuten, möchte das folgende Zitat verdeutlichen. „Wir werden schließlich immer für

Der entblößte, alternde, atmende und schwangere Körper inkarniert eine Passivität, die durch keine Aktivität Ausgleich findet; Aktivität eines Aktivismus, wie sie der Logos des Selben zu Geschichte und Gewalt aufreizt. In der Passivität der Leiblichkeit ist Levinas das Ersuchen und Erbrechen um die namhafte Verantwortung bis zur Stellvertretung verankert – die ausgezeichnete Möglichkeit, ohne Sekurität und in aller Konkretion von Kränkung und Argument das Antlitz des Anderen zu erleiden, abgestimmt auf das poröse Sein im Phantomglied Desistenz, aufgestuft zur vollkommenen Gastlichkeit im Medienplateau Zombiesprache.[32] Dies Erleidnis oder Widerfahrnis, Genotext vom Desaster der Sanftheit, Gang zum Unsichtbaren auf der Bahn der Liebe, ist unmöglicher Rückzug oder ausgeschlossenes Entweichen. Die Geiselnahme des Gehörs durch den Anderen beruft die Sozialität Ehrenwort in die Nahheit des Nächsten. Sie bestellt der Stellvertretung die Botschaft schwieriger Heiligkeit, die Trauma und Skepsis im Angriffswissen auf den schönen Schein des Selben entbieten, wenn sie „unsere gewohnten Einsichten erzittern lassen bis hin zu ihrer Auflösung."[33] Das Stelldichein von Trauma und Skepsis ist die harte Zumutung gegenüber dem auf Autonomie der Subjektivität pochenden Diskurs der abendländischen neuzeitlichen Philosophie. Im leibenden Leben der Stellvertretung bis zur Leibbürgschaft ist der elementar verknappte

---

unsern guten Willen, unsere Geduld, Billigkeit, Sanftmütigkeit gegen das Fremde belohnt, indem das Fremde langsam seinen Schleier abwirft und sich als neue unsägliche Schönheit darstellt -: es ist sein *Dank* für unsre Gastfreundschaft." (S. 194)

32 „Man tut recht daran, Foucault als Zombie zu bezeichnen, als ein Wesen von einem anderen Stern, denn die eigene Kultur sieht er mit den Augen einer anderen Welt. Die Distanz, die er zu ihr hält, ist ein Kalkül, das dem Anderen Raum gibt. Denn nichts fasziniert ihn so sehr wie der Raum der offenen Erfahrung, in dem sich das Andere entfalten kann." Wilhelm Schmid, Auf der Suche nach einer neuen Lebenskunst, S. 353f.

33 Maurice Merleau-Ponty, Das Sichtbare, S. 81. Hans Blumenberg hat Paul Valérys Auflösung des Cartesianismus in der überreizten Tastatur des ‚Mon Faust' beschrieben. „Die nach dem cartesischen Muster des Cogito gebildeten Selbstprädikationen von Sein, Leben, Atmen, Schauen finden ihre unerwartete Steigerung in dem, was das noch Gegenwärtigere in der Gegenwart – und das heißt für den alten Cartesianer auch immer: die zwingendere Evidenz – sein könnte: JE TOUCHE [. . .] In der Berührung verschwindet der Unterschied von Aktivität und Passivität, in dem das Ich seine strikte Ausgrenzung hat von dem, was es nicht mehr oder noch nicht ist. Unüberbietbare Wirklichkeit ist, wenn Berührung ununterscheidbar aus Berühren und Berührtwerden entsteht: Quoi de plus réel? Je touche? je suis touché. [. . .] Es ist das Moi pur der cartesischen Tradition, das sich in dieser Konvergenz von Sensualismus und Mystik verflüchtigt hat." Arbeit am Mythos, S. 326f.

Einspruch der ‚irrealen Realität' des Menschlichen für Levinas eingefaßt, der Humanismus des anderen Menschen. In der Verantwortung für den Anderen ruht die Last der Schöpfung auf meinen Schultern, auf dem Ich einer der Ichlichkeit beraubten Sichheit, deren ungestützte Trägerschaft sich immer schon überladen und übertragen weiß. Der Mut auf der Grenze von Ohnmacht und Schwäche ist die Zumutung des Angriffswissens von der seienden Fremde. Ihr Stachel ist der Stich Ermutigung der Apologie des Psychismus, Ergebung in das Zeugnis der Inspiration, der Investitur und des Magisteriums von der Schöpfung. „Nicht-Ruhe oder Nicht-Ewigkeit im Selben, Nicht-Zustand – soll man das Anders, das in dieser Weise zu sein widerruft, Geschöpf nennen? Vielleicht." (WG 73)[34] Es ist Conditio Judaica, das Ex des Exodus ins Exil, die Schöpfung von der viel zu leichten Bürde Vielleicht im ernüchterten Erwachen zu erlösen.

Die Nicht-Indifferenz der Conditio Judaica, Schwelle messianischen Qualierens in unstillbarem Stillstand, ist dem Produktivitätsvorsprung Genotext vor aller phänotextuellen Beleihung geschuldet. Der nicht zu tilgenden Schuld, die in den Grund des Gerechten versenkt, in die Nahheit des Nächsten vertieft, in das Antlitz des Anderen verliert. Die Produktivität Genotext ist die rückwärtige Bewegung der Güte, deren Quellen in die Wahrheit von Platons Hermeneutik der Selbstbewegung zu Levinas' Hermetik der Fruchtbarkeit treibt. Dem Humanismus des anderen Menschen wird der Gang zum Unsichtbaren auf der Bahn der Liebe gewiesen. Unmöglicher Rückzug oder ausgeschlossenes Entweichen ist die grammatologische Weisung in die Priorität inneren Lebens, die Anachorese prophetischer Rede in die Apologie richtenden Worts, in die Botschaft von der schwierigen Heiligkeit aus dem Ersuchen oder Erbrechen um den Erstling Ehrenwort. Das Wahre bei Platon und bei Levinas ist das Unantastbare, das Hellhören auf den reizbarsten Organsinn im Antlitz des Anderen: ein Aufklaffen von Zeiten und Räumen „wie von einer Anhäufung, einer Wucherung, einem Übergreifen und einer Promiskuität, – als unablässige Trächtigkeit, unablässiges Gebären, als Generativität und Generalität, als rohe Wesenheit und als rohe Existenz, die wie Ausbuchtungen und Verschlingungen derselben ontologischen Schwingung sind."[35] Im Ex des Exodus ins Exil kommt die

---

34 Ein bewundernswertes „Vielleicht": Eventual der unbedachten Geste, Konjekturaltopologie von Ohnmacht und Schwäche, exotische Geographie von nächster Nähe und fremder Ferne, Stelldichaus von Frage und Fragezeichen, Königszeichen der prägnanzbildenden Entformalisierung und Hermetenkanal des Hellhörens in die fürstliche Gestalt vom Springbrunnen der Seele.

35 Maurice Merleau-Ponty, Das Sichtbare, S. 91f. So schlägt Schellings „barbarisches Princip" (Die Weltalter, Ed. Schröter, München 1966, S. 51) bei Merleau-Ponty und Levinas ein. In seinen unförmigen, embryonalen, schrecklichen Nicht-Gestalten ist es monströs. „Die

Textfalle Tumor, Thrombus im Arterienmuster, Embolie im Respirationstrakt, auf die Reinzeichnung der Verantwortung oder die Dissemination der Moralität zurück; Genotext im Revers der Reduktion im Zeugnis der verfehlten Entgegnung auf die Metonymie des geschundenen Anderen, Inspiration, Investitur und Magisterium ethischer Differenz. Das Wahre des Unantastbaren, die Textfalle Tumor, liegt vor der Ansprechschwelle alphabetisierter Körperschaften, deren Diskursmacht als Unschuld der Geschichte und der Gewalt vor den verschmitzten Advokaten des Selben paradiert. Es muß um das Rezidiv Beginnen vor dem Beginnen in der Ekliptik der Namen ankommen, um die ‚irreale Realität' im Vorkommen der Demut zu erlösen, die das fordernde Flehen puren Defizits im Phantomglied gebrechlicher Innigkeit auf dem Medienplateau Zombiesprache dringlich verlangt.[36]

Aus der Produktivität des Genotextes, dem Erschauern ungestörten Besitztums und der Erschütterung unbeirrten Entsprechens, ist Levinas die Korrektur Descartes', Husserls, Heideggers erlaubt. Ethisches Sprechen ist eine Nicht-Indifferenz, die am Rande des Zerrinnens um das Wagnis des Pluralismus qualiert. Ein Pluralismus, der die Kennerschaften und Könnerschaften seinsverstehenden Daseins quittiert, die bodenbelassene Gelassenheit dessen, dem es in seinem Sein um sein Sein selbst geht, der doppelbödige conatus von essendi und cognoscendi. Die Befürwortung geht der Seinssorge voraus. Die stellenlose Substitution ist ontologischer Winterhilfe vorgängig. Die Exegese des Namenlosen, die Phänomenologie der

---

Basis des Verstandes selbst ist der Wahnsinn", sagt Schelling in seinen ‚Stuttgarter Privatvorlesungen' (Sämtliche Werke, Bd. 7, Stuttgart 1961, S. 470). In diesem Revers beschreiben die Weltalterfragmente, Schellings Schicksalsbuch über den deutschen Idealismus, den letzten Verklärungspunkt menschlichen Sinns und Wissens als „stilles Sinnen" der „ersten, zartesten Leiblichkeit", als anstößige „Demut der Materie", als „spielende Lust im anfänglichen Leben Gottes" (Die Weltalter, S. 17, 31, 46, 30). Schellings Formel des kategorischen Akkusativs – der „Anfang darf sich selbst nicht kennen" (S. 184) – wird als Erfahrung der „Katabole" (S. 252) fundiert, als Erhöhung und Erniedrigung des Gottes im Beginnen vor dem Beginnen.

36 Helmuth Plessners Grundrelation des ‚Ethos der Grazie' leitet George Steiners Überlegungen zur moralischen Intuition der „Cortesia", die seinem Angriff auf auf die sekundären Rationalisierungen der buntgesprenkelten Bildungswelt der Moderne den Zusatz von Milde verleiht, die „die mögliche Ankunftstätte Gottes" ist: „Cortesia [...] erzählt von Ritterlichkeit, von den geheimen Souveränitäten zwischen Herzen, von Zurückhaltung unter dem Druck der Offenbarung." Und: „Wo cortesia zwischen Freiheiten herrscht, bleibt eine vitale Distanz bewahrt. Eine gewisse Reserve herrscht weiterhin. Einsicht wird geduldig errungen und ist zu allen Zeiten provisorisch." Von realer Gegenwart, S. 196, S. 232

Besessenheit und die Lektion des Talmud überprüfen die Genealogie eines Seinsverstehens, in dem das Sein mit der Auflage des Entsprechens zur Sprache aufläuft. Entsprechen, das die Sekurität des Kennens und Könnens von Machthunger, Vergöttlichung und Einsamkeit verspricht. Heideggers bestechender Wechsel um das Entsprechen von Lichtung und Bergung, Entzug und Ankunft, Anwesen und Abwesen wird in der Sprachenwende entsetzt, in der das Ersuchen der Skepsis und das Erbrechen des Traumas dem Entsprechen zuvorkommen. Es ist die Wüste und der Schatten einer Nicht-Indifferenz, in der die Conditio Judaica das Pneuma des Psychismus oder die Priorität inneren Lebens die Nicht-Indifferenz gründen, der Hoheitsakt von Heimatlosen als die höchste Undankbarkeit der meisterlichen Untreue im Revers der Reduktion, Erschauern und Erschüttern der Selbigkeit des Selben; die königliche Regung der unbedachten Geste als Beginnen vor dem Beginnen in Ohnmacht und Schwäche.

Würde einer Seele

Ersuchen und Erbrechen um die Nicht-Indifferenz binden den Gang zum Unsichtbaren auf die Bahn der Liebe. Die Spur unmöglichen Rückzugs und ausgeschlossenen Entweichens im Genotext von Opfersinn und Schriftzug entbietet über die humanwissenschaftliche Ertaubung für die Exteriorität die „Erhöhung zur Würde einer Seele" (WG 193). Das „Wehen des Geistes im Denken" (WG 198) läßt die Nahheit des Nächsten wie einen Körper erschauern und macht den Grund des Gerechten wie einen Kontext erschüttern. Das zuvorkommende Ehrenwort vom Beginnen vor dem Beginnen wird bis zur Schöpfung der unbedachten Geste und bis zur Erschöpfung des großmütigen Undanks getrieben. Es gilt, die Hermeneutik des Phänotextes in den Glutkern Hermetik des Genotextes zu falzen; ein Faltenwurf pneumatischer Exegese, der nichts als die Eifersucht um die königliche Regung der höchsten Undankbarkeit in der Priorität des inneren Lebens skandierte; die jüdische Bestimmung als Nicht-Indifferenz von Wüste und Schatten, Liturgie der Entwurzelten im Wagnis des Pluralismus ohne den Sockel des Ortes. Aufenthalt im Beginnen vor dem Beginnen, das von der Heideggerschen Welt des Entsprechens im Tautologos des Selben geschieden erscheinen muß. „Durch eben dieses ungestörte Besitzen, dieses heidnische Verwurzeltsein, ist jede Beschwörung der Dinge bei Heidegger gekennzeichnet, ob er nun von einer Brücke oder von einem Krug spricht oder von einem Paar Schuhe." (EN 39)

Ungestörtes Besitztum und unbeirrtes Entsprechen bilden das System der Intelligibilitätsverhältnisse, die gleichmütige Landschaft der Allergie des Selben und ihrer Allegorien des Sozialen. Dem ist Levinas' Passion des Sagens als Querung schneidenden Sprechens im Entzug der Huldigung entzogen. Trauma und Skepsis exponieren ein Mehr-als-Verantwortung, das im Logos des Selben kein Entsprechen hat. Es kulminiert in Unterbrechung, in der bindenden Trennung der getrennt Seienden, in der Leibbürgschaft oder Geiselschaft der Sozialität des Wortes, im Genotext der Anachorese prophetischer Rede in die Apologie des richtenden Worts. Psychismus als Psychose ist das Reale irrealer Realität, die Religion in der Relation, der Bruch der Nicht-Indifferenz, der die Selbigkeit des Selben verstört, das Non-Aliud, Idem oder Potest des aus den Traditionen des platonischen Timaios vielfach modifizierten Techne-Modells enigmatischer Gottesnamen.[37] Ihr gehört noch Heideggers Entsprechen an, das sich mit Hegels Enzyklopädieschluß ‚ewig als absoluter Geist betätigt, erzeugt und genießt'. Omne quod est, est idem sibi ipsi et alteri aliud, lautet die prägnante Formel des Cusaners. In ihr ist die Indifferenz des Entsprechens verbürgt, die Ermächtigung zur Macht, das Trachten nach Vergöttlichung, die Weihe der Einsamkeit. Relationale Selbstidentität des wissenden Wissens vom bewußten Sein im Bewußtsein ist der Phänotext der Auslöschung der Spur, der Investitur des Kennens und des Magisteriums des Könnens, deren hermeneutischer Phänotext die extremanalytische Konjekturaltopologie im Sterbenkönnen absorbiert; Landschaft der Tempel und Paläste, der Götter und Herren, deren Entsprechen mit Hegel verspricht, daß das „*Nichtsein* des Endlichen das *Sein* des Absoluten"[38] (v)ernenne: Sein des Absoluten, absolutes Sein, Bewußtsein.

Für die Konkreszenz der Selben des Entsprechens und der Selbigkeit der Entsprechenden ist der Genotext von Trauma und Skepsis phänotextueller Abfall. Das Ex des Exodus ins Exil weist die Sekurität des hermeneutischen Phänotextes ab, die Autorität und die Legitimität der enigmatischen Gottesnamen, das Selbe des Nichts von Allem und die Selbigkeit des Anders zu Allem Anderen; den Logos also, dessen Landschaft das grundlose Ereignis bei Heidegger gewährt, sofern der Austrag der

---

37 Die innertrinitarische Spekulation um die ‚indistincta distinctio' formiert das neuplatonische Sich-Wissen des Menschen in Gott. Werner Beierwaltes hat ihre ‚ars identificandi' als Mächtigkeit zu Allem auf den Begriff relationaler Selbstidentität gebracht. Die Spur der Scheidungen wird im Grunde des Gleichen erschlossen. Das ideenlogische Resultat ist der bei Hegel prominente ‚Ineinsfall der Gegensätze'. So beschreibt das Sich-Wissen des Menschen das Selbst-Denken des Gottes, bei Schelling: von der Systemstelle der Ekstasis bis zur Denkform der intellektuellen Anschauung, das immanente Wirken des Einen göttlichen Prinzips. „Mit der neuplatonischen Konzeption des absoluten Einen hat der sich in diesem Namen aussprechende Gedanke gemeinsam, daß er aus je verschiedenem Aspekt Selbst-Identität deutlich macht, die sich nicht aufgibt – trotz ihres Seins im Anderen." Identität und Differenz, Frankfurt/M. 1980, S. 124

38 G. W. F. Hegel, Wissenschaft der Logik II, Werkausgabe Bd. 6, S. 62

ontologischen Differenz von Sein und Seiendem das Löschen jeglicher Spur des ‚baiulus' inszeniert; die mit Erlösung der Schöpfung beladenen Trägerschaften der Verantwortung, die um das Zeugnis der Inspiration, der Investitur, des Magisteriums zu ersuchen verpflichtet sind. Die Spur der Nicht-Indifferenz, des Beginnens vor dem Beginnen, traumatisches Drama und skeptische Intrige des Psychismus als Psychose, das Laden und Tragen der Verantwortung für die unbedachte Geste, die Anderheit des Anderhaften im Ex des Exodus ins Exil. Sie bringen den Genotext auf die extremanalytische Schwelle einer konjekturaltopologischen Sprachenwende: von Hermeneutik zu Hermetik.[39] So werden bei Levinas die Exegese des Namenlosen, die Phänomenologie der Besessenheit und die Lektion des Talmud um ethisches Sprechen ersucht, das in keinem Entsprechen Beruhen und Bewenden hat, weil es

[39] Hermeneutik ist die Durchschnittsprofitrate seinsverstehender Lektüren vom Grundtext Geschichte. Sie hat die radikale Zeitkritik Heideggers zum urbanen Zeremoniell kumulativer Konsenspraktiken abgestumpft. Gegen das behagliche Unbehagen am Krankenbett der Moderne, die apollinische Welt ihrer diagnostischen Auslegung und das historische Erklären ihres therapeutischen Ausgriffs, erfolgt Heideggers Wendung zur Augenblickstätte geschichtlichen Wissens. Sein übergängiges Denken in hochgestimmten Grundworten der „Wandlungsfülle des Anwesens" ist im phänomenologischen Glutkern Hermetik. „Das Sichverständlichmachen ist der Selbstmord der Philosophie." (GA Bd. 65, S. 435) Der Hermetenauftrag Geschichte ist in die Bereitschaft gefaßt, „den lang angezeigten, aber noch länger verweigerten Stoß des Seyns zu empfangen und die Ermächtigung des Seyns zu seiner Wesung in einen einzigen Augenblick der Geschichte zu versammeln." (S. 430) Heinrich Rombach: Welt und Gegenwelt. Umdenken über die Wirklichkeit: die philosophische Hermetik, Basel 1983, hat die phänomenologische Intuition Hermetik zum Paradigma einer Fundamentalgeschichte entwickelt. Die Destruktion der progressiven Wohlstandstechnik Hermeneutik wird durch die Restitution kultischer Elemente wie den Hermesmythos umrissen. „Die Hermetik als Verstehenslehre des Unbegreiflichen ist der Versuch, Götter, Welten und Menschen in neuer Weise miteinander zu verbinden." (S. 25) Europaidee und Hermesbann akzentuieren Rombachs eigentümliche Beerbung Heideggers in der Formkritik am Klarheitswillen und Ordnungsstreben des hermeneutischen Zeitalters, die Selbstbeschreibungsstützen des postnihilistischen Kulturpessimismus der mondänen Moderne. Auch Jean-Luc Nancys Buch ‚Das Vergessen der Philosophie' markiert die Wunde eines jeden Denkens der Interpretation. „Gleichsam auf der äußersten Spitze des hermeneutischen Denkens – einer Spitze, die so fein ist, daß dieses Denken sie oft selbst vergißt, obwohl es darauf zuläuft und auch dort ankommt – gibt es freilich etwas, das der Interpretation trotzt und sie von innen her zerreißt." (S. 95) Dieser Trotz verbindet Jaspers und Nancy, Levinas und Freud miteinander – und alle zusammen mit der Zerrissenheit, die der Entrückung der Entrückung Geschichte und dem Zerwürfnis mit dem Zerwürfnis Gewalt entspringt – Zerrissenheit, die mit wahrem Namen Platon heißt.

Investitur und Magisterium vom Zeugnis der verfehlten Entgegnung in der Metonymie des geschundenen Anderen auffängt und der Substitution zustellt. Substitution eines Genotextes, der keinem anstelligen Phänotext die Stelle erstellt, wie sie das Sein des Absoluten dem absoluten Sein des Bewußtseins abstellt. Der Genotext ist die Geisel des Beginnens vor dem Beginnen, Ohmacht und Schwäche des Gehörs, das der Investitur Trauma und dem Magisterium Skepsis gehorsam ist; unbedachte Geste, königliche Regung, unerhörtes Sagen ethischer Differenz; Spur der Nicht-Indifferenz am Rande des Zerrinnens; Apologie der Alteritas ohne Denkakt noch Schlußform bestdenkbarer Originalität. So wird die Menschenschöpfung Chaogito mit der Schöpfung Chaosmos in der elementaren Grammatologie verbindlicher Unergründlichkeit konfrontiert. Konfrontation, deren Fronten Levinas' Genotext in der Hermetik des Angriffswissen auf den schönen Schein des Solipsismus buchstabiert, welcher im Regime der nächsten Kühnheit Antlitz gegen die Hermeneutik von Geschichte und Gewalt die Botschaft von der schwierigen Heiligkeit behauptet, das Experiment der absoluten Instanz Religion.[40]

Gesättigte Schmach

Die Passion des Sagens geht auf einen Tod zu, den ihre Passivität im Pro-nomen Gottesidee befürwortet. Das Laden, Tragen und Lösen des Todes befristet alle Strategie des Sprechens. Sterblichkeit imponiert eine aufgeschobene Zeitlichkeit, die der immer kommende Tod allem, das im Namen des Lebens den Namen Leben trägt, einräumt. Die Spanne der Fürsorge und die Strecke der Stellvertretung sind durch die Pro-Vokation der Verantwortung verpflichtet. Die Zeit des Anderen injiziert die Nahheit des Nächsten unter die Haut. Der Grund des Gerechten ist ein Faltenwurf im Zögern zwischen Haut und Fleisch. Dieser gesättigten Schmach ist der Tod des Anderen besser gefürchtet als es die Angst des Lebens erfordert, die der furchtbare Logos des Selben imponiert und zur Transzendenz des Könnens und Kennens versteift, zur Sekurität der Selbigkeit im Halt der Erhaltung des conatus. Subjektivität im Sinne der Stellvertretung bis zur Leibbürgschaft bedeutet das

---

40 Diese Religiosität des Sich bezeichnet die regionale Verifikationstranszendenz des erbaulichen Glaubens im humanwissenschaftlichen Wissenslehren. Franz Rosenzweigs ‚Stern der Erlösung' hat sie als Religionssoziologie der Conditio Judaica erschrieben, George Steiner in die gottbesessene Tragödie plaziert. „Sie stellt den Menschen unbehaust an jene Kreuzwege, wo das Mysterium seiner conditio nackt den mehrdeutigen Eingriffen von Bedrohung und Gnade ausgesetzt ist." Von realer Gegenwart, S. 285

Abstreifen und Ausstreichen des Ich, dessen Egoität der Anderheit des Anderhaften gegenüber blind, taub und stumm ist. Egoität, die darin Stand und Bestand hat, sich im Selben zu besitzen, in Selbigkeit zu erfüllen, an Eigenheit der Allergie und Eigentum der Allegorie zu haften und durch Ausstand, Ausflug oder Abenteuer zum Eigennamen zurückzukehren, ohne das Dia des Dialogs in der Textfalle Tumor zu erreichen.

Levinas' Passion des Sagens passiert eine Passivität, die die Egoität entkernt und die bemittelnde Mitte des Eigenen zum Unbemittelten verschiebt, den Vertriebenen und Verlassenen, den ‚Witwen und Waisen'.[41] Es gilt, die befristete Zeitlichkeit der Sterblichen dem Zeugnis der Inspiration, der Investitur und des Magisteriums zu exponieren; den Zeitstoff rätselhafter Lebendigkeiten dem Ex des Exodus ins Exil zu aggregieren; ihn der seienden Fremde Alteritas zu erhöhen und zu erwählen. Die Passion des Sagens bespricht die gewählte Höhe oder erhöhte Wahl dessen, was Levinas Güte heißt, den Quell der Wahrheit. Sie ist der namenlose Mut des Ersuchens und Erbrechens um das Zuvor im Erstling Ehrenwort, Ermutigung der Nahheit des Nächsten und Zumutung des Grundes des Gerechten. Der Zustimmung des Guten als bindender Trennung der getrennten Seienden gilt die Fürsorge der ethischen Differenz und die Befürwortung der Passion des Sagens. Die Passion des Sagens ist von einer solchen Nicht-Indifferenz, daß ihr Erschauern und Erschüttern eine Unterbrechung des Seinsverstehens bis zur Kehre der Gedankenbestimmungen und Wissensgestalten in der Antithetik des Anderen erwirkt. Sie behauptet sich in der Sorge um das Bauen, Wohnen, Denken bei Descartes, Husserl, Heidegger, ohne einen Platz ungestörten Besitztums und unbeirrbaren Entsprechens zu beanspruchen, der dem Genius malignus, dem ontologischen Singular, dem Wink des fernen Gottes entrissen würde. Der Passion des Sagens erwacht der ernüchterte Empfang einer früheren Zustimmung, das exemplarisch empfindliche Anstimmen in der ontologischen Schwingung wachen Beginnens vor dem Beginnen, Schlaflosigkeit sorgloser Nacht, ruheloser Spur, unendlichen Bedeutens ohne Kontext. Das Ex des Exodus ins Exil des Genotextes hält die Wahl und Höhe der Güte in die Passion des Sagens. Sie verpflichtet von Platons Selbstbewegung bis zu Levinas' Fruchtbarkeit auf die königliche Regung und den großmütigen Undank der unbedachten Geste, die noch den Grundlinien der hermeneutischen Wissenschaftskritik

[41] Das ist die hermetische Gegenabstraktion zur hermeneutisch sekurierten Hexis der Mitte, wie sie von Gadamers Theologie des Verbum verfochten wird. „Ein jedes Wort bricht wie aus einer Mitte hervor und hat Bezug auf ein Ganzes, durch das es allein Wort ist. Ein jedes Wort läßt das Ganze der Sprache, der es angehört, antönen und das Ganze der Weltansicht, die ihm zugrunde liegt, erscheinen." Wahrheit und Methode, S. 434

ohne Bedacht bleibt, weil jene die objektsprachlichen Bedeutungsmomente des Akzidentienwegs der natürlichen Begriffsbildung zur Rehabilitation gegenwartsgünstiger Vorurteile verformt. Der Glutkern Hermetik in der Geduld des Unendlichen erstrebt die meisterliche Untreue als Liturgie der Nietzschelage, wo der Gang zum Unsichtbaren die Bahn der Liebe kreuzt. „Gerechtigkeit besteht darin, aufs neue den Ausdruck möglich zu machen; im Ausdruck, in der Nicht-Gegenseitigkeit, präsentiert sich die Person in ihrer Einzigkeit. Die Gerechtigkeit ist ein Recht auf die Rede. Vielleicht öffnet sich hier die Perspektive auf eine Religion. Sie entfernt sich vom politischen Leben, zu dem die Philosophie nicht notwendig hinführt." (TU 432)

Die Unterbrechung bis zur Umkehr ins Antlitz des Anderen ist eine Verflechtung des Dramas Trauma oder eine Verknotung der Intrige Skepsis in der Passion des Sagens; eine Wunde, die sich nicht mehr schließt, weil sie durch das Zeugnis von Investitur und Magisterium zur Textfalle Tumor vertieft wird. Sie bezeichnet den Einfall einer „exposition, sans merci, au traumatisme de la transcendance" (AQE X). Intrigante Verknotung und dramatische Verflechtung, Pathologie des primären Traumas und Topologie der wilden Skepsis, die Levinas' Passion des Sagens als mantische Analytik der Vernunftidee Psychose entbietet, um einen „Dieu non contaminé par l'être" zu vernehmen. Es wäre dies das innere Leben der Conditio Judaica; wunderbares Zeichen der Ohnmacht und peinliche Affektion der Schwäche im Ersuchen und Erbrechen um den Psychismus der Psychose, breitbasierte Substitution bis zu spitzfindiger Leibbürgschaft ohne Kontamination dessen, dem es im Sein von Seinesgleichen um das Sein des Ohnegleichen geht[42]: „Eine lebendige, eine moderne Sprache, deren Geburt jedoch Auferstehung war, ein Aufstehen vom Grund der Schrift, ein Auftauchen aus der erstarrten Woge der Buchstaben, in der mündliche Diskussionen und Traditionen untergegangen waren. Unter dem wie Spitzen durchbrochenen Schaum lugen winzige Zeichen hervor, von Kommentaren, die Kommentare kommentieren. Die tote Sprache der Schriften, wo jeder

---

42 Von spitzfindiger Handschrift und breitbasierter Geistesblöße handelt Botho Strauß' Erzählung ‚Die Widmung', München 1977, die Konjekturaltopologie anachronistischer Scham. „Ich schäme mich, es zu erzählen. Ich schäme mich meiner Handschrift. Sie zeigte mich in voller Geistesblöße. In der Schrift bin ich nackter als ausgezogen. Kein Bein, kein Atem, kein Kleid, kein Ton. Weder Stimme noch Abglanz. Alles ausgeräumt. Statt dessen die ganze Fülle eines Menschen, verschrumpelt und verwachsen, in seinem Krickelkrakel. Seine Zeilen sind sein Rest und seine Vermehrung. Die Unebenheit zwischen Minenaufstrich und blankem Papier, minimal und den Fingerkuppen eines Blinden kaum ertastbar, bildet die letzte Proportion, die noch einmal den ganzen Kerl umfaßt." (S. 21f.)

Ausdruck endgültig und unantastbar dasteht. Aber ist es denn Tod, Unbeweglichkeit, und weiter nichts? Nicht vielmehr ein Weg für ein Sagen, das Undenkbare jenseits dessen zu *suchen*, wo bloßes Andenken sich um Erinnerung bemüht? Schreiben als Verhör. Verhör als Bericht. Welche Entwicklung erfuhren im Schoß dieser Ewigkeit die in diesen Büchern verewigten Fragen! Von Generation zu Generation nahmen beharrliche, begierige Augen sie unablässig unter die Lupe, durchwühlten sie, wandten sie hin und her, um in die unbewegliche Bewegung der Zeichen einzudringen, die, ohne es jemals zu erreichen, auf das ‚tiefe Einst' dieser übereinandergeschichteten Texte zielten. Eine lebendige, eine auferstandene Sprache, der Wörter aufs neue berufen sind, mitten unter den Lebenden gegenwärtige Dinge und Hoffnungen zu bezeichnen! Aber lebt sie denn wirklich, unter den unausrottbaren Träumen, die diese Worte weitertragen, unter der unauslöschlichen Erinnerung an ihre semantische Heimat in den Texten? Vieldeutigkeit, Rätselhaftigkeit des hebräischen Wortes!" (EN 14f.)[43]

Illeität

Die Stellvertretung bis zur Leibbürgschaft ist der Rezeptionszyklus an-archischer Verantwortung, die in der Nahheit des Nächsten den Grund des Gerechten zu empfangen gestimmt ist. So wird sie auf den Dritten gestoßen, der der Passion des Sagens ein Vergleichen des Unvergleichlichen anvertraut, das die Einzigkeit zu bestätigen vermöchte, ohne Abgleichen des Selben oder Angleichen der Selbigkeit. „Die Epiphanie des Antlitzes als eines Antlitzes erschließt die Menschheit", weil der Arme und der Fremde sich in der Gleichheit der Not auf den Dritten bezieht. Er „verbindet mich mit sich im Dienst, er befiehlt mir wie ein Meister. Der Befehl kann mich nur betreffen, sofern ich selbst Meister bin; infolgedessen befiehlt mir der Befehl zu befehlen." In summa: „Die Gegenwart des Antlitzes – die Unendlichkeit

43 Die Emphase und Hyperbel des hebräischen Worts begründet Levinas' „Exaltation der Sprache" (AQE 228) als „Exposition ohne Himmelfahrt" (AQE 227) in Streifzügen der „prophetischen Rede" (AQE 190). Unter ihrer Vorladung eröffnet die mantische Analytik der Vernunftidee Psychose Bedeutungen ohne Kontext, in ihrem Verhör richtet die Passion des Sagens die Anführung der Reinzeichnung Verantwortung. Das kundige Atemnetz AQE kann als Auferstehung der Gottesidee im Affektkristall des Anderen Gesetzes verstanden werden, als Vorkommen der Demut in der extremanalytischen Weite der Konjekturaltopologie Angriffswissen – mit den Worten der Nelly Sachs: zanksüchtig, weil sehnsuchtsverrenkt.

des Anderen – ist Blöße, Gegenwart des Dritten (d. h. der ganzen Menschheit, die uns ansieht) und Befehl, der zu befehlen befiehlt." (TU 308)

Die Einführung des Dritten in AQE 199–205 trägt der Anderheit des Anderhaften entscheidend Rechnung. Der Dritte ist „anders als der Nächste, aber auch ein anderer Nächster" (AQE 200). Dem Dritten entspringt die unaufhörliche Korrektur der Illeität, „wo das Antlitz gesichtlos wird (*se dé-visage*)" (AQE 201f.). Dévisager bedeutet das Ansehen des Unbeholfenen im Antlitz des Anderen. Das Dritte ist ein Unbeholfenes, dessen Ersuchen und Erbrechen die ganze Menschheit assistiert, weil Blicke unvordenklicher Vergangenheit im Auge des Anderen ein Absehen unterhalten; im Absehen oder in Absicht auf „entrée permanente" (AQE 204) der rationalen Formkraft des Absoluten. Sie naht die Nahheit des Nächsten und gründet den Grund des Gerechten in den Anführungsstrichen und Diebshaken der Reinzeichnung Verantwortung. Unabsehbar ist der Blick im Auge des Dritten; Trauma und Skepsis im Wagnis des Pluralismus, unbeugsame Vorladung ins Verhör. Ihm entspricht nichts, weil Ersuchen und Erbrechen den Dritten mit dem Zuvorkommen von Investitur und Magisterium versehen. Investitur ohne Geschichte und Magisterium ohne Gewalt ist das letzte Rätsel auf Leben und Tod des Dritten, auf die ontologische Vibration der ethischen Differenz im Vorkommen der Demut. „Die ethische Gegenwart ist zugleich anders und setzt sich ohne Gewalt durch. Wenn die Tätigkeit der Vernunft mit dem Wort beginnt, tut das Subjekt auf seine Einzigkeit keinen Verzicht, sondern bestätigt seine Trennung. Es geht nicht in seiner eigenen Rede auf, um darin zu verschwinden. Das Subjekt bleibt Apologie." (TU 318) So wird der Erstling Ehrenwort in den Blick des Unbeholfenen genommen, der die bindende Trennung der getrennten Sehenden übersieht und die Einzigkeit des Auges ersieht. Im Dritten führt die Menschheit Aufsicht; visio absoluta, die dem visus contractus im Antlitz des Anderen zusieht. Im Dritten also ist das Antlitz des Anderen ein passives Abbild des lebendigen, aktiven und schöpferischen Spiegels der Menschheit. Am Dritten fällt ihr das gleichsam schärfer geschliffene Bild der Pathosformel Mensch in den Anführungsstrichen und Diebshaken der überweltengroßen Vision des jüdischen Weltgefühls entgegen. Im trüben Widerschein von Geschichte und Gewalt konturiert die Agonie der Bilder den Schmerz der Übersetzung des Responsoriums von Denken und Leiden als Passion des Sagens.

Der Ruf der visio absoluta assistiert dem unbeholfenen Dritten, um dem visus contractus ein Vorsehen zu gewähren; die providentia, die in der philosophischen Begriffsgeschichte platonischen Denkens und seiner scholastisch-christlichen Umformungen mit Vorsicht und Vorsehung, Liebe und Erbarmen konnotiert ist. Dévisager bei Levinas bestellt deshalb die Illeität zum Vorbild einer reinzeichnenden Verantwortung, die die Theophanie des unzugänglichen Lichts um die Metaphysik eines unergründlichen Auges erhellt, in dem der Spiegel der Menschheit den

Rahmen absoluter Reflexivität erstellt. Es ist die Umsicht der providentia, deren Wegzehrung die Anderheit des Anderhaften begleitet; das Ex der Heimsuchung, der Proviant des Exodus und die Provision des Exils. Die anarchische Verantwortung hat den Grund des Gerechten und die Nahheit des Nächsten in einer Nicht-Indifferenz zu erwägen, die dem Ersuchen und Erbrechen gewogen und gewiesen ist. Die Illeität ist unbedachte Geste im Spiegel der Menschheit, königliche Regung aus der gewählten Höhe der Güte und unerhörtes Sagen aus der schlaflosen Wache des Psychismus, der Psychose, Anachorese der prophetischen Rede in die Apologie des richtenden Worts. Die Illeität ist Zeuge der Inspiration, der Investitur und des Magisteriums der sorglosen Nacht, der ruhelosen Spur, des unendlichen Bedeutens ohne Kontext. Ihre generative Symbolizität ist unbeholfenes Vorkommen der Demut aus dem Spiegel der Menschheit; unbeholfene Unterbrechung, die um Assistenz ersucht, um Vorsicht und Vorsehung, Liebe und Erbarmen. So wird die Passion des Sagens dem Genotext des Unantastbaren verpflichtet, der mantischen Analytik der Vernunftidee Psychose in der Passivität der Geiselnahme des Gehörs durchs Jenseits von Gewalt und Geschichte.

Im Ersuchen und Erbrechen um Mut zur Anachorese prophetischer Rede in Apologien des richtenden Worts aus dem Spiegel der Menschheit, Zumutung des Dritten und Ermutigung des Anderen, ist Sterblingen kein Zeitvertreib der Verantwortung statthaft. Die Kraft und die Geduld der Erlösung der ganzen Schöpfung beruht nach Levinas im fristgerechten Rezeptionszyklus der Unbeholfenheit des Dritten, der im Antlitz des Anderen als Autorität der Erhöhung und Legitimität der Erwählung auftritt. Auch er ist ohne Kontamination von Seinsverstehen zu vernehmen, als Illeität in Trauma und Skepsis, die ethischer Differenz lesbar und schreibbar ist. Die bindende Trennung der getrennten Seienden, Sehenden und Sprechenden ist Leibbürgschaft oder Geiselschaft der Sozialität des Wortes und des Blicks zur „Erhöhung der Würde einer Seele“ (WG 193). Die Passion des Sagens ist der Ordnung der Güte Geisel des Gehörs, das ungeteilte Anhören der Verantwortung im Gefühl seiender Fremde. Die Ordnung der Güte übersetzt den Grund des Gerechten für die Anarchie der Verantwortung, die Nahheit des Nächsten in die sorglose Nacht des Beginnens vor dem Beginnen, Schlaflosigkeit der Nicht-Indifferenz. Die Bedeutung ohne Kontext erbringt die generative Symbolizität des Unendlichen. Sie wird Sozialität des Wortes und des Blicks, Gewähr großmütigen Undanks einer problematischen Gemeinschaft, die Psychismus als Psychose bedeutet; die Nahheit des Nächsten und den Grund des Gerechten aus dem einzigartigen Rang der Epiphanie vor der Enthüllung, des Unsichtbaren vor der Intelligibilität, der Manifestation vor dem Verhältnis, der Verantwortung vor der Dankbarkeit. So ist die dramatische Verflechtung oder intrigante Verknotung anarchischer Verantwortung mit der Illeität Bestätigung des Grundes der Gerechten in der Nahheit des

Nächsten, weil der Spiegel der Menschheit die Ordnung der Güte von der Sorge des Seins trennt. Die bindende Trennung der getrennten Seienden, Sehenden und Sprechenden ist das radikale Dia im Dialog von Chaogito und Chaosmos. Sie verlangt das strenge Zeugnis der verfehlten Entgegnung in Metonymien des geschundenen Anderen: Inspiration, Investitur, Magisterium, die Exposition von Trauma und Skepsis im Stand von Opfersinn und Schriftzug, das Standhalten der mantischen Analytik der Vernunftidee Psychose in der Arkandisziplin Auferstehung. „Wenn eine philosophische Rede lebendig und nicht in ihrem Ablauf verhärtet ist, so geht sie von Stoß zu Stoß, von Trauma zu Trauma. Ich möchte nicht pathetisch werden, aber eine philosophische Rede, die nicht von der Gewalt des Anrufs eines Anderen, einer nicht beherrschbaren Erfahrung, hervorgerufen, provoziert oder unterbrochen würde, wäre keine besonders fragende, keine besonders interessante Rede. Jedoch kann eine Rede auch vom Trauma zerstört werden. Wenn sie gewissermaßen standhält, so heißt das, daß sie von etwas Traumatischem ausgelöst wurde, von einer Frage, die bestürzt machte und keine Ruhe, nicht mehr schlafen läßt, und daß sie dennoch der Zerstörung durch dieses Trauma widersteht."[44]

Die Exposition, Ex des Exodus der Obsession ins Exil der Psychose, ist der Sprung der problematischen Gemeinschaft in das Beginnen vor dem Beginnen. Es ist der Sprung in die empfindliche Wache Schlaflosigkeit, die sorglose Nacht, die ruhelose Spur, das unendliche Bedeuten. Sie erspringt unvordenkliche Vergangenheiten der ganzen Menschheit. Ihr entspringt der Riß des Genotextes; Aufriß des inneren Lebens des Alienus, mit der Schöpfung beladen und mit der Erlösung vertragen. Die stellenlose Substitution der Ohnmacht und Schwäche ist der „Todfeind der Geschichte, ungezeichnet, namenlos."[45] Sie qualifiziert „die dünne Haut

---

[44] Jacques Derrida, Im Grenzland der Schrift, Spuren Nr. 34/35 (1990) S. 43. Man könnte hier eine Umschreibung der Erschließungstendenz des Gewissensrufs aus Martin Heideggers ‚Sein und Zeit' vermuten. „Vom Ruf getroffen wird, wer zurückgeholt sein will." (S. 271) Bei Levinas kommt der Ruf als Trauma aus dem Sich und als Skepsis über das Selbst.

[45] Gottfried Benn, GW Bd. I, S. 340. Reserve und Glut zeichnet die Mikrologie der Aussetzung Kunst, illuminiert an der Blöße des Ereignisses Dichtung. „Das Wesen der Dichtung ist unendliche Zurückhaltung, zertrümmernd ihr Kern, aber schmal ihre Peripherie, sie berührt nicht viel, das aber glühend. Alle Dinge wenden sich um, alle Begriffe und Kategorien verändern ihren Charakter in dem Augenblick, wo sie unter Kunst betrachtet werden, wo sie sie stellt, wo sie sich ihr stellen. Sie bringt ins Strömen, wo es verhärtet und stumpf und müde war, in ein Strömen, das verwirrt und nicht zu verstehen ist, das aber an Wüste gewordene Ufer Keime streut, Keime des Glücks und Keime der Trauer, das Wesen der Dichtung ist Vollendung und Faszination." (Bd. I, S. 593)

des *quale*"[46] als Verwandlungszone der ethischen Differenz. Raumsicher, formfordernd, ausdrucksverschworen ist die Passion des Sagens; Blüte und Flamme aus Bitternis und Leid, Halluzination und Defekt, Fatum und Freiheit: „und dahinter das Undurchdringliche mit seinem grenzenlosen Nein"[47]. Die Passion des Sagens ist lückenlos kühl gemeißeltes Passagenwerk, „unbedingtes Ja"[48] und grenzenloses Nein. Das Königszeichen der geprägteren Form der entformalisierten neuen Deduktion passiert Alteuropas Logos des Selben; die Sekurität von Gewalt und Geschichte, das System der allergischen Kernegoität aus Seinsverstehen und Sozialallegorie. Es verpaßt Ersuchen und Erbrechen in primärem Trauma und wilder Skepsis; Anachorese und Apologie, Psychismus und Psychose, Einzigkeit ethischen Sprechens in der Sozialität des Wortes und des Blicks, die Levinas als Rationalität des Friedens siegelt: Gedanke auf Taubenfüßen, das Unerkämpfbare im Angriffswissen, die irreale Realität eines Realen, das vom Quasi zum Quale treibt; religionsphysiolo-

---

[46] Maurice Merleau-Ponty, Das Sichtbare, S. 119. „Das Undefinierbare im quale" ist Merleau-Ponty eine „kurze und bündige Art, in einem einzigen Etwas, in einem einzigen Ton des Seins einstmalig Gesehenes und künftig zu Sehendes in ganzen Bündeln zu vermitteln." (S. 106) Das Quale ist Merlau-Pontys kriegerischer Lakonismus vom Angriffswissen Philosophie des Fleisches, das Krickelkrakel um die Arkandisziplin Auferstehung, die gesättigte Schmach um den ganzen Kerl. Auch Hegel hat, im Rekurs auf Jakob Böhme, dem Quale die unerschöpflichen Listen der dialektischen Entzweiung entnommen. „Jakob Böhme hat die *Ichheit* als die *Pein* und *Qual* und als die *Quelle* der Natur und des Geistes gefaßt." (Enzyklopädie, § 472) An anderer Stelle heißt es: „Böhme fängt in der Aurora, ‚Morgenröthe im Aufgang', von den Qualitäten an. Die erste Bestimmung Böhme's, die der Qualität, ist Inqualieren, Qual, Quelle." (Vorlesungen über die Geschichte der Philosophie, III; zit. nach Jacques Derrida, Randgänge, S. 357 Anm. 20)

[47] Gottfried Benn, GW Bd. I, S. 122. Michel Foucaults Verkreuzung von Sehen und Sprechen steht im prägnanten Königszeichen des Todes. Im letzten Abglanz seines stummen Auflloderns ist die Nachricht inseriert, daß die Sprache verstorben ist. Die demonstrative Kohärenz von Begriff und Halluzination bei Benn antizipiert Foucaults unruhiges Wissen um Sprache und Tod. „Aber dieser milde Schatten, der die Dinge unter ihrer Oberfläche und ihrer Maske sichtbar macht und dazu führt, daß man über sie reden kann, bezeugt er nicht von der Geburt der Dinge an die Nähe des Todes, des Todes, der die Welt in zwei Teile spaltet, wie man eine Frucht zerteilt?" Michel Foucault, Raymond Roussel, S. 142

[48] Vgl. AQE 156: „Man kann also den soeben dargestellten Sichtweisen nicht die Unvorsichtigkeit vorwerfen, das erste Wort des ‚Geistes' – dasjenige, das alle anderen ermöglicht –, einschließlich der Worte ‚Negativität' und ‚Bewußtsein', sei ein naives unbedingtes ‚Ja' der Unterwerfung, das die Wahrheit verneint, den höchsten aller Werte! Das Unbedingte dieses *Ja* ist nicht das einer kindischen Spontaneität. Es ist die Aussetzung selbst an die Kritik, die der Zustimmung vorgängige Exposition, älter als alle naive Spontaneität."

gischer Kompressor des Salto mortale ethischer Differenz im Schichten, Schneiden, Schälen der Liturgie; Zeugnis der verfehlten Entgegnung auf Metonymien des geschundenen Anderen; Inspiration, Investitur, Magisterium.

„Ist der Fortgang, dessen Richtlinien wir angezeigt haben, hinreichend gesichert? Ist sein Anfang wohl zugänglich? Wird man den Gang nicht mangelnder Vorsicht gegenüber den Gefahren des Weges beschuldigen, und daß er sich nicht mit Fertigkeiten vorbeugenden Schutzes versehen hätte? Zweifellos trennt er sich nicht vollständig von vor-philosophischen Erfahrungen, ausgetretenen Pfaden und unbesonnenen Vorstößen. Aber die Philosophie stürzt sich allzeit auf die schöne Gefahr." (AQE 24)

Rationalität des Friedens

Wenn es eine Dialektik des Herzens gibt, ist sie sicherlich gefährlicher als eine Dialektik der Vernunft.
Helmuth Plessner, Grenzen der Gemeinschaft

Die Rationalität des Friedens ist unmerkliche, diskrete und mikrologische Aussetzung im exzessiven Iterativ Lebenssturm. Ihre Exzession als rationale Formkraft des Absoluten ist auf das Zeugnis Verantwortung angewiesen: Gottesidee der Nähe des Nächsten im Grund des Gerechten. Sie weiß den durch kein Entsprechen von romanverwöhnten Etuimenschen im intramundanen Futteral von Sinn und Wissen kontaminierten Prophetengott zu vernehmen, den antiepischen Gott im Pseudonym Pronomen, der in den anonymen Ontologien der Moderne schnell und schneller schwirrt. Sein Befürworten im Ersuchen und Erbrechen der Passion des Sagens, langsam und unbeschreiblich ausführlich, rückt die Sozialität des Wortes und des Blicks stellenloser Substitution auf den antiphysischen Leib in Arkandisziplin Auferstehung; Gestalt und Gebilde strukturaler Konkretion aller Exposition im verwundbarsten Quasi und empfänglichsten Quale seiender Fremde, die wie ein Stich auf den Nägeln der Anderheit brennt und wie ein Stachel unter der Haut des Anderhaften steckt. „Die Gerechtigkeit besagt: Jedem ist der Andere der Nächste.“ (TU 97)

Die Rationalität des Friedens ist das innere Leben der schlaflosen Wache im extremanalytisch instrumentierten Pensum iterativer Lebenssturm; primäres Trauma und wilde Skepsis um die sorglose Nacht, die ruhelose Spur, das unendliche Bedeuten ohne Kontext. In der generativen Symbolizität der Passion des Sagens zur strukturalen Konkretion der Sozialität von Wort und Blick erreicht die Apologie des Psychismus das Erschauern des Selben und das Erschüttern der Selbigkeit. Die Überspannung des Vitalzeichens Transzendenz im Zögern zwischen Scham und Schande erscheint zwischen Sein und Nichts angesiedelt und von Unsinn und Widersinn angefochten. Denn die Rationalität des Friedens ist der radikale Einsatz der bindenden Trennung der getrennten Seienden, Sehenden, Sprechenden in der genauen Vergeltung der eingesehen Seele des Hellhörens; Aufbruch des Alienus aus Trotz und Treue, denen das Ungenügen am Kompositum Mensch das Menschliche als lebendige Formidee des Unbeholfenen aus dem Spiegel der Menschheit zuwirft. „Für das bißchen Menschlichkeit, das die Erde schmückt, braucht es eine Entspannung zweiten Grades: im gerechten Krieg, der gegen den Krieg geführt wird, Zittern – ja, sogar Schaudern – in jedem Augenblick, wegen dieser Gerechtigkeit selbst. Es braucht diese Schwäche. Es braucht diese Entspannung der Mannhaftigkeit, diese Entspannung ohne Feigheit, für das Bißchen Grausamkeit, das unsere Hände verschmähen." (AQE 223)[1] Die Sprache des extremanalytischen Angriffswissens[2], säkuläres Vorwärts von unerbittlicher Härte, assistiert im Desaster energischen Sanftmuts, dem sich unbedingtes Ja und grenzenloses Nein in einer Gottesidee verbinden, die ihrer gottverlassenen Gottesfurcht in Liturgien wehrlosen Wehs geständig ist. Mit dem offenem Visier des religionsphysiologischen Atheismus wird in der Entspannung zweiten Grades ums Antlitz des Anderen gefochten. Die Augenblicklichkeit der daseinswichtigen Lebensbewegung ist in den Stimuli des operativen Gefahrenbewußtseins protokolliert, die Levinas' autoritative Übung AQE pathematisch bekundet: Ekstase der Abstraktion, Wahnwitz der Gelehrsamkeit, Schroffheit der Übertreibung. So spricht das zu nichts gedrängte Ansichhalten im Antlitz, das aus nichts bedrängte Insichstehen des Anderen. Seine exzentrische Positionalität, die dem Turbulenzareal geschichtlicher Korruption entzogen ist, weil sie die erloschene Hellsicht des vergeistigten Nominativs exponiert, exerziert den Programmbefehl auf die Respektprämie überprivater Verbindlichkeit. AQE, das

1 DL 219: „Man muß an diese Tugenden der Geduld erinnern, nicht, um die Resignation gegen den revolutionären Geist zu predigen, sondern um das wesentliche Band fühlen zu lassen, das die wahrhafte Revolution an den Geist der Geduld bindet. Sie kommt von einem großen Mitleid. Die Hand, die die Waffe ergreift, muß gerade unter der Gewalt dieser Geste leiden. Die Fühllosigkeit gegenüber diesem Schmerz läßt den Revolutionär an den Faschismus grenzen."

2 Ernst Jüngers knappe Formel für die Weite extremanalytischen Verfahrens: „Wir schreiten nicht gradlinig fort, sondern in Wellenbewegungen, und nicht von Stufe zu Stufe, sondern von Extrem zu Extrem." Zitat nach Martin Meyer, Ernst Jünger, S. 279. Die lakonische Wahlverwandtschaft aus Naturgeschichte, Moralistik und Charakterkunde beherrscht Jüngers Abbruchunternehmen am Zeitgeist geronnener Moderne. Ihm wird die harte Brechung des Ausdruckslebens in den industriell geschminkten Werkstättenregionen zum Archetyp ballistischer Abenteuer. Dem grausamen Nominativ des hirnpotenten Kriegsakademikers vergeistigen sich Welle und Extrem zur Physiognomie des kriegerischen Gefühls. Diese verleiht der Seele die epochale Signatur. Denn blutig triumphiert die technische Welt im plutonischen Geschlecht der Moderne. So zieht Jünger über das von Grauen umlauerte Geschehen die starre Titanenmaske der Desinvoltura. Kühl fährt sie die Kraftlinien und die Energiezonen aus, die den Erdkreis erschüttern.

Kompendium der Übertragungszeichen vom Lebenskampf der Menschenart um die Rationalität des Friedens, ist die erwidernde Wiederholung vom Antlitz des Anderen als pneumatische Exegese. Keuchend schlägt sie den „in den Texten verschlungenen Kathedralen“ (DL 348) den Bogen von der stoischen Spannung bis zur epikuräischen Entspannung.[3]

Im formsuggestiven Sachgehalt des Hellhörens markieren Ohnmacht und Schwäche das Gran Irre im Glutkern der Textfalle Tumor, den Thrombus Ehrenwort in der Embolie der Wörter, die das hermetische Sein zum eminenten Text verzeichnet, als Religiosität des Sich in der „Treue“ zum primären Trauma und im „Trotz“[4] der wilden Skepsis. Unter der Berührung der Wörtlichkeit des Erstlings Ehrenwort, der Gabe des entwaffneten Denkens, der fassungslosen Intelligenz, des entblößten Ereignisses erzittern sie. Denn der Messias im Pluralis inkarniert die verschwiegenen Züge der mosaischen Kadermystik – das „Rabbinertum der Avantgarde“ (DL 348) – als genaue Vergeltung der eingesehenen Seele in einer Zeit ohne das Ich. Die elitäre Askese im Erstling Ehrenwort ist sein metahistorisches Artistenevangelium, Leitstern der imperativen Formkunst im Ejakulat des Akkusativs. Ihm ist das ursprüngliche Aufklingen der Wahrheit einer Welt in die Chiffrenschrift der Zerlösung ichsouveräner Regierungsakte gefaßt: formfordernd, raumsicher und ausdrucksverschworen.

Die Rationalität des Friedens ist die Inszenierung der dramatischen Verflechtung oder intriganten Verknotung, des skeptischen und traumatischen Herzschlags vom Menschen in Anführungsstrichen und Diebshaken, der in der Nahheit des Nächsten und im Grund des Gerechten pulsiert. Pulsation breitbasierter und spitzfindiger Unterbrechung, die das Unbeholfene aus dem Spiegel der Menschheit in die Ordnung der Güte einbildet und die Passion des Sagens ausbildet. Die Rationalität des Friedens ist die Vorladung absoluter Reflexivität, die das messianische Qualieren zu unstillbarem Stillstand in der Erregung und Erschöpfung des Vitalzeichens Tran-

---

[3] Rainer Maria Rilke hat das Bogenelement als „Kurve des Entzückens“ ausgefahren. Sie trachtet in die strenge Infrastruktur der Desistenz exzentrischer Positionalität: „wie aber sie dort verfolgen, wo sie sich sicher bricht in der Dichte des Mediums, vielleicht unkenntlich wird und Betonung aufweist nur dort, wo andere Kurven, von ebenso verlorener Herkunft, sie kreuzen, in dem eigentümlichen Wirbel der Schnitt-Punkte“. Briefe, Wiesbaden 1950, S. 809

[4] Trotz und Treue, das Erzittern des Lebewesens im Schauer der Ehrfurcht, sind Franz Rosenzweig der geheime Ursprung der Seele. „Ohne die Stürme des Trotzes im Selbst wäre die Meeresstille der Treue in der Seele nicht möglich. Der Trotz, dieses dunkel aufkochende Urböse im Menschen, ist die unterirdische Wurzel, aus der die Säfte der Treue in die gottgeliebte Seele steigen.“ GS Bd. 2, S. 190

szendenz anhält, im Umschluß extremanalytischen Angriffswissens mit dem Vorkommen der Demut zur Rationalität des Friedens: die Doppellebenslust zivilpolitischer Sublimierungsethik. Der raschere Atem dieser prosodischen Aktion um den Messias im Pluralis bringt die Anachorese prophetischer Rede in der Apologie des richtenden Worts vor die reinzeichnende Verantwortung; unbeholfenes Responsorium von Denken und Leiden in der Passage zwischen den Zeiten des Anderen, des Nächsten, des Dritten. Eine befremdliche Passage merkwürdiger Passanten, die Stellvertretung bis zur Leibbürgschaft bezeugen, um das Gebot des Tunlichen und das Geheiß des Tauglichen in der an-archischen Verantwortung bis in den Psychismus der Psychose aufzuladen; die Vorladung der Körpertechnik Passivität, die bis zur Berufung des Unglücks, zur Auslieferung an die Verwundbarkeit, zum Risiko der Vernichtung reicht, als Geiselnahme des Gehörs durch das Jenseits des Körpers. Die Rationalität des Friedens verlangt nach der erfinderischen Vernunft der Zweiten Ethik in der Ersten Philosophie. So umschreibt Levinas das Stelldichaus von Frage und Fragezeichen im Rigorosum des Fragwürdigsten, das den hybriden Krisenstil der Verfallsdiagnose in Koordinaten der Transzendenz rückt: „Verantwortlichkeit für die Anderen oder Kommunikation, Abenteuer, das jeden Diskurs von Wissenschaft und Philosophie trägt. So wäre diese Verantwortung die Rationalität der Vernunft oder ihrer Universalität, Rationalität des Friedens." (AQE 203)

Daher die Markierungen intermittierender Rhythmik und referentieller Zerstreuung, die Levinas' Passion des Sagens unterhält, um dem Ersuchen und Erbrechen zu bekommen, die mit der Sprache der Nicht-Indifferenz aufnehmen: Erschauern und Erschüttern des Beginnens vor dem Beginnen. Das ethische Sprechen, dem Ankommen der Sozialität des Wortes und des Blickes verpflichtet, ist ein beständiges Unterbrechen, Innehalten, Verklammern und Umschließen des Genotextes von primärem Trauma und wilder Skepsis. Spaziergangsphantasien im Flaneurdenken des Stillebentextes AQE sind Versetzungen des Iterativs Lebenssturm in die extremanalytische Weite Staat im Staate breitbasiert und spitzfindig: Kosung vorgängiger Zuwendung in die Apriorität des Apriori. Abenteuer vom Beladen und Überladen, Ertragen und Übertragen der ethischen Differenz in die Rationalität des Friedens sind Exzitationen elitärer Askese in physiologischer Textur. Ihre Passion des Sagens ist Stigma der Ohnmacht und Schwäche des ‚baiulus' im Spiegel der Menschheit, das Vitalzeichen Transzendenz im Iterativ Lebenssturm. Ihre Konjekturaltopologie erweist der zerbrechenden Syntax von Einsatz, Widerruf und Widerruf des Widerrufs die unterschiedsempfindliche Reverenz vor Staaten im Staate. Das anachronistische Paradox des Unbeholfenen, das Zersplittern und Zerstäuben der Befürwortung, erteilt die Sozialität von Wort und Blick dem Alienus seiender Fremde, dem Gottfried Benns schwarzgewandete Mönchsmenschen schweigend die Verwandlung erwarten: im Periodenbau der prosodischen

Aktion von Schreibstimmen und Leseohren, die volle Reden mit Kehlkopfaugen hören, weil „eine geheime Diachronie dieses zweideutige oder rätselhafte Sprechen befiehlt“ (AQE 9).[5]

Stigma aus Provision, Proviant, providentia, dem Zwischen der Zeiten konsekutiver Schemata: Zeugnis der Inspiration, der Investitur, des Magisteriums als Verpflichtung zur Verantwortung in der Forderung eines Gehorsams, der dem Vernehmen vorausgeht. Diese äußerste Dringlichkeit des Gehorsams ereilt die reinzeichnende Verantwortung als vorgängige Verpflichtung auf Spur, Wunder, Abstraktion. Es ist die anarchische Einstimmung einer Empfänglichkeit, die Unbeholfenem assistiert und die absolute Reflexivität im Spiegel der Menschheit fokussiert. Passion des Sagens, die der Kontamination, Verseuchung oder Vergiftung durch Geschichte und Gewalt zuvorkommt; das konjekturaltopologisch artikulierte Ersuchen und Erbrechen um die Vorladung in den Anspruch unvordenklicher Vergangenheit. Die Rationalität des Friedens ist flehendes Fordern an die Leistungszucht Gegenwartsverbund im Namen des Angriffswissens um die Verkehrswissenschaft von Übermorgen; Levinas’ Zeugnis der Inspiration, der Investitur, des Magisteriums der Produktivität Genotext in der Anwartschaft auf das Futurum resurrectionis. Levinas verficht das Recht unvordenklicher Vergangenheit gegen das Unrecht selbstgerechter Gegenwart, die im aus Gewalt und Geschichte geformten Gottesbeweis zum Zeitstoff Welt erscheint. Der Einspruch absoluter Reflexivität ist Anklage, Ersuchen und Erbrechen um eine von Anderheit des Anderhaften rein gezeichnete Verantwortung; Subjektivität im Menschentum unendlicher Verantwortung gegen den Heroismus des Könnens und Kennens in Hunger nach Macht, Trachten nach Vergöttlichung, Weihen der Einsamkeit.[6]

---

5 Geheime Diachronien großen Stils stimulieren den Befehlsbereich der bruchlosen Dehnungen in der Aufenthaltsdeutung Philosophie. Der monadengemeinschaftlichen Habe entbieten sie die erstrebten Deckungssynthesen im Habitus Weltapperzeption. Im Entzücken an ihrem Diktat werden Witterungen fürs Wanken in Hoheitsakte von Heimatlosen umgeschrieben. Der fünfte Sinn für exotische Geographien des Superlativs bildet dem Gedankenluftbaumeister Paradiese im Planquadrat: der Springbrunnen der Seele im Gottesgarten der Wesensbestimmungen ist auch nach Platonischen Ideenlehren und Aristotelischen Dingontologien unerschöpflich. G. Benn, der zivilisatorische Verwesungspassagen im Richtungssinn der gewagtesten Konjektur mit artistenmetaphysischem Laufschritt durcheilt, hat die geheime Diachronie zwischen Begriff und Halluzination plaziert. „Überall der tiefe Nihilismus der Werte, aber darüber die Transzendenz der schöpferischen Lust.“ (GW I, S. 548)

6 Franz Kafkas Anorexieaxiom in seinen Expertisen der Macht figuriert als übermenschlicher Verzicht auf ein übermenschliches Gelüst. Hungerkunst und Menschenfressen sind in der

Zeugnis

Deshalb ist die Passion des Sagens in der vornehmsten Modalität des Zeugnisses artikuliert; im Modus von Ohnmacht und Schwäche, die Gegenbesetzungsenergie zum beflissenen Rüstungsaufwand von Geschichte und Gewalt. Das Zeugnis der Inspiration, der Investitur, des Magisteriums, das Eingedenken der unbedachten Geste ohne eviduierte Sekurität, ist dem Moment des Pseudos universaler Geschichtsschreibung entrungen, der Adresse ontologischer Gottesbeweis.[7] Dem Zeugnis der verfehlten Entgegnung in Metonymien des geschundenen Anderen ist noch der Erweis der Gottesidee im je eigenen Wissen Beirrung, traumatisch verstockt und skeptisch verstört. Das Gran Irre, der Glutkern Hermetik in der Textfalle Tumor, nimmt die Nicht-Indifferenz des Beginnens vor dem Beginnen auf: unverbildete Spur unvordenklicher Vergangenheit, die Sozialität des verstummten und verschwiegenen Wortes, die defiziente Apperzeption des Responsoriums von Den-

---

Maximenlehre seiner Erzählspiele, nach allen Seiten hin abzumagern, als Notate der Verweigerung balanciert. Magere Seiende am Rande des Zerrinnens sind ihm lebendig Tote, durch die säkularisierten Zeilen des Gesetzes getrieben, unter die geschwungene Peitsche des Namens gehalten. Dort, wo das Gesetz und der Name sich berühren, nistet der Tod. Juristisch fixiert er das Interpretationsmonopol über die Tatseite des Wortlauts, mit dem der Körper und die Botschaft über die Schrift korrespondieren, weil die Stimme als diskursive Zapfsäule der trivialen Zeichengebung verstummt ist. So markiert der advokatentemperierte Tod des Phonologs die genaue Vergeltung der eingesehenen Seele in „Urteil" und „Verwandlung".

7 „Gott hat seine Natur, sein naturhaftes, daseiendes Wesen. Das ist so wenig eine Selbstverständlichkeit, daß vielmehr die Philosophie ihm bis zu Hegel hin diese Eigenexistenz stets bestritten hat. Die sublimste Form dieser Bestreitung, nichts anderes, ist der ontologische Gottesbeweis". Franz Rosenzweig, GS Bd. 2, S. 19. Hegels metaphysische Logik ist philosophischer Gottesdienst. Am göttlichen Begriff gewinnt der reine Gedanke Persönlichkeitsprofil: die äußerste Spitze der Erscheinung ist die zeitfreie Idee, in der das Absolute die Wahrheit als Ausgießung des Geistes über den Tod Christi gebiert. So wird die Selbstbestimmung Gottes zum Sein genötigt: Hegels punctum saliens aller Lebendigkeit integralen Wissens prinzipiiert die unendliche Elastizität der absoluten Form. – Den Grenzwert des Gottesbeweises hat Anselm von Canterbury mit den bestechenden Narrativitätszeichen des prunkvoll Gedachten vermessen. Er besteht „darin, daß die im göttlichen Plan vorgesehene Zahl der seinen ewigen Jubelchor bildenden Engel nach dem Sturz des Luzifer und seiner Gefolgschaft wieder auf den status quo ante zu bringen war und dies durch Aufrücken der in Schuldlosigkeit bewährten Menschen geschehen sollte." Hans Blumenberg, Arbeit am Mythos, S. 276

ken und Leiden.[8] Es verleiht den Besiegten der Geschichte und Gewalt einen mit Jetztzeit aufgeladenen Genotext aufbehaltener Zukunft, Desaster energischen Sanftmuts im säkulären Vorwärts von unerbittlicher Härte. Krummgezogen wie die Gottesidee von der Krümmung im Raume schwirrt ihr Pfeil der Sehnsucht um das Erstatten des Schuldigen, Schlüssel-Sinnliches vom subtilen Fleisch des Traumas zur luziden Gnade der Skepsis. Das vermißt die Wege sacherschließender Rede mit bewußt zurückhaltendem Mitteilungsanspruch im schneidensten Sprechen, der der neuzeitlichen Paideia[9] von Geschichte und Gewalt in energischem Sanftmut kontrastiert; Konstellation aus primärem Trauma und wilder Skepsis der Passion des Sagens im Einschlag von Oben. Eingedenken aus dem Spiegel der Menschheit eröffnet der selbstvergessenen Gegenwart die absolute Vergangenheit, um sie zu dem zu entbinden, was sie noch werden will: Passion des Sagens mit dem hermetischen Glutkern äußersten Rätsels; Kerygma vom unbedingten Ja und grenzenlosen Nein, das dem „Epos der Wesenheit" (AQE 11) entwischt, welches im Plädoyer für halbe Längen, mittlere Fristen und nächste Dinge die Stufennaivität von humanwis-

---

[8] Martin Heidegger hat das übergängliche Denken in die Bestimmung der Philosophie eingesetzt. Seine ‚Beiträge zur Philosophie' schärfen die antihermeneutische Spitze der phänomenologisch intuierten Hermetik, die man bei Derrida, Lyotard und Levinas am Werke sehen kann. Sie nimmt die Ehre des Denkens in die Obhut konjekturaltopologischer Unverständlichkeit, wie sie der extremanalytischen Weite der Vorsokratik zugesprochen werden muß. „Die Übergänglichen und dem Wesen nach zweideutigen Denker müssen wissen, daß ihr Fragen und Sagen *unverständlich* ist für das in seiner Dauer nicht errechenbare Heute. [. . .] Das übergängliche Denken kann daher auch nicht durch einen Gewaltstreich die metaphysische Gewöhnung abschütteln. Ja es muß der Mitteilung wegen oft noch in der Bahn des metaphysischen Denkens gehen und dennoch stets das Andere wissen." GA Bd. 65, S. 430ff. Hans-Georg Gadamer hat Heideggers Gespräch mit der Metaphysik kommentiert: „Es ist zweischichtig, einerseits ein Hinhören, andererseits das Ausstoßen eines gewaltigen Gegenrufes, eines wahren Widerrufes, der die Stimme der Überlieferung übertönt. [. . .] Das ist Heidegger: gegen die Intention eines Textes die ungedachten, aber im Rätsel der Sprache selber sprechenden Entgegnungen gegen das metaphysische Denken aufzubieten." GW Bd. 3, S. 347

[9] Joseph Vogl hat Hobbes und Freud die staatstragende Parallelnotation von Gewalt und Geschichte auf der Risikoskala neuzeitlichen Selbstverhältnisses gegeben. „Ödipus: schuldbewußt und aggressiv, eine Identifikation mit dem Tötungswunsch wie mit dem väterlichen Verbot; und Leviathan: despotisch und fürsorglich, Stellvertreter der Mörder wie der Opfer." Ort der Gewalt, S. 96. Zwischen beiden steht der Sonderdiskurs des Sadeschen Libertin, das Desaster des Apathieaxioms, die Amtssprache der Aporie des Erhabenen zwischen Natur und Gott, die exzessive Botschaft von der schwierigen Heiligkeit eines unmöglichen Atheismus.

senschaftlich betreuten Zwischenwelten von Geschichte und Gewalt instituiert. „Aber wie sagt sich das Sagen in seinem promordialen Rätsel?" (AQE 12) Es sagt sich im schöpfungsumwetterten Urwort Exteriorität: „Ein Gutes jenseits des Seins und jenseits der Seligkeit des Einen – darin kündigt sich ein strenger Begriff der Schöpfung an, die weder Negation noch Limitation noch Emanation aus dem Einen ist. Die Exteriorität ist keine Verneinung, sondern ein Wunder." (TU 423)[10]

Levinas' Ersuchen und Erbrechen der Rationalität des Friedens konsultiert Spuren unvordenklich Vergangenen, die die Semiotik der Sieger, die Zeichen von Geschichte und Gewalt, unvermutet unterbricht. Das Desaster des energischen Sanftmuts, das Vorwärts von unerbittlicher Härte mit dem Zusatz der Milde, ermutigt die Anachorese prophetischer Rede in Apologien des richtenden Worts: Psychismus und Psychose, das Reale der irrealen Realität, der Gran Irre im schneidenden Sprechen der Passion des Sagens, zieht Kraft aus der Unterbrechung. Ihr Eingedenken entnimmt der volltönenden Gegenwart die verstummte Spur eines verschwiegenen Ausseins, dessen lang entbehrte Unvergessenheit in der Kontemplation republikanischer Ideen erneuert wird, um der leichten und leidigen Beleidigung mit Rosenzweigs namhafter Parole „den Finger drauf!"[11] des Mund und Mitte

10 Schnittstellen von Trauma und Skepsis sind im Rationalen der atheistischen Gottesidee artikuliert. Die religionsphysiologische Systemidee der Passion des Sagens verspannt sie dem Netzwerk der Steuerelemente des Diktats vom Denken und Dichten, die Schaltungen des Hellhörens passieren. Gegenüber der erloschen Hellsicht ontologischer Kategorienlehren bezeichnen sie einen „neuen Schnitt im Sein", den meisterlichen Imperativ des Akkusativs, das Wunder des „Hoch-Erhabenen" (TU 435). „Die Beziehung zwischen den ‚Abschnitten' des getrennten Seins ist ein Von-Angesicht-zu-Angesicht, eine irreduzible und letzte Beziehung." (TU 427) Im Leitstern der imperativen Formkunst um das Hoch-Erhabene ziehen die Stundengötter der Conditio Judaica die Kurven des Entzükkens im Hochgefühl des entmaterialisierten Prophetengottes.

11 Franz Rosenzweig, GS Bd. 1,1, S. 21. Fingerzeige auf das Joch des Namens, das in jedem Zoll Geschichte und in jedem Jota Gewalt überwiegt, bilden die Magna Charta seines Neuen Denkens aus der Herzzelle des jüdischen Weltgefühls. Der Name, in dem sich die Bauleute des Heute als Kinder der Ewigkeit rufen, ist die „eingeschlagene Richtlatte" im „Überall des unnennbaren Gefühls". Rosenzweigs Topologie des hermetischen Seins zum eminenten Text des Eigennamens öffnet den Mund des Beginnens vor dem Beginnen im „Denkuhrwerk" des Stern. „Im Eigennamen ist Bresche in die starre Mauer der Dinghaftigkeit gelegt. Was einen eigenen Namen hat, kann nicht mehr Ding, nicht mehr jedermanns Sache sein; er ist unfähig, restlos in die Gattung einzugehen, denn es gibt keine Gattung, der es zugehörte, es ist seine eigene Gattung. Es hat auch nicht mehr seinen Ort in der Welt, seinen Augenblick im Geschehen, sondern es trägt sein Hier und Jetzt mit sich

öffnenden Namens zu widersprechen.[12] Das Zeugnis unvordenklich Vergangenen, Beginnen des Beginnens im Dia des Dialogs von Bibelzitat und Synagogenliturgie, beschämt semiotische Zeichensiege in der Geschichte und in der Gewalt. Die Spur der Geduld des Unendlichen ist in ständig erhöhter Schwere fühlbar; Verantwortung pneumatischer Exegese ohne die Rhetoriken dialektischer Rechtfertigung.[13] So dringt das Antlitz des Anderen, der Alienus des Humanismus des anderen Menschen, die Anderheit des Anderhaften, in den neuzeitlichen Programmhumanismus um den Logos des Selben. Solche Ernüchterungsbewegung „hermeneutischer Euphorie"[14] ist das Einströmen der Textfalle Tumor in den beständigen Stilzwang des forschungslogischen Planmodells von Beobachtung und Berechnung,

---

herum; wo es ist, ist ein Mittelpunkt, und wo es den Mund öffnet, ist ein Anfang." GS Bd. 2, S. 208

12 In prosaischer Formulierung: Das ‚Aussein' praktische Philosophie, hermeneutisch ‚erneuert', widerspricht der ‚Beleidigung' des Anderen. Diese Direktive prägt die sacherschließende Rede in Hans-Georg Gadamers Hauptwerk ‚Wahrheit und Methode'. „Es ist die Erfahrung der Anderen, die mir so fundamental scheint und so wenig durch die modernen Fortschritte der Logik und semantisch-linguistischen Analysis überholt, daß mir meine Grundposition von da aus nicht fraglich zu werden vermag. Darin liegt beschlossen, daß das Erbe der praktischen Philosophie in ihr aufgenommen wird, aber das meint nicht nur Aristoteles, sondern ebenso auch Kant." GW Bd. 3, S. 357

13 Die morphologische Bestimmtheit universaler Anmutungen von Normativität sind für Rhetoriken überzeugender Redekunst prägnant. Ihre Verbindlichkeit auf Umwegen der Verschleifung des Verschiedenen hat sich des logischen Zwangscharakters zu entschlagen, der ihre Sedimentierungen von der antiken Urstiftung bis zur neuzeitlichen Wissenschaftsidee pointiert. Gegen die kontingenzaversive Leistungstechnik des europäischen Redeforums als Demiurgenpotenz semantischer Selbstbehauptung ist Rosenzweigs „kopernikanische Revolution in diesem Verzicht auf die unpersönliche Rede der traditionellen Philosophie und in der Entdeckung der Sprache als Organon einer der Existenz immanenten Erkenntnis" begründet. So Stéphane Mosès, System und Offenbarung, München 1985, S. 75

14 Diesen sprechenden Ausdruck für das heitere Erkenntnisspiel um den Programmhumanismus der Urstiftung Philosophie hat Hans-Georg Gadamer geprägt (GW Bd. 3, S. 365). Er ist gegen die spanischen Stiefel der grammatischen Polemik analytischer Philosophie gerichtet. Mikrologien der Aussetzung gegenüber – Entwaffnung des Denkens, Fassungslosigkeit der Intelligenz, Blöße des Ereignisses – bleibt der Universalitätsanspruch der Hermeneutik aber eine liebenswürdige Verlangsamung des Kulturlebens, der sich die Aussetzung im ‚Da' des ringsum technischen Kennens und Könnens verstellt. So tappt der Phänotext ihrer traditionsbildenden Horizontverschmelzung in die Textfalle Tumor.

der Entzauberungssog der geistigen Ausdrucksformen im 20. Jahrhundert.[15] Das Ersuchen und Erbrechen der Spur verstört das Entsprechen der Zeichen im selbstvergessenen Sorgen des Selben, die Korrelation von Geschichte und Gewalt. Die Unterbrechung ist der Spur beständig verstörender Schwere verhaftet, dem Zeugnis der Inspiration aus der Passion des Sagens und der Höhe der Güte. Die Rationalität des Friedens ist als Stigma der Besiegten bezeichnet, als „Spur aus Blut und Tränen“, die durch die Zeichen lichter Geschichte und leichter Gewalt verwischt ist. Eingedenken ist nichts anderes als die Haftung für das im Rationalen artikulierte und in Überzeugungsfiguren vivifizierte Recht der Spur; Haftung im Gehorsam des Hellhörens, der allem Auslegen zugesprochenen Vernehmens vorausgeht, weil Ersuchen und Erbrechen, die Apriorität des Apriori im Gebrechen am Subjekt, Verlegenheiten des Entsprechens passieren.

Sehr prekär hält das zuvorkommende Eingedenken die Religiosität des Sich an die Nahheit des Nächsten und in den Grund des Gerechten. Besonnenen Feuers bewegt es das Unerledigte seiender Fremde, die unvordenkliche Vergangenheit in der Spur aus Blut und Tränen, die aller Siegeszeichen ermangelt. Eingedenken ins Zeugnis der Inspiration ist der Gang zum Unsichtbaren auf der Spur unmöglichen Rückzugs; ethisches Sprechen, das die Unterbrechung unterbricht, um das Desaster energischen Sanftmuts in namenloser Nicht-Indifferenz aus Ohnmacht und Schwäche zu halten. Ihm steht keine Bestimmung in Geschichtsverdacht oder Gewaltgeruch. „Das Sagen bedeutet diese Passivität; im Sagen bedeutet die Passivität, wird Bedeutsamkeit; Exposition als Antwort auf . . ., In-Frage-sein vor aller Befragung, vor jedem Problem, ohne Kleid, ohne Hülle, um sich zu schützen, Plünderung bis zum Kern wie ein Einatmen von Luft, Ab-solution bis zum *Einen*, bis zum *Einen* ohne Beschaffenheit. Entblößung über die Haut hinaus, bis zur tödlichen Verwundung, Entblößung bis zum Tod, Sein als Verwundbarkeit.“ (AQE 63) Namenloses Gedenken für die aufbehaltene Zukunft, die im Vorwärts von unerbittlicher Härte für die Rationalität des Friedens aufkommt, sofern das Zeugnis im Responsorium von Denken und Leiden in die Spur aus Blut und Tränen weggegeben ist. Diese Hingabe wird von Blanchot in die Widmung von AQE postiert, ins hermetische Sein zum eminenten Text des zettelhaften Nochnichtbuchs oder Nichtmehrbuchs, die im Zeugnis der verfehlten Entgegnung von Metonymien des geschundenen Anderen ergreift, weil sie sich im Siegeszeichen der Semiotik von Geschichte und Gewalt

[15] So hat das 20. Jahrhundert, dem in der zivilisatorischen Ungeduld technologischer Pathogenese Leistung und Einsicht auseinanderstieben, „den spekulativen Tiefsinn, die dunkle Orakelrede, das prophetische Pathos perhorresziert, die ehedem die Gemüter in ihren Bann schlugen.“ Hans-Georg Gadamer, GW Bd. 3, S. 186

verschweigt. „Wißt, was geschehen ist, vergeßt nicht und doch werdet ihr nie wissen." (L'écriture du désastre, S. 131)

Widmung

Die Widmung, deren Textualität Schriftzug und Opfersinn in ethischer Differenz verschränkt, ersucht um das Gedenken am Namen Auschwitz. Ihm entspricht nichts.[16] Keine Lehrthese von der sicher bestimmten Tatkraft ideenförmig gesteigerten Wissens und zweckmäßig beschickten Sinns wird diese Textfalle Tumor um den Widerhall kürzlichen Weichens im Ersuchen und Erbrechen bringen, um Scheuklappen nach rückwärts und seitwärts, um Trauma und Skepsis. Die Widmung ist das Laden und Überladen, Tragen und Übertragen der Unterbrechung, die im Namen Auschwitz verbrochen wurde, Ruptur oder Brisur des Herzschlags, der in Herzzellen der überweltengroßen Vision des jüdischen Weltgefühls von der Nahheit des Nächsten zum Grund des Gerechten pulsiert. Im Satz des Entsprechens von Wissen und Sinn haben Geschichte und Gewalt auf Sieg des Selben gesetzt. Das Gleichmaß apodiktischen Könnens und apriorischen Kennens trifft die Auslese vor der metasprachlichen Apparatur der Kennziffer, die die Semiotik von Macht, Vergöttlichung und Einsamkeit signalisiert. Ihre selbstvergessene Selbe vergreift sich an der Verlassenheit vom Namen. Denn die Ziffer ist der radikalere Bruder der Letter. Mit ihrem Gesetz der Addition, das um die Audition der Namen betrügt, wird der Leibraum des Anderen Gesetzes – „Freimut, Offenheit, Wahrhaftigkeit des Sagens" (AQE 18) – zur Todeszelle des Kantischen Existenzialsatzes „Es ist ein Gott". Der Logos metasprachlichen Entsprechens von Selbigkeit, Selbe und Selbstheit in der Lagersekurität kann auch in der häßlichsten Aufklärung nazistischen Haßpotentials nicht dargestellt werden.[17]

---

[16] „Es ist dieses abwesende ‚Da-Sein' in den Todeslagern, in der Verheerung eines besudelten Planeten, das artikuliert wird in den Meistertexten unseres Zeitalters. Es liegt in Kafkas Parabeln, in den Benennungen von Golgatha in Becketts Endspiel, in den Psalmen an niemanden von Paul Celan. Wo, um Kierkegaards Satz umzudrehen, der Helfer nicht mehr Hilfe ist, sondern Widerhall kürzlichen Weichens, da blitzt das nichtige Licht über der Hinrichtung von Joseph K. auf, da taumelt Becketts Malone ins Nichts." George Steiner, Von realer Gegenwart, S. 299

[17] Im Lagerkomplex schrumpft der Gesellschaftskörper zum Wahrnehmungsfeld der Todeszelle. Die Brandstätte der gewissenhaftesten Gewissenlosigkeit perfektioniert Kontrolle und Abwendung in einer methodischen Sichtbarkeitsdisziplin, die die Blöße im Antlitz des Anderen verschlingt. Der rassistische Kampf gegen den Anderen tilgt allen

Das Desaster energischen Sanftmuts muß noch die Vorstellung der Verlassenheit verlassen, das noumenale Gnadendrama um das Seinsverlangen als Statthalter der Glücksidee, dem die göttliche Gnade die universale Ordnung in der historischen Teleologie unendlicher Vernunftziele stiftet. So greift die Auslese vor der Auschwitz-Apparatur erst in postmortale Satzgeburten ums Andere Gesetz, den Leibraum einer „Sensibilität, die in Haut und Nerven erblüht und sich bis ins Leiden ergibt." (AQE 18) Zivilpolitische Sublimierungsethiken um den zerebralen Rausch der Stundengötter Trauma und Skepsis erheben sich aus dem Wundalter der Ziffer, die den Wiegentod der Letter verfügt. Dieser „Tragödie der Eigennamen"[18] entsprechen nur Sätze, die nicht wissen, was sie im Dia des Dialogs von Blut und Sternen zu sagen wissen: die beispielhafte Nicht-Mitteilbarkeit inskribiert das Vorwärts von unerbittlicher Härte um die „Artikulation von möglichen neuen Sätzen."[19]

Effekt von Schönheit und Schauer, der dem Menschenwesen eignet. Die nazistische Staatsräson ist Regierungskunst als Deportationskampagne. Ihre strafende Wendung zum Haß erwächst aus der im Antlitz des Anderen geforderten Menschlichkeit. Der Nazismus als atavistische Springflut in modernisierten Larven des niedersten Dämons erlebt sie als Fluch. „Die Wahrheit dieses Wahnsinns liegt darin, daß der Andere sich wie ein ungebetener Gast in unserer Existenz eingenistet hat und wie ein Dieb aus ihr flüchtet; daß unsere Schuld ihm gegenüber in dem Maße wächst, wie sie beglichen wird, und daß unsere Absicht, ihn in seinem Bilde festzuhalten, dauernd vereitelt wird; daß der Andere als Fremder Quelle zweifachen Leides ist: der Schwere des Bindenden; der Leichtigkeit des Entweichenden. Und schließlich liegt die Wahrheit dieses Wahnsinns darin, daß der Andere sich wie ein Einbrecher seinen Tribut an Liebe holt, ohne uns zu Rate zu ziehen, ohne uns nach seiner Meinung zu fragen. Was ist dann der Nazismus? Der Haß auf diese ungewollte Liebe, die Auflehnung gegen diese ungleiche Bindung, gegen diese jedem Vertrag, jeder bewußten Überlegung vorausgehende Verpflichtung." Alain Finkielkraut, Die Weisheit der Liebe, S. 169

18 Jean-François Lyotard, Streitgespräche, oder: Sprechen nach Auschwitz, Bremen 1984, S. 55: „Das ‚absolut Andere' ist ein Satz, der die Inkommensurabilität des Universums des präskriptiven Satzes (der Forderung) mit dem Universum der deskriptiven Sätze, die ihn als Referenten annehmen, bezeichnet. ‚Auschwitz' ist das greuliche Modell dieser Inkommensurabilität."

19 Jean-François Lyotard, Philosophie und Malerei im Zeitalter ihres Experimentierens, Berlin 1986, S. 105. Die Artikulation von möglichen neuen Sätzen bildet die Schichte infamer Modalität im kunstreligiösen Horizont der hermeneutischen Fama. Das Fleisch erneuern, dem der Körper nachgegeben hat, ist die pagane Revanche ihrer Arkandisziplin Auferstehung gegenüber der Euphorie geschichtsmächtiger Philologie im großen. Denn die hermeneutische Verflechtung von Christologie und Anthropologie, Inkarnation und Endlichkeit zielt auf volle Konkretion ihrer Theologie des Verbum. Sprachlich verfaßte Selbst-Verhältnisse im Überschlag heuristischer Kunsterfahrungen sind ihr auf den mun-

Kerygma von Chaogito und Chaosmos um die materiale Antizipation des Erstlings Ehrenwort, der apriorische Epilog auf die Epoche der verstummten Namen, das hermetische Sein zum eminenten Text, der Glutkern Hermetik in der Textfalle Tumor.[20] Der Gleichmut der Geschichte und der Gewalt, im Namen Auschwitz zur Sucht des Selben kondensiert, das wider das Wagnis des Pluralismus von Staaten im Staate mobilisiert, ist verhängten Salonohren romanverwöhnter Etuimenschen zerredet. Das Ersuchen und Erbrechen, auf die Sprache der Nicht-Indifferenz zurückzukommen, die das Beginnen vor dem Beginnen aufwirft, muß den Namen Auschwitz als Wundmal im Religionskrieg um den Springbrunnen der Seele verzeichnen; als Name, der den Gang zum Unsichtbaren auf der Bahn der Liebe verstellt, die Spur unmöglichen Rückzugs und ausgeschlossenen Entweichens verlegt, weil diese Verschattung des goldenen Bands im Reflexionsspiel der Gedankenbestimmung und jene Verwüstung der schönsten Führung in der Zeichensprache der Vernunft kein Signat läßt, das die Ent-Zifferung der Kennziffer aus dem Spiegel der Menschheit erlaubte. Der Informationskern im Strömungskomplex Algodizee memoriert Levinas das Weiß der Asche von Auschwitz. „Nur in einer Welt ohne Antlitz kann der absolute Nihilismus sein Reich errichten."[21] Die sendungsideologische Entstellung der Conditio Judaica, das kindliche Schütteln des Schluchzens in Tragödien des Eigennamens, hat die gottesunmittelbaren Chiffren intelligiblen Charakters verlegt, die Nahheit des Nächsten entfernt und den Grund des Gerechten entrückt, die der pythagoreische Bund mathematischer Forschung, musikalischer Notation und kosmologischer Ordnung um die Zahl legte, um die artikulierte Ordnungserfahrung der höchsten Mathema zu umhegen, die Idee des Guten.[22] Dies ideenlogische Grundwort, Umschriften unbegrenzter Einlegung bis

danen Akzidenzienweg der natürlichen Begriffsbildung gewiesen. Aber die metaphorologische Rhetorik muß das Desaster der Sanftheit verzeichnen, die grelle Terminologie im barbarischen Vokabular des Schreckens, dem Richtplatz des erniedrigten, kurzen und stumpfen Lagerlebens angemessen.

20 Das Kerygma von Chaosmos und Chaogito ist die idealismuskritische Pointe in Franz Rosenzweigs Stern. Denn die Verleugnung des Chaos regiert die Erzeugungslogik der idealistischen Emanationslehren, ihren Übergang vom Ich zur Eigenschaft. „Als ‚Ding an sich', ‚Mannigfaltiges der Sinnlichkeit', ‚Gegebenes', als ‚Widerstand', als ‚schlechte Unendlichkeit', immer wieder taucht das Chaos vor der Schöpfung auf, ohne welches das absolute Subjekt keinen Grund hätte, aus sich und seiner Absolutheit ‚herauszugehen'." GW Bd. 2, S. 153

21 Alain Finkielkraut, Die Weisheit der Liebe, S. 185

22 Der Kern der pythagoreischen Philosophie ist „der ethisch gewendete Harmoniegedanke, der sich im Grundwort ‚philia', im Gedanken der Befreundung und Einigkeit von allem,

zum schöpfungsumwetterten Urwort befähigt, bedenkt Verantwortung für „die einzige besorgte Wachsamkeit der Seele, von keinem Schein getäuscht zu werden, sich von keinem Gerede bereden zu lassen und in die Tat und Wirklichkeit zu drängen."[23]

Im Iterativ Lebenssturm bezeichnet der Name Auschwitz die Augenblicksstätte einer unerhörten Stille[24] auf den Ultrakurzwellen von Geschichte und Gewalt: Schickung ohne Sendung und Ziffer ohne Letter, für die Levinas' Antennismus des Anderen die mantische Analytik der Vernunftidee Psychose ausfährt, die „Ent-

was lebt, artikuliert. Pythagoras hat ihn offenbar nicht nur auf die Zahl, sondern auch auf den Mythos von der Seelenwanderung gestützt. Der Mythos aber ist Sprache, die zu hören ist. In diesem sehr speziellen Falle ist es die Stimme der befreundeten Seele, die potentiell aus jedem Lebewesen herausspricht." Manfred Riedel, Hören auf die Sprache, S. 394

23 So Hans-Georg Gadamer in seiner Studie ‚Praktisches Wissen', GW Bd. 5, S. 238. Diese Arbeit gibt wichtige Hinweise auf die Hermeneutenversion dessen, was uns heute praktische Philosophie heißt. Die Schlußpassagen um das Unaufgelöste griechischen Denkens zwischen dem platonischen Sokrates und Aristoteles beschreiben das Desaster der Sanftheit in der problematischen Polisgemeinschaft, der sich Herr und Knecht scheiden. Das ist leicht in den Impetus der Hermeneutik zur Rehabilitation von Vorurteilen übersetzbar: „Aristoteles erhebt die Logisierung des Ethos aus der dialektischen Paradoxie der sokratischen Frage in die analytische Klarheit des Begriffs. Was sich dabei zeigt, ist, daß diese Logisierung ihre Grenzen hat und überhaupt eine polemische und eine elenktische Bedeutung besitzt. Konnte es scheinen, als zielte die aufregende Frage des Sokrates auf diejenige Gestalt des Bewußtseins, die wir moralisches Bewußtsein nennen, auf die Vereinzelung des Selbstbewußtseins in die angstvolle Wachheit des Gewissens, des Schuldbewußtseins und der Selbstverantwortung, so lehrt die aristotelische Analyse der dianoetischen und ethischen Tugenden: Es ist die unaufgelöste Wirklichkeit des sittlichen Gemeingeistes, was dem griechischen Selbstbewußtsein seine Umgrenzung gibt." (S. 248)

24 „Stille" ist Jean-François Lyotard das bewegte Schweigen des Idiolekts auf der Artikulationsschwelle möglicher und unmöglicher neuer Sätze. Im Schmerzenskind Auschwitz ist der widernatürliche Habitus der Education artificielle im Revers aller Reduktion inkarniert, der noch die Kompetenz schneidenden Sprechens in Frage und zur Rede stellt, weil die namenlose Erniedrigung der Katharsiszone – homöopathisch dosierter Distanzgewinn als Erleichterung mit Genuß – in die Herzzelle von Trotz und Treue dringt. Im Purgatorium okzidentaler Sprachruinen wird das Hochamt des Hellhörens renoviert. Lyotards Programmbefehl auf den pontifikalen Idiolekt der Arkandisziplin Auferstehung, die dem Elend der Toten die Tollheit des Willkommens gewährt: „Das Schweigen, daß den Satz *Auschwitz war ein Vernichtungslager* umgibt, ist kein Gemütszustand, sondern ein Zeichen dafür, daß etwas Ungeäußertes, Unbestimmtes zu äußern bleibt." Der Widerstreit, S. 106

leerung des Ich jenseits aller Ausflucht" (AQE 21). Sie ist der Genotext vom unstillbaren Stillstand und messianischen Qualieren des Seelenwissens, Chiffre des intelligiblen Charakters der Geiselnahme des Gehörs und Antiphysis der elitären Askese im Jenseits des Körpers: Genotext um den inkommensurablen Satz im Sterbenkönnen, der wissen muß, was er nicht sagen darf, und sagen muß, was er nicht wissen kann; Genotext der problematischen Gemeinschaft von Vorladung und Verhör, die genaue Vergeltung der verwehten Seele im divinatorischen Fluchtpunkt des Fragwürdigsten, aus dessen Orakel das Stelldichein von Frage und Fragezeichen ergeht. Der Genotext inkommensurabler Sätze ist der Leibraum des Anderen Gesetzes, dem die gnomische Prosa ethischer Differenz die zweitbeste Fahrt zum Affektkristall Erkenntlichkeit der Textfalle Tumor errät: Psychose im Psychismus, Anführungsstriche und Diebshaken der Reinzeichnung Verantwortung, breitbasierte Geisel des spitzfindigen Gehörs im Jenseits der Körperschaft Auschwitz, Hellhören auf der Brandstätte erloschener Hellsicht. Ihre Widmung zieht die Nähe des Nächsten in den Grund des Gerechten, um die das Beginnen vor dem Beginnen schuldige Arkandisziplin Auferstehung zu erstatten, höchster Preis um das unbedingte Ja der Schrift und unbegreifliche Drohung um das grenzenlose Nein des Opfers. So möchte das Tor des Worts in der Tragödie der Eigennamen eröffnet sein, die Wörtlichkeit des Worts im Erstling Ehrenwort, von dem Rosenzweigs schneidendes Sprechen im düsteren Machtkegel der ambitionierten Rivalität von Geschichte und Gewalt dekretiert: „Das aus der Totalität verjagte Sein taucht hier nicht mehr als Prinzip der Immanenz, sondern vielmehr als Paradigma eines reinen Anderswo, als paradoxes Modell des Noch-nicht-in-der-Welt-seienden wieder auf, das eines Tages doch da sein wird, also als reine Figur der Utopie."[25]

Die Widmung, szenographisches Menetekel des Genozids und hagiographisches Monument der Nicht-Indifferenz, ist dem Totenbuch AQE überschrieben. Der Textkorpus selbst – Logbuch der Algodizee seelischer Mobilmachung – untersteht ihr, mit dem weiten Großmut und dem höchsten Undank der unbedachten Geste, königliche Regung der Religion in der Relation, meisterliche Untreue des Akkusativs. Extremanalytisch autorisierte Ellipsen der Eifersucht formieren die Achsendrehung der Dislokation ohne Namen, der extravaganten Topik, des unbeschreiblichen Performativs, der agrammatikalen Gabe in die Sturzgeburt vom Erstatten des Schuldigen. Die Widmung ist die lebendige Formidee der unablässigen Erwartung des Wunders, der Ausnahme, der Unterbrechung, in der die Höhe der Güte als

---

[25] Stéphane Mosès, System und Offenbarung, S. 145. Utopisch übertrifft und entformalisiert der sakrale Ritus kollektiven Schweigens im Grundtext des liturgischen Kalenders den okzidentalen Formzwang auf das ontologisch strukturierte Gerede.

Quell des Wahren zur Passion des Sagens stößt; Kompressor des Schichtens, Schneidens, Schälens der bindenden Trennung der getrennten Seienden, Apriorität des Apriori oder Schaltwerk von Abtastungen des Psychismus und Selektionen der Psychose. Die irreale Realität, das Reale im Gran Irre, assistiert der Widmung ins Unbeholfene des Wortes und des Blickes durch die unbeugsame Vorladung, die das kindliche Schütteln des Schluchzens ins Wagnis des Pluralismus übersetzt. Exposition, Stelldichaus von Frage und Fragezeichen im Fragwürdigsten: Die Widmung ist die gesättigte Schmach im Zögern zwischen Scham und Schande, der Salto mortale ins Ethos der Grazie[26] von Sprache und Tod.

Sie beugt und verbeugt das Erstatten des Schuldigen vor dem Mut, der Ermutigung und der Zumutung, die im Namen Auschwitz verdichtet sind. In ihr erwacht der ernüchterte Empfang der untilgbaren Schuld der ertaubten Exteriorität Logos des Selben, der der Anklage der Nicht-Indifferenz zu erwidern nicht vermag. Es ist die Schlaflosigkeit der sorglosen Nacht, der ruhelosen Spur, des unendlichen Bedeutens ohne Kontext im Revers der Reduktion, mit der die Widmung im Iterativ Lebenssturm erwidert. Ihr wehrloses Weh um Schrift und Opfer vermerkt das pure Defizit in der exzentrischen Positionalität, die den Textkorpus deportiert – Produktivität des Genotextes AQE, dessen generative Symbolizität das Buch AQE im Gewicht der Schöpfung mit dem Gesicht der Erschöpfung überzieht, Exhaustivität der Konstruktion der Schrift und der Destruktion des Opfers im Revers der Reduktion. So bestellt die Widmung die ihr unterstellte Textur in Substitution bis zur Leibbürgschaft oder Geiselschaft: Umschöpfung von Urworten der Conditio Judaica in eine absolute Reflexivität des Experiments der absoluten Instanz, die für die in Auschwitz Namenverlassenen im religionsphysiologischen Glaubensgehorsam der atheistischen Seele ankommt. Ein Kommen, Gehen, Stehen der Verantwortung im Schichten, Schneiden, Schälen der Verpflichtung, das Unbeholfene aus dem

---

26 Mit „Ethos der Grazie" bezeichnet Helmuth Plessners Studie ‚Grenzen der Gemeinschaft' das Gebrechen am Subjekt, die aufbrechende Innigkeit im kohärenten Zeremoniell der unaufgelösten Fernnähe eingesehener Seelen. Im Reizmilieu der Seele hat die flüchtigste Transfiguration von Idealität und Geschichtlichkeit ihre Rechtsquelle. Denn in ihrem Cachet irrealer Realität werden die eigenartgebundenen Geltungschancen der Arkandisziplin Auferstehung gewahrt. Plessner ist das Antlitz des Anderen der Weisheit des Takts exponiert, einer problematischen Gemeinschaft von Trauma und Skepsis, Trotz und Treue, die den Radikalismus eruptiver Echtheitssiegel meidet. Denn Plessners schneidendes Sprechen deportiert in die dunkle Dichte von Zorn und Geheimnis, in das hermetische Sein zum eminenten Text, in die Zukunft der Sozialität der Seelen: „Auch das Herz, die Innerlichkeit verlangt Distanz, Klugheit, Kampf. Jede Schicht unseres Wesens ruft nach Spiel und Gefahr." GS Bd. V, S. 112

Spiegel der Menschheit als Reinzeichnung der dunklen Dichte im Martyrium zu hören und zu sprechen, zu lesen und zu schreiben. So wird der Satz, der sagen und wissen muß, was er nicht sagen kann und nicht wissen darf, vom Anderen Gesetz ergriffen, das die um den Namen betrogene Verlassenheit als Dargebot bleibender Verwirrung von Staaten im Staate buchstabiert, Monogramm des Messias im Pluralis. Monogramme textieren die unter die Eigennamen zählbare Namenlosigkeit der Conditio Judaica, die Levinas' mantische Analytik der Vernunftidee Psychose einer Idiolektenkehre verwendet, welche den Alienus im extravaganten Zeugnis Obsession exponiert: es ist das Arterienmuster des Anderen im Respirationstrakt der Fremde, dem Huldigung bis in untertänigste Gefolgschaft in die problematische Gemeinschaft des Hellhörens erwiesen wird[27], um das bruderfeindliche Drama des egologischen Seinsverlangens zu kontrollieren. „Denn es ist die minimale Anderheit, die den unsühnbaren Haß gebiert, die hartnäckigsten Rachegefühle speist. Unsühnbaren Haß ersparen wir für den, der aussieht wie wir, der uns gleicht und dennoch ewig, irreduzibel, heillos anders bleibt."[28]

Deshalb ist die Widmung der Spur aus Blut und Tränen gebeugt, im Kampf und

---

27 Huldigung, Untertänigkeit, Gefolgschaft sind die Konnotate im Ausdruck ‚allégeance', den Levinas in AQE oft verwendet. „Allégeance, die sich als Verantwortlichkeit des Selben für den Anderen beschreiben wird, als Antwort auf seine Nähe vor aller Frage, wo sich die latente Geburt des Bewußtseins selbst überraschen läßt, die Wahrnehmung oder das Hören des Seins und der Dialog im Ausgang der Befragung." (AQE 32) Man darf eine Umschrift von Max Webers Urwort Charisma mutmaßen, das eine erlesene Erscheinung am charakterologischen Firmament thesiert, auf das die ausgesuchten Teleskope der frühsoziologischen Beschreibungskunst gerichtet sind. Denn dem puritanischen Ideal der Gnadengabe eignet der prophetische Index: die Metanoia geoffenbarten Heroenglaubens entläßt die höchsten Menschenexemplare im eruptiven Kulturkonflikt. So werden die Prinzipien plebiszitärer Führerdemokratie gegenüber angelsächsischer Konvention, lateinischer Raison und russischer Knute von religiös motivierten Sozialenergien bestimmt.

28 Vladimir Jankélévitch, Béatrice Berlowitz, Quelque part dans l'inachevé, Paris 1978, S. 138f. Zitat nach Elisabeth Weber, Verfolgung und Trauma, S. 39. Ihr Kommentar: „Die Wut des nationalsozialistischen Antisemitismus, die minutiöse Perfidie der Verfolgung und der Genuß am Zufügen von Qual richten sich gegen eine Anderheit, die nicht als solche identifizierbar und einzuordnen ist." (S. 38) Heillos anders ist das Abseits des Subjekts im Phantomglied Desistenz und der Aufbruch ohne Wiederkehr auf dem Medienplateau Zombiesprache, der sechste Sinn des Sich-entgegen-Hörens, bis die Welt sich darin entgegen hört und im Aufklingen der königlichen Regung des Antlitzes in der unbedachten Geste des Anderen die fürstliche Gestalt des Menschen vernimmt. So zäsuriert Levinas die Finallage von Rachebeziehungen, die ultima ratio der Endlösung, die letzte Verfinsterung der erloschenen Hellsicht: Auschwitz.

im Schmerz namenlosen Ausdrucks, im Ersuchen und Erbrechen um Trauma und Skepsis einer Sprache, der Widmung und Alterität aus der seienden Fremde unvordenklicher Vergangenheit eingelassen wären; in der Exzession einer Erregung und Erschöpfung, die im Ausspannen des nichtkontaminierten Prophetengottes zum Sprengen dilatorischer Formelkompromisse im Diskursformat ansetzen muß. Die Doppellebenslust der „äußersten Gabe: für den Anderen zu sterben", markiert das bewegte Ensemble der exzentrischen Positionalität, die reizbare Tastatur der Nähe des Nächsten und das Tiefenglück im Antlitz des Anderen. Ihr gilt die genaue Vergeltung der eingesehenen Seele durch Mark und Bein im Königszeichen der geprägteren Form, welche apperzeptive Phänotexte deformalisiert, weil ihr seminales Geschick in Gesetz und Geschlecht einstürzt, Kollaps im Desaster der Sanftheit. Levinas' Genotext der Priorität inneren Lebens verwebt und zerreißt zumal die unverwechselbare Textur des Anderen. Der Programmbefehl auf die Exekution der Namen in Textur und Atextur, Naht und Riß, stigmatischer Katalog des religionsphysiologischen Atheismus: „Indem die Syntax auseinanderbricht und in schwebende Gedankenstrich-Sequenzen sich auflöst, indem die Sprache unter neuen Wortverbindungen, unter paradoxen Steigerungen und Anachronismen sich windet, indem immer neue Anläufe unternommen werden, um dieselbe Unterworfenheit der Subjektivität oder dieselbe Passivität des Sagens zu sagen, ohne sie so sagen zu können, daß sie aus-gesagt wären, gewinnen, weit entfernt vom stilistischen Stil, ebendie Erschöpfung und ebender Schmerz ihren Ausdruck, ohne die das hier zu Sagende nicht gesagt werden kann."[29]

Aus der Unvorstellbarkeit des Namens Auschwitz formt Levinas ein Dargebot des denkenderen Denkens[30]: rhapsodisches Referat der Skepsis und kultische

[29] Thomas Wiemer, Die Passion des Sagens, S. 153. Ellipsen der Eifersucht zeigen eine erfinderische Vernunft. Ihre Zweite Ethik der Ersten Philosophie operiert in einem Genotext mit Krallen, Hörnern und Zähnen, der die Spuren vom Diktat des Dichtens und Denkens als Martyrium austrägt, das im Rationalen artikuliert sein will. Das seminale Geschick von AQE verficht die Treue zum Trauma und den Trotz der Skepsis in den Koordinaten einer imperativen Formkunst, die die Hagiographie der exzentrischen Positionalität des Anderen als wunderbares Zeichen und peinliche Affektion zugleich zu lesen gibt. Die Verzückung der Marter, Ekstase der am Anderen entsicherten Menschenfassung, dürfte den kritischen Grenzwert der Kierkegaardrezeption bei Levinas bezeichnen.

[30] Philippe Lacoue-Labarthes Gebot denkenderen Denkens hat die exzessive Verfolgung des heillos Anderen mit dem Idiolekt des „Nationalästhetizismus" verknüpft. In ihm hat der Nazismus die neuzeitlichen Parabeln des Politischen auf den Quellpunkt einer erfundenen Gegenwart zu vereidigen gesucht, welche die metaphysische Erbschaft eines enthusiastischen Griechentums nach der romantischen Erschöpfung des mimetischen Vermögens in

Litanei des Traumas als Trotz und Treue zur genauen Vergeltung der eingesehenen Seele ohne die bestdenkbare Originalität aus Schlußform und Denkakt. Solcher Phänotext erweist das ideologische Gewäsch und den naturalistischen Dilettantismus als Masse und Stützpunkt von Weltbild und Weltanschauung katastrophierter Zitadellenkultur. AQE indes ist das aschenweiße und schweigsam textierte Totenbuch vom Programmbefehl auf den wunderbaren Augenblick der Arkandisziplin Auferstehung, die im ernüchterten Empfang seligster Fremde zum Antlitz des Anderen erwacht: Ausgetrieben in sich selbst hinein wagt sich das Vorwärts von unerbittlicher Härte an den Rand des Zerrinnens. Der Ruck im Revers der mageren Seienden, die Reduktion auf die lebendig Toten, durchtrennt das Schleppnetz der humanwissenschaftlichen Nachrichtentechnik. So wird dem Kennen und Können des Menschen im Schicksalsspiel um den Iterativ Lebensturm die Grenze zum kompensatorischen Halbapriori gezogen, in dem neutralisierungtaktische Egologien prekäre Modernitätsschübe zum Sinn sanieren und zum Wissen salvieren. Der Sprachleib des Hellhörens, Apriorismus des Apriori, ist der Verschränkung von Schriftzug und Opfersinn gewidmet, die ethische Differenzen evoziert; Part im Sprechen, dessen indemonstrables Qualieren um unstillbaren Stillstand die Positivierung als Spur verlangt, die von der Semiotik der Gewalt und der Geschichte geschieden wäre: ethische Positivität der Geiselnahme des Gehörs im Jenseits des Textkörpers. Der Messias im Pluralis transformiert die ungezählt unbeholfenen Namen aus dem Spiegel der Menschheit ins unbezähmbare Wagnis des Pluralismus. Der Bruch mit Parmenides ist der Einsatz der ethischen Positivität am Iterativ Todessturm, der makrologischen Hülle und Fülle im Namen Auschwitz, der Name des Auswischens der Spur. Im Reich der offenbarten Namen prägt er das Siegel der höchsten Prüfung.

Ethische Positivität

Solche Evokation ist ihrer formalen Struktur nach ethische Positivität. Sie untersteht keinem Kategorial von Geschichte und Gewalt, wie sie der Logos des Selben unterhält, der Selbigkeit und Selbstheit reflektiert; die bestimmte Reflexion im

weltanschauliche Zukunft verwandeln wollte. Im völkischen Rasseglauben an das schöpferische Blut schlug der Nazismus in der abgetriebenen Moderne den mythopoetischen Sonderweg ein: zum „Arier" als absolutes Subjekt. In dieser halluzinativen imitatio als Schlüsselglied des phantomatisch kompilierten Treibguts „Nationalästhetizismus" sieht Lacoue-Labarthe symptomatisch die „Ausbildung des Politischen in der Moderne" (Die Fiktion des Politischen, S. 145) inkarniert.

Anschlag der Enthüllung auf die Epiphanie, der Intelligibilität auf das Unsichtbare, des Verhältnisses auf die Manifestation, der Dankbarkeit auf die Verantwortung. Kurz, das Kategorial des Selben im Attentat des Zeichens auf die Erwartung des Wunders und die Abstraktion der Spur. Der Faltenwurf ethische Positivität bedarf der spezifischen Produktivität des Genotextes; absoluter Reflexivität der Widmung oder Beugung des kostbaren Gedenkens ins seltene Wagnis Pluralismus; Zeugnis der verfehlten Entgegnung auf Metonymien des geschundenen Anderen; Inspiration, Investitur, Magisterium, dem Unbeholfenen inkommensurabler Sätze abgerungen, im Quasi des Schemas und im Quale der Typik gefügt und als Schlüssel-Sinnliches unstillbaren Stillstands an der kleinen Pforte zum Reich der offenbarten Namen gestaltet. Ihre Textur ist Passion des Sagens aus der Hochgabe von Opfer und Schrift zur Huldigung des Anderen, Kompressor ethischer Positivität schneidenden Sprechens um die neue Paideia des höchsten Mathema Güte. So sind die Nahheit des Nächsten und der Grund des Gerechten einander aus der Himmelsbewegung gewidmet, in der Zahlenfolge gewiesen und für das Zeitenmaß gewogen, deren Sternenmusik[31] das Ordnungsgefüge im Hellhören der eingesehenen Seele des Messias im Pluralis stimmt. Er verbürgt Genealogien des Ungewissen die Gehorsamserzwingungschance: mantische Analytik der Vernunftidee Psychose. Sie qualifiziert die Beugung von Opfersinn und Schriftzug in die Reinzeichnung Verantwortung als hochgestimmte Überzeugungsfigur des Glaubensgehorsams mit dem unvermeidlichen Ludergeruch vivifizierten Zustimmungsgeschehens.

„Hagiographie“ (AQE 61)[32] ist der verborgene Handgriff der neuen Deduktion

[31] In der musikalischen Erfahrung hat Rilke das Hochamt der Seele an die „Verführung zum Gesetz“ geschmiedet. Tonkunst ordert Hellhören in die Chiffrenschrift der Zerlösung. „Denn in ihr allein tritt der unerhörte Fall ein, daß das Gesetz, das doch sonst immer befiehlt, flehentlich wird, offen, unendlich unser bedürftig.“ Briefe, S. 376. Das Diktat des Denkens und Dichtens haben Rilkes stehende Kanten des Satzbaus im samtenen Äther der Verszeile zelebriert. Im Akkusativ des längsten Lernens findet der Imperativ der reinsten Not die endgültige Wendung. Dem abgeschiedenen Stilwillen wird die günstigste Fügung als Grundfeste im verdichteten Ausdruckswandel geschenkt. Am Verwirrungsrecht des Romantikpersonals ist Rilkes Witterung fürs Wanken geschult, die wilde Skepsis: „Erneuerung, Verwandlung, Heiligung – und die Seele stürzte herüber –, ich weiß. Aber wer machte sich neu und zerschlüge sich nicht vorher...“. In den Verkehrsvers von Übermorgen mündet das Erstatten des Schuldigen, das primäre Trauma von der Geschichte Gottes „als einen gleichsam nie angetretenen Teil des menschlichen Gemütes, einen immer aufgeschobenen, aufgesparten, schließlich versäumten“. Briefe, S. 467, S. 512

[32] Man darf an Friedrich Nietzsches Hagiographieformel für „Neuerungen des moralischen Denkens“ erinnern: „Verbrechen mit glücklichem Ausgange“. Werke, Bd. I, S. 1075. Sie

als Erhöhung zur Würde einer Seele. Im Dargebot absoluter Reflexivität von Opfersinn und Schriftzug wahrt die Nicht-Indifferenz um den Messias im Pluralis den höchsten Setzungscharakter, der im Antlitz des Anderen die fürstliche Gestalt des Menschen anberaumt: das Leidvertrauen der Conditio Judaica. Die Anderheit des Anderhaften wird aus der Nahheit des Nächsten und in den Grund des Gerechten ermittelt; aus Stellvertretung bis zur Leibbürgschaft in Inspiration, Investitur, Magisterium, dem Wagnis des Pluralismus exponiert. Die Hagiographie ethischer Differenz zehrt von der beispielhaften Empfindsamkeit für Geduld und Schmerz, deren ontologische Schwingung im Responsorium von Denken und Leiden die Priorität inneren Lebens muß begleiten können. Sie ist das Exerzitium der befreiten Geistigkeit, die im Bilde des Judentums eingefaßt ist und das Fluidum der lautlosen Vertiefung bezeichnet, welche im Sensorium der Nicht-Indifferenz den Rang des Genotextes hält. Erregung zur Ohnmacht und Erschöpfung aus Schwäche im Beginnen vor dem Beginnen, um den unbeholfenen Namen aus dem Spiegel der Menschheit in die Sprachenwende zur kriegerischen Behauptung des Erstlings Ehrenwort zu verhelfen. Das Dar-Gebot Hagiographie assistiert der Produktivität Genotext: Eloge der Konjekturaltopologie von primärem Trauma und wilder Skepsis, um extremanalytisch auf Trotz und Treue des Kerygmas zurückzukommen, deren Liturgie, unbeugsame Vorladung in die Spur aus Blut und Tränen, heiteren Erkenntnisspielen der programmatischen Urstiftung Philosophie kein Verlegenheitsheil im Entsprechen bietet, Ingenium apriorischer Kennerschaft im Tauglichen, Demonstration apodiktischer Könnerschaft im Tunlichen. Alle Hermeneutik des Selben müßte den Glutkern Hermetik, williger, wagender, sagender Einsatz der Artikulation möglicher neuer Sätze ums Los des Stellenlosen, beleidigen. So hält ethische Positivität der befreiten Geistigkeit im erniedrigten Leben auf dem Gang zum Unsichtbaren die Bahn der Liebe. Ihr Tropismus ethischer Differenz, sprachliches Figurativ der genauen Vergeltung der eingesehenen Seele im Vitalzeichen Transzendenz, ist die unbedachte Geste der Kosung und die königliche Regung des Lobes, deren großmütiger Undank, Höchstes Gut aller Doppellebenslust im Iterativ Lebenssturm von Nietzschelagen, intentionale Direktiven des Logos des Selben unterläuft; das eleatische oder sophistische Direktorium auf Geschichte und Gewalt,

---

spricht kritischen Klartext über den im Christentum deformierten Zeugniswert des Sterbenkönnens. „Vergessen wir nie, wie erst das Christentum es war, das aus dem *Sterbebett* ein Marterbett gemacht hat, und daß mit den Szenen, welche auf ihm seither gesehen wurden, mit den entsetzlichen Tönen, welche hier zum ersten Male möglich erschienen, die Sinne und das Blut zahlloser Zeugen für ihr Leben und das ihrer Nachkommen vergiftet worden sind!" (S. 1064)

der „ewige grammatische Schnitzer"[33], der die „Diesigkeit des Lebens"[34] zu aschengrauer Verlassenheit verstumpft.

Die ethische Positivität, vom selbstsüchtigen Logos des Selben geschieden, indifferentiiert Erscheinungswelten der Geschichte und Gewalt, der Politik und Kultur. Sie ist der ortlose Aufenthalt oder das Unterwegs der unbedachten Geste in der Schwellenerfahrung einer Sprache ohne Negativität. Dem Apriorismus des Apriori oder der Priorität inneren Lebens ist die aufbrechende Innigkeit an den kleinen Pforten des Reichs der offenbarten Namen im Psychismus, der schon Psychose ist, eröffnet. Die Augenblicklichkeit aller ihrer daseinswichtigen Lebensbewegung stimuliert Levinas das operative Gefahrenbewußtsein: die exzentrische Position der befreiten Geistigkeit im Iterativ Lebenssturm; das Zögern zwischen Scham und Schande, das wehrlose Weh zwischen Haut und Fleisch. Denn das Hellhören der eingesehenen Seele, die der unerhörten Stille des Todes gelauscht hat, gehört dem Kerygma der Arkandisziplin Auferstehung: deformalisierte Formkunst im Akkusativ, die das Drama des Seinsverlangens abgesetzt hat. In dies Reich der offenbarten Namen gewinnt der Idealismus kein Entree. Verwirrt taumelt er, auf Vexationsbefund im Ruinentableau von Zwischenlagen kapriziert, auf der Schwelle der magischen Krisenindizes vom zerebralen Rausch zurück. „Kein Überhaupt, kein Wenn und So, kein Einerseits und Andererseits, kein Irgendwo und Irgendwann tritt durch diese Pforte."[35] Ersuchen und Erbrechen, Widmung und Beugung, Trauma und Skepsis, Trotz und Treue in der genauen Vergeltung der eingesehenen Seele bilden

---

33 Friedrich Nietzsches Aphorismus Nr. 120 aus der Morgenröte hat diesen Sachverhalt beschrieben. *„Zur Beruhigung des Skeptikers.* – Ich weiß durchaus nicht, was ich *tue*! Ich weiß durchaus nicht, was ich *tun soll*!" – du hast recht, aber zweifle nicht daran: *du wirst getan*! in jedem Augenblicke! Die Menschheit hat zu allen Zeiten das Aktivum und das Passivum verwechselt. Es ist ihr ewiger grammatischer Schnitzer." Werke, Bd. I, S. 1096

34 ‚Diesigkeit des Lebens' ist ein Ausdruck Heideggers. Hans-Georg Gadamer erläutert: „Diesigkeit meint nicht bloß Trübung der Sicht, sondern beschreibt die Grundverfassung des Lebens als solche, die Bewegung, in der es sich vollzieht. Es nebelt sich selbst ein. Darin liegt seine eigene Gegenwendigkeit, wie Nietzsche gezeigt hat; nicht nur ins Klare zu streben und zu erkennen, sondern auch sich ins Dunkle zu bergen und zu vergessen." GW Bd. 3, S. 224

35 Franz Rosenzweig, GS Bd. 2, S. 210. Das Aufleuchten der Namen im Zerbrechen des Seins ist Rosenzweigs Programmbefehl auf die genaue Vergeltung der eingesehenen Seele. Sie ist als Politische Theologie des jüdischen Weltgefühls lesbar. „An diesem stillen, ganz seitenblicklosen Leben bricht sich die Macht der Weltgeschichte. [. . .] In seinem Leben allein brennt das Feuer, das sich aus sich selber nährt und das darum der Schwerter nicht bedarf, das seiner Flamme aus den Gehölzen der Welt Nahrung zubrächte. Dies Feuer brennt in sich selber." (S. 372)

die Pfosten der pneumatischen Exegese in der pathematischen Übung AQE, die Ekstase ihrer Abstraktion, der Wahnwitz ihrer Gelehrsamkeit, die Schroffheit ihrer Übertreibung. Erst der irrealen Realität von barockaffiner Unterschiedsempfindlichkeit: Ellipse der Eifersucht, möchte sich sich das Tor der Dislokation ohne Namen, der extravaganten Topik, des unbeschreiblichen Performativs öffnen.

In feuriger „Exaltation der Sprache" (AQE 228) drängt die Passion des Sagens unter den Fittich des Satzes und ruht unter dem Herzen des Worts. Die „Exposition ohne Himmelfahrt" (AQE 227) konsultiert die ethische Differenz in der Doppellebenslust überweltengroßer Visionen vom Hellhören jüdischen Weltgefühls. Im Rationalen der rätselhaften Lebendigkeiten ist das Schaltwerk der Huldigungen des erstgeborenen Anderen an den nächstbesten Fremden im „gewundenen Weg" der „eminenten Exteriorität" (AQE 187) artikuliert. Deshalb Levinas' tastende, stokkende und rekursive „Eskapade" (AQE 147) im Revers der Reduktion, deren methodischen Blenden erloschener Hellsicht die Erfüllung der Skepsis im Wissen und die Enthüllung des Traumas im Sinn versagt sind. Atemlos ist die pneumatische Exegese vom einschneidenden Schmerz, der den Einbruch des Anderen in Erkenntnisspiele um Sinn und Wissen verzeichnet. Die geheime Diachronie, die das Responsorium von Denken und Leiden zu Schnittstellen einer Hagiographie ethischer Positivität im Genotext nichtontologischen Lesens und Schreibens, Sprechens und Hörens auszieht, gehört einer „Passivität, der es nicht gelingen will, die Form zu erlangen" (AQE 227), bis sie auf das Königszeichen der geprägteren Form trifft: auf Inspiration, Investitur, Magisterium im zweiten Register des dritten Ohrs: Zeugnis der verfehlten Entgegnung auf die Metonymien des geschundenen Anderen in pneumatischer Exegese. Die Passion des Sagens weiß sich im Heroenrecht auf Geschichte und Gewalt umstellt, vom Gesagten des Aussagens bedroht und vom Logos des Selben belagert. Deshalb treibt der Idiolekt der „Expulsion aus dem Sein" (AQE 140) in Aufschwünge und Abstürze, die die Spur aus Blut und Tränen im reinen „Dar" körperhafter Verantwortung gebietet. Das Schaltwerk von Abtastungen und Selektionen evoziert ohne Hülle und Fülle des humanwissenschaftlichen Würgegriffs in der Systemidee intentionaler Direktion. Im kindlichen Schütteln des Schluchzens hat es sein „unerhörtes Sagen" (AQE 189), Levinas' Augurentum von Mahlstromtiefen als Ferment kommender Destruktion.

„Die Tropen der ethischen Sprache sind gewissen Strukturen der Beschreibung angemessen; im Sinne der Näherung, die vom Wissen absticht, und des Antlitzes, das sich von der Erscheinung abhebt." (AQE 155) Schillernde Brüche, exzessive Steigerungen ins Äußerste, paradoxe Anachronismen, Zeitenschübe und Zeilensprünge versprachlichen die geheime Diachronie der unbedachten Geste des „Wunders der Ethik vor dem Licht" (AQE 56). Die rationale Formkraft schneidenden Sprechens, Kompressor des fordernden Flehens aus purem Defizit, ist als Anachorese prophetischer Rede in die Apologie richtenden Worts gestellt. Die Umschöpfung von Urworten in geschmeidigen Umbauten der Arkandisziplin Auferstehung hat den Herzschlag, unmerklich oder enorm, nicht mehr vom Menschen. Denn ethische Positivität, die schlaflose Wache um die sorglose Nacht, die ruhelose Spur, das unendliche Bedeuten, ist in der dunklen Dichte der Differenz gehalten, die nicht kontaminierte Idee eines strengen Prophetengottes ohne Inkarnation zu vernehmen; in der Substitution der Relation bis zur Leibbürgschaft der Religion. Wendigerer Sprachleib, der kein Inkarnat von Verseuchung durch Allergie oder Vergiftung durch Allegorie anweist, wenn er die „äußersten und daher extra-vaganten Bedeutungen des Menschen" (AQE 75) ohne ontologischen Reizschutz ermittelt. So geht die Religiosität des Sich mit dem Anderen in einer Fremde zu Rate, in der nur das Fremde dem Anderen zu helfen weiß; das Hochgefühl eines entmaterialisierten Gottes, langsam und unbeschreiblich ausführlich: Abtastungen des Geschöpfs von Abdankungen und Selektionen der Aufopferung des Sich in den Schnittstellen zivilpolitischer Sublimierungsethik, Aussetzung rätselhafter Lebendigkeit in Achsendrehungen der Sturzgeburt Verantwortung, die meisterliche Untreue im Revers der Reduktion, das Gran Irre um den Erstling Ehrenwort, der Glutkern Hermetik um die Textfalle Tumor, Ellipsen der Eifersucht um den Psychismus, schon Psychose, die Chance der Besiegten in einer Zeit ohne das Ich.[36]

[36] Die Verantwortung, die dem Ex des Exodus ins Exil derart verpflichtet ist, daß ihre reine Zeichnung zu Leibe rückt, im Nacken sitzt, auf den Nägeln brennt, trennt Levinas von einer gewissen Verwirrung, die das sprachliche Gebaren der Moderne beherrscht. So wird das Antlitz des Anderen mit der noumenalen Respektprämie überprivater Verbindlichkeit ausgestattet. In ihm exerziert der wendigere Sprachleib des Reichs der offenbarten Namen als achtunggebietender Wetzstein der Tugend, der die Verschleifung des Verschiedenen in den prismatischen Brechungen des religionsphysiologischen Atheismus protokolliert, welcher der kalten Teufelsfaust der entlastungsoffensiven Dekadenzeffekte der Humanwissenschaften entzogen ist. „Die Zeit übermittelt ihren Sinn nicht mehr in gleichzeitigen Sätzen. Behauptungen vermögen keine Sachverhalte mehr zusammenzuhalten. Die ‚Bezeichnenden' spielen ohne Bezeichnete ein ‚Zeichenspiel' ohne Bedeutungen, ohne Einsatz. Als hätte sich die Platonsche Anamnese, die jahrhundertelang die Einheit der ‚Repräsentation' garantierte, in Amnesie verwandelt, und als würde aus Unordnung nicht mehr zwangsläufig andere, neue Ordnung. Ein mangelndes Interesse der Denkenden an dem, was ‚Sinn macht' im Sinne einer Position, an Husserls ‚Lehrthese', die Beschuldigung der logischen Formen in ihrer Strenge, sie seien repressiv, ein vertrauter Umgang mit dem Unausdrückbaren, Unaussprechbaren, dem Nichtgesagten, das man im Schlechtgesagten zu finden sucht, im Lapsus, im Skatologischen; eine Genealogie als Exegese, Wortleichen werden mit Etymologischem aufgebläht, des Logos entkleidet und von der

So wird der philosophische Diskurs von der ethischen Positivität im Antlitz des Anderen durch die indiskrete Verstörung gehöhlt, gefältelt, aufgerollt, die in einem wendigeren Sprachleib zum Wort des Erstlings Ehrenwort kommt: Kerygma, gebrochen, verschoben und zur Botschaft von der schwierigen Heiligkeit vertieft. Erst die im Programmbefehl auf die Lehrthese vom Akkusativ im Diktat des Dichtens und Denkens beschämte Freiheit, die um ihr kategoriales Scheitern im Logos des Selben weiß, wird von der ethischen Positivität empfangen, in die Nähe des Nächsten eingelassen und dem Grund des Gerechten verspannt: Anamnese ist die reingezeichnete Möglichkeit des Hellhörens der eingesehenen Seele, die von sich aus zu Nichtgegenwärtigem zu sein vermag; Nicht-Indifferenz in der rätselhaften Lebendigkeit des Vitalzeichens Transzendenz. Von Platons Selbstbewegung bis zu Levinas' Fruchtbarkeit ist die Arkandisziplin Auferstehung zeichnend: Achsendrehung ohne Bruch des Diskurses, langsam und unbeschreiblich ausführlich; Sturzgeburt im Labyrinth des zweiten Registers des dritten Ohrs; konjekturaltopologische Evokation aus der Sozialität des Wortes und des Blicks magerer Seiender, Sprechender und Sehender am Rande des Zerrinnens. Der Rezeptionszyklus der problematischen Gemeinschaft von Trauma und Skepsis aus der Anderheit des Anderhaften ist die Apriorität des Apriori, die Priorität inneren Lebens der aufbrechenden Innigkeit, die Zweite Ethik in der Ersten Philosophie.

Levinas effektuiert das Dargebot einer Hagiographie der Nicht-Indifferenz als generative Symbolizität Genotext. Trauma und Skepsis, Erbrechen und Ersuchen sind ohne Entsprechen im Phänotyp bestdenkbarer Originalität. Sie geben die Epiphanie ohne Negativität, die Verantwortung ohne Verfolgung, das Begehren ohne Mangel, die Anamnese ohne Amnesie. Verharren vor dem Unvereinbaren der sorglosen Nacht, der ruhelosen Spur, des unendlichen Bedeutens, deren kontextfreier Umschluß in Trauma und Skepsis die Anderheit des Anderhaften zur Produktivität Genotext in geheimer Diachronie faltet; Achsendrehung im Ineinander Verantwortung, im Miteinander Psychismus, im Auseinander Psychose: Trotz und Treue des Messias im Pluralis im Reich der offenbarten Namen. Ethische Positivität ist Mut, Ermutigung und Zumutung der unterschiedsempfindlichen Monstren primären Traumas und wilder Skepsis, der Anachorese prophetischer Rede in die Apologie des richtenden Worts von der Priorität inneren Lebens. Ihr ist der nichtkontaminierte Gott der Conditio Judaica als helles Echo der pneumatischen Exegese zu nehmen, polymorphe Matrix der Promiskuität im Wagnis des Pluralismus,

---

Brandung der Texte getragen – so sieht die Moderne aus, ihr schmerzhafter Bruch des Diskurses, den ihre ehrlichsten Vertreter sicher nicht verleugnen, der aber schon in Gemeinplätze und modisches Geschwätz umgemünzt zu werden pflegt." (EN 8f.)

wobei eine Trope der anderen Resonanz verleiht, ein Figurativ im anderen fortklingt; Salto mortale von Tropen sterbender Stimme, enorm oder unmerklich, in Torsionen von Schrift und Opfer. So gebieterisch ist der Affektkristall des Anderen Gesetzes: ihm ist der polytechnische Hüftschwung im reizgeschützten Deutungshorizont der organischen Konstruktion des Sozialen aus der überlieferungsverschmolzenen Stiftung der Humanwissenschaften lendenlahm. Dem Diktat des Dichtens und Denkens ist das Künden als formforderndes Flehen puren Defizits mit strengerem Ernst anbefohlen: Die Geisel des Gehörs im Jenseits des Körpers ist im Antlitz des Anderen geschüttelt, gestoßen, außer Atem gebracht. Denn das Aufleuchten der Namen im Zerbrechen des Seins trifft das Ungenügen am Kompositum des sozialregulierten Zuchtwesens Mensch aus der Herzzelle der Conditio Judaica: Idiolekt des leidvertrauten Glaubensgehorsams der atheistischen Seele, die dort, wo der Körper dem Dunst des niedersten Dämon weicht, das Fleisch in den feinsten Schachzügen der Arkandisziplin Auferstehung erneuert.

Die serielle Echolalie verweist auf die erste Stimme, die selbst unhörbar bleibt, um allein in klingenden Sequenzen ihres Echos zu schwingen. Es ist das Zeugnis der Inspiration, in dem sich göttliches Sprechen einem inneren Leben zuspricht, um im Antlitz des Anderen erhört zu werden. Die asyndetische Reihung Echolalie zerstäubt die spontane Ordnung Egologie, die Direktive des Intentionalen, Souveränität der Siege in Geschichte und Gewalt. Das semantische Areal im Reich der offenbarten Namen erscheint durch Auschwitz verheert; Unterbrechung, die alles, was einen Namen investiert, der Verschränkung von Schriftzug und Opfersinn preisgibt. Die makellose Position des grammatischen Subjekts wird vielstellig, mehrdeutig und narbenhaft durch Pro-nomen der pneumatischen Exegese gespalten, deren Verweben und Zerreißen in Textur und Atextur ethischer Positivität das primäre Trauma und die wilde Skepsis im namenlosen Auftreffen der Echolalie annehmen; der Anruf der ersten Stimme im Antlitz des Anderen, die unantastbar bleibt und als Botschaft von der schwierigen Heiligkeit entzifferbar ist. Die Sozialität des Erstlings Ehrenwort in der genauen Vergeltung der eingesehenen Seele, rhetorische Trope oder Figurativ aus erster Stimme und letztem Echo, ruft den wendigeren Sprachleib herauf, die imperative Formkunst des unterschiedsempfindlichen Akkusativs. Ihn läßt Levinas durch Gedanken-Striche verschweben, deren gebieterische Note als Einweisung in den Kriegsplan von der Rationalität des Friedens zu lesen ist: Sie vermelden den Einschlag von Oben im nicht-phänomenalen Satz der Geiselnahme des Gehörs durch Anführungsstriche und des Jenseits des Körpers durch Diebshaken. Trauma und Skepsis treten im Revers der Reduktion auf die Schwelle der Nicht-Indifferenz. Diesem Fragwürdigsten im Stelldichaus von Frage und Fragezeichen ist die Anderheit des Anderhaften ersprochen und erschrieben: strapaziöse Textualität eines Ladens und Überladens, Tragens und Übertragens, die dem namenlosen Alienus den Rezeptionszyklus generativer Symbolizität bereitet. Die Schnittstellen der Nähe des Nächsten und des Grundes des Gerechten sind im Rationalen der Passion des Sagens artikuliert. Ihr Interface hat sie in der Systemidee der mantischen Analytik der Vernunftidee Psychose, die das primäre Trauma bis zur Erschöpfung der Verfolgung verausgabt, um die wilde Skepsis in die Schöpfung der Verantwortung zu verschwenden. Verausgabung des Traumas, Verschwendung der Skepsis als unbewohnbare Zombiesprache, breitbasiert im störrischen Nacken höchster Klarheit oder spitzfindig im kindlichen Schütteln des Schluchzens: Hier geht die materiale Antizipation des Erstlings Ehrenwort um. Dem Experiment auf den absoluten Idiolekt im Hochgefühl eines entmaterialisierten Gottes wird die unbeugsame Vorladung in die fernste Zukunft bereitet. Fernste Zukunft, das prophetische Futur schneidenden Sprechens, die Via eminentiae der Nietzschelage ohne die Wehr aus Denkakt und Schlußform, die neue Deduktion des Akkusativs ins Abseits des Subjekts, die dunkle Dichte der deformalisierten Katamnese der Affektion vom Quasi zum Quale.

So ist Levinas' exotische Geographie des wendigeren Sprachleibs im Superlativ konstellativer Bündelungen zu verstehen. AQE konfirmiert segmentierte Parataxen, die die systematischen Antithesen verwerfen, in der der Logos des Selben[37] die Architektur des okzidentalen Denkens[38] hat gründen können. Der Echo-Raum ethischer Positivität ist eine Sequenz von Stich-Worten für den Stachel des Fremden, der die Versetzung von Denkformen der Nähe des Nächsten aus der Passion des Sagens in den Grund des Gerechten markiert. Der Genotext von Anruf und Widerhall wird iteriert, die Akzente der Verfolgung verschoben, die Aspekte der

[37] So kommentiert Hans-Georg Gadamer den platonischen Dialog ‚Parmenides'. „Er zeigt, daß die Idee der Einheit die Idee der Vielheit nicht ausschließt, sondern mitsetzt. Das also ist die positive Absicht dieser so orientierungslos scheinenden Dialektik: zu zeigen, daß Ideen als Einheitshinsichten nicht schlechthin Eines zu sein brauchen, sondern eine Vielheit von Einheitshinsichten umfassen können. [...] In der Auszeichnung der verschiedenen Hinsichtnahmen, in der am Seienden Sein und Nichtsein mitgegeben sind, liegt also die Lösung des Widerspruchs, der sich eben nur durch das Verdecken dieser Verschiedenheit der Hinsichtnahme als Mittel sophistischer Widerlegung gebrauchen ließ. Nichtsein als positive Bestimmung des Seienden hat den Sinn des Verschiedenseins vom Anderen, des Anders-nicht-Seins." Hans-Georg Gadamer, Platos dialektische Ethik, GW Bd. 5, S. 70f.

[38] Hans-Georg Gadamers Studie ‚Praktisches Wissen' hat die symmetrische Architektonik auf einen prägnanten Satz gebracht. „Der Höhenzug zur Schau des überhimmlischen Ortes und der Tiefenweg der sich selbst überlassenen Sorge um das eigene Sein sind ein- und derselbe Weg." GW Bd. 5, S. 239

Verantwortung verdichtet. Extravaganter Idiolekt des Frontgedankens von der Algodizee: Steuer unterschiedsempfindlicher Dringlichkeiten der Vorladung ins Verhör durch Ohnmacht und Schwäche: „Verschuldung vor aller Beleihung" (AQE 141), in der der Genotext im Schriftzug zu Leibe rückt, im Opfersinn unter die Haut dringt und als pures Defizit auf den Nägeln brennt. Aber die Produktivität des Genotextes gräbt tiefer, greift weiter und reicht höher als die dialektischen Rechenschaftslegungen.[39] Pneumatische Exegese versagt der Textur das erste und letzte Wort, die höchste und tiefste Sozialität flammender Schau und wehenden Fassens, den Erstling Ehrenwort, den Eideshelfer des zweiten Registers im dritten Ohr, den Glutkern Hermetik in der Textfalle Tumor. Das Zeugnis der verfehlten Entgegnung, Inspiration, Investitur, Magisterium, unterbricht die Sozialität des Wortes am Rande des Verklingens, um sich dem verstummten Leid zu verpflichten, den Metonymien des geschundenen Anderen. Das Pathos der höchsten Distanz im Regime der nächsten Kühnheit, die fernste Zukunft der reinzeichnenden Verantwortung, gebührt der Anamnese vom Leben, Leiden und Sterben der ungezählten, im grundlosen Haß der Feindschaft[40] auf die Anderheit des Anderhaften ermordeten Menschen.

Levinas' Kampf gegen den Haß entzieht neuzeitlichen Selbstbehauptungslegenden von Leviathan bis Ödipus die Respektprämie Erwählung. Er entdeckt der

---

39 Der Befehlsbereich des großen Stils rückt das Stelldichein von Frage und Fragezeichen ins Fragwürdigste. Ausgetrieben in sich selbst hinein – ist Levinas' Programmformel auf die zwischen Macht und Ohnmacht gespannte Lebensform der aufbrechenden Innerlichkeit. Sie bestimmt das Ungenügen am Kompositum der Orientierungswaise Mensch, wie es in den Selbstzuschreibungskrisen der Humanwissenschaften zwischen Idealität und Geschichtlichkeit verhandelt wird. Ihre Protokolle vom Taumel des Tuns im Gesetz des Herzens, welche die Beute des Sozialen durch Lobsprüche einer agilen Kulturphilosophie einspeicheln, paraphieren nur die schwere Rüstung im offenen Visier, den Reizschutz im Antlitz des Anderen, die Generallinie der soziologisierten Moderne.

40 Der Topos vom grundlosen Haß und der unmöglichen Feindschaft wird von Spinoza, H. Cohen und Levinas betont. Dem Kompaß des Gebets aus Talmudquellen sind Haß und Feindschaft in die Urheberschaft des Selbstbetrugs gesenkt. Die Unverständlichkeitserklärung lautet: „Der Haß ist immer ein grundloser Haß. Das ist die tiefe Weisheit, welche alle Feindesliebe überragt und welche erst das Gebot der Menschenliebe sichert und festigt. [...] Ich kann den Haß nur dadurch aus dem Menschenherzen entfernen, daß ich überhaupt keinen Feind kenne; daß die Kunde und das Wissen davon, daß ein Mensch mein Feind sei, daß er mich hasse, mir ebenso unverständlich wird, ebenso daher aus meinem Bewußtsein ausfällt und verschwindet, wie daß ich selbst einen Menschen hassen könnte. Das eine muß mir so unbegreiflich werden, wie das andere. [...] Aller Haß ist umsonst." Hermann Cohen, Religion der Vernunft, S. 522

beschämten Freiheit im Apperzeptionskern der modernen Evidenzerkenntnispolitik, der „Krankheit der Identität" (AQE 86), das Weh ohne Wehr aus Denkakt und Schlußform, das Dia des Dialogs von Chaosmos und Chaogito, den Zorn schneidenden Sprechens im Geheimnis der Passion des Sagens. Denn die Widmung, das Textament der lebenden Toten an die Lebenden, deportiert in die Obsession vom puren Defizit fordernden Flehens. Dem gekrümmten Raum ist sie erkenntlich: Herzzellen im Revers der Reduktion ergeben, wo aller Akkusativ dem Einschlag von Oben geschuldet ist, welcher vornehm gehandhabt sein will. Primäres Trauma und wilde Skepsis um ethische Positivität sind die Hagiographie um die Nicht-Indifferenz rätselhafter Lebendigkeiten im Umweg nichtmenschlicher Realitäten, das Rätsel auf das lebendigere Leben und den tödlicheren Tod, die „innere, im Leben selbst gelebte Erhabenheit der Natur über sich selbst."[41]

Metapher

Beschämte Freiheit entdeckt sich als ereilt von einem unverfügbaren Überschuß, der mehr und besser zum Denken gibt, als ihr Gedanke erfaßt, ein Laden und Überladen, ein Tragen und Übertragen.[42] Der pneumatischen Exegese des Geschöpfs von

[41] Martin Heidegger, Die Grundbegriffe der Metaphysik, GA Bd. 29/30, S. 403. Zitat nach Manfred Riedel, Hören auf die Sprache, S. 249. Riedel erläutert Heideggers Ringen um die rätselhafte Lebendigkeit in den ‚Beiträgen zur Philosophie', wo erst der Ohnmacht und Schwäche die Gunst des Seins geschenkt wird, mit Rückgriff auf Kant. „In den ‚Beiträgen' sind es die Grundstimmungen des *Erschreckens* und der *Scheu*, die die *Verhaltenheit* in der *Mitte halten*; ein Gefüge, das Heidegger in der Verwandlung der Kantischen Lehre vom Erhabenen in der Natur entfaltet." (S. 288)

[42] Metaphorologien bilden den Grenzwert generativer Symbolizität im Prinzip des unzureichenden Grundes. Ihr Zögern zwischen Scham und Schande temperiert die Rhetorik von gegenwendigen Umbesetzungen: Ausgetrieben in sich selbst hinein. Prozedur, Ritus, Zeremoniell designieren die umständliche Nennung bis zur Ernennung, die dem neuzeitlich übel beleumdeten Rhetorikinstitut den Richtungssinn diplomatischen Aufatmens gibt. Das Königszeichen der prägnantesten Form in der rhetorischen Dynamik des Ausdruckslebens hat Hans Blumenbergs unvergleichlicher Vergleich für den verbindlichsten Umweg getroffen. „Die kühnste Metapher, die die größte Spannung zu umfassen suchte, hat daher vielleicht am meisten für die Selbstkonzeption des Menschen geleistet: indem er den Gott als das Ganz-Andere von sich absolut hinwegzudenken versuchte, begann er unaufhaltsam den schwierigsten rhetorischen Akt, nämlich den, sich mit diesem Gott zu vergleichen." Wirklichkeiten in denen wir leben, Stuttgart 1981, S. 135

Abdankungen im Dia von Chaogito und Chaosmos ist das kategoriale Scheitern im Logos des Selben zu prüfender Belehrung im Phantomglied Desistenz und zu quälender Erforschung auf dem Medienplateau Zombiesprache aufgegeben, reizbar bewegtes Ensemble des Radardenkens im Desaster energischen Sanftmuts. Der Überschuß ontologischen Aussagens zieht als Ersuchen und Erbrechen über die Freiheit hinaus, die die Frage, das Fragezeichen und ihr Fragwürdigstes niederhält. Denn Trauma und Skepsis entspricht kein Entsprechen; ihr Interface effektuiert das Abseits des Subjekts im Aufbruch ohne Wiederkehr mit Proviant, Provision, providentia der mantischen Analytik der Vernunftidee Psychose. Der Genotext in der bedrängten Linienführung des Fanatismus zur Transzendenz ist ihr Krisenstil. Er läßt die Bruchflächen funkeln, die trächtige Glasur Inspiration, die gestählte Fläche Investitur, den metallenen Glanz Magisterium. Der Überschuß aus Verantwortung und Verfolgung verpflichtet das „Differential von Freiheit inmitten der Determination"[43] zur Obsession um den Psychismus, schon Psychose. Levinas' Widmung, die pathematische Übung um die große Seele des Alienus und das weise Gesetz der Alterität, zieht die Freiheit in den Anführungsstrichen und Diebshaken aus, die Blochs pointierte Eschatologie um den Großen Menschen aus dem Labyrinth der Welt mit dem Humanismus des anderen Menschen säumen. Im Dargebot der Widmung ist beschämter Freiheit das Antlitz des Anderen als Schuß aus nächster Nähe erschlossen.

Das Dargebot der Widmung versammelt das versiegte Sprechen und das verblichene Schreiben der Anderheit des Anderhaften. Die Widmung ist Zeugnis ihrer Inspiration, ihrer Investitur, ihres Magisteriums. Allem Ersuchen und Erbrechen entbietet ihr Ethos der Grazie die ausgezeichnete Gastlichkeit pneumatischer Exegese, die die Spur aus Blut und Tränen eröffnet; den Schmerz, die Verwundung, die „Martern / der bis auf den Gottgrund zerrissenen Opfer"[44]. Die Widmung ist der Exzeß der Passivität, deren Konnotation die Grenze des Textes passiert, verrückt, sprengt. Sie ist ein exzellentes Bedeuten; Zeugnis von Inspiration, Investitur, Magisterium; die Bewegtheit unbeholfenen Qualierens um unstillbaren Stillstand, deren Passivum, Figuration oder Trope des Undarstellbaren, zur Metapher erzieht. Metapher, flagrante semantische Impertinenz, die regelcodierten Signifikanten Grenzbe-

---

[43] Theodor W. Adorno, Ästhetische Theorie, S. 260

[44] Nelly Sachs, Die Gedichte Bd. 1, S. 147. Die Ellipsen der Eifersucht um die Treue zum Trauma und den Trotz der Skepsis greifen in den Schnittstellen der Arkandisziplin Auferstehung. Ihre „Spur der Exzession des Exzessiven" (AQE 116) bricht der aufbrechenden Innigkeit als Gebrechen am Subjekt auf. Nelly Sachs' poetischer Bearbeitung des anthropologischen Opferbegriffs entspricht das „Martyrium" (AQE 98) bei Levinas.

stimmung und Gattungsgemeinschaft verschiebt; sorgsamer Fehl im Formstil der konfliktgeladenen Gegenbesetzungsenergie. Levinas' neue Deduktion fokussiert den Tropus aller Tropen im „Amen der Ethik zur Religion“[45]. Der Erstling Ehrenwort als Miniatur aller unerhörten Rede vom Anderswo tritt am Angelpunkt von Innovation und Heuristik als Stundung der Zeiten im Stand der Sendung hervor, mit der der Messias im Pluralis an die kleine Pforte zum Reich der offenbarten Namen pocht. „Metapher nennt Levinas die alles entscheidende und alles tragende Bewegung der Sprache, die – immer wieder – die Ordnung des Thematisierten, Präsenten übersteigt im Verweis auf die Anarchie einer Absenz, die durch keine Assoziierung oder Konnotation zum Inhalt werden kann; aber die ihrerseits alle Inhalte betrifft: stört, beunruhigt, obwohl sie ihnen entgeht und indem sie ihnen entgeht, und so, daß die Störung nicht zu beheben ist, ja sich steigert. Der in der Metapher gesetzte und durch die Metapher in die Sprache gesetzte Verweis auf eine Differenz oder Absenz verweist zuerst und zuäußerst auf eine zeitliche Entzogenheit und Uneinholbarkeit – auf eine Vergangenheit, die niemals Gegenwart war, auf eine Zukunft, die sich in keiner Weise von der Gegenwart her bestimmt, auf die Zeit des Anderen.“[46]

Die Zeit des Anderen ist gesteigerte Hagiographie der Nicht-Indifferenz dessen, was in der Gewalt und der Geschichte keinen Namen hat. Sie ist Unbeholfenes, dessen exzellentes Bedeuten im Spiegel der Menschheit eingefangen ist. Sie wird von der monumentalen Widmung aller Gegenwart als Anhörung versiegten Sprechens

---

[45] Franz Rosenzweig, GS Bd. 3, S. 227

[46] Thomas Wiemer, Die Passion des Sagens, S. 186. Philosophische Begriffsgeschichte ist Hans-Georg Gadamer mit einer fundamentalen Apologie der metaphorologischen Beweggründe der Sprache vernetzt. „Seit Herder ist die allgemeine Metaphorik der Sprache mehr und mehr zu grundsätzlicher Anerkennung gelangt. Der Erkenntnisleistung der Metapher, die Abstraktion von den besonderen Umständen des ursprünglichen Wortgebrauchs zu leisten, die in allem Sprachaufbau wirksam ist, entspricht auf der anderen Seite das Fortklingen des ursprünglichen Bedeutungsbereichs. Es vollbringt die evokative Leistung des Wortes. Meine These ist nun: Genau diese Doppelung der Bedeutungsfunktion des Wortes geht in die Sinnkonstitution philosophischer Begriffsworte in besonderer Weise ein. [...] Das aber hat im Falle des philosophischen Fragens seine besondere sprachliche Folge. Die Störung im Wissenwollen, die wir ‚philosophisch' nennen, nötigt zum Ausbruch aus den gewohnten Schematismen der Erfahrung, die die Sprache anbietet und verbindlich macht. Philosophisches Denken ist aus diesem Grunde immer und notwendig ein Denken in der äußersten Sprachnot. Denn die gewohnte Sprache der natürlichen ‚Lebenswelt' hält für das, wobei der philosophische Gedanke stutzt, keine Sprache bereit.“ GW Bd. 4, S. 84

und Aufzeichnung verblichenen Schreibens entgegengehalten. Die Lektion pneumatischer Exegese eröffnet der Passion des Sagens den Grund des Gerechten in einem Exerzitium geduldiger Beugung und Verbeugung, das den Aufzug der monumentalen Widmung in den Entzug der Textur AQE begleitet: Krisenstil des Radardenkens in Kompressoren der Lebenssturmpioniere von Trauma und Skepsis. So wird die Botschaft von der schwierigen Heiligkeit Levinas' extravaganter Verschriftlichung von Anruf und Widerhall verrichtet. Die Entzifferung des fremden Ingeniums vom offenen Visier ist dem Ausdrucksleben der Frontabschnitte Schmerz und Ohnmacht zugehörig, deren Autorität und Legitimation unablässig vertagt wird; ein Rezeptionszyklus, dessen Hagiographie der Nicht-Indifferenz signalhaft und fächerweise die ausgezeichnete Gastlichkeit ethischer Positivität in Stellvertretungen bis zur Leibbürgschaft entrollt. Die Bandbreite konventioneller Bedeutungen wird in der Spur aus Blut und Tränen strapaziert, um die Dimension des Anderen einem Nicht-Signifikanten zu überantworten, der nichts behauptet und beweist, bezeichnet und bedeutet als das Zeugnis in Inspiration, Investitur, Magisterium; aufschäumender Trotz und eingerammte Treue, ausgetrieben in sich selbst hinein: absolute Reflexivität des Qualierens um unstillbaren Stillstand im Wagnis des Pluralismus. Dabei verdienen die Abzweigungen, Verflechtungen und Umkehrtropen im Arterienmuster AQE alle Beachtung, durch die der Genotext Wechsel um Textsorte, Traditionsbezug und Diskurspraktik im Respirationstrakt einer Sprachenwende vorführt. Rückkopplung von Unterbrechung und Überdeterminierung, Abweichung vom eingeschliffenen Habitus der Sprechweise und der Denkart, Verknappung syntaktischer Artikulation und Verschiebung semantischer Felder, traumatische Streichung und skeptische Steigerung stimmen den Stillebentext AQE. Sie werden im Antlitz des Anderen als Erstatten des Schuldigen vergeben: Neue Paideia des höchsten Mathema.

Die Passion des Sagens siegelt das Antlitz des Anderen als Grund des Gerechten. Ihm erweist die Widmung die Reverenz, mit der der Gott die Seele von den Lippen nimmt. Das Antlitz ist eine vertikale Produktivität, Aufzug und Entzug der sich steigernden Störung, die die Oberfläche sprachlicher Performanz – die Thematisierung der Geschichte, die Präsentation der Gewalt – zerreißt. Die Liturgie vom handverlesenen Erstling Ehrenwort exponiert das „Hören ohne Widerrede"[47] exzellenten Bedeutens ohne Kontext. Es ist die Textur der Nicht-Indifferenz, Trope oder Figurativ der Metapher, der Ausweis der Hagiographie. Das Antlitz des Anderen pressiert bis zur Expression, dem Ausdruck, der aus dem Außen der Thematisierung und Präsentation kommt. Das Brechen mit Parmenides ist Stachel,

[47] Franz Rosenzweig, GS Bd. 2, S. 343

Stoß und Stich, primäres Trauma und wilde Skepsis der Unterbrechung der Zeichen durch die Spur. So werden die geschmeidigen Umbauten in der Umschöpfung von Urworten zum Leitstern der imperativen Formkunst im Vitalzeichen Transzendenz. Ereignis, das die Freiheit des Zeichens beschämt, weil es die Verpflichtung zur Spur exponiert.[48] Das Antlitz des Anderen ist eine solche Aussetzung, unbeugsame Vorladung in die unbesonnene Lust am sprechenden Körper von Opfersinn und Schriftzug, Verhör im Befehlsbereich des großen Stils vom Ausgetriebensein in sich selbst hinein. „Das Subjekt des Sagens nähert sich dem Nächsten, indem es sich ausdrückt, im buchstäblichen Sinne des Terminus, in dem es sich aus allem Ort heraussetzt, keinen Boden mehr bewohnt und betritt." (AQE 62)

Das Ex generativer Symbolizität, Exodus des Geschöpfs von Abdankungen ins Exil der Religiosität des Sich, testiert dem Genotext die Arkandisziplin Auferstehung. Sie hat ihren Herzschlag nicht mehr vom Menschen. Gegen alle Annexion eksistiert das Ex, das Schriftzug und Opfersinn aus dem Phänotext der Selbigkeit des Selben ausschneidet, in die Hermetik vertikaler Produktivität, die Levinas' Anschreiben ausschreitet, verantwortet und befolgt, indem er der ersten Stimme das gastliche Echo seiende Fremde entbietet, die zweite Stimme der ersten Schrift.[49] Im Vokabular des Ersuchens und Erbrechens wird das Gehör zur Geisel im Jenseits des Körpers sequentiert – s'expulser, s'exposer, s'exiler, extériorité, expiation, excès, excession. Im Hören ohne Widerrede assistiert Levinas unbeholfener Alteritas. Das Ex verwendet das Antlitz des Anderen nach Art eines arithmetischen Exponenten, in

---

[48] Die Freiheit des semantischen Zeichens folgt der Hierarchie der logischen Begriffe. Mit der aristotelischen Kritik der Leistung der Sprache wird das Kunstmittel der Metapher in die Rhetorik der Übertragungsmodalitäten abgeschoben, so Hans-Georg Gadamer. „Was ursprünglich den Grund des Sprachlebens bildet und seine logische Produktivität ausmacht, das genial-erfinderische Herausfinden von Gemeinsamkeiten, durch die sich die Dinge ordnen, das wird nun als die Metapher an den Rand gedrängt und zu einer rhetorischen Figur instrumentalisiert." Im Grundsatz: „Überall, wo das Wort eine bloße Zeichenfunktion übernimmt, wird der ursprüngliche Zusammenhang von Sprechen und Denken [...] in ein instrumentales Verhältnis umgewandelt. Dieses verwandelte Verhältnis von Wort und Zeichen liegt der Begriffsbildung der Wissenschaft insgesamt zugrunde und ist für uns so selbstverständlich geworden, daß es einer eigenen kunstvollen Erinnerung bedarf, daß neben dem wissenschaftlichen Ideal der eindeutigen Bezeichnung das Leben der Sprache selber unverändert weitertreibt." Wahrheit und Methode, S. 409f.

[49] Vgl. Friedrich Nietzsches ‚Morgenröte' Nr. 319: „*Gastfreundschaft.* – Der Sinn in den Gebräuchen der Gastfreundschaft ist: das Feindliche im Fremden zu lähmen. Wo man im Fremden nicht mehr zunächst den Feind empfindet, nimmt die Gastfreundschaft ab; sie blüht, so lange ihr böse Voraussetzung blüht." Werke, Bd. I, S. 1194

seriell iterierter Emphase oder Hyperbel, die auf beschämter Freiheit poniert. Die Passion des Sagens in den Grund des Gerechten ist ethisches Sprechen; die Hagiographie der Nicht-Indifferenz, die Emphase oder Hyperbel einer Widmung, die um den Genotext von Trauma und Skepsis ringt.

Emphase, Hyperbel

Ethisches Sprechen, in dem das Ex eksistiert, um ein exzellentes Bedeuten zu laden und zu überladen, zu tragen und zu übertragen, ist aus sich verschlagen. Die Steigerung bis zur Übersteigerung markiert das Keuchen der exotischen Geographie des Superlativs. Ethisches Sprechen, Hagiographie der Nicht-Indifferenz, bereitet den Sprung in das Wagnis des Pluralismus aus dem Brechen mit Parmenides' Lehrthese, um von Deskriptionen phänomenaler Immanenz zur An-archie ethischer Transzendenz zu gelangen, vom spurlosen Zeichen zur zeichenfreien Spur.[50] Bedingungslose Hingabe ist der Telos der Exposition, die das Qualieren um unstillbaren Stillstand in eine Sprachenwende stellt. Sie verfremdet geläufige Muster der Komparativbildung in exotischen Geographien des Superlativs. Festlich umrissene Relationsbestimmungen und gründlich ausdifferenzierte Intelligibilitätsmodelle werden bis zur Gabe, für den Anderen zu sterben, mortifiziert. Die Modifikate der Anachorese und Apologie in die Priorität inneren Lebens sind unbedachte Gesten ethischer Differenz. Sie kommen auf das Ex der Sprache zurück, das zweite Register im dritten Ohr, dessen erste Stimme unhörbar und dessen erste Schrift unlesbar

---

50 Friedrich Nietzsches Aphorismus ‚Moralisches Interregnum' denkt die zeichenfreie Spur in der Anführung des Vorläufigen oder Nachläufigen, in breitbasierten oder spitzfindigen reges. Er endet mit der Forderung nach Staaten im Staate. „Wer wäre jetzt schon imstande, das zu beschreiben, was einmal die moralischen Gefühle und Urteile *ablösen* wird! – so sicher man auch einzusehen vermag, daß diese in allen Fundamenten irrtümlich angelegt sind und ihr Gebäude der Reparatur unfähig ist: ihre Verbindlichkeit muß von Tag zu Tag immer abnehmen, sofern nur die Verbindlichkeit der Vernunft nicht abnimmt! Die Gesetze des Lebens und Handelns neu aufbauen – zu dieser Aufgabe sind unsere Wissenschaften der Physiologie, Medizin, Gesellschafts- und Einsamkeitslehre ihrer selbst noch nicht sicher genug: und nur aus ihnen kann man die Grundsteine für neue Ideale (wenn auch nicht die neuen Ideale selber) entnehmen. So leben wir denn ein *vorläufiges* Dasein oder ein *nachläufiges* Dasein, je nach Geschmack und Begabung, und tun am besten, in diesem Interregnum, so sehr als nur möglich, unsere eigenen *reges* zu sein und kleine *Versuchsstaaten* zu gründen. Wir sind Experimente: wollen wir es auch sein!" Werke, Bd. I, S. 1231

erscheint. Im Ex wird der Gehörgang zum Aufhorchen der seienden Fremde Alteritas.

So souffliert ethisches Sprechen der Passion des Sagens durch Versetzung von Denkformen, die das Setzen des Entsprechens durch Ersuchen und Erbrechen entsetzen. Emphase und Hyperbole im „toujours à nouveau“ (AQE 195), die die Produktivität ethischer Positivität potenziert und multipliziert, um exzellenten Bedeutens im Antlitz des Anderen willen. Levinas' Gang zum Unsichtbaren auf der Spur unmöglichen Rückzugs ist ein Ersuchen und Erbrechen befristeter Schlüsselwörter oder Stichworte, die eine ethische Sprache im Rhythmus von Setzen und Entsetzen, Gegensetzen und Entgegensetzen erschließen, Intermittenzen von unbedachter Geste und großmütigem Undank in der Nähe des Nächsten. Perspektivenwechsel betonen die situative Einmaligkeit von Anachorese und Apologie, um durch Emphase und Hyperbel die Einzigkeit der Verantwortung zu evozieren, die Stellvertretung bis zur Leibbürgschaft impliziert: Ethisches Sprechen ist eine einzige Vorladung zum Psychismus, schon Psychose. Emphase und Hyperbole ethischer Positivität markieren dem Hochgefühl einer entmaterialisierten Gottesidee ein „In-die-Höhe-Fallen“ (AQE 231). Ausgetrieben in sich selbst wächst ethische Positivität in die furchtbarsten Tiefen des phänomenalen Sprachleibs, um den widernatürlichen Habitus Ehrenwort im Schmerzenskind Phänomenologie zu beschreiben. In dieser gegenwendigen Bewegtheit des andersanfänglichen Erstlings, nihilismuskritisch pointiert und ohne die gewaltsame Turbulenz geschichtlicher Korruption, wird die Metapher in die Formation der philosophischen Rede geschleust, geheime Diachronie rätselhafter Lebendigkeit der Lektion pneumatischer Exegese. Genotext, der Levinas zufolge das Unglück des Glücklichen beschwört, die unerreichbare Anderheit des Anderhaften, Aufzug und Entzug der Nahheit des Nächsten zugleich, die in die Verantwortung ruft und doch in keinem Akt der Verantwortung ein Genügen hat. Denn die Lektion pneumatischer Exegese ist das Begehren, seiner strukturalen Konkretion nach ohne Fehl und Mangel.

Das Begehren, Schlüssel-Sinnliches der Passion des Sagens und Stichwort vom Stachel des Fremden, „au nom de Dieu“ aller Sprache. Der Name Gottes, der aus dem ausgeschlossenen Anwesen seiner Absenz ergeht, wird in der Befürwortung des Pro-nomens stimmhaft. Er zitiert die Endlichen in die Emphase oder Hyperbel ethischer Positivität, in das Begehren der Nahheit des Nächsten, in die Berufung zur Verherrlichung des Unendlichen. Die Lektion der Exegese ist das Begehren, das die Passion des Sagens in den Grund des Gerechten stößt. Die Emphase oder Hyperbole ist das exzellente Bedeuten der Vorladung zur Verantwortung. Ihr Ersuchen und Erbrechen fällt in die Höhe des Gerichts. Die Passion des Sagens, die Erbschaft des inneren Lebens aus der Conditio Judaica, muß den großmütigen Undank der unbedachten Geste im Denken erklären. Levinas erläutert: „Wir haben die große

Aufgabe, im Griechischen die Prinzipien zu formulieren, die Griechenland überging. Die jüdische Singularität erwartet ihre Philosophie. Die knechtische Nachahmung europäischer Modelle genügt nicht mehr." (AV 233f.) Übersetzen, das Eingedenken der Unterbrechung bis zum Ersuchen um Umkehr, so lautet die Aufgabe von AQE, um die Weisheit des Talmud im philosophischen Denken zu verankern, das Hebräische und das Hellenische einander einzuschreiben. Übersetzen ist die Anrufung der Namen Gottes aller Sprachen in allem Sprechen.[51]

Exegese, Übersetzung

Es ist die Geduld des Unendlichen im Übersetzen, die der ewigen Philosophie der sekurierten Transzendenzen des Könnens und Kennens den Aufriß dessen einträgt, was Blanchot und Levinas Prophetie heißen. Lektionen pneumatischer Exegese, der Übersetzung des Prophetischen ausgesetzt, sind vom Begehren ergriffen. Das Begehren ist das Zeugnis der Inspiration, der Investitur, des Magisteriums. Es begehrt

[51] Die Lektion der pneumatischen Exegese prägt die Verantwortung der Übersetzung. Maurice Blanchot hat ihre metaphorologische Sprachenwende in Schriftzug und Opfersinn auf der Szene des Textes diesseits von hermeneutischer Interpretation und semiotischer Decodierung namhaft gemacht. Im erkenntniskräftigen Impuls auf die tropologischen Funktionen der Rhetorik untersucht er das ewige Rieseln eines Außen, das die Dinge aus den Worten und den Klang aus den Stimmen entfernt. Gleichsam aus der Distanz scheint Blanchot eine tonlose Sprache zu berühren, die niemand zu sprechen vermag. So ist der Sinn des Sprechens aus der Welt des Schreibens gestrichen. Und doch ist die Schrift, des Sprechens entledigt, Schöpfung des Anderen; der Kitzel einer Leere unablässigen Murmelns, Rauschens oder Rumorens im Kranz fragmentierter Zerrüttungen der Diskursinstanzen. Auch Blanchot ist die Schrift des Anderen Zeugnis der Inspiration, der Investitur, des Magisteriums. Hier reift die Kritik am Sprechen zur Lehre einer Schrift, die den Spiegel der Menschheit auf der Schwelle einer Schreibweise verhält, welche der Schöpfung des Anderen bis zur Erschöpfung exponiert ist; Erregung und Erschöpfung einer intransitiven Sprache, der Blanchot den Titel Anbetung reserviert. Mit Levinas' Ausdruckskunst kann Blanchots Sprachenwende bezeichnet werden; als Ersuchen und Erbrechen ohne Entsprechen oder Epiphanie ohne Negativität, als Hagiographie der „Verantwortung für eine andere Philosophie". Denn mit Levinas kündigt sich „ein Surplus jenseits des Universalen an, eine Singularität, die man jüdisch nennen könnte und die ihr Denken noch erwartet. Und das prophetisch." Maurice Blanchot, L'écriture du désastre, Paris 1980, S. 45. „Der Tod spricht in mir", das ist Blanchots Extrakt der Anbetungslehre von der intransitiven Sprachführung in ‚La part du feu', Paris 1972, S. 313

nach dem zuvorkommenden Ehrenwort prophetischer Philosophie. Die unerhörte Spannung von Herkunft und Zukunft prägt die Übersetzung im ethischen Sprechen. So ist die Übersetzung die konjekturaltopologische Fassung dessen, was Levinas die Weisheit der Liebe heißt, die Gravur biblisch-rabbinischen Denkens, die die Ewigkeit zeichnet, die alle Zeiten eint und das Streben nach Wissen im Recht des Anderen ausweist. Ein Recht des Anderen, das im Rang der Singularität begründet ist, aus unvordenklicher Herkunft und zu unbeholfener Zukunft. Diese absolute Reflexivität duldsamer Güte ist die Quelle des Wahren am Rande des Zerrinnens. Sie wird in der Passion des Sagens verteidigt, die die Nahheit des Nächsten in den Grund des Gerechten rückt. Zwischen den Welten des Hebräischen und des Hellenischen werden zweierlei Abenteuer des Geistes evoziert. Es sind die jüdische Lektion der Exegese, deren Artikulation an das ergangene und vergangene Wort gebunden ist, und die griechische Spontaneität der Autonomie, deren Kommunikation das objektivierende und universale Verstehen erschließt. Die Alternanz von Legitimation und Demonstration, Begehren nach Gerechtigkeit und Formung des Bewußtseins, Lektüre einer unvordenklichen Vergangenheit und Projekt eines klassifikatorischen Wissens, verweist auf Solidarität in einem ethischen Sprechen, das beide als episodische Absenzen eines Wahren verklammert, das sie in Wahrheit sind; Proviant oder Provision einer providentia, die der platonischen Mantiktradition nichtpropositionalen Wissens angehört. Das Totenbuch AQE folgt dieser Anachorese prophetischer Rede in Apologien des richtenden Erstlings Ehrenwort. Ihr Übersetzen, meisterliche Untreue im Revers der Reduktion, ist Levinas' mantischer Analytik der Vernunftidee Psychose Setzen und Entsetzen, Trauma und Skepsis einer Passion des Sagens, die auf eine Schrift trifft und auf ein Opfer setzt, welche in der Textfalle Tumor das Gran Irre aufbringen, das in seinem Glutkern Hermetik das Zeichen an die Spur abtritt. „Heißt Philosophieren, in einem Palimpsest eine verborgene Schrift zu entziffern?" (HAM 98)

Palimpsest, die Botschaft von der schwierigen Heiligkeit in Paarungen der unantastbaren Körperschaft von Schrift und Opfer, die materiale Antizipation der Religiosität des Sich: Arkandisziplin Auferstehung, präzise und graziös, unmerklich und enorm, forderndes Flehen puren Defizits. Ethisches Sprechen im Spiegel der Menschheit ist von Nicht-Indifferenz ereilt, der unvergleichlichen Spur unvordenklicher Herkunft und unbeholfener Zukunft in den geschmeidigen Umbauten der unbesonnenen Lust am sprechenden Körper des Anderen. Sie fordert Stellvertretung bis zur Leibbürgschaft. Sie versenkt Descartes, Idee vom Unendlichen im Endlichen in eine Passion des Sagens, die die Alternanz hebräischer Legitimation und hellenischer Demonstration um die Autorität eines Zuvorkommens ersucht, welche das Entziffern der verborgenen Schrift als Hagiographie des Psychismus, schon Psychose zu erlauben imstande wäre. Die Idee des Unendlichen würde dann rückwärts gelesen Passivität und vorwärts geschrieben Passion; Anstoß des Erschauerns in primärem Trauma, Ausstoß der Erschütterung in wilder Skepsis, Abtritt des Zeichens an die Spur. Das verleiht Levinas' Übersetzen das Antlitz aus Last und Lösung; die Widmung dessen, der mit der Formel Platons das Unrecht des Tuns mehr fürchtet als das Erleiden des Unrechts, das zweite Register im dritten Ohr, der andere Atem der gesegneten Verwundung in Opfer und Schrift, das Palimpsest vom Abseits des Akkusativs im Stelldichaus von Frage und Fragezeichen. Von Kompressorenstößen werden die langen Bilder des Selben zersprengt. „Was ist nur dem Subjekt zugestoßen, was hat es verletzt, daß es seine Gedanken exponiert und sich in seinem Sagen aussetzt!?" (AQE 106)

Die Bedrängnis der Ohnmacht und Schwäche im Angesicht eines Philosophierens, das ein Palimpsest zu entziffern übernimmt, ist durch den Hunger nach Macht, das Trachten nach Vergöttlichung und die Weihen der Einsamkeit nicht zu schlichten. Sie bestellt die Passion des Sagens in die verborgene Schrift, die die Nahheit des Nächsten und den Grund des Gerechten umschreibt. Bedrängnis eines Umschreibens ohne Unterschrift oder Überschrift, dringliche Weisung in ein Übersetzen der Verkreuzung des Griechischen und des Hebräischen in das Wagnis des Pluralismus. Hier gilt das Zeugnis der Inspiration, der Investitur, des Magisteriums. Deshalb ist Übersetzen das Entziffern eines Palimpsests als Exposition der Sprachenwende von der Schöpfung bis zur Erschöpfung. Sie erstreckt sich von der Verwundbarkeit bis zum aktiven Nichts der nazistischen Vernichtung,[52] die protestverrechtlichende Gewalt eines Herrenvolks von Untertanen. Das umschreibt die Verborgenheit des Schriftzugs und des Opfersinns, die das Ex eines Exodus ins Exil schneidenden Sprechens Liturgie der in Jugend und Alter unzeitgemäßen Nietzschelagen bestimmt.

Diese Anklage ist enormes und unmerkliches Beginnen vor dem Beginnen in der unbeugsamen Vorladung in das Verhör fernster Zukunft von Zorn und Geheimnis. Sie ist von verdichteten Tautologien um Selbstsucht und Selbstheit, Selbigkeit und Selbes geschieden; dem Prospekt Heideggerschen Seinsverstehens – Zeitlichkeit

---

[52] Die aufbrechende Innigkeit steht polemisch zum ideenpolitischen Artikulationsdefizit in der mythopoetischen Erfindung des Nationalästhetizismus von der Kultur der formnegativen Rassenseele, genötigt, im Exzeß ihrer Hyperbole umherzuirren. Die inaugurale Geste des nazistischen Amoks überspannt den Aufregungsbedarf heilsmoralischer Empörer, um das jüdische Weltgefühl restlos zu vertilgen. Auf diesen heißblütigen Rest zielt die kaltblütige Mordmaschine des Herrenvolks von Untertanen. „Das Judentum und sonst nichts auf der Welt erhält sich durch Subtraktion, durch Verengung, durch Bildung immer neuer Reste. [...] Der Mensch im Judentum ist immer irgendwie Rest. [...] Es wartet etwas in ihm. Und er hat etwas in sich." Franz Rosenzweig, GS Bd. 2, S. 450

zeitigt, Dinglichkeit dingt, Nichts nichtet, Welt weltet. Der tautologische Aufenthalt, der das Unterwegs der Anklage im Aberglauben der Ortschaft ungestörten Besitztums und des unbeirrten Entsprechens arretiert, ist ethischer Positivität kein Dargebot für das Laden und Überladen, Tragen und Übertragen, für die Anklage im Antlitz des Anderen, die die Aufgabe des Übersetzens verlangt.[53] Übersetzen ist das Ausfahren der Anklage im Antlitz des Anderen. Ethisches Sprechen, das Entziffern des Palimpsests, verschafft gleichsam große Augen, spitze Ohren und lange Gesichter: pures Defizit im Hoheitsakt von Heimatlosen, forderndes Flehen im Zögern zwischen Scham und Schande, dunkle Dichte gesättigter Schmach, die ihren Herzschlag nicht mehr vom Menschen hat. Die Liturgie der Umschöpfung von Urworten in Katamnesen der Affektion tributiert der Nietzschelage, der Diagnose des Ungenügens am Kompositum Mensch. Ihrer bedarf die gewählte Höhe der Güte oder erhöhte Wahl des Guten auf der Kreuzung des Griechischen und des Hebräischen. Denn Trauma und Skepsis aus unvordenklicher Herkunft zu unbeholfener Zukunft verlauten als einzigartige Spur unstillbaren Begehrens. Ihr Erstatten des Schuldigen fällt in die Höhe der psalimpsestartigen Hagiographie des Messias im Pluralis. Das Zeugnis der verfehlten Entgegnung in Metonymien des geschundenen Anderen ist Inspiration, Investitur, Magisterium inkommensurabler Sätze der neuen Deduktion vom Erstling Ehrenwort. Ihr Übersetzen deformalisiert das Quasi Kants zum Quale Husserls, das sublimierungsethische Arterienmuster der Anderheit im Respirationstrakt Angriffswissen. So wahrt sie die Rationalitätschance schneidenden Sprechens vor Aporien des Projekts des Wissens und der Lektion der Exegese. Die unvergleichliche Spur der Anklage zieht in das Übersetzen die Aufgabe ein, das Wagnis des Pluralismus der Arkandisziplin Auferstehung von den Kennerschaften und Könnerschaften des Phänotextes Hermeneutik zu lösen, dessen kanonische Formel Hans-Georg Gadamer verraten hat: „Vieles ist zu sagen: das ist das herme-

---

[53] Hans-Georg Gadamer hat die unverwandte Plastizität der Heideggerschen Redeweise betont. Ihr extremer Manierismus ist eine Provokation unserer Spracherwartung. Die Kühnheit seines radikalen Fragens rückt auf den Leib und verschlägt den Atem. Mit der leidenschaftlichen Wucht seines Denkens fördert Heidegger „aus den Schächten der Sprache die seltsamsten Brocken, bricht die geförderten Steine auf, daß sie ihren gewohnten Umriß ganz verlieren, und bewegt sich schließlich in einer Welt von aufgesplittertem Wortgestein, suchend und prüfend." GW Bd. 3, S, 194. Aber allzu oft bleibt die semipoetische Hüttenlyrik, deren systematische Umkehrfiguren Aristotelischer Fundierungsverhältnisse durch den dramatischen Akzent Kierkegaards kaum cachiert wird, nur eine fundamentalontologische Überbietung antimodernistischer Vorurteile. E. Jünger und G. Benn gewähren das durchschlagendere, weil weniger verkitschte Vorwärts von unerbittlicher Härte.

neutische Grundverhältnis."[54] Übersetzen im Genotext aber verschafft der Nicht-Indifferenz die Genugtuung der Fremdsprache, deren unbedachte Geste und großmütiger Undank die Sekurität der Heimkehrparabel des Idealismus mit Bann belegt. Ein Bann, der die Sozialität des Wortes und des Blicks, ihre Ohnmacht und Schwäche aus dem Beginnen vor dem Beginnen vor dem zuvielsagenden Satz bewahrt, der weiß, was er sagt, wenn vielsagende Hermeneutik ihm Wünschelruten des Wissens und Zauberlaternen des Sinns souffliert. Rosenzweig hat den Waschzettel für Kanzelhelden der Philologie im großen in die eisige Formel „Reimung des Ungereimten"[55] gefaßt.

Gegen das Urteil der Geschichte und der Gewalt erhebt sich Levinas' erfinderische Vernunft, die das Antlitz des Anderen aus unvordenklicher Herkunft empfängt und in unbeholfene Zukunft verschickt. Das kommende Denken der unbedachten Geste, das Ersuchen ohne Entsprechen, die Epiphanie ohne Negativität, die Verantwortung ohne Verfolgung, ist deshalb von der Passion des Sagens als Angriffswissen instruiert. Die ethische Positivität des kommenden Denkens testiert Verantwortung für die Nahheit des Nächsten aus dem Grund des Gerechten, indem sie die pathematische Übung einer Katamnese in die Affektion autorisiert, wo die Ekstasen der Abstraktion, Wahnwitz der Gelehrsamkeit und Schroffheit der Übertreibung um die Spur den Glutkern Hermetik mit dem Gran Irre der Religiosität des Sich konsultieren. Durch das Einrücken in das Überlieferungsgeschehen geht der Ruck und der Riß im Revers der Reduktion, die unbeugsame Vorladung in die neue Paideia des nichthermeneutischen Aeon, der Genotext des Responsoriums von Denken und Leiden. Das Andere Gesetz zivilpolitischer Sublimierungsethik, das Experiment der absoluten Instanz um das Hochgefühl eines entmaterialisierten Gottes, verwahrt die fernste Zukunft der Botschaft von der schwierigen Heiligkeit als Zorn und Geheimnis in Opfer und Schrift. Es ist das Artistenevangelium von der Arkandisziplin Auferstehung im wehrlosen Weh ohne Denkakt noch Schlußform, in Trauma und Skepsis unzeitgemäßer Nietzschelagen.[56]

---

54 Hans-Georg Gadamer, GW Bd. 3, S. 208. Anders Manfred Riedel, Hören auf die Sprache, S. 108. Zu Heideggers ontologischer Differenz heißt es: „Das Auslegen bindet sich so von Anbeginn an das ontologische Grundverhältnis: Eines ist zu sagen."

55 Franz Rosenzweig, GS Bd. 2, S. 435. Das Aufleuchten der Namen im Zerbrechen des Seins hat Rosenzweig Johannesnaturen als inbrünstigen Brand auf die Stirn geschrieben, der nach innen glüht. „Nicht Gott Mensch Welt sind das Unmittelbare, das hier erlebt wird, sondern – Schöpfung, Offenbarung, Erlösung. In ihnen erleben wir es, Geschöpf zu sein und Kind und gläubig – ungläubige Träger des Namens durch die Welt." (S. 435)

56 Das kommende Denken der unbedachten Geste hat Martin Heidegger in einen schlagenden Merksatz gefaßt, der Levinas' Liturgie der Nietzschelage assistiert, weil er die höchste

Herrlichkeit

Das Artistenevangelium von der Arkandisziplin Auferstehung ist das Paßwort des kommenden Denkens, das Vitalzeichen Transzendenz für die Verkreuzung des Hellenischen und des Hebräischen. Es kompensiert den Ordnungsschwund der henologischen Lebensbedeutsamkeit, die Unterscheidungsdefizienz des Verschiedenen von Allem, in der das Eine nicht zu geben vermag, was es weder ist noch hat.[57] Die Arkandisziplin Auferstehung springt aus unvordenklicher Herkunft auf und fällt in unbeholfener Zukunft ein. Sie, Inschrift des Unendlichen im Endlichen, unterrichtet die Passion des Sagens auf unvergleichliche Weise. Ihr Unterricht berichtigt die Geschichte und die Gewalt, weil die Spur des Psychismus, der schon Psychose ist, im Genotext vom Messias im Pluralis Bericht von der Priorität inneren Lebens erstattet. Es ist die Herrlichkeit, die um ihr Unvergessenes im nichtpropositionalen Wissen vom Wagnis des Pluralismus weiß; diesseits von Erinnerung und Geschichte und jenseits von Gedächtnis und Gewalt. Eine Herrlichkeit, von der Levinas erklärt, daß sie sich in der Passion des Sagens exponiert, um sich diesseits und jenseits des Ordnungsschwunds des Lebensbedeutsamen beanspruchen und verbrauchen zu lassen. „Je mehr ich antworte, desto verantwortlicher bin ich; je mehr ich mich dem Nächsten nähere, dessen Last ich trage, desto entfernter bin ich. Wachsendes Passiv: das Unendliche als Verunendlichung des Unendlichen, als Herrlichkeit." (AQE 119) Im Königszeichen der geprägteren Herrlichkeit kulminie-

---

Entscheidung in der letzten Metaphysik fundiert. „Denker sind die Gründer von jenem, was bildhaft nie anschaulich wird, was historisch nie erzählt und technisch nie berechnet werden kann; was jedoch herrscht, ohne der Macht zu bedürfen. [...] Selbst wenn Nietzsche nicht einmal mehr dem Namen nach bekannt ist, wird das herrschen, was sein Denken denken mußte." Nietzsche I, S. 475, S. 479. Nietzsches Großmut, der „fast unmenschlichen Treue zur verborgensten Geschichte des Abendlandes" (S. 492) in der Denkungsart gesteigerter Anfänglichkeit ergeben, wird in der Arkandisziplin Auferstehung voll investiert, als Statthalter der geistbegabten Anderheit und Schrittmacher des bedeutungstragenden Anderhaften.

[57] Werner Beierwaltes hat dieses logische Paradox der plotinischen Philosophie als Aporie der Grenze und der Unbestimmtheit herausgestellt. „Die Umstrukturierung des plotinischen Denkens durch Proklos könnte als Antwort auf diese Frage verstanden werden: als der paradoxe Versuch nämlich, den Übergang vom Einen zum Vielen möglichst gleitend sich vollziehen zu lassen und gleichwohl das Eine als reine Einheit bewahren zu wollen. Sämtliche Metaphern für diesen Übergang [...] bleiben jedoch notwendig hermeneutische Hilfskonstruktionen, die die Unlösbarkeit der Frage nur noch schärfer markieren." Identität und Differenz, S. 39

ren die Lektion der Exegese und die Aufgabe der Übersetzung, Traditionsketten talmudischen Kommentars und Begriffsbestände philosophischen Wissens. Sie verhält zur Passion des Sagens, die sie überragen muß und der sie unterliegen darf; gewundene und gebrochene Formen zweier Abenteuer des Geistes, deren Transzendenz ethisches Sprechen umundumtreibt. Auf reingezeichneter Spitze ohne Hülle und Fülle ist die Kreuzung von Exegese und Übersetzung berührt; der geheime Imperativ des großmütigen Undanks der unbedachten Geste, das Diktat des Denkens und Dichtens, wo die Produktivität des messianischen Genotextes unvermerkt in die bindende Trennung der getrennten Seienden, Sehenden, Sprechenden einsickert, verstohlen wie ein Dieb in der Nacht.

Herrlichkeit ist das Vernehmen eines nicht vom Sein kontaminierten, durch Enthüllung verseuchten und durch Erfüllung vergifteten Gottes, dessen Unerbittlichkeit Levinas fasziniert. Faszination des geheimen Imperativs im Antlitz des Anderen, die die Passivität vertieft, welche die Passion des Sagens passiert, um Exegese und Übersetzung, Verpflichtung und Verantwortung ineinander umzuschlagen. Ausdrucksverschworen, raumsicher und formfordernd ist die Herrlichkeitsformel: wortlose und blicklose Sphinx der unendlichen Anklage im Endlichen aus dem Spiegel der Menschheit.[58] Schweigsamkeit ihrer ersten Stimme und Unlesbarkeit ihrer ersten Schrift sind ihr Dia im Dialog von Chaogito und Chaosmos. Ihr Status prägt die mantische Analytik der Vernunftidee Psychose in Diskurs und Exegese, Kommentar und Übersetzung; Statut der Sprachenwende unvordenklicher Herkunft und unbeholfener Zukunft. „Unser Kulturkreis begann mit Doppelgestalten: Sphinxen, Zentauren, hundköpfigen Göttern und befindet sich mit uns in einer Kulmination von Doppelleben“.[59] Das Wagnis des Pluralismus ist die Wache

---

58 „Ist nicht auch die Sphinx, insofern sie einen Kopf, gar einen Menschenkopf trägt, ein Wunschbild gegen das gänzlich abseitige Dunkel des Anorganischen überhaupt?“ Ernst Bloch, Geist der Utopie, S. 216. Blochs Sphinx spekuliert auf die gnostische Hieroglyphe Gottes: die fremde Herkunft, ausgetrieben in sich selbst hinein, chiffriert als nackte Sachlage im Revers der dunklen Dichte einer dialektischen Naturphilosophie.

59 Gottfried Benn, GW Bd. IV, S. 135. Im Labor des Reigenentronnenen winkt dem zweifelhaften Kantonisten der Verwandlungskunst von Earl und Paria ein „gefährliches, schönes, zweideutiges Sphinxauge“ in die Anführungsstriche des Begriffs und die Diebshaken der Halluzination: „Das, was lebt, ist etwas anderes als das, was denkt, dies ist eine fundamentale Tatsache unserer Existenz und wir müssen uns damit abfinden.“ (S. 128) Denn die „geistigen Dinge sind irreversibel, sie gehn den Weg weiter bis ans Ende, bis ans Ende der Nacht, sie haben eine Vehemenz, die die der physikalischen Dinge übertrifft.“ (S. 167)

des Unvergessenen aus dem Spiegel der Menschheit, ruhelose Spur und unendliches Bedeuten ohne Kontext, die genaue Vergeltung der eingesehenen Seele, Ex des Exodus ins Exil. Die Sphinx inkarniert den wesentliches Zug der Herrlichkeit, die Gabe, für den Anderen zu sterben, im unmöglichen Intervall von primärem Trauma und wilder Skepsis: Ellipse der Eifersucht um den höchsten Undank, die königliche Regung in der unbedachten Geste, der Glutkern Hermetik im Gran Irre. Das Finalantlitz der Sphinx umreißt das unvorhergesehene Bild der jüdischen Bestimmung, die entfesselte Herrlichkeit der Seele, die ihr Unvergessenes weiß, wenn Diskurs und Exegese verschoben und Kommentar und Übersetzung verdunkelt sind. Denn die entfesselte Herrlichkeit der Sphinx als religionsphysiologischer Atheismus schlägt die Conditio Judaica in die Bande der Stellvertretung bis in die Leibbürgschaft. Prophetische Philosophie schlingt Bande des unmöglichen Intervalls, in dem eine Art Aufspringen das Antlitz des Anderen öffnet. In ihm begabt das exzentrische Ich sein Radargerät mit Senderqualität. Im Springbrunnen der Seele strahlt die „Not" (Freud) oder „Angst" (Schelling) des Lebens den noumenalen Punkt des Nichtseins aus. „Der Mensch muß sich eine andere Verwandtschaft entdecken als jene, die ihn an das Sein fesselt." (AQE 223) Die Rationalität des Friedens ist die bindende Trennung gesondert Seiender, ausgesetzt Sehender, abgestürzt Sprechender im Vitalzeichen Transzendenz; Distinktionstakt des Ethos der Grazie im Gang zum Unsichtbaren auf der Bahn der Liebe. Das Antlitz des Anderen ist Herrlichkeit mit Haut und Haar: das Ex des Exodus aus aller Allergie ins Exil aller Allegorie; ein Ex, dessen Exposition aus Ohnmacht und Schwäche der generativen Symbolizität Genotext die Produktivität exzellenten Bedeutens ohne Kontext erweist. Absolute Reflexivität des geheimen Imperativs Unvergessenheit der Seele, dessen also, was wissend zu reden und wissend zu schweigen weiß; das unmögliche Intervall des zweiten Registers im dritten Ohr.

Paul Celans lyrikmantische Analytik der Vernunftidee Psychose nannte das ein „Zuhalten auf"[60], eine Bewegtheit aus Wirbeln des Vitalzeichens Transzendenz, die

[60] Von der Todeslandschaft Europas spricht Celans Gedicht. Die geschärfte Pfeilspitze des Unverzeihlichen zielt ins Herz des begrifflich gesicherten Formzwangs. Celans Verwundungsfiguren haben die Spur eines neuen Sprechens erschaffen. „Wenn jedoch die Erde neu unter die Offenheit ihres Himmels treten soll, dann dadurch, daß dieses Entsetzliche wie ein zugespitzter Stachel seine Spur unauslöschlich einschreibt und damit ‚Sprache' wird. Wenn dennoch das, was geschah, das Ungeschriebene, nie zu Schreibende, ja das Unwiederholbare bleiben soll, dann muß auch das Gedenken die Toten, denen die Unantastbarkeit ihres Menschseins gewahrt werden soll, freigeben als die Anderen, die uns in unserer Hilflosigkeit fernbleiben. Celan kann nicht mehr ausgehen von jenem Unendlichen, das in der Innigkeit des Geistes alle Gegensätze des endlichen Lebens umfaßt und so

die Passion des Sagens der Nicht-Indifferenz von primärem Trauma und wilder Skepsis aussetzt. Die Stellvertretung bis zur Leibbürgschaft verkettet das Sprechen und das Schreiben der jüdischen Bestimmung mit der rätselhaften Sterblichkeit der Seele, geprägt von der absoluten Reflexivität im geheimen Imperativ des Unvergessenen. Sie entstammt dem Spiegel der Menschheit und ereilt das mit der Anderheit des Anderhaften allein gelassene Hellhören. Sterblichkeit der Seele ist unvordenkliche und unbeholfene Spur ethischer Differenz. Sie erwacht im Unendlichen des Sprechens und im Endlichen des Schreibens. Herrlichkeit ist die Geiselnahme des Gehörs durch die Sterblichkeit der Seele, die das Palimpsest auf der Kreuzung des Griechischen und des Hebräischen entziffert, das unbedingte Ja der Schrift, das grenzenlose Nein des Opfers. Sterblichkeit der Seele, welche präzise und graziös auf die Sprache im Wagnis des Pluralismus zurückkommt, die den Gang zum Unsichtbaren säumt, auf die Bahn der Liebe bringt und das messianische Qualieren um unstillbaren Stillstand erzwingt, wo die Nahheit des Nächsten im Grunde des Gerechten ruht: unmenschliche Treue zum puren Defizit, genaue Vergeltung fordernden Flehens, „das letzte Geheimnis der Geschichtlichkeit des Subjekts" (SA 180).

Der Genotext um die Reinzeichnung der Verantwortung der ethischen Differenz ist die Exposition der mantischen Analytik der Vernunftidee Psychose. Sie ist die Spur der Alterität, die sich dem Staunen als überlegen erweist und Trauma und Skepsis unerreicht bezeichnet. Die Verantwortung, auf der Spur der ethischen Differenz aus- und eingespielt, ist verbindlicher Opfersinn und verpflichtender Schriftzug im Antlitz des Anderen. Der geheime Imperativ Sterblichkeit der Seele zeichnet auf der Kreuzung des Hellenischen und des Hebräischen ein unmögliches Intervall. Es ist die jüdische Bestimmung der Sterblinge, die Unvergessenheit des prophetischen Tiers zu suchen; geheimer Imperativ wehrlosen Wehs, Gran Irre im Iterativ Lebenssturm, Liturgie im Vorwärts von unerbittlicher Härte, Erwachen zum ernüchterten Empfang der Anachorese prophetischer Rede in die Apologie des richtenden Erstlings Ehrenwort, das Experiment der absoluten Instanz im Revers der Reduktion. „Der Sprung der Transzendenz, der von der Seele zum Körper geht, ist absolut. In einem ‚bestimmten Augenblick' ist der Springer wahrhaftig nirgends."

---

zu einer in sich differenzierten Identität zurückführt. Er folgt nicht mehr Kierkegaard oder Heidegger, die die endliche Existenz verweisen auf die ‚Wiederholung', die auch das Vergangene und das Künftige hereinreißt in den entscheidenden Augenblick. Celans Dichten weiß sich vielmehr von der pointe acérée de l'infini so getroffen, daß das Endliche als das Andere und Unwiederholbare auf eine Unendlichkeit verweist, die sich immer auch entzieht." Otto Pöggeler, Spur des Worts. Zur Lyrik Paul Celans, Freiburg/München 1986, S. 333

(SA 149) Wunderbarer Augenblick Herrlichkeit im Zeugnis der verfehlten Entgegnung auf die Metonymien des geschundenen Anderen, glanzvoll deformalisierte „Unmöglichkeit, Gott zu entkommen" (SA 329). Denn das Hochgefühl einer entmaterialisierten Gottesidee ist es die Katamnese der Affektion, die die unbedachte Geste anberaumt; Inspiration, Investitur, Magisterium dessen, was Levinas' Paradox eines Idealismus ohne Vernunft im Dia von Kreatur und Kosmos als Chiasmus von Chaogito und Chaosmos fixiert: „Vor dem Krieg waren die Altäre." (SA 291) Man wird die Umschöpfung von Urworten mit dem Gran Irre um den Glutkern Hermetik talmudisch nennen müssen. Sie umkreist die zweite Stimme der ersten Schrift, die Sprachenwende aus unvordenklicher Herkunft zu unbeholfener Zukunft, die absolute Reflexivität des geheimen Imperativs aus dem Spiegel der Menschheit, das unmögliche Intervall der Unvergessenheit der Seele, welche die verborgene Schrift des Palimpsests entziffert, die Nicht-Indifferenz des Beginnens vor dem Beginnen, die in die Texte verschlungenen Kathedralen. Exposition im Antlitz des Anderen, die in wilder Skepsis verletzt, um das Recht des Geistes zu verteidigen, und im primären Trauma verwundet, um die Pflicht zum Buchstaben zu bekräftigen. Die zweite Stimme der ersten Schrift von der Unmöglichkeit, Gott zu entkommen, entfaltet den religionsphysiologischen Atheismus als ausdrucksverschworenen, formfordernden und raumsicheren Glaubensgehorsam im prophetischen Tier.

Prophetisches Tier

Die zweite Stimme der ersten Schrift, das ist die Seinsweise des prophetischen Tieres, das die jüdische Bestimmung der Unvergessenheit der Seele bezeugt. Es ist das Zeugnis der Inspiration, der Investitur, des Magisteriums, das vom sekurierten Heroenrecht der Geschichte und der Gewalt im Logos des Selben scheidet. Das goldene Band des Unvordenklichen und die schönste Führung des Unbeholfenen umschließen in reinzeichnende Verantwortung; ein Umschluß, der die Ewigkeit zeichnet, die alle Zeiten eint: das Zelt des Friedens, im Rationalen artikuliert. Die Hüllen der Enthüllung der Kennerschaften und die Füllen der Erfüllung der Könnerschaften, die den Logos des Selben um wachsende Gedankenlosigkeit bereichern, sind um das zuvorkommende Ehrenwort von der bindenden Trennung der getrennten Seienden verlegen. Es ist eine Verlegenheit, die von Platon bis Levinas spürbar ist; von der Puppe Mensch bis zum prophetischen Tier.[61] Sie umkreist die

[61] Martin Heidegger hat ein doppeltes Ende beschworen: „Am Ende der Metaphysik steht der Satz: Homo est brutum bestiale." (Nietzsche II, S. 200) Und: „Am Ende des Plato-

Nahheit des Nächsten als Grund des Gerechten am Rande des Zerrinnens vor Hochgefühlen der entmaterialisierten Gottesidee. Das verklingende Wort, der verhangene Blick, das verschwiegene Opfer, die verborgene Schrift; der Faltenwurf Seele, die um ihr Unvergessenes weiß: die genaue Vergeltung der eingesehenen Seele, Ex des Unvergessenen, Exodus des Unvordenklichen, Exil des Unbeholfenen. Conditio Judaica: das bewegte Ensemble vom Krisenstil der Nietzschelage im Desaster energischen Sanftmuts, reizbare Tastatur im Tiefenglück des Radardenkens, dem die Kompressoren funkeln – die trächtige Glasur Inspiration, die gestählte Fläche Investitur, der metallene Glanz Magisterium, das Reale der irrealen Realität im Salto mortale der Diebshaken und Anführungsstriche, die in unbedingtem Ja und grenzenlosem Nein das Schuldige erstatten.

Solche Alteritas steckt unter der Haut, sitzt im Nacken, brennt auf den Nägeln. Sie verschafft große Augen, spitze Ohren, lange Gesichter. Sie ist geheimer Imperativ, unmögliches Intervall, absolute Reflexivität einer Nicht-Indifferenz, deren Rezeptionszyklus Levinas exponiert. Nicht-Indifferenz, die von der Puppe Mensch zum prophetischen Tier zieht und sich in der unbegreiflichen Drohung um den höchsten Preis behaupten muß: fruchtbarste Gabe im Stelldichaus von Frage und Fragezeichen, der Salto mortale in Anführungsstrichen von Seelenschwingen und Diebshaken von Hammerschlägen, Frösteln mit Haut und Haar in der dunklen Dichte, die das unbedingte Ja der Schrift und das grenzenlose Nein des Opfers umschlingt. Diese Exposition der Exposition weiß um die Spur des unvergessenen Namens im Namen Auschwitz. Die mantische Analytik der Vernunftidee Psychose ist die unbeugsamste Vorladung in das Ex, das im Zeugnis der verfehlten Entgegnung auf die Metonymien des geschundenen Anderen existiert, als Gottesidee einer gottverlassenen Gottesfurcht im Weltbürgerkrieg der Phänotexte von Gewalt und Geschichte. Dieser Genotext mit dem Glutkern Hermetik hegt das Gran Irre um die weiße Asche, blind und nackt. Emmanuel Levinas, der weitreichende Gigant der nachphänomenologischen Epoche, hat daher den Ruck im Phantomglied Desistenz und den Riß im Medienplateau Zombiesprache als religionsphysiologischen Atheismus markiert. Im Revers der Reduktion ist der Fremdkörper des Anderen mit dem Zeitzünder der Ewigkeit ausgestattet. Das Totenbuch AQE ist die kurze Lunte, die die Katamnese der Affektion in Endlosschleifen der Umschöpfung von Urworten komprimiert: Exzentrische Positionalität der Achsendrehungen des Schichtens, Schneidens, Schälens um das Erstatten des Schuldigen bis zur Sturzgeburt des Psychismus, schon Psychose. Den Pathos der höchsten Distanz gewinnt es

---

nismus steht die Entscheidung über die Wandlung des Menschen." (Nietzsche I, S. 240) Für beide gilt Gottfried Benns Bestimmung: „Deutlich neigt sich Platon herüber; endogene Bilder sind die letzte uns gebliebene Erfahrung des Glücks." GW Bd. IV, S. 343

im Regime der nächsten Kühnheit, die Botschaft von der schwierigen Heiligkeit in Liturgien des Zögerns zwischen Scham und Schande. Hier möchte die materiale Antizipation vom Erstling Ehrenwort zum ernüchterten Empfang der Arkandisziplin Auferstehung erwachen; zur gesättigten Schmach an Mark und Bein von Auschwitz, zum Responsorium von Denken und Leiden, irgendwo, irgendwie zwischen der Haut und dem Fleisch; pures Defizit, das seinen Herzschlag nicht mehr vom Menschen hat, sondern im zweiten Register des dritten Ohr auffliegt, in der königlichen Regung der unbedachten Geste, der Geisel wehrlosen Wehs, der Via eminentiae im Jenseits allen Seinsverlangens, der Religiosität des Sich im Desaster energischen Sanftmuts: „Transzendenz der Güte, Adel des reinen *Erduldens*, Selbstheit reiner Erwählung, Liebe ohne Eros." (GP 106) Der Name Auschwitz, der Anschlag auf den Gang zum Unsichtbaren in der Bahn der Liebe, die nicht bindende Trennung getrennter Seiender, Sehender, Sprechender, die Lösung jener Enden, die im Endlichen reichen und in Unendliches ragen, die Endlösung.[62] Sie ist dem Abseits des Subjekts im Aufbruch ohne Wiederkehr zugestoßen, sie hat es bis zur Vernichtung verletzt. So exponiert die exotische Geographie des Superlativs die Lebenswächter des Denkens und die Todestrabanten des Sagens in der königlichen Regsamkeit der unbedachten Geste unerhörten Aufhorchens. Denn lautlos explodiert die Mine der Conditio Judaica. Ihr schreiben sich Witterungen fürs Wanken als Hoheitsakte von Heimatlosen: als atheistischer Aderlaß ungeheurer Frömmigkeit oder als religionsphysiologischer Blutsturz heißester Gottesliebe. Ob Levinas' Neuerung des moralischen Denkens das noble Verbrechen mit glücklichem Ausgang ist, dem das Aufleuchten der Namen das Zerbrechen des Seins honoriert, muß abgewartet werden. Das Fleisch zu erneuern, dem der Körper nachgegeben hat, bleibt indes ohne Widerhall kürzlichen Weichens. Ausgetrieben in sich selbst hinein ist AQE irreversibel bis ans Ende der Nacht.

---

[62] „Die ‚Endlösung' bestand darin, Kafka hatte das lange zuvor begriffen, die jahrhundertealten Metaphern der Beleidigung und Verachtung – Ungeziefer, Dreck – buchstäblich zu nehmen, und sich die wirksamen technischen Mittel zu solcher Verbuchstäblichung geben zu lassen." Philippe Lacoue-Labarthe, Die Fiktion des Politischen, S. 63

Bibliographie

A. Verzeichnis der im Text verwendeten Schriften von Emmanuel Levinas und ihrer Siglen

Autrement qu'être ou au-delà de l'essence, Phaenomenologica 54, Den Haag 1974 (= AQE)

Ausser sich. Meditationen über Religion und Philosophie, herausgegeben und übersetzt von Frank Miething, München 1991; Teilübersetzung der Originalausgaben Noms propres, Montpellier 1976, und Hors sujet, Montpellier 1987; (= AS)

L'au-delà du verset. Lectures et discours talmudiques, Paris 1982 (= AV)

Difficile liberté. Essais sur le judaisme, 3e édition revue et corrigée, Paris 1988 (= DL)

Eigennamen. Meditationen über Sprache und Literatur, übersetzt von Frank Miething, herausgegeben und mit einem Nachwort versehen von Felix Philipp Ingold, München 1988; Teilübersetzung aus Noms propres, Montpellier 1976, und Sur Maurice Blanchot, Montpellier 1975; (= EN)

Exegese und Transzendenz. Zu einem Text aus dem Traktat Makkoth 23b, übersetzt von Rudolf Funk, in: Gott nennen. Phänomenologische Zugänge, herausgegeben von Bernhard Casper, Freiburg München 1981, S. 35–44 (= ET)

Gott und die Philosophie, übersetzt von Rudolf Funk, in: Gott nennen. Phänomenologische Zugänge, herausgegeben von Bernhard Casper, Freiburg München 1981, S. 81–123 (= GP)

Humanismus des anderen Menschen, übersetzt und mit einer Einleitung versehen von Ludwig Wenzler, Hamburg 1989; Originalausgabe Humanisme de l'autre homme, Montpellier 1972; (= HAM)

Die Spur des Anderen. Untersuchungen zur Phänomenologie und Sozialphilosophie, übersetzt, herausgegeben und eingeleitet von Wolfgang Nikolaus Krewani, Freiburg München 1987; Originalausgabe En découvrant l'existence avec Husserl et Heidegger, Paris 1949, 1982; (= SA)

Totalität und Unendlichkeit. Versuch über die Exteriorität, übersetzt von Wolfgang Nikolaus Krewani, Freiburg München 1987; Originalausgabe Totalité et Infini. Essai sur l'Extériorité, Den Haag 1961; (= TU)

Über die Intersubjektivität. Anmerkungen zu Maurice Merleau-Ponty, übersetzt von Wolfgang Nikolaus Krewani, in: Leibhaftige Vernunft. Spuren von Merleau-Pontys

Denken, herausgegeben von Alexandre Métraux und Bernhard Waldenfels, München 1986, S. 48–55 (= ÜI)
WENN GOTT ins Denken einfällt. Diskurse über die Betroffenheit von Transzendenz, übersetzt von Thomas Wiemer, mit einem Vorwort von Bernhard Casper, Freiburg München 1988; Originalausgabe De Dieu qui vient à l'idée, Paris 1982; (= WG)
DIE ZEIT UND DER ANDERE, übersetzt und mit einem Nachwort versehen von Ludwig Wenzler, Hamburg 1984; Originalausgabe Le temps et l'autre, Paris 1983; (= ZA)

B. Allgemeine Literatur

ADORNO, Theodor W.: Ästhetische Theorie, Gesammelte Schriften Bd. 7, (Hg.) G. Adorno/R. Tiedemann, Frankfurt/M. 1970
–: Negative Dialektik, Frankfurt/M. 1966
ARENDT, Hannah: Vita activa oder vom tätigen Leben, München o. J.
BECKETT, Samuel: Der Namenlose, Werkausgabe in 10 Bänden, Frankfurt/M. 1976, Bd. 8
BEIERWALTES, Werner: Identität und Differenz, Frankfurt/M. 1980
BENJAMIN, Walter: Briefe 1, (Hg.) G. Scholem/Th. W. Adorno, Frankfurt/M. 1966
BENN, Gottfried: Gesammelte Werke in vier Bänden, (Hg.) D. Wellershoff, Stuttgart 1977
BERLOWITZ, Béatrice/JANKÉLÉVITCH, Vladimir: Quelque part dans l'inachevé, Paris 1978
BERNET, Rudolf/KERN, Iso/MARBACH, Eduard: Edmund Husserl, Darstellung seines Denkens, Hamburg 1989
BLANCHOT, Maurice: L'écriture du désastre, Paris 1980
–: La part du feu, Paris 1971
BLOCH, Ernst: Geist der Utopie (Erste Fassung 1918), Werkausgabe Bd. 15, Frankfurt/M. 1970
BLUMENBERG, Hans: Arbeit am Mythos, Frankfurt/M. 1979
–: Wirklichkeiten in denen wir leben, Stuttgart 1981
BUBNER, Rüdiger: Geschichtsprozesse und Handlungsnormen. Untersuchungen zur praktischen Philosophie, Frankfurt/M. 1984
BOLZ, Norbert: Auszug aus der entzauberten Welt. Philosophischer Extremismus zwischen den Weltkriegen, München 1989
CANETTI, Elias: Die Provinz des Menschen. Aufzeichnungen 1942 – 1972, München 1974
–: Das Gewissen der Worte, Frankfurt/M. 1981
–: Das Augenspiel. Lebensgeschichte 1931 – 1937, München 1985
CASSIRER, Toni: Mein Leben mit Ernst Cassirer, Hildesheim 1981
COHEN, Hermann: Ethik des reinen Willens, (Hg.) H. Holzhey, Werke Bd. 7 (ND der zweiten Auflage 1914), Hildesheim 1981
–: Religion der Vernunft aus den Quellen des Judentums, ND Wiesbaden Darmstadt 1966
–: Jüdische Schriften II, (Hg.) B. Strauss, Berlin 1924
DELEUZE, Gilles: Logique du sens, Paris 1969
DERRIDA, Jacques: De l'esprit. Heidegger et la question, Paris 1987

–: Die Schrift und die Differenz, übersetzt von R. Gasché, Frankfurt/M. 1976
–: Die Stimme und das Phänomen, übersetzt von J. Hörisch, Frankfurt/M. 1979
–: „Eben in diesem Moment in diesem Werk findest du mich", übersetzt von E. Weber, in: Parabel Nr. 12 (1990) S. 42–84
–: Die Postkarte von Sokrates bis an Freud und jenseits, 1. Lieferung, übersetzt von H.-J. Metzger, Berlin 1982
–: Psyché. Inventions de l'autre, Paris 1987
–: Randgänge der Philosophie, übersetzt von E. Pfaffenberger-Brückner et al., Wien 1988
–/Weber, Elisabeth: Im Grenzland der Schrift. Randgänge zwischen Philosophie und Literatur, in: Spuren Nr. 34/35 (1990) S. 58–70
–: Positionen. Gespräche mit H. Ronse et al., Wien 1986
Dilthey, Wilhelm: Gesammelte Schriften Bd. 1. Einleitung in die Geisteswissenschaften, Hg. Bernhard Groethuysen, Göttingen 1990
Dreyer, Mechthild: Die Idee Gottes im Werk Hermann Cohens, Königstein/Ts. 1985
Dubost, Jean-Pierre: Eros und Vernunft. Literatur und Libertinage, Frankfurt/M. 1988
Evard, Jean-Luc: Angst und Autorität. Über Georges Sorel, in: Fragmente Nr. 32/33 (1990) S. 157–165
–: West-Deutschland und die strukturale Anthropologie, in: Zeitmitschrift Nr. 3 (1987) S. 123–135
Finkielkraut, Alain: Die Weisheit der Liebe, München 1989
Foucault, Michel: Raymond Roussell, übersetzt von R. Hörisch-Hellingrath, Frankfurt/M. 1989
Freud, Sigmund: Studienausgabe in zehn Bänden, Hg. A. Mitscherlich et al., Frankfurt/M. 1969; Bd. III: Psychologie des Unbewußten; Bd. IX: Fragen der Gesellschaft/Ursprünge der Religion
Gadamer, Hans-Georg: Heideggers Wege. Studien zum Spätwerk, Tübingen 1983
–: Wahrheit und Methode. Grundriß einer phänomenologischen Hermeneutik, Stuttgart 1960
–: Wilhelm Dilthey nach 150 Jahren, in: (Hg.) Orth E. W., Dilthey und die Philosophie der Gegenwart, Freiburg München 1985, S. 157–182
–: Gesammelte Werke, Tübingen 1986ff.; Bd. 3: Neuere Philosophie I. Hegel, Husserl, Heidegger, 1987; Bd. 4: Neuere Philosophie II. Probleme, Gestalten, 1987; Bd. 5: Griechische Philosophie I, 1985; Bd. 6: Griechische Philosophie II, 1985
Gay, Peter: Freud. Eine Biographie für unsere Zeit, übersetzt von Joachim A. Frank, Frankfurt/M. 1989
Gneuss, Christian/Kocka, Jürgen (Hg.): Max Weber. Ein Symposion, München 1988 (mit Diskussionsbeiträgen von Wilhelm Hennis und Claus Offe)
Hamacher, Werner: DES CONTREES DES TEMPS, in: Zeit-Zeichen. Aufschübe und Interferenzen zwischen Endzeit und Echtzeit, (Hg.) G. C. Tholen/M. O. Scholl, Weinheim 1990, S. 29–36
– (Hg.): Nietzsche aus Frankreich, Berlin 1986
Hegel, G. W. F.: Werkausgabe in zwanzig Bänden, Frankfurt/M. 1968; Bd. 6: Wissenschaft

der Logik II; Bd. 16: Philosophie der Religion I; Bd. 18: Vorlesungen über die Geschichte der Philosophie
HEIDEGGER, Martin: Sein und Zeit, Tübingen 1972
–: Wegmarken, Frankfurt/M. 1978
–: Holzwege, Frankfurt/M. 1972
–: Unterwegs zur Sprache, Pfullingen 1971
–: Nietzsche I/II, Pfullingen 1961
–: Schellings Abhandlung über das Wesen der menschlichen Freiheit, Tübingen 1971
–: Zur Sache des Denkens, Tübingen 1969
–: Gesamtausgabe, Frankfurt/M. 1976ff.; Bd. 29/30: Die Grundbegriffe der Metaphysik; Bd. 54: Parmenides; Bd. 55: Heraklit; Bd. 65: Beiträge zur Philosophie (Vom Ereignis)
HEISE, Jens: Traumdiskurse. Die Träume der Philosophie und die Psychologie des Traums, Frankfurt/M. 1988
HENRICH, Dieter: Denken im Blick auf Max Weber, in: Karl Jaspers. Philo soph, Arzt, politischer Denker, (Hg.) J. Hersch et al., München 1986, S. 207–231
HOLZHEY, Helmut: Cohen und Natorp, Bd. 1: Ursprung und Einheit. Die Geschichte der Marburger Schule, Basel Stuttgart 1986
HÜBENER, Wolfgang: Carl Schmitt und Hans Blumenberg oder über Kette und Schuß in der historischen Textur der Moderne, in: (Hg.) J. Taubes, Religionstheorie und Politische Theologie, Bd. 1: Der Fürst dieser Welt. Carl Schmitt und die Folgen, München 1986, S. 57–76
HUSSERL, Edmund: Gesammelte Werke (Husserliana), Den Haag 1959ff. (= Hua); Bd. I: Cartesianische Meditationen und Pariser Vorträge; Bd. III: Ideen zu einer reinen Phänomenologie und phänomenologischen Philosophie I; Bd. VI: Die Krisis der europäischen Wissenschaften und die transzendentale Phänomenologie; Bd. VIII: Erste Philosophie II; Bd. X: Zur Phänomenologie des inneren Zeitbewußtseins; Bd. XIII-XV: Zur Phänomenologie der Intersubjektivität I-III
HUIZING, Klaas: Das Sein und der Andere. Levinas' Auseinandersetzung mit Heidegger, Frankfurt/M. 1988
JANKÉLÉVITCH, Vladimir: L'Irréversible et la nostalgie, Paris 1974
JERMANN, Christoph: Philosophie und Politik. Untersuchungen zur Struktur und Problematik des platonischen Idealismus, Stuttgart 1986
KAH, Kjung Cho: Verstehen in kosmischen und akosmischen Perspektiven, in: (Hg.) E. W. Orth, Dilthey und die Gegenwart der Philosophie, Freiburg München 1985, S. 231–284
KANT, Immanuel: Werkausgabe Frankfurt/M. 1968, Bd. VIII: Metaphysik der Sitten, Die Religion innerhalb der Grenzen der bloßen Vernunft
KITTLER, Friedrich: Aufschreibesysteme 1800/1900, München 1986
–: Grammophon, Film, Typewriter, Berlin 1985
KRAUSHAAR, Wolfgang: Auschwitz ante, in: (Hg.) D. Diner, Zivilisationsbruch. Denken nach Auschwitz, Frankfurt/M. 1988, S. 201–241
LACOUE-LABARTHE, Philippe: Die Fiktion des Politischen. Heidegger, die Kunst und die Politik, übersetzt von T. Schestag, Stuttgart 1990

–/Nancy, Jean-Luc: Panik und Politik, in: Fragmente Nr. 29/30 (1989), S. 63–98
–/Nancy, Jean-Luc: Das jüdische Volk träumt nicht, in: Fragmente Nr. 29/30 (1989), S. 99–128
Lacan, Jacques: Das Ich in der Theorie Freuds und in der Technik der Psychoanalyse. Seminar II, übersetzt von H.-J. Metzger, Weinheim 1980
–: Freuds Technische Schriften. Seminar I, übersetzt von W. Hamacher, Weinheim 1986
–: Die vier Grundbegriffe der Psychoanalyse. Seminar XI, übersetzt von N. Haas, Weinheim 1980
Lehmann, Gerhard: Kants Tugenden, Berlin 1980
Lepenies, Wolf: Gottfried Benn – Der Artist im Posthistoire, in: (Hg.) B. Hillebrand, Über Gottfried Benn. Kritische Stimmen 1957 – 1986, Frankfurt/M. 1987, S. 221–235
Lichtblau, Klaus: Das Pathos der Distanz. Präliminarien zur Nietzsche-Rezeption bei Georg Simmel, in: (Hg.) H.-J. Dahme/O. Rammstedt, Georg Simmel und die Moderne, Frankfurt/M. 1984, S. 231–281
Lipowatz, Thanos: Die Verleugnung des Politischen. Die Ethik des Symbolischen bei Jacques Lacan, Weinheim 1986
Löwith, Karl: Mein Leben in Deutschland vor und nach 1933. Ein Bericht, Stuttgart 1986
–: Philosophie der Vernunft und Religion der Offenbarung in H. Cohens Religionsphilosophie, in: (Hg.) H.-L. Ollig, Materialien zur Neukantianismus-Diskussion, Wege der Forschung Bd. 637, Darmstadt 1987, S. 328–361
Lyotard, Jean-François: Grundlagenkrise, in: Neue Hefte für Philosophie Nr. 26 (1986), S. 1–33
–: Das Inhumane. Plaudereien über die Zeit, übersetzt von C. Pries, Wien 1989
–: Der Widerstreit, übersetzt von J. Vogl, München 1987
–: Philosophie und Malerei im Zeitalter ihres Experimentierens, übersetzt von M. Karbe, Berlin 1986
–: Streitgespräche, oder: Sprechen nach Auschwitz, übersetzt von A. Pribersky, Bremen 1984
Marbach, Eduard: Das Problem des Ich in der Phänomenologie Husserls, Den Haag 1974
Marion, Jean-Luc: L'Idole et la distance, Paris 1977
Marquard, Odo: Temporale Positionalität. Zum geschichtlichen Zäsurbedarf des modernen Menschen, in: Epochenschwelle und Epochenbewußtsein. Poetik und Hermeneutik Bd. XII, München 1987
Marx, Karl: Grundrisse der Kritik der politischen Ökonomie, Berlin 1972
Mathieu, Vittorio: Kants Opus postumum, Frankfurt/M. 1989
Mayer, Michael: Transzendenz und Geschichte – ein Versuch am Denken Levinas', in: Parabel Nr. 12 (1990), S. 223–256
Merleau-Ponty, Maurice: Das Sichtbare und das Unsichtbare, (Hg.) C. Lefort, übersetzt von R. Guiliani/B. Waldenfels, München 1986
Meyer, Martin: Ernst Jünger, München 1990
Misch, Georg: Lebensphilosophie und Phänomenologie, Bonn 1930; ND Darmstadt 1967
Mosès, Stéphane: System und Offenbarung. Die Philosophie Franz Rosenzweigs, übersetzt von R. Rochlitz, München 1985

NANCY, Jean-Luc: Das Vergessen der Philosophie, übersetzt von H. Brühmann, Wien 1987

–: Die undarstellbare Gemeinschaft, übersetzt von J. Legueil/G. Febel, Stuttgart 1988

NIETZSCHE, Friedrich: Werke in drei Bänden, (Hg.) K. Schlechta, München 1978

ORTH, Ernst Wolfgang (Hg.): Dilthey und die Gegenwart der Philosophie, Freiburg München 1985 (Einleitung vom Hg.)

PARMENIDES. Text der Fragmente. Übersetzung, Einführung und Interpretation von K. Riezler. Nachwort H.-G. Gadamer, Frankfurt/M. 1970

PETROSINO, Silvano/ROLLAND, Jacques: La vérité nomade. Introduction à Emmanuel Levinas, Paris 1984

PLATON, Sämtliche Werke, übersetzt von F. Schleiermacher, (Hg.) W. F. Otto et al., Hamburg 1957ff.

PLESSNER, Helmuth: Grenzen der Gemeinschaft. Eine Kritik des sozialen Radikalismus, in: Gesammelte Schriften, (Hg.) G. Dux et al., Bd. V: Macht und menschliche Natur, Stuttgart 1980

–: Die verspätete Nation. Über die politische Verführbarkeit bürgerlichen Geistes, Frankfurt/M. 1974

PÖGGELER, Otto: Spur des Worts. Zur Lyrik Paul Celans, Freiburg München 1987

REINHARD, Karl: Vermächtnis der Antike, Göttingen 1966

RICOEUR, Paul: Die Interpretation. Ein Versuch über Freud, Frankfurt/M. 1974

–: Hermeneutik und Psychoanalyse. Der Konflikt der Interpretationen Bd. II, übersetzt von J. Rütsche, München 1974

RIEDEL, Manfred: Hören auf die Sprache. Die akroamatische Dimension der Hermeneutik, Frankfurt/M. 1990

RILKE, Rainer Maria: Werke in drei Bänden, (Hg.) B. Allemann, Frankfurt/M. 1966

–: Briefe, (Hg.) K. Altheim, Wiesbaden 1950

ROMBACH, Heinrich: Welt und Gegenwelt. Umdenken über die Wirklichkeit: die philosophische Hermetik, Basel 1983

ROSENZWEIG, Franz: Der Mensch und sein Werk. Gesammelte Schriften, (Hg.) R. Rosenzweig/E. Rosenzweig-Scheinmann, Den Haag 1976ff.; Bd. 1,1: Briefe und Tagebücher 1900 – 1918; Bd. 1,2: Briefe und Tagebücher 1918 – 1929; Bd. 2: Stern der Erlösung; Bd. 3: Zweistromland

SACHS, Nelly: Das Buch der Nelly Sachs, (Hg.) Bengt Holmquist, Frankfurt/M. 1977

–: Die Gedichte I, Frankfurt/M. 1966

–: Briefe der Nelly Sachs, Frankfurt/M. 1984

SCHELLING, Friedrich Wilhelm Joseph: Die Weltalter. Fragmente, (Hg.) M. Schröter, München 1966

SCHLAFFER, Heinz: Poesie und Wissen. Die Entstehung des ästhetischen Bewußtseins und der philologischen Erkenntnis, Frankfurt/M. 1990

SCHMID, Wilhelm: Auf der Suche nach einer neuen Lebenskunst, Frankfurt/M. 1991

SCHMITT, Carl: Der Begriff des Politischen, Berlin 1963

SCHÖNE, Albrecht: Gottfried Benn?, in: (Hg.) B. Hillebrand, Über Gottfried Benn, Kritische Stimmmen 1957 – 1986, Frankfurt/M. 1987, S. 290–302

SCHREIBER, Jens: Das Symptom des Schreibens. Roman und absolutes Buch in der Frühromantik, Frankfurt/M. 1983
SONGE-MÖLLER, Vigdis: Zwiefältige Wahrheit und zeitliches Sein. Eine Interpretation des parmenideischen Gedichts, Würzburg 1980
SPAEMANN, Robert: Glück und Wohlwollen. Versuch über Ethik, Stuttgart 1989
STEINER, George: Von realer Gegenwart. Hat unser Sprechen Inhalt?, übersetzt von J. Trobitius, München 1990
STRASSER, Stephan: Jenseits von Sein und Zeit. Eine Einführung in Emmanuel Levinas' Philosophie, Den Haag 1978
STRAUSS, Botho: Die Widmung, München 1977
STRAUSS, Leo: Naturrecht und Geschichte, Frankfurt/M. 1977
THEUNISSEN, Michael: Der Andere. Studien zur Sozialontologie der Gegenwart, Berlin 1967
–: Die verdrängte Intersubjektivität in Hegels Theorie des Rechts, in: (Hg.) D. Henrich/R.-P. Horstmann, Hegels Theorie des Rechts. Die Theorie der Rechtsformen und ihre Logik, Stuttgart 1978, S. 317–381
TIMM, Hermann: Die heilige Revolution. Die religiöse Totalitätskonzeption der Frühromantik, Frankfurt/M. 1978
TUGENDHAT, Ernst: Der Wahrheitsbegriff bei Husserl und Heidegger, Berlin 1967
VILLEY, Michel: Das Römische Recht in Hegels Rechtsphilosophie, in: (Hg.) M. Riedel, Materialien zu Hegels Rechtsphilosophie Bd. 2, Frankfurt/M. 1975, S. 131–151
VIRILIO, Paul: Der negative Horizont, übersetzt von B. Weidmann, München 1989
VOGL, Joseph: Ort der Gewalt. Kafkas literarische Ethik, München 1990
VOLLRATH, Ernst: Die Rekonstruktion der politischen Urteilskraft, Stuttgart 1977
WALDENFELS, Bernhard: Der Stachel des Fremden, Frankfurt/M. 1990
WEBER, Elisabeth: Verfolgung und Trauma. Zu Emmanuel Levinas' ‚Autrement qu'être ou au-delà de l'essence', Wien 1990
–: Zerspringen der Zeit. Über eine apokalyptische Wendung bei E. Levinas, in: Zeit-Zeichen, (Hg.) M. O. Scholl/G. C. Tholen, Weinheim 1990, S. 85–96
WELZK, Stefan: Die Einheit der Erfahrung. Eine Interpretation der parmenideischen Fragmente, München 1976
WHITE, Hayden: Auch Klio dichtet oder die Fiktion des Faktischen. Studien zur Tropologie des historischen Diskurses, übersetzt von B. Brinkmann-Siepmann/T. Siepmann, Stuttgart 1986
–: ‚Metahistory'. Die historische Einbildungskraft im 19. Jahrhundert in Europa, übersetzt von P. Kohlhaas, Frankfurt/M. 1991
WIELAND, Wolfgang: Platons Schriftkritik und die Grenzen der Mitteilbarkeit, in: (Hg.) V. Bohn, Romantik. Literatur und Philosophie, Frankfurt/M. 1987, S. 24–44
WIEMER, Thomas: Die Passion des Sagens. Zur Deutung der Sprache bei Emmanuel Levinas und ihrer Realisierung im philosophischen Diskurs, Freiburg München 1988

Personenverzeichnis

www.ingramcontent.com/pod-product-compliance
Lightning Source LLC
LaVergne TN
LVHW080001031026
849161LV00026B/2910
* 9 7 8 3 1 1 2 6 5 0 8 9 9 *